I0815675

Historia de Roma contada para escépticos

Juan Eslava Galán

HISTORIA DE ROMA CONTADA PARA ESCÉPTICOS

CRÍTICA

Obra editada en colaboración con Editorial Planeta - España

Iconografía: Grupo Planeta
Mapas: @Alvar Salom

Ilustraciones de interior: © ACI, © UtCon Collection / Alamy Stock Photo, © Bakusova / Shutterstock, © Album / Prisma, © Vito Arcomano / Alamy Stock Photo, © Album / akg-images, © Album / Fine Art Images, © Peter Horree / Alamy Stock Photo, © Album / Granger, NYC, © Album / The Print Collector / Heritage Images, © Album / DEA / L. PEDICINI, © 3DMI / Shutterstock, © WHPics / Alamy Stock Photo, © Josep Curto / Shutterstock, © WH_Pics / Shutterstock, © Mikko-Pekka Salo / Shutterstock, © bescec / Shutterstock, © Ruth Swan / Alamy Stock Photo, © Album / Collection KHARBINE-TAPABOR, © Album / DEA / L. PEDICINI, © Artepics / Alamy Stock Photo, © IanDagnall Computing / Alamy Stock Photo, © Album / DEA / S. VANNINI, © Album / DEA PICTURE LIBRARY, © Erich Lessing / Album, © Album / Bridgeman Images, © Album / Metropolitan Museum of Art, NY, © Matt Ragen / Shutterstock, © Shim Harno / Alamy Stock Photo, © Album / Eric Vandeville / akg-images, © Album, © Album / akg-images / Jean-Claude Varga, © Album / Universal Images Group / Godong \ UIG, © Alexei Fateev / Alamy Stock Photo, © Stoniko / Shutterstock, © The Protected Art Archive / Alamy Stock Photo, © Album / Universal Images Group / Pictures From History, © North Wind Picture Archives / Alamy Stock Photo, © Historic Images / Alamy Stock Photo, © Danny Lehman / Getty Images, © Peter Horree / Alamy Stock Photo, © Stock Photos 2000 / Shutterstock, © Album / SHEILA TERRY/SCIENCE PHOTO LIBRARY, © Album / De Agostini Picture Library, © Album / Oronoz, © INTERFOTO / Alamy Stock Photo, © Album / ImageBroker / Martin Siepmann, © Javier Jaime / Shutterstock, © canbedone / Alamy Stock Photo, © Teo Moreno Moreno / Alamy Stock Photo, © Album / quintlox, © Album / Sites and Photos, © Lev Levin / Shutterstock, © leszczem / Shutterstock, © Album / akgimages / Peter Connolly, © Album / Tolo Balaguer, © Album / quintlox, © Karl Allen Lugmayer / Alamy Stock Photo, © Album / DEA / A. DAGLI ORTI, © Album / Bridgeman Images, © Album / NYPL / Science Source, © Album / akg-images / Gilles Mermet, © Album / akg-images / François Guénet, © Album / Mondadori Portfolio /Electa / Museo Archeologico Nazionale di Napoli, © Peter van Evert / Alamy Stock Photo, © Album / MARK WILLIAMSON / SCIENCE PHOTO LIBRARY, © Arkady Mazor / Shutterstock, © Album / akgimages / Peter Connolly, © Eddie Gerald / Alamy Stock Photo, © Album / akg-images / Gilles Mermet, © 19th era / Alamy Stock Photo, © Album / Donato Milione, © Album / Pepe Lucas, © Rocío Espín Piñar, © Armadura legionaria hallada en Kalkriese (Museum und Park Kalkriese) © Sergio Geijo, © Ana Miralles, © Juan Carlos Mata Carmona, © I. Castro y Archivo del autor. Colección particular.

Bajo el sello editorial CRÍTICA M.R.
Avenida Presidente Masarik núm. 111,
Piso 2, Polanco V Sección, Miguel Hidalgo
C.P. 11560, Ciudad de México
www.planetadelibros.com.mx
www.paidos.com.mx

Primera edición impresa en España: octubre de 2024
ISBN: 978-84-08-29272-2

Primera edición impresa en México: abril de 2025
ISBN: 978-607-569-949-3

Impreso en los talleres de Impregráfica Digital, S.A. de C.V.
Av. Coyoacán 100-D, Valle Norte, Benito Juárez
Ciudad De Mexico, C.P. 03103
Impreso en México - *Printed in Mexico*

Índice

LIBRO I

Una aventura de mil años

LIBRO II

La ciudad y sus gentes

En la historia de Roma podemos ver el orto y el ocaso de una civilización, desde la semilla a la leña ya troceada, lista para el fuego.

EDWARD EMILY GIBBON

¡Oh, Roma! ¿Por qué culpa han merecido grandes principios estos fines feos?

FRANCISCO DE QUEVEDO

LIBRO I

UNA AVENTURA DE MIL AÑOS

CAPÍTULO 1

Melancólicas ruinas

Me he alojado, como otras veces, en Ferme Walila, el hostal más cercano a las ruinas de Volúbilis, un oasis marroquí rodeado de jardines con palmeras.

No es un establecimiento de lujo, pero puedes esperar sábanas limpias, cerveza fresca y un correcto tajín de ternera con ciruelas y almendras.

Mediado junio, en Marruecos hace un calor espantoso, pero yo he madrugado para adelantarme a la avalancha de turistas.

Camino solitario. Entre las sombras de las adelfas un zorrito me ve pasar. Quizá sea un perro o un coyote. Yo qué sé. O la loba de Roma.

En las ruinas del foro de la antigua ciudad, todavía de noche, clareando en el horizonte las primeras luces del alba, incurro en la sensiblería de recitar con voz intensa los versos de Rodrigo Caro:

> Estos, Fabio, ¡ay, dolor!, que ves ahora
> campos de soledad, mustio collado,
> fueron un tiempo Itálica famosa.

Recorro a mi sabor las nobles piedras, el foro, la basílica, los mercados. Me siento en un capitel abatido junto al arco de triunfo de Caracalla, un lionés rubiasco que gobernó el Imperio romano asociado a su hermano Geta, al que hizo ejecutar por contrariedades familiares que no vienen al caso.

Uno no sabe cuándo le va a sobrevenir la muerte. En el camino de Carras, en la actual Turquía, cuando se dirigía al frente de sus legiones contra los partos, Caracalla descabalgó para orinar, momento que aprovechó el legionario Julio Marcial para asestarle una puñalada «mortal de necesidad», declaró el galeno que acudió al estropicio.

El pobre emperador ni siquiera pudo terminar la micción con las tres sacudidas de reglamento.

¿Por qué lo asesinó Julio Marcial? La escolta apioló al asesino allí mismo sin pararse a considerar que convenía interrogarlo primero. No hubo ocasión de preguntarle la razón del magnicidio. Un caso parecido al de Lee Harvey Oswald, el supuesto asesino de Kennedy.

—Yo creo que andaba molesto porque no lo habían ascendido a centurión —dijo uno.

—Más bien porque no hace mucho ejecutaron a su hermano por mandato imperial —opinó otro.

Dejémoslos con sus discusiones y regresemos a la duda que desde hace días nos reconcome.

¿Por qué invirtieron los ciudadanos de Volúbilis buena parte del erario municipal en construir este arco, meramente decorativo, en honor de Caracalla, tan lejos de Roma?

Solo cabe una respuesta. Porque Caracalla había concedido la ciudadanía romana a todos los habitantes libres del Imperio.

Las decisiones que se tomaban a la orilla del Tíber afectaban a pueblos tan distintos y tan distantes.

Lo que más impresiona de Roma es que un villorrio levantara un Imperio casi por casualidad, sin apenas proponérselo.

Durante siglos, la brava Roma hizo la guerra a todos los pueblos y países de su entorno. En el siglo –III había sojuzgado a la península itálica. A unos pueblos los sometía por las armas; a otros mediante tratados de amistad en los que Roma imponía su criterio. Luego amplió sus intereses a los territorios de ultramar y ocupó todo el mundo conocido desde el Sáhara al Rin y desde las islas británicas al Éufrates.

Aquel Imperio regido por una aristocracia inmovilista basado en la fuerza, en la desigualdad social y en el trabajo esclavo se desplomó cuando ciertas teorías filosóficas o religiosas más compasivas (estoicismo, cristianismo...) le infundieron una nueva sensibilidad, la tolerancia, el buenismo *avant la lettre*.

—Concedamos la ciudadanía romana a todos los habitantes del Imperio —decidió Caracalla.

¡Hala! ¡Papeles para todos! De la noche a la mañana más de treinta millones de súbditos del Imperio se convirtieron en romanos de pleno derecho, una de las causas de la decadencia de Roma, según algunos autores. La ciudadanía romana, al principio un privilegio jurídico, acabó transformándose en una carga.

¿Una carga?

Automáticamente contraían la obligación de pagar el impuesto romano de herencia.[1]

Los romanos eran, y en realidad nunca dejaron de serlo, campesinos y soldados vinculados a la tierra y dotados de un envidiable sentido común, pragmáticos, tenaces y realistas, más inclinados a las ciencias positivas, a la organización, explotación y administración de sus conquistas que a las especulativas, la filosofía y el arte. Estas prefirieron copiarlas de los griegos.

El romano se caracterizaba por sus virtudes ciudadanas: la fidelidad a su ciudad o a su clan *(fides)*, la devoción a los dioses *(pietas)*, el valor *(virtus)*, la independencia *(libertas)* y, sobre todo, por un concepto absolutamente moderno: la subordinación del individuo a la ley *(lex)*, fundamento del derecho romano que es todavía su más valiosa aportación a la cultura occidental.

Junto a estas virtudes ciudadanas, el romano de noble cepa se esforzaba por inculcar a sus hijos estimables virtudes priva-

1. Beard, 2016, p. 563.

das: integridad *(probitas)*, juicio ponderado *(consilium)*, circunspección *(diligentia)*, autodominio *(temperantia)*, tenacidad *(constantia)* y rigor *(severitas)*. A los jóvenes se los educaba en la obediencia *(obsequium)*, el respeto *(verecundia)* y la pureza *(pudicitia)*.[2]

La expresión *romanum non est* estaba continuamente en la boca del padre noble que educaba a su hijo en las pautas de comportamiento de su clase. Este severo ideal se relajó cuando el romano se abandonó a la molicie y comulgó con las nuevas ideas morales de origen oriental difundidas a partir del siglo –I.

2. En cuanto a las esposas, las virtudes estimadas eran fidelidad sexual *(castitas)*, decencia o pureza *(pudicitia)*, amor por el marido *(caritas)*, buen carácter *(concordia)*, devoción por la familia *(pietas)*, fecundidad *(fecunditas)*, belleza *(pulchritude)*, alegría *(hilaritas)* y felicidad *(laetitia)*.

CAPÍTULO 2

La formación de un Imperio

Roma progresó lenta e implacablemente. Al principio parecía una más de las muchas ciudades sometidas al poder de los etruscos, *gens antiquissima Italiae,* como dice Plinio,[3] pero el recio carácter de sus habitantes destacaba entre las demás.

Dos siglos después de fundarse, se había adueñado de la región; pasados otros doscientos años, se había impuesto en toda la bota itálica. Luego derrotó a la poderosa Cartago y se apropió de su imperio comercial y finalmente dominó las tierras ribereñas del Mediterráneo (el Mare Nostrum, 'Nuestro Mar') para extenderse por la Europa atlántica, el norte de África y Oriente Medio hasta los confines de Persia.

Los romanos estaban convencidos de que su ciudad gozaba de la protección de Marte, el dios de la guerra y de la conquista, y de Venus, la diosa de la felicidad, de la fecundidad y de la vida. ¿De dónde procedían esas creencias?

Cualquier escolar romano sabe que cuando los griegos destruyeron la ciudad de Troya (siglo –XI), uno de los troyanos fugitivos, el príncipe Eneas, escapó de la matanza, llevando a su anciano padre Anquises a la espalda.

Anquises es uno de los hombres más afortunados de los que existe memoria. Cuando era joven, la diosa del amor, Venus, lo encontró en el monte pastoreando ganado y se prendó de él.

3. Plinio el Viejo, *Historia natural,* libro III, 112.

Como es sabido, a los dioses les está prohibido aparearse con mortales, pero, incapaz de resistirse, Venus se le apareció desnuda y le dijo «sírvase usted mismo». Anquises elevó los ojos al cielo, agradeció a los dioses que le brindaran aquellas suculencias e introdujo sus carnes mortales en las de la beldad.

Fruto de la amorosa refriega nació el héroe Eneas.

Fugitivo de Troya con el venerable Anquises a cuestas, Eneas arribó primero a Cartago, pero la ciudad no terminó de convencerlo. Se hizo de nuevo a la mar, dejando atrás a una reina Dido que, despechada de amor no correspondido, se suicidó clavándose una daga e incinerándose en una pira.

Algún lector habrá deducido una justificación de la mortal enemistad de cartagineses y romanos.

Eneas arribó finalmente a la península itálica, en la desembocadura del Tíber, se casó con la princesa Lavinia, hija del rey Latino, y tuvo un hijo, Ascanio, que andando el tiempo fundaría la ciudad de Alba Longa. Siglos pasaron y uno de los descendientes de Ascanio, el rey Numitor, fue destronado y expulsado de Alba Longa por su taimado hermano Amulio. El usurpador obligó a su sobrina, Rea Silvia, a consagrarse a la diosa Vesta, lo que es tanto como decir que la metió en un convento de clausura para que no pudiera tener hijos que propagaran la simiente del destronado Numitor.

Pero Marte, el dios de la guerra, se prendó de la bella muchacha y después de contemplarla dormida sobre la hierba a la vera de un rumoroso arroyo la dejó preñada con tal delicadeza que ella ni siquiera se enteró del lance.

Otra versión, más realista, asegura que fue el propio fuego vestal, sagrado, que la muchacha cuidaba en el templo de las vírgenes, el que se transformó en falo y la penetró. Ahorrémonos el chiste: preñeces más raras se han visto en otras religiones, como no ignoran los devotos de la Anunciación.

A los nueve meses del amoroso encuentro Rea Silvia dio a luz dos robustos gemelos, Rómulo y Remo. Lo supo el malvado Amulio y ordenó que los arrojaran al Tíber, pero la criada encargada de cumplirlo se apiadó de los bebés y los depositó en una cestilla de mimbre que, discurriendo río abajo, fue a encallar entre las raíces de una providencial higuera que crecía a orillas del lago Velabrum, al pie mismo del monte Palatino.[4]

Una loba, Luperca, a la que los cazadores habían matado su reciente camada, percibió el llanto de los hambrientos pequeñuelos y, colocándose encima de ellos, permitió que mamasen de sus hinchadas ubres. Luego, con maternal instinto, los crio y ellos crecieron robustos y lobunos hasta que se hicieron hombres.

Otra versión, menos poética: de loba nada; en realidad la palabra *loba* en el latín de entonces significaba *puta*. Fue una puta la que los alimentó y a lo mejor por ese defecto de origen los romanos hicieron tantas putadas a los pueblos que tuvieron trato con ellos (aunque también los desasnaron, o sea, romanizaron, vaya lo uno por lo otro).[5]

Pasaron los años. Con las vueltas de la vida, Rómulo y Remo conocieron la historia de su origen, fueron a Alba Longa, mataron al usurpador Amulio y restituyeron en el trono a su anciano abuelo Numitor. Cumplida esta justicia, regresaron a los parajes donde los había criado la loba dispuestos a fundar una ciudad. Rómulo quería que se llamara Roma y escogió el monte Palatino; Remo prefería que se llamara Remoria y estuviera en el Aventino.

—Dejemos que decidan los dioses —acordaron.

Cada uno pasó el día en su colina favorita contando los cuervos que surcaban el cielo. Al caer la tarde volvieron a juntarse en el llano.

—He contado seis —dijo Remo.

—Yo doce, el doble —dijo Rómulo—. Te gano.

Siguiendo la ceremonia etrusca, Rómulo unció al arado dos bueyes blancos y trazó un surco profundo, el *pomerium,* para

4. Esta higuera, conocida como *Ficus Ruminalis,* era objeto de veneración en la Roma antigua.

5. Ya lo reconoce Salustio: «Desde sus inicios los romanos no han poseído nada, sino lo que robaban: hogar, esposas, tierras, Imperio» (Salustio, *Historias,* libro IV, 69, § 17).

marcar los límites de la nueva ciudad.[6] Cuando quería dejar espacio para una puerta levantaba el arado durante unos metros.

—El surco representa los límites de la ciudad y es sagrado —avisó—. El que quiera entrar, que lo haga por una puerta o incurrirá en sacrilegio.

Pero Remo se burló de la sagrada ceremonia y saltó el surco. Aquella broma le costó la vida, porque el severo fundador le hundió el cráneo con su azada. Sobre tan terrible sacrificio propiciatorio, vertida la sangre de Venus y Marte, amor y guerra, Roma quedó consagrada.

Rómulo sepultó el cadáver de su hermano en la colina donde este quería fundar su Remoria.

Algunos historiadores ven en ese mito fundacional, el conflicto de los dos hermanos y el cruento sacrificio de Remo, cierta predisposición genética de Roma hacia la guerra civil.

Nace la nueva ciudad y el primer sacrificio propiciatorio que decide su futuro es un fratricidio: un hermano mata a otro. En mil años de historia, Roma no se desprenderá de esa inclinación al conflicto interno y a pesar de ello, para pasmo de la historia, conquistará y civilizará el mundo.

La fundación de Roma debió de ocurrir el 21 de abril de –753. Por eso los romanos calculaban el tiempo *ab urbe condita,* 'desde la fundación de la ciudad', del mismo modo que nosotros, los cristianos, lo calculamos desde el nacimiento de Cristo.

Quedaba la tarea más difícil: poblar la nueva ciudad. Rómulo aceptó a toda clase de colonos, muchos de ellos maleantes expulsados de ciudades vecinas o esclavos fugitivos.

—Nada importa la vida anterior —declaró—, pero en esta ciudad se cumplirán las leyes.

Las leyes, el fundamento de la civilización romana, que es la nuestra.

6. *Pomerium: post murum,* 'detrás del muro'.

CAPÍTULO 3

La aldeíta que ocupó el mundo

De los primeros cuatro siglos de la existencia de Roma apenas hay noticias escritas. Ese hueco lo llenaron historiadores romanos a base de leyendas o de meras deducciones.

Los primeros romanos no se establecieron donde quisieron, sino donde les permitieron los pueblos del entorno más poderosos. El de Roma distaba de ser un emplazamiento ideal. La comarca abundaba en charcas infestadas de mosquitos palúdicos,[7] pero al menos estaba alejada del mar, infestado de piratas, y resultó estratégicamente emplazada en el centro de la península itálica, que a su vez ocupa el centro del Mediterráneo, que es como decir el centro del mundo antiguo. Gran ventaja para la futura expansión de la ciudad y de su Imperio.

En el entorno de esta Roma embrionaria, formada por unas cuantas chozas de barro y paja agrupadas sobre el monte Palatino (cincuenta y un metros de altura), existían otros siete cerretes.[8] La

7. Toda la grandeza de la Roma imperial (y luego de la pontificia que la sucedió) no pudo acabar con el pertinaz mosquito trompetero. Habría que esperar dos mil quinientos años, hasta nuestro tiempo, para que la desecación de los pantanos librara a la ciudad de aquel suplicio (un acierto de Mussolini que quizá no compense sus errores de más bulto).

8. Cuando la ciudad creció, ocupó los otros cerretes: el Aventino (46 metros), el Caelius (48 metros), el Esquilino (58 metros), el Viminal (54 metros), el Quirinal (69 metros), el Capitolio (49 metros) y, cruzando el Tíber, el Janículo (85 metros).

comarca poseía razonables campos de cultivo y pastos de los que una sociedad agropecuaria podía subsistir.

No obstante, debido a su población de aluvión, mayoritariamente masculina, apenas transcurridos tres meses desde la fundación se empezaba a notar que la falta de mujeres podía malograr el proyecto de Rómulo.

—Cereal y carne tenemos —se quejaban—, pero no solo de eso vive el hombre.

—Es que estamos en la fase apetitiva en la que gusta acceder a una pareja potencial.

—No es bueno que el hombre esté solo —decía otro, inspirado por el Altísimo.

—¿Y si pedimos mujeres a los poblados de alrededor? —propuso un tercero—. Pagando, como es natural.

La idea parecía buena, pero resultó inviable. Los pueblos del entorno se sintieron tan ofendidos que ejecutaron a los embajadores que pedían mujeres.[9]

—¿Esas tenemos? —dijo Rómulo—. Entonces habrá que conseguirlas por la fuerza.

Terminada la recogida del cereal, el taimado organizó unos festivales de reconciliación con los vecinos, los Consualia, en honor a Neptuno.[10]

En medio de la fiesta, a la que habían acudido confiadamente sabinos y latinos en compañía de sus familias (atraídos por la perspectiva de comer de balde), los romanos solteros irrumpieron en los corrillos familiares y cada cual secuestró a la muchacha con la que deseaba interactuar. Lógicamente se llevaron a las más vistosas.

Lo que había comenzado como una alegre romería acabó en llanto, querella, reyerta y desgarramiento de blusas.

9. Tito Livio, *Ab urbe condita,* libro I, 9.
10. Estrabón, *Geografía,* V, 3, 9.

—¡Ay, la hija de mis entrañas, la que guardaba virgen para buscarle un buen marido! —se lamentaban las madres—. ¿Qué será de ella en manos del desharrapado que la arrancó de mis brazos?

—¡El peor cerdo se ha llevado la mejor bellota! —se quejaba otra.

Los damnificados formaron una liga de naciones bajo la dirección de los sabinos para hacerle la guerra a Roma y obligarla a devolver a las secuestradas.

¿Devolver a las mujeres, ahora que les habían tomado cariño? Ni hablar. Rómulo se encomendó a Júpiter en su advocación más romana, la de Estator, 'Impávido'.

Los dos ejércitos, todavía turbas campesinas armadas de garrotes y herramientas de labor, se encontraron en el llano que hoy ocupa el foro romano, esas ruinas en el centro de Roma transitadas por rebaños de turistas en pos de un guía que levanta un paraguas rojo.

En aquel entonces, los enfrentamientos estaban tan nivelados que las dos partes salían perdiendo, de manera que a veces las diferencias se dirimían mediante duelo singular entre los caudillos.

Rómulo se enfrentó con Agón, rey de los ceninetes, su vecino más bravo, y lo mató. Después de tan señalada victoria paseó el cadáver y las armas de su adversario en un *spolia opima* ('rico trofeo').

Fue el primer desfile de la victoria *(triumphus)* del que se tiene memoria, una institución muy querida por los romanos, que, como veremos, a menudo progresaban en las magistraturas del Estado después de haber demostrado pericia militar.[11]

11. En muchos monumentos antiguos y en sus imitaciones posteriores se reproducen panoplias de armas tomadas al enemigo, en recuerdo de estos *spolia*. Casi siempre representan una coraza con su casco rodeada de banderas, lanzas, cañones y otros herrajes bélicos.

Después de este episodio, o en otro parecido, los romanos se enfrentaron con la confederación de los agraviados sabinos. Cuando la batalla era inminente se interpusieron entre los dos ejércitos las sabinas secuestradas. Con el sentido común propio de las mujeres, habían pensado:

—¿Qué ventaja sacamos nosotras de que nuestros padres y hermanos mueran ahora a manos de nuestros maridos o viceversa? Con el roce les hemos tomado cariño y, aunque al principio andábamos escocidas y quejosas, ahora andamos gozosas y, muchas de nosotras, preñadas. Más vale olvidar pasadas ofensas y que reinen la paz y la concordia.

Paz y Concordia no eran simples abstracciones como lo son para nosotros. Ellos creían que eran diosas que acudían en auxilio de sus devotos. Les sacrificaban cochinillos en los altares, derramaban vino para honrarlas.

Los sañudos padres y maridos que iban a matarse depusieron las armas, quizá con alivio. Lo del secuestro no estuvo bien, razonaron, pero si ahora apoquinan una dote razonable, conformémonos.

Amistaron los dos pueblos y en adelante fueron uno, depuestas las armas y convertidos los feroces enemigos en pacíficos yernos, suegros y cuñados. Los que antes iban a matarse brindaron por la paz. Pelillos a la mar.[12]

De esta concordia asegura Plutarco que proceden ciertos usos del matrimonio romano que hemos heredado en la sociedad actual: «que la novia no pase por sí misma el umbral de la casa, sino que el novio la introduzca en volandas: porque entonces no entraron, sino que las llevaron por la fuerza. Dicen también algunos

12. «Hízose un tratado, por el que las mujeres que quisiesen quedarían con los que las tenían consigo, no sujetas, como ya se ha dicho, a otro cuidado y ocupación que la del obraje de la lana» (Plutarco, *Vidas paralelas*, «Rómulo», p. 57, véase <https://web.seducoahuila.gob.mx/biblioweb/upload/Vidas_paralelas-Plutarco.pdf>).

que el desenredarse el cabello de la novia con la punta de una lanza simboliza que las primeras bodas se hicieron en guerra y hostilmente».[13]

¿Qué fue de Rómulo? Gobernó Roma hasta la vejez y un día de tormenta desapareció dentro de un torbellino que se lo llevó a los cielos, con los dioses (de hecho, los romanos lo deificaron como Quirino).

Otra versión es menos simpática: abusó tanto de su poder que sus súbditos lo asesinaron. Es posible que el santuario de la Piedra Negra (Lapis Niger) del foro romano, uno de los templos más antiguos de la ciudad, fuese en realidad la reverenciada tumba de Rómulo.[14]

La tradición señalaba que a Rómulo (–753 a –717) lo sucedieron una serie de reyes elegidos por los votos de un Senado constituido por treinta patricios.

Estos reyes, de cuya existencia histórica no estamos seguros, fueron: Numa Pompilio, que otorgó a Roma sus instituciones; Tulio Hostilio, que infundió virtudes guerreras en los campesinos; Anco Marcio, que extendió el dominio romano a la desembocadura del Tíber, el puerto de Ostia; Tarquinio Prisco, que construyó el foro romano en el llano entre las colinas; Servio Tulio, que censó la población a efectos electorales, y Tarquinio el Soberbio, cuyos abusos provocaron un golpe de Estado que acabó con la monarquía e instituyó la República.

¿Qué abusos?

Según parece, el desencadenante fue la violación de Lucrecia, honestísima esposa del patricio Colatino, por el hijo de Tarquinio, un niñato llamado Sexto.[15]

13. *Ibidem,* p. 16.

14. Descubiertos sus restos en 1899, se especula que la inscripción latina más antigua es la que contienen las cuatro caras de su pedestal, en el que puede leerse la palabra *RECEI* (*rex,* 'rey' en latín arcaico). Pudiera ser el *heroon* o monumento funerario del fundador de la ciudad.

15. La describen pormenorizadamente Tito Livio (*Décadas*, I, 47-49) y Ovidio (*Fastos,* XI, vv. 685-852).

Lucrecia era un modelo de honestidad, de estas primitivas romanas de las que los epitafios pregonaban *domum servavit, lanam fecit* ('cuidó de su hogar, tejió la lana'), pero el taimado Sexto penetró por la noche en su dormitorio, se le metió en la cama y la poseyó haciéndose pasar por el marido, que estaba ausente.

El lector, y especialmente la sagaz lectora, pensará que incluso en la oscuridad de la alcoba una mujer dispone de medios para distinguir a su cotidiano compañero de cama de un intruso. Por eso parece más creíble la versión más dramática de esta historia: Lucrecia notó que el que se allegaba a ella no era su marido, pero el intruso le puso un cuchillo en la garganta y razonó de este modo:

—¡Si gritas, te mato! Sé que estás dispuesta a morir por defender tu honor, pero repara en que si te resistes te mataré y luego mataré a un esclavillo joven y guapo, pondré su cadáver en tus brazos y diré que te sorprendí en flagrante adulterio y os ejecuté para vengar el honor de tu esposo Colatino, que es mi amigo.

Ante esta amenaza, Lucrecia, temiendo más la deshonra pública que la pérdida de su honra, separó las piernas, se dejó hacer y Sexto la poseyó.

¡El qué dirán venció a la honestidad!

No del todo. Al día siguiente, la deshonrada convocó a su padre y a su esposo, les refirió lo ocurrido y a continuación se hundió un puñal en el pecho. Sus últimas palabras fueron:

—Que mi muerte sirva de lección para que las mujeres sepan que no deben sobrevivir a su deshonor.[16]

16. ¿Qué deducimos del episodio de Lucrecia? La mujer es la depositaria del honor de la familia, que reside principalmente en su entrepierna, como lo sigue siendo en ciertas sociedades primitivas que el inteligente lector sabrá identificar. «No es un miedo personal, no teme por su cuerpo ni por su vida; es un miedo social, teme por el honor, por un ho-

Cuando se divulgó el suceso, la conmoción de Roma fue tal que Tarquinio y su familia huyeron de la ciudad. Exiliado el rey, cayó la monarquía y se instauró la República.[17]

---

nor que no es suyo, sino de su marido y de su padre, pero ella se sabe depositaria del honor de los varones de su familia» (Otero Vidal, 1966, p. 36).

17. La violación de Lucrecia ha inspirado una gran cantidad de obras artísticas, tanto pictóricas como literarias. Mencionemos tan solo *La violación de Lucrecia* (1594), el poema narrativo de William Shakespeare, y la ópera homónima de Benjamin Britten (1946). El tema concita el interés del colectivo feminista, que denuncia «un enérgico posicionamiento ante esta lacra social y de la que las mujeres siguen siendo víctimas, ya sea como botín de guerra, como una forma de maldad destructora al engendrar hijos que les recordarán a sus verdugos o como simples objetos de placer de unos hombres carentes de hombría» (Paisano, 2023).

CAPÍTULO 4

La primera derrota

Según la leyenda heroica, el rey etrusco Lars Porsena, amigote del expulsado Tarquinio, intentó asaltar Roma después de acampar con su ejército en la orilla opuesta del Tíber.

Un romano llamado Horacio Cocles defendió heroicamente la cabecera del único puente sobre el Tíber mientras sus camaradas lo destruían detrás de él para evitar que el enemigo lo cruzara.

Privados del puente, los etruscos acamparon en espera de que el descenso estival del nivel de las aguas les permitiera vadear el río. En ese *impasse,* otro romano llamado Cayo Mucio Escévola se introdujo en el campamento etrusco y apuñaló a un oficial al que confundió con el rey Porsena.

—Te has confundido de hombre —le dijo el rey cuando lo llevaron a su presencia, un poco magullado tras la captura—. Porsena soy yo.

Mucio Escévola se castigó introduciendo la mano derecha en un brasero hasta que se consumió por completo, hueso y todo. Impávido, el tío, aunque se le escapaban lágrimas como cebollas. Su entereza causó admiración en el rey Porsena y en toda la oficialidad presente.

«Si los romanos me rondan con media docena de semovientes como este me puedo dar por muerto y enterrado», pensó Porsena, y volviéndose a su oficial de órdenes le dijo:

—A ver, Heliodoro, avisa al trompeta que toque diana floreada. Ya estamos tardando en levantar el campamento. Será mejor que dejemos en paz a los romanos y no intentemos someterlos.

—Será una decisión prudente, porque otros hombres como yo se han juramentado para matarte —informó el manco Escévola.

Los etruscos abatieron las tiendas, empaquetaron el fardaje y se fueron.

Algunos historiadores aguafiestas piensan que quizá los etruscos sí conquistaron Roma después de todo y que la historia de Escévola solo pretende ocultar la derrota romana.

Otra derrota, esta sí admitida, padecieron los romanos a manos de los senones, unos galos procedentes de la Cisalpina.[18] El desastre ocurrió en el Alia (–390), un arroyuelo a dos horas de camino de Roma.

Según Plutarco, los senones emigraban al sur en busca del vino, porque «habiendo llegado, aunque tarde, a probarlo, de tal manera les gustó y hasta tal punto los sacó a todos de juicio su dulzura, que, tomando las armas y llevando consigo a sus padres, corrieron a los Alpes en busca de la tierra que tal fruto producía, teniendo todos los demás países por estériles y silvestres».[19]

O sea, unos borrachuzos en busca de mosto.

Capitaneados por Breno, llegaron a las puertas de Roma cuando el ejército romano que les había salido al encuentro se encontraba ausente. Viendo las puertas de la ciudad abiertas recelaron una trampa y no se atrevieron a entrar hasta que comprobaron que Roma se encontraba desguarnecida. Esta vacilación permitió a la población refugiarse en las alturas del Capitolio (seguramente defendido por una primitiva muralla). Los ancianos senadores, sin embargo, consideraron improcedente huir ante el enemigo (la inmutable *dignitas* romana) y prosiguieron su reunión como de costumbre.

Los galos quedaron al principio sorprendidos por la imperturbabilidad de aquellos ancianos de aspecto respetable que perma-

18. La Galia Cisalpina es la que está al norte de Italia, a este lado de los Alpes; la Transalpina es la que está al otro lado de los Alpes.

19. Plutarco, *Vidas paralelas,* «Camilo», XV.

necían impasibles como estatuas. El hechizo duró hasta que uno de ellos se atrevió a mesar las barbas de un senador y recibió como respuesta un bastonazo. El galo lo asesinó y sus camaradas hicieron lo propio con el resto de los ancianos. Después saquearon la ciudad. En este episodio, se perdieron todos los documentos de los primeros siglos de historia de Roma.

Todavía resistía el Capitolio, abarrotado de fugitivos. Una noche sin luna los galos intentaron escalar las murallas silenciosamente, pero los gansos dedicados a la diosa Juno despertaron con sus graznidos a los confiados centinelas y les permitieron repeler la incursión. En memoria de este suceso cada año se ahorcaban o crucificaban unos perros (*supplicia canum,* 'castigo de los perros') en presencia de los gansos capitolinos para rememorar que fueron ellos y no los perros guardianes (que dormían) los que dieron el graznido de alarma.

Cuando escasearon las provisiones, los refugiados del Capitolio parlamentaron con los sitiadores. Breno aceptó retirarse de Roma a cambio de mil libras de oro (trescientos veintisiete kilos). Cuando lo estaban pesando, los romanos se quejaron porque sospechaban que la balanza estaba trucada. Entonces Breno añadió su pesada espada al platillo y los obligó a compensar su peso en oro.

«*Vae victis!*» ('¡Ay, de los vencidos!'), advirtió.

Una frase que desde entonces preside todos los acuerdos cuando el vencedor obliga al vencido a comulgar con ruedas de molino.

Aquella ofensa no podía quedar sin venganza en la memoria patriótica de Roma. Inventaron que un ilustre patricio, Marco Furio Camilo, regresó de su exilio a tiempo para alcanzar a los galos en retirada e infligirles una gran derrota. Confrontado con el vencido Breno, Camilo pronunció estas sentenciosas palabras:

—La patria se libera con el hierro, no con el oro *(Non auro sed ferro liberanda est patria)*.

Roma le concedió a Camilo el título de segundo fundador de la ciudad *(conditor alter urbis),* que lo situaba a la altura de Rómulo.

Todavía tuvieron que soportar los romanos otra humillante derrota a manos de los samnitas, una belicosa tribu procedente de los Apeninos. Los historiadores discrepan sobre el lugar de la batalla, pero concuerdan en que en –321 un ejército romano quedó atrapado y sin agua en el desfiladero de las Horcas Caudinas y no tuvo más salida que rendirse y aceptar las condiciones que le imponían.

El caudillo samnita, Poncio, deseaba que aquella derrota permaneciera indeleblemente en la memoria de Roma.

—Los romanos no saben gestionar la derrota —razonó—. El recuerdo de esta los irritará eternamente y no les dejará descansar.[20]

Poncio dispuso un arco formado por dos lanzas verticales y otra horizontal por el que tendrían que pasar los romanos. La horizontal estaba tan baja que los obligaba a inclinarse ante Poncio y su ufano Estado Mayor.

«Los cónsules fueron los primeros en ser enviados, poco menos que medio vestidos, bajo el yugo; luego, cada uno según su rango se expuso a la misma vergüenza y, finalmente, los legionarios uno tras otro. Alrededor de ellos se encontraba el enemigo bien armado, insultándolos y burlándose de ellos; sobre muchos llegaron a alzar las espadas cuando algunos insultaron a sus vencedores, mostrando claramente su indignación y rencor, y varios fueron heridos y hasta asesinados».[21]

Como se sabe, lo importante no es ganar o perder una batalla, sino ganar la última. Romanos y samnitas se disputaron el control de Italia central en tres guerras sucesivas (entre el –343 y el –290). Al final prevalecieron los romanos.

20. Tito Livio, *Ab urbe condita,* IX, 3.
21. *Ibidem,* IX, 6.

CAPÍTULO 5

Una República de patricios...

Hasta aquí hemos referido los mitos con los que los romanos embellecieron sus orígenes, pero la historia deducible de los descubrimientos arqueológicos nos presenta un cuadro menos heroico.

¿Cómo surgió Roma?

En torno al monte Palatino existieron hacia el siglo –VI tres poblados diferenciados por su origen: etruscos, latinos y sabinos. Con el tiempo se unieron para formar la comunidad Septimontium ('de los Siete Montes'), con predominio de la tribu sabina.

Esta liga se enfrentó supuestamente a la ciudad de Alba Longa (en los vecinos montes Albanos) y la venció. A lo mejor, más que batalla fue una reyerta de ganaderos por el aprovechamiento de los pastos o disputando una oveja. Poco después los contendientes se sometieron a los etruscos del norte, más adelantados técnicamente. El primitivo poblado se transformó en «la ciudad del río» *(rumon)* o Roma.[22]

Cuando el poder etrusco decayó, los romanos se independizaron y dominaron las ciudades vecinas, unas por pacto de sumisión y otras por acuerdos de hermandad, primero las de su entor-

22. Fundamental para el futuro de la ciudad fue que los etruscos drenaran las marismas encauzando sus aguas hacia el Tíber a través de la Cloaca Máxima, en su origen (siglo –VI) un canal a cielo abierto que posteriormente se cubrió con una bóveda de cañón.

no y después las más lejanas. De este modo, tacita a tacita, al cabo de cuatro siglos se habían adueñado de la península.

Se cree, pero la verdad solo Júpiter la sabe, que Rómulo había formado un Senado con los primeros cien pobladores, a los que declaró *patres* de la patria, o sea, *patricios.*

Al principio, esta aristocracia *(nobilitas)* detentaba todo el poder político. El resto de la población, los *plebeyos* descendientes de los extranjeros *(peregrini)* que llegaron después, carecía de derechos.

La movilidad social no existía. «El que ha nacido en el cuchitril no sueña con la casa» (*«Qui in pergula natus est, aedes non somniatur»).*

Esta inmovilidad social se manifestaba visualmente en el uso de la toga, el digno traje nacional romano, el emblema de clase de los ciudadanos romanos de pleno derecho vedado a las mujeres, a los *peregrini* y a los esclavos.

A menudo, la toga se relacionaba con la grandeza de Roma: *Romanos, rerum dominos, gentemque togatam* ('Romanos, señores del mundo y el pueblo que usa togas'). Vestir la primera toga, a los diecisiete años, equivalía a ingresar en el mundo adulto.

Una causa lógica de la preeminencia de los patricios fue que en los primeros tiempos de Roma solamente ellos constituían el ejército que defendía la ciudad. Así ocurrió hasta la reforma de Mario (siglo –II), cuando el ejército profesional admitió a todo el mundo.

Muchos de los *patres* fundadores se convirtieron en el antepasado común divinizado *(sacra gentilicia)* de algunos clanes *(gens)* que compartían el mismo nombre *(gentilicium).* En los desfiles municipales, los descendientes del ilustre difunto portaban con orgullo su imagen *(imago)* de bulto, a veces una simple máscara de cera, y algún recordatorio de sus hazañas: el torques de Manlio, el martillo de Publicio o el hacha de los Valerio.[23]

23. Manlio se ponía como ejemplo del romano valiente: mató a un gigantesco galo que había retado a los romanos a combate singular y tomó

Cada clan constaba a su vez de varias familias, encabezadas por un patriarca (paterfamilias) que ejercía un dominio absoluto sobre sus miembros, incluido el de vida o muerte, porque su potestad *(patria potestas)* lo autorizaba a «vender, matar, ofrecer a los dioses, subordinar a cualquier ocupación y devorar a los hijos».[24]

Con el tiempo, ese dominio se atemperó y, en la época del Imperio, al paterfamilias le estaba prohibido ejecutar a nadie, aunque fuera esclavo.

En Roma no existía la mayoría de edad. La potestad del paterfamilias solo se extinguía con su muerte. Supongamos que un individuo ha cumplido ya los sesenta y que tras una brillante carrera ha escalado las más altas magistraturas. Pues bien, si su paterfamilias vive, a efectos legales continúa siendo un menor de edad sometido a su autoridad y tutela. Teóricamente, tiene que solicitarle permiso hasta para adquirir un celemín de trigo. Solamente la oportuna muerte de su paterfamilias lo promocionará a ciudadano de pleno derecho, autónomo, y le otorgará capacidad jurídica propia, convirtiéndolo, a su vez, en paterfamilias.

Esto no significa que todos los miembros de la familia tengan que convivir bajo el mismo techo. Al llegar a cierta edad, es costumbre que los hijos varones alquilen, siempre con el permiso del padre, una habitación o una casa en otra parte de la ciudad para vivir en relativa independencia o, incluso, si el paterfamilias con-

---

como botín el collar (torques) que el galo llevaba al cuello. Desde entonces lo conocieron por el sobrenombre de Torquatus (Torcuato). La hazaña, similar a la de David contra Goliat en la Biblia, inspiró el enfrentamiento de Aquiles con el hombrón Boagrius en la película *Troya* (2004). Otras hazañas similares dieron apellido al cónsul Marco Publicio Maleolo (*maleolus* es 'martillete') y el hacha, herramienta de la legión, a los Valerio.

24. Rascovsky, 1992, p. 174. ¿Devorar a sus hijos, como el mitológico Cronos pintado por Goya? El canibalismo en caso de necesidad siempre se ha contemplado en la historia. Según la ley de las Siete Partidas, el alcaide puede y debe comerse a su hijo antes que entregar por hambre la fortaleza que le ha sido encomendada.

siente, se casen y formen su propia familia. El dinero que ganen lo administrará el padre, pero ellos podrán sobrevivir con la asignación *(peculium)* que este les conceda graciosamente.

El paterfamilias dispone de dos procedimientos para tener hijos que perpetúen su nombre y su estirpe: engendrarlos o adoptarlos. Como los romanos no conceden demasiada importancia a la fuerza de la sangre, las adopciones son muy frecuentes.

En una adopción casi siempre median intereses creados. Si su hijo carnal no le parece merecedor de sucederlo en el gobierno de la familia, el paterfamilias adopta a un sobrino, a un nieto, a un amigo, a un vecino o incluso a un esclavo liberto. Las argucias y chanchullos legales son infinitos. Puede hasta darse el caso de que un ciudadano adopte a otro mayor que él para heredar su fortuna cuando fallezca.

¿Cómo paga el pobre la protección del rico?

¿Recuerdan, en *El padrino* (1972), la inmortal película de Coppola, al atribulado empresario de pompas fúnebres que acude al poderoso Corleone en busca de justicia para su hija maltratada?

—Vale, yo te ayudo —le dice el poderoso—, pero tú me quedas obligado de por vida.

El paterfamilias extendía su protección *(patrocinium)* fuera de la familia a cierto número de clientes, que lo consideraban su *patronus* o *dominus.*[25]

Algunos clientes eran hombres libres; otros, antiguos esclavos libertos de la familia o de sus ascendientes.

Cliente y *dominus* estaban unidos por un lazo de lealtad mutua *(fides)*. Cada día, el cliente comparecía a la puerta del *dominus*

25. *Cliente (cliens)* deriva del verbo *cluere,* 'obedecer'. El clientelismo es una institución simple y efectiva propia de sociedades en las que el derecho y la ley no se han desarrollado todavía para garantizar la protección del débil frente a los desmanes del poderoso. En el sistema clientelar, el poderoso protege al débil de los abusos de los otros poderosos, y este, a cambio, lo sirve y lo obedece.

muy de mañana para ponerse a su disposición *(salutatio matutina)* en el riguroso orden de categoría y antigüedad, porque, en la jerarquizada Roma, hasta los más humildes sabían estar juntos, pero no revueltos. El *patronus* recompensaba los servicios y la sumisión del cliente con la *sportula* o cesta con algún comestible (trigo, por lo general). El número de clientes que se agolpaban a su puerta para darle los buenos días denotaba el prestigio *(dignitas)* del *patronus*.[26]

El cliente obedece ciegamente al *dominus*, venera sus mismos dioses privados y abraza la carrera profesional que el señor le indica.

Conviene precisar que los clientes no siempre son pobres al arrimo del rico. Se dan también casos de clientes más ricos que el *dominus* al que se encomiendan. Pudiera ocurrir que un acaudalado comerciante de origen plebeyo quisiera hacer carrera política y necesitara el apoyo de su arruinado *dominus*, socialmente influyente.

En cierto modo, la historia de Roma es la de la lucha secular de una creciente población plebeya por adquirir los derechos de la privilegiada clase patricia. El que nada tiene rondando los haberes del que lo tiene todo, lo de siempre.

En –494 los plebeyos se rebelaron *(secessio plebis)* exigiendo los mismos derechos que los patricios, abandonaron sus trabajos y se congregaron en el monte Sacro, un cerrete a cuatro kilómetros del Capitolio así denominado porque era el lugar donde los augures observaban el vuelo de las aves.

Después de unos días, y ante el previsible colapso de la economía de la ciudad, los patricios aceptaron la creación de una asamblea *(concilium)* plebeya y de dos tribunos de la plebe *(tribuni*

26. Las fórmulas de clientela son comunes a diversas culturas. En la península ibérica evolucionaron hasta culminar en la *devotio* ibérica, tan admirada por los autores grecolatinos: el guerrero contraía la obligación de suicidarse si su jefe perecía en combate.

plebis) con derecho de veto a cualquier ley o actuación que perjudicara al pueblo.

Otro logro de los plebeyos fue que el plebeyo insolvente no se convirtiera en esclavo del patricio acreedor (un caso muy frecuente).

¿Cómo se organizaba el gobierno de Roma?

El *imperium* o poder ejecutivo estaba dividido entre dos cónsules, mayores de cuarenta y dos años, elegidos anualmente.

Este gobierno colegiado se auxiliaba con una serie de magistraturas con distintas áreas de acción: pretor, edil, cuestor, censor y dictador.[27]

El sistema político resultante consistía en un complejo entramado de equilibrios institucionales: los dos cónsules se coartaban mutuamente y aunque juntos detentaran un poder casi monárquico, los limitaba el relevo anual, el posible veto de los tribunos de la plebe y la necesidad de contar con el Senado, que aprobaba o denegaba las inversiones en lo tocante a la guerra.[28]

Los comicios o asambleas populares se equilibraban con el Senado o Parlamento vitalicio, representante de la aristocracia, combinación expresada mediante la fórmula *Senatus populus que romanus* (SPQR), 'Senado y pueblo romanos'.

Los principales cargos públicos (cónsul, pretor y censor) se elegían anualmente por una asamblea popular *(comitia centuriata)*

27. Los pretores impartían justicia y sustituían al cónsul ausente de Roma. Al principio solo hubo uno, pero en el siglo –I eran dieciséis; los censores elaboraban el censo de los ciudadanos actualizando su clasificación por clases según la fortuna de cada cual: équites ('caballeros'), plebeyos, clientes, esclavos y libertos. Cada cierto número de años se reformaba el censo para que los que habían mejorado de posición económica pasaran a la clase superior y los que habían empeorado descendieran a la inferior. Los censores se elegían por un periodo de cinco años entre los antiguos cónsules.

28. En la práctica, los tribunos de la plebe no siempre fueron efectivos en la defensa de los derechos del pueblo. Cuando su número aumentó a diez, el voto de uno solo de ellos podía vetar el de los otros nueve.

en la que el voto no era individual, sino colectivo, dependiente de 193 centurias con predominio de los patricios.

Los cargos menores (cuestores y ediles) los elegía la asamblea tribal *(comitia tributa),* en la que votaban treinta y cinco tribus (cuatro urbanas y treinta y una rústicas).

Los tribunos y ediles plebeyos se elegían por el concilio de la plebe *(concilia plebis),* que excluía a los patricios.

Cuando Roma creció, con los siglos, llegó a haber doscientos cincuenta mil votantes divididos en cinco clases, con arreglo a un baremo establecido sobre el patrimonio personal de cada uno.

La unidad de voto romana no se basaba en el principio «un hombre, un voto», sino en el voto colectivo de un grupo (fuera curia, tribu o centuria, dependiendo del tipo de votación). Este sistema garantizaba el triunfo de la oligarquía senatorial en todas las votaciones.[29]

En un principio solo los patricios *(optimates)* servían en el ejército, pero andando el tiempo surgió una clase social intermedia, los *équites,* formada por plebeyos que habían prosperado lo suficiente para costear un caballo con el que se incorporaban a la caballería.

El gobierno de Roma evolucionó de la aristocracia a la oligarquía. En la práctica, solo los muy ricos podían optar a las principales magistraturas, porque la campaña requería gastar ingentes cantidades de dinero en sobornos debido al sistema clientelar y al patrocinio.

Los romanos que se dedicaban a la política, en un principio solo los patricios, debían seguir el *cursus honorum,* que empezaba

29. En las llamadas *centurias,* una minoría de millonarios constituía la mayoría efectiva, puesto que copaba 98 unidades de voto de un total de 193. Si la votación era por tribus, volvían a ganar los oligarcas que representaban a 27 tribus rurales, mientras que la plebe urbana se concentraba en solo 4 tribus. Por lo tanto, el margen de participación real del pueblo era más bien escaso, por no decir nulo.

por el cargo más bajo, edil, e iba ascendiendo hasta cónsul, dependiendo de las capacidades del individuo.[30]

Como entre nosotros, el dinero era la llave maestra que abría todas las puertas, el irresistible ariete que arrollaba las barreras y los prejuicios sociales. Cuando los plebeyos consiguieron el derecho al matrimonio mixto entre patricio y plebeyo (*Lex Canuleia,* –440), las familias plebeyas enriquecidas emparentaron con familias patricias arruinadas y surgieron los *homines novi* o 'advenedizos'. Más adelante incluso consiguieron acceder al consulado y a las otras magistraturas que al principio se reservaban a los patricios (*Lex Licinia,* –367).

A lo largo del periodo republicano se produjeron fuertes tensiones sociales entre los cada vez más numerosos y empobrecidos plebeyos; la pujante plutocracia de los *équites*, que demandaba un espacio político proporcional a su poderío económico; y la inmovilista aristocracia senatorial encastillada en sus privilegios.

—¿Y los pobres que no disponían de patrimonio personal?

A los pobres que les den. La masa obrera ni siquiera se consideraba clase. Era *infra classem* o *proletarii,* palabra que significa 'que solo poseen a su prole'. Por lo menos estos se libraban del servicio militar, un honor reservado a los ciudadanos con derecho a voto.

30. Bien mirado, el sistema se parece bastante al nuestro. El presidente Sánchez, por ejemplo, empezó de concejal del Ayuntamiento de Madrid, luego fue diputado en el Congreso, después secretario general del PSOE y finalmente presidente del Gobierno.

CAPÍTULO 6

... basada en la esclavitud

Los esclavos *(servii)* llegaron a superar el 20 por ciento de la población. En el tiempo en que la población itálica se cifraba en unos seis millones de personas, uno de cada cuatro habitantes era esclavo.

La inmensa mayoría habían nacido esclavos por ser hijos de esclavas. En la época de las grandes conquistas eran prisioneros de guerra. Otros eran niños abandonados o vendidos por sus padres a los comerciantes especializados *(mangones* o *venalicii),* que los criaban e instruían para venderlos. Incluso había hombres libres reducidos a esclavitud por deudas y hasta individuos que se vendían a sí mismos para no morirse de hambre.

La economía romana se basó en la explotación de esclavos. Grandes industriales, terratenientes o mercaderes llegaron a contar con verdaderos ejércitos de esclavos, hasta veinte mil de ellos pertenecientes al mismo dueño. Incluso existían empresas de servicios que los alquilaban al que tuviera necesidad de mano de obra temporal.

En un principio, los esclavos no se consideraban personas sino cosas *(res),* animales o «herramientas dotadas de habla» *(instrumentum vocale).*[31] En su calidad de cosa, el esclavo no tenía

31. Entre los griegos, el esclavo era un «animal con pies de hombre» (*andrapodón, ἀνδρἄποδον*) apenas diferenciado del «animal de cuatro patas» (*tetrapous, τετραπούς*), como se llamaba al ganado. Cuando Horacio

derechos ni propiedades, ni se podía casar (aunque era inevitable que se emparejara en *contubernium*). Ni siquiera tenía nombre de persona, aunque solía designarse con el apelativo genérico *puer*, 'niño', lo que demuestra que, a nivel familiar, se consideraba una especie de minusválido.[32] Otros adoptaban el nombre del dueño seguido de la desinencia *-por*. Marcipor, el esclavo de Marco; Quintipor, el esclavo de Quinto; Gaipor, el de Gayo, o se le daba un nombre alusivo a su origen: Germanus, Maurus, Persicus.

Existía bastante diferencia entre los esclavos domésticos y los rústicos. Los domésticos gozaban de cierto trato familiar. Los rústicos eran mero ganado y solían dividirse en cuadrillas *(collegia)* de diez individuos *(decuriae)* a las órdenes de un capataz *(praepositus)*, también esclavo.

No obstante, como a cualquier otro animal doméstico, el amo a menudo le tomaba cariño y podía tratarlo con paternal afecto, especialmente si se trataba de una esclava que cubría sus necesidades sexuales.

En el transcurso del tiempo, la relación de los amos con sus esclavos se humanizó. Los esclavos domésticos eran casi otro miembro de la familia, particularmente cuando habían nacido en casa y crecido junto a sus amos, participando de los mismos juegos infantiles. Estos disfrutaban de cierta autonomía y de algunos privilegios sobre los esclavos posteriormente adquiridos. Incluso podían tener sus propios ahorrillos *(peculium)*, con los que podrían comprar su libertad, si es que no la recibían de su amo por testamento.

---

nos cuenta, en carta, que tiene la costumbre «de pasear solo», quiere decir que lo acompaña un esclavo de su servicio, pero como el esclavo no es persona, en realidad él se siente solo.

32. Curiosamente, en las plantaciones algodoneras de los estados esclavistas de Estados Unidos de América, el esclavo también era un *boy*, 'muchacho', independientemente de su edad.

Era inevitable que la continua presencia de esclavos restara intimidad a los dueños. El esclavo doméstico dormía a menudo en un camastro tendido a la puerta de la alcoba del amo: «Cuando Andrómaca y Héctor copulan, sus esclavos se masturban con la oreja pegada a la puerta», se decía.

Los romanos acomodados soportaban de buen grado estos pequeños inconvenientes a cambio de las ventajas de orden práctico que la posesión de esclavos domésticos comportaba.

El esclavo doméstico, que comenzó como ayuda de cámara que atendía al dueño, lo peinaba, vestía y desvestía y le hacía los recados *(tabellarius),* acabó ocupándose de todo. Algunos esclavos estaban mucho más preparados que sus dueños, hasta el punto de dirigirles los negocios, administrar la casa o educar a los hijos para que el dueño pudiera vivir libre de cuidados.

El esclavo capaz de llevar los negocios del dueño se auxiliaba de otros esclavos y designaba entre ellos un contable *(dispensat),* un tenedor de libros *(sumptuarius)* y un tesorero *(arcanas).*

Confiar los negocios a un esclavo resultaba muy conveniente por otro motivo: a un ciudadano no se le podía torturar, llegado el caso, pero a un esclavo, sí, incluso para hacerle confesar delitos que se le imputaban al amo.

Hemos visto que muchos esclavos que habían servido fielmente a sus dueños ganaban o compraban su libertad *(manumissio)* y pasaban a engrosar el número de los libertos, una clase social cada vez más influyente.

Existían diversas fórmulas para liberar a un esclavo: inscribiéndolo en el censo de los hombres libres *(censu),* ordenándolo en el testamento o ante testigos *(inter amicos),* otorgándole carta de libertad *(per epistolam)* o, más entrañablemente, organizando un banquete e invitándolo a sentarse a la mesa junto a los demás hombres libres *(per mensam).*

En cualquier caso, el liberto quedaba ligado de por vida a su antiguo señor, o a la familia de este, por el compromiso de fidelidad de la clientela y debía mostrarse agradecido en su nuevo estado. El señor, por su parte, seguía velando por él como miembro de la casa y en la vejez lo acogería en su casa o le otorgaría una pensión *(alimenta)* que le asegurara la subsistencia. A la muerte del amo, sus libertos acudían al funeral tocados con el ceremonial gorro frigio.

Muchos libertos prosperaron en su nuevo estado y se enriquecieron. Algunos incluso prepararon un espléndido porvenir para sus hijos nacidos de mujeres libres. Por lo general, estos libertos a los que la fortuna sonreía eran odiados tanto por sus conciudadanos más pobres —que los acusaban de ser viciosos y crueles, a veces con un punto de razón—, como por los ricos, ahora sus iguales.[33] Se les criticaba conducirse con la arrogancia del que se ha abierto camino desde abajo sin haber asimilado los modales y las pautas de conducta propias de su nuevo estado.[34]

Algunos libertos llegaban a ser altos funcionarios imperiales o médicos famosos; estos últimos, por lo general, después de haber sido esclavos de un médico del que aprendieron el oficio.

En Constantinopla se confió a los eunucos el servicio del emperador (como no tenían hijos, sus ambiciones eran limitadas) y constituyeron un importante *lobby* de poder. Por el contrario, en Roma siempre se consideró al eunuco un ser disminuido y ajeno a la romanidad que se exigía al funcionario. El emperador

33. Recuerden el refrán: «Ni sirvas a quien sirvió, ni pidas a quien pidió, ni mandes a quien mandó».

34. El *Satiricón* de Petronio nos habla de uno de estos orgullosos libertos: «Soy un hombre entre los hombres que puedo andar con la cabeza bien alta, porque no le debo un céntimo a nadie. No he tenido que aceptar nunca nada de nadie y nadie ha tenido que decir en medio del foro: "Págame lo que me debes". He adquirido algunas fincas, tengo algunos ahorros y mantengo a personas y un perro. Si quieres, acompáñame al foro y pidamos que nos presten dinero: ya verás si tengo crédito o no, aunque sea un simple liberto"» (Petronio, *Satiricón,* 26, 7-78).

Claudio trasgredió la norma cuando confió al eunuco Posides la administración del Estado. Después, sus sucesores lo imitaron y en número creciente confiaron los altos asuntos de la administración a los eunucos, a la usanza oriental. El historiador Gibbon ve en ello una de las causas de la decadencia del Imperio.

Con el tiempo se suavizó el trato que se daba a los esclavos: se prohibió vender separadamente a la madre y a sus hijos pequeños (Ley Cornelia, –82), así como ejecutar al esclavo u obligarlo a combatir en el circo (Ley de Petronio, –32).

Con la nueva moral, introducida a partir del siglo II por la filosofía estoica, la muerte del esclavo se consideró homicidio. Domiciano (años 51 al 96) prohibió castrar a los esclavos mediante crecidas multas.

La moral estoica y, más tarde, la cristiana nunca se cuestionaron la licitud de la esclavitud como institución. La aceptaban como necesaria para la supervivencia del modelo de sociedad romano.

Los esclavos solían ser sumisos (les iba la vida en ello), pero en las páginas de sucesos no faltaban noticias de siervos que apuñalaban o estrangulaban al amo y luego huían o se suicidaban para eludir la crucifixión.

«El más sumiso de tus esclavos tiene sobre ti un derecho de vida o muerte», advierte Séneca. En la mente de todos estaba la famosa rebelión de los esclavos en tiempos de Espartaco (–73 a –71), que tantos sufrimientos y quebraderos de cabeza acarreó a Roma.

De todos es sabido que el esclavo, como todo individuo al que priven de su dignidad de persona, fácilmente se abandona y se vuelve perezoso, glotón y lujurioso, aunque casi todos estos defectos se corregían con la vara.

Cuando un esclavo se fugaba, se pregonaban sus señas y se ofrecía una recompensa al que lo devolviera. Algunos prófugos se unían a los salteadores de caminos que infestaban las montañas o se trasladaban a una región apartada y se vendían a otro dueño con la esperanza de mejorar de vida. Los amos precavidos, cuando sospechaban que un esclavo podía estar tramando su fuga, lo llevaban al herrero para que les soldara un aro de hierro en torno al cuello con una placa identificativa en la que pudiera leerse, por ejemplo: *«Fugi, tene me; cum revocaveris me D[omino] M[eo] Zonino accipis solidum»* ('Me he fugado. Si me devuelves a Zonino, mi amo te recompensará con un sólido de oro'); *«Tene me ne fugia et revoca me dominum meum Viventium in ara Callisti»* ('Detenme para que no escape y devuélveme a mi dueño, Vivencio, en la zona del altar de Calixto').

¿Qué ocurría cuando capturaban a un esclavo huido y lo devolvían a su dueño? El amo le daba una memorable paliza y posiblemente le marcaba en la frente con un tatuaje o, en casos extremos, con un hierro al rojo, un *stigma* o nota infamante: «FUG», «KAI» o «FUR», que indeleblemente lucía el desdichado por el resto de sus días. Otros delitos propios de un esclavo podían castigarse con la fractura de una pierna *(crurifragium)* o con la terrible crucifixión, que era ejecución propia de maleantes, bandidos y esclavos delincuentes.

CAPÍTULO 7

Imperium y *auctoritas*

Los cónsules y pretores tenían *imperium,* poder de vida y muerte, de carácter sagrado. Los cuestores y ediles solo tenían *potestas,* es decir, poder administrativo.

Cuando ejercían su cargo en Roma, los cónsules solían llevar un cetro de marfil *(scipio eburneus)* rematado por un águila (equivalente a la vara de nuestros alcaldes) y una escolta de hasta doce hombres *(lictores)* que portaban al hombro sendos haces de varas de azotar *(fascis),* símbolo del poder coactivo que otorgaba el cargo (el equivalente de los maceros de nuestros ayuntamientos).

Si los cónsules salían de la ciudad, y por lo tanto de la jurisdicción del pueblo, añadían a los fasces un hacha de verdugo *(securis),* cuya cabeza sobresalía del haz. Mussolini, que soñaba con emular la pretérita gloria de Roma, adoptó los *fascis* como símbolo de su partido *fascista.*

Los tribunos de la plebe representaban una especie de revolución institucionalizada que mitigaba los abusos del patriciado, puesto que tenían derecho de veto sobre cualquier decisión de los cargos *cum imperium.*

Se comprende que los tribunos no gozaran de las simpatías de los poderosos. Por eso, para evitar que vivieran peligrosamente, su cargo también estaba investido de carácter sagrado como el de los cónsules. El que les ponía una mano encima quedaba automáticamente maldito *(sacer),* perdía sus derechos civiles y se le confiscaban los bienes.

En la práctica, el poder tribunicio quedaba bastante mediatizado, puesto que el voto de uno solo de ellos convenientemente sobornado podía invalidar el de los otros.[35]

El sistema electoral romano adolecía de ciertas pintorescas limitaciones. Solamente se podía votar en la propia Roma (no existía el voto por correo que Augusto intentaría introducir, en vano). De la numerosa población que habitaba fuera de la ciudad, y que fue aumentando con el tiempo, solo los ricos se podían permitir el lujo de acudir a las urnas cada vez que se anunciaban votaciones: ¡unas veinte veces al año!

Por si ello fuera poco, podía ocurrir que los taimados aristócratas recurrieran a tácticas dilatorias para que sus adversarios políticos venidos del campo se vieran obligados a regresar a sus hogares sin haber votado por miedo a perder las cosechas.

Por otra parte, el sistema favorecía descaradamente a los conservadores. La mitad de las unidades de voto, las *centurias,* eran ciudadanos mayores de cuarenta y cinco años *(seniores)* en detrimento de los *juniores,* que, aunque fueran más numerosos, solo disponían de la mitad de los votos. En caso de empate tenían preferencia los casados y, entre ellos, los que tuvieran hijos.

Imaginemos unas elecciones. Un mes antes, el aspirante *(petitor)* presenta su solicitud ante los magistrados para que estos valoren si cumple los requisitos del *cursus honorum.* Los candidatos *(candidata),* denominados así porque lucen una toga blanqueada con tiza *(toga candida),* inician su gira electoral *(ambitus)* por plazas, mercados de abastos, paseos y demás lugares de concurrencia, donde besan a los bebés, alaban las cebollas de un puesto, aceptan un trago de vino deficiente y chasquean la lengua como si lo apreciaran y escuchan las peticiones de un vecino.

35. A propósito, la palabra *veto* significa en latín precisamente 'prohíbo', que era lo que gritaban los tribunos cuando se oponían a las propuestas de sus adversarios políticos.

Todos hacen lo mismo para halagar al votante, porque probablemente han estudiado cierto manual de autoayuda.[36]

Entre el séquito que acompaña al candidato figura un sujeto memorioso, el *nomenclator*, cuyo oficio consiste en conocer por su nombre y apodo a todos los posibles votantes e írselos apuntando al candidato para que pueda saludarlos con la debida familiaridad.

No falta un equipo de promoción de imagen que incluye parientes, amigos y correligionarios. «Que todos los estamentos, todas las categorías y todas las edades estén representados [...]. Considera desde ese punto de vista tres clases de personas: las que acuden a saludarte a casa, las que te acompañan a la plaza pública y las que van contigo a todas partes», leemos en el manual.

Es muy normal utilizar a gente joven, más idealista y sacrificada, en la campaña electoral: «¡Qué celo admirable el de los jóvenes! —señala otro texto—. Ya sea para hacer propaganda, para visitar al elector, para hacer recados, para figurar en tu cortejo, ¡qué actividad!».

Son necesarios eficientes amanuenses que se dirijan por carta a posibles votantes ausentes, instándolos a que acudan a Roma a votar.

«Necesito que vengas inmediatamente —escribe el candidato Cicerón a su amigo Ático—; es seguro que algunos nobles amigos tuyos se van a oponer a mi elección. Trata de venir a Roma».

El candidato puede ganarse las voluntades de los votantes por medio de mítines *(contiones)*, pero si es suficientemente rico (todos los son) puede comprar votos por medio de los *divisores*.

Por los muros de Roma aparecen pintadas con eslóganes políticos: «Vota a Fulano, el más honrado», o «el más virtuoso», «hombre de pro», «muy religioso», «ya conocéis su rectitud», «organizará espectáculos».

36. El *Commentariolum petitionis (Notas sobre la campaña electoral)*, pequeño manual sobre elecciones de Quinto Tulio Cicerón.

Las vallas publicitarias se realizan sobre la pared previamente cedida (y cobrada) por el dueño de la casa. Con este tipo de murales se ganan la vida muchos artistas, algunas de cuyas obras, imitando nobles inscripciones en piedra, merecerían figurar en un museo. El equipo que realiza las pintadas consta de blanqueador, que prepara la pared; rotulador, que escribe el texto (mayúsculas rojas o negras de hasta treinta centímetros de altura), y dos ayudantes para portar los trebejos.

En los muros de Pompeya leemos:

«Votad a Aulo Vettio Firmo para edil. Os lo solicitan Fusco y Vaccula».

«Los devotos de Isis apoyan la elección de Gnaeus Helvias Sabinus para edil».

«Los habitantes del barrio de Campania piden la elección de Marcus Epidius Sabinus como edil».

«Solicitado por los vecinos el recto juez Suedius Clemens solicita tu voto para la elección de Marcus Epidius Sabinus, un joven prometedor, como duunviro con autoridad judicial».

Como ocurre en nuestros días cuando los carteleros del partido rival pegan el suyo encima, las estupendas pintadas pompeyanas se superponen a veces. A menudo se añade debajo, en letras más pequeñas, alguna maldición: «Que la enfermedad se lleve al que lo borre».

También encontramos pintadas *fake* perpetradas por el partido opuesto: «Los borrachos noctámbulos solicitan tu voto para su compadre Fulano»; «Lo apoya la cofradía de los dormilones»; «Lo apoyan sus amigos chorizos»; «Lo apoyan los esclavos fugados».

En otro muro pompeyano, debajo del mural que solicita el voto para un tal Cayo Julio Polibio, sus adversarios han añadido: «Cuculla y Zmyrina —dos conocidas prostitutas del barrio— declaran amar y apoyar a Polibio».

Y en otros muros, estas otras: «Los rateros apoyan la elección de Vatia como edil», «Los borrachos y los vagos votan a Vatia».

Otros grafitis resultan filosóficos: «¡Cuántas mentiras alimenta la ambición!».

¿Qué prometen al electorado los políticos romanos? Los asesores de campaña aconsejan un programa ecléctico: «Que el Senado crea que vas a defender su autoridad; que los *équites*, la gente honorable y los ricos encuentren en ti la defensa de su sosiego y de su paz, y que la plebe estime que no vas a oponerte a sus intereses».

¿A quiénes conviene halagar, hechizar, conquistar con el encanto personal?: «A las gentes del campo y de los pueblos les basta con que nos sepamos su nombre para creerse que son amigos nuestros [...]. Los candidatos en general y tus adversarios en particular descuidan a esas gentes [...], pero será mejor que consigas que vean en ti más que a un buen nomenclator, a un verdadero amigo».

«No descuides los banquetes que has de organizar en tu casa o en las de tus amigos e invita a gente de todos los barrios, procurando que estén representadas todas las tribus».

El día elegido, que tras el correspondiente sacrificio los sacerdotes han declarado auspicioso, se iza una bandera roja en el Capitolio y se convoca a los votantes a toque de corneta *(classicum)*.

En los primeros tiempos de la República, la votación se realizaba en el foro, delante del templo de Cástor y Pólux o ante los *rostra*, pero debido a la limitación del espacio no todas las tribus podían votar a la vez y el escrutinio se prolongaba durante cinco o seis horas.

Más adelante, los comicios se celebraron en la explanada del Campo de Marte, a las afueras de la ciudad.

El secretario *(centurio)* organizaba el acto, auxiliado por un administrativo *(rogator)* que iba pasando lista para que cada cual emitiera su voto. Votaban primero las centurias de los ricos, que previamente habían acordado sus candidatos.

En los primeros tiempos, el voto era oral, pero desde la promulgación de la *Lex Gabinia Tabellaria* (–139) se hizo secreto, mediante tablilla *(tabella)* cubierta con una lámina de cera en la que bastaba con tachar una letra.[37]

Tras identificarse ante el *centurio,* el votante accede, tablilla en mano, a una tarima alta *(ponte)* donde está la urna *(cista),* bien a la vista, guardada por varios circunspectos *custodes.*

En realidad, cuando las centurias de los ricos, que votan primero, han obtenido la previsible mayoría, la votación se interrumpe y los pobres se quedan sin votar. También se suspende si a alguien le da un ataque de epilepsia, el llamado «mal comicial», porque se consideraba advertencia de los dioses.[38]

En circunstancias excepcionales, el Senado elegía a un *dictador* con poderes absolutos durante un corto espacio de tiempo en el que se suspendía la autoridad de todos los cargos, a excepción de los tribunos de la plebe. Cuando el dictador dejaba el cargo, nadie le pedía cuentas de su actuación.

En fin, la pantomima electoral duró hasta que el año –27 Octavio Augusto terminó con las elecciones romanas e instauró la autocracia que conocemos como Principado.[39]

O sea, el Imperio de los césares propiamente dicho.

37. Si era un juicio, se usaban las letras «L» (*libero,* es decir, 'declaro libre'), o «D» (*damno,* 'condeno'). A veces, «A» de *absolvo* o «C» de *condemno.* Si se trataba de una proposición de ley se escribía «V» (*vti rogas,* 'que sea como pides') o «A» (*antiguo,* 'que sigan las cosas como antes').

38. En algunas ciudades también se dieron casos de suspensión, aplazamiento o anulación por causas más terrenales: garrotazo a la urna, palizas a candidatos, falsificación de papeletas o manipulación del recuento, voto de gente no censada y un largo etcétera. De donde se deduce que el pucherazo electoral no es cosa de ahora o, por decirlo a la romana, *nihil novum sub sole.*

39. Las elecciones continuaron en el Imperio a nivel municipal.

CAPÍTULO 8

La inclemente sombra de Cartago

El año –573 los babilonios conquistaron Tiro, el próspero emporio comercial fenicio que controlaba buena parte del comercio mediterráneo y en especial el de los metales.

El ocaso de Tiro favoreció la prosperidad de su principal colonia, Cartago, establecida en la costa libia, frente a la península itálica, en la actual Túnez.

Durante dos siglos, el Mediterráneo fue escenario de cruentas batallas navales. Cartagineses y etruscos se aliaban para disputar a los griegos foceos las rutas comerciales y las ricas islas de Córcega y Sicilia.[40]

Los cartagineses y los griegos se enfrentaron hacia –537 en la batalla naval de Alalía, en Córcega, que determinó la hegemonía de Cartago en el Mediterráneo occidental. Poco después (–509) firmaron un tratado de amistad con Roma que les reconocía el monopolio marítimo a cambio de que Cartago no hostigara a sus aliados itálicos. La zona de influencia se establecía a partir del cabo Kalon Akroterion.[41]

40. Focea era una próspera colonia griega de Asia Menor cuyos intrépidos marinos exploraron buena parte del Mediterráneo y llegaron a las actuales costas andaluzas, donde comerciaron con los régulos tartesios. Dice Heródoto que se hicieron tan amigos del rey Argantonio, que este los animó a abandonar Jonia y a establecerse en sus dominios.

41. ¿Qué es el Kalon Akroterion? ¿Es el cabo Farina, en Túnez? ¿Es el cabo de Palos? ¿Es el de la Nao (Alicante)?

Pasado un siglo, Roma había crecido lo suficiente como para convertirse en la nueva potencia rival de Cartago. En –348 acordaron repartirse el Mediterráneo, pero como ninguno de los dos era trigo limpio, continuamente ocurrían incidentes. Los romanos acuñaron la expresión *punica fides* (es decir, 'lealtad cartaginesa') para hablar de traición o engaño.

Al final no hubo arreglo posible, y Roma y Cartago se disputaron el dominio del Mediterráneo en tres guerras (las famosas guerras púnicas),[42] entre –264 y –146.

Roma era fuerte en tierra, con un ejército muy experimentado en las guerras itálicas; Cartago era fuerte en el mar, con la mejor escuadra de la época.

El episodio decisivo de la guerra iba a ser el sitio de la fortaleza púnica de Lilibeo, en la punta occidental de Sicilia.[43] Los romanos comprendieron que si no aislaban la plaza sería imposible tomarla, porque los sitiados recibían víveres y refuerzos por mar.

—Necesitamos naves que impidan la llegada de víveres a Lilibeo.

El Senado romano no se arredró.

—Si necesitamos una marina potente, la construiremos.

Hasta entonces los romanos, pueblo agrícola sin tradición marinera alguna, solo se habían atrevido a fabricar trirremes (tres filas de remeros, más ligeras). Aprovecharon que una nave quinquerreme cartaginesa (cinco filas de remeros) había encallado en la costa para desmontarla y reproducir sus piezas y sus técnicas de construcción.

Los cartagineses fabricaban los componentes de sus naves en talleres especializados: la quilla de arce, las cuadernas de roble y las planchas de pino. Luego las ensamblaban.[44] La carena se forra-

42. Del latín *punĭcus* ('cartaginés'), por el etnónimo latino *pūnicī* con el que designaban a los cartagineses y a sus ancestros fenicios.

43. Hoy se llama Marsala y produce un vino entre el jerez y el oporto.

44. Los arqueólogos han descubierto recientemente que cada tablón iba numerado para ocupar un lugar preciso en la nave.

ba de plomo para evitar que los moluscos se incrustaran en la obra viva frenando su velocidad.

Como gente de secano, los romanos no tenían idea de navegación cuando se enfrentaron a Cartago. ¿Cómo se las arreglaron? Con ayuda de técnicos griegos desmontaron una galera cartaginesa que había embarrancado en la costa y estudiando sus piezas construyeron docenas de galeras iguales.

Hasta entonces la táctica naval imponía que la galera maniobrara para embestir la proa de la contraria con un gran espolón de bronce, maniobra al alcance solo de buenos marinos. Conscientes de la superior destreza de sus adversarios, los romanos inventaron una táctica novedosa: una larga pasarela provista de garfios (el *corvus,* 'cuervo') que llevaban levantada y en cuanto una galera enemiga se ponía a tiro, se la soltaban encima para inmovilizarla e invadirla por ese improvisado puente. Lo vimos en la película *Ben-Hur,* en la batalla de Quinto Arrio contra los piratas. O sea, transformaban un combate marítimo en uno terrestre (una táctica que se prolongará en el Mediterráneo hasta después de Lepanto).[45]

El enfrentamiento principal ocurrió en –256, cuando una flota romana de trescientas treinta trirremes al mando del cónsul Marco Atilio Régulo derrotó a otra cartaginesa que le salió al paso en el cabo Ecnomo, al sur de Sicilia. Después, los romanos desembarcaron en territorio cartaginés y derrotaron repetidamente a los ejércitos que se les enfrentaban.

—Los romanos no son invencibles, lo que pasa es que les oponéis unos generales muy torpes —observó acremente el general espartano Jantipo, que seguía con interés los desastres.

Exasperado por las condiciones abusivas que imponía Roma a cambio de la paz, el Senado cartaginés le entregó el mando a Jantipo (los espartanos eran famosos militares).

45. La película *Ben-Hur* (William Wyler, 1959) reproduce satisfactoriamente lo que sería una batalla naval.

Jantipo se enfrentó al ejército de Régulo y lo derrotó. El propio Régulo figuraba entre los cinco mil romanos prisioneros. Después se trasladó a Sicilia, donde obligó a los romanos a levantar el cerco de Lilibeo, que ya duraba años.

Cubierto de gloria, Jantipo se embarcó de regresó a Cartago, pero al parecer los celosos generales cartagineses le sabotearon la nave para que naufragara y muriera. Otras fuentes indican que sobrevivió y fue a emplearse con el faraón Tolomeo III, que parecía un patrón más fiable.

La guerra se prolongó todavía durante otros cinco años, al cabo de los cuales la exhausta Cartago solicitó la paz y envió al propio Régulo con la esperanza de que, deseoso de recuperar la libertad, aconsejara la paz al Senado, pero Régulo antepuso su patriotismo y aconsejó al Senado perseverar en la guerra.

—Cartago está a punto de sucumbir —les dijo.

Roma se negó a firmar la paz que Cartago ansiaba.[46]

Finalmente, el año –241, Cartago arrojó la toalla y firmó un tratado de paz con Roma, por el que le cedía el control de Sicilia y se obligaba a pagar una indemnización de tres mil doscientos talentos de plata en incómodos plazos.[47]

Después de veinticuatro años de guerra, la aristocracia de Cartago, cuyos ingresos dependían del comercio, había quedado exhausta y arruinada.

46. Por su parte, Régulo, cumplidor de la palabra dada a sus captores, regresó a Cartago aun a sabiendas de que su actitud sería severamente castigada. Los cartagineses le cortaron los párpados para que no pudiera resistir la luz del sol y lo ejecutaron mediante la privación del sueño, la crucifixión o la «tortuga» (inmovilizado entre dos planchas de hierro para que lo devoraran los gusanos). Cuando la noticia de la muerte terrible de Régulo llegó a Roma, el Senado acordó entregar a los generales cartagineses Amílcar y Bostar a su familia para que los ejecutaran de algún modo imaginativo. Puede que la historia de Régulo tenga algo de exagerada, o incluso que sea falsa, pero durante siglos los romanos lo consideraron ejemplo de amor a la patria y virtud ciudadana.

47. El talento equivalía a veintisiete kilos de plata.

CAPÍTULO 9

La rebelión de los mercenarios

Cartago tenía en la paz un doble problema. Por una parte, satisfacer las indemnizaciones acordadas con Roma; por otra, las pagas atrasadas que los mercenarios repatriados de Sicilia reclamaban.

En vista de que solo les daban largas, los mercenarios se rebelaron capitaneados por el libio Mato y el campano Spendios. Eran unos cuarenta mil guerreros de los más variados orígenes que señorearon el territorio púnico durante tres años y medio. Cartago se vio tan apurada que Roma se alarmó y hasta le envió trigo para evitarle una hambruna.

—¿Ayudar a nuestro más enconado enemigo? —Imaginamos la protesta de un senador.

—Pues sí, piense su señoría que si Cartago sucumbe nos quedamos sin cobrar los talentos de plata de las indemnizaciones que todavía nos deben.

A Cartago le crecían los enanos. En –239 la guarnición de Cerdeña se sumó a la rebelión y asesinó a los oficiales, funcionarios y comerciantes púnicos de la isla.

Cartago envió al general Hannon al mando de una tropa, pero en cuanto desembarcaron, sus hombres se pasaron al bando rebelde y crucificaron a Hannon.

Los sublevados ofrecieron al Senado romano entregarle Cerdeña a cambio de su protección.

—Cerdeña cae como fruta madura —se dijeron los senadores. Y movidos por la codicia enviaron un cuerpo expedicionario en auxilio de los sublevados, lo que suponía *de facto* una ruptura del tratado de paz suscrito con Cartago.

Protestó Cartago y el Senado romano aumentó la apuesta y le declaró la guerra, lo último que necesitaban los cartaginenses en el apurado trance en que se encontraban. Cartago solicitó la paz.

—Si queréis la paz nos entregáis Córcega y además Cerdeña —respondieron los senadores.

Cartago no tuvo más remedio que aceptar las condiciones de aquellos oportunistas.

Roma se apropió de Córcega y Cerdeña. Le costó Dios y ayuda someter aquellas islas que estaban pobladas por tribus bastante salvajes y levantiscas, pero al final lo consiguieron. Cierto es que aquellas islas nunca figuraron entre las mejores adquisiciones del Imperio, porque eran pobres y sus habitantes poco o nada apreciados como esclavos.

«Son bastos, inobedientes y hasta peligrosos para sus dueños. Cada uno peor que el otro *(alius alio nequior)*», leemos en una carta.[48]

En paz nuevamente con Roma, Cartago se ocupó de los mercenarios rebeldes en su territorio. Esta vez los sufetes del consejo (equivalente del Senado romano) nombraron general a Amílcar y le entregaron tropas y setenta elefantes. Amílcar aprovechó que una tormenta de arena había hecho vadeable el río Bagradas, sorprendió por la espalda el campamento de los mercenarios y los derrotó con ayuda de tropas númidas. Se mostró tan clemente con los prisioneros que muchos rebeldes regresaron a la obediencia de Cartago.

—Dicen que Amílcar nos perdona.

—Falso. Al que atrapan lo ejecutan haciendo que un elefante lo aplaste o lo arrojan a las fieras.

Conviene aclarar que entonces había fieras y elefantes en el norte de África.

48. Cicerón, *Epistulae ad familiares,* VII, 24, 2.

El león del Atlas o león de Berbería *(Panthera leo leo)*, una especie hoy casi extinta (quedan algunos ejemplares en el zoo particular del rey de Marruecos), era una subespecie de león más grande y melenudo que el subsahariano *(Panthera leo melanochaitus)*.

El elefante del norte, hoy definitivamente extinto *(Loxodonta africana pharaoensis)*, era una subespecie del subsahariano *(Loxodonta africana)*.

Este elefante del norte, más pequeño que el que hoy conocemos (rondaba unos 2,50 metros de altura), fue el empleado en la guerra por cartagineses y luego por romanos. Solo llevaba a su guía sentado en el pescuezo y estaba entrenado para arremeter contra el enemigo y romper sus líneas usando su propia corpulencia, sus patas y sus colmillos.

La rebelión de los mercenarios terminó cuando el general Amílcar aisló al grupo principal en el desfiladero de la Sierra (cerca de Djebel Ressas, Túnez) y los rindió por hambre después de que los sitiados recurrieran incluso al canibalismo. A los caudillos principales, entregados por sus propios hombres, los crucificó.[49]

49. La guerra de los mercenarios inspiró a Gustave Flaubert la novela *Salambó* (1862), la historia de una sacerdotisa púnica, hija de Amílcar, deseada por el jefe númida Narr'Havas y por el caudillo de los mercenarios Matho, «que oscila entre el deseo de ser su amo y el de ser su esclavo». Por su violencia y sensualidad, la novela fue condenada al Índice de libros prohibidos, lo que estimuló grandemente su lectura.

CAPÍTULO 10

La crucifixión

¿En qué consistía la crucifixión?

Los romanos llamaban *arbor infelix* tanto a la horca *(furca)* como a la cruz *(crux),* pero es evidente que morir en la segunda era mucho más doloroso.

La crucifixión seguía un protocolo calculado para prolongar los sufrimientos del reo. Primero lo flagelaban con látigos *(flagella)* o, si se trataba de un soldado, con bastones *(fustis).* Si lo condenaban por incendiario usaban el látigo ardiente *(flagra),* unas cadenillas rematadas en bolitas de bronce, previamente calentadas en un brasero.

Después de la flagelación, el reo era conducido al suplicio con los brazos atados al travesaño horizontal de la cruz *(patibulum* o *furca),* que portaba sobre los hombros. El palo vertical *(stipes* o *palus)* era fijo y esperaba clavado en tierra en el lugar de los ajusticiamientos.

Llegados al lugar, que solía estar a las afueras, desnudaban al reo y, tendiéndolo en tierra sobre el palo que había traído, le clavaban los brazos extendidos, haciendo pasar clavos entre el cúbito y el radio (no en las muñecas, como creen los sindonólogos, ni en las manos, como se representa a Jesús en el arte).

Luego izaban al supliciado sobre el palo vertical, en cuyo extremo superior había un pivote que encajaba en el alveolo del travesaño horizontal. Después, se flexionaban las rodillas del supliciado y clavaban o ataban los pies al madero vertical.[50] No existía soporte para los pies en la cruz, como vemos en las representaciones de Jesús, pero sí una especie de barra o clavo grueso *(sedile)* sobre el que se acomodaba, a horcajadas, al reo.[51]

El crucificado podía tardar días en morir (Jesucristo, que murió a las nueve horas, fue una excepción). En aquella forzada postura, su agonía era atroz. La tensión en los músculos pectorales y abdominales dificultaba la respiración, puesto que prácticamente respiraba con el diafragma, de modo incompleto, lo que provocaba una progresiva falta de oxígeno que provocaba la muerte por asfixia o por insuficiencia coronaria (provocada por la reducción de la presión arterial, que limita la sangre que llega al corazón, lo que dificulta el riego cerebral).

Cuando el crucificado sentía que le faltaba el aire, descansaba su peso sobre el *sedile* para aliviar los músculos del tronco. Entonces la sangre ascendía de nuevo y la sensación de asfixia se mitigaba, pero el dolor que el *sedile* producía al clavarse en el perineo era tan insoportable que nuevamente el crucificado levantaba su peso para aliviarse, lo que activaba nuevamente el proceso que conduce a la asfixia o al infarto.

Con ser terrible, la crucifixión no era la única forma de muerte. Los romanos también ejecutaban por fuego *(vivicomburium, pira* o *ad flammas)* a incendiarios y pirómanos: les empapaban los vestidos con pez u otro material inflamable *(tunica molesta)* y le prendían fuego.

50. Los restos de un crucificado del siglo I, descubiertos y estudiados por arqueólogos israelíes cerca de Jerusalén en 1968, presentan un único clavo de dieciocho centímetros de longitud que atraviesa los talones lateralmente.

51. Este cruel aditamento fue también usado en los postes de la Inquisición, como atestigua la pintura de Berruguete *Auto de fe presidido por santo Domingo de Guzmán* (número P000618 del Museo del Prado).

CAPÍTULO 11

La reina pirata

Resuelta la guerra con Cartago, otros problemas al lado opuesto de la bota itálica reclamaban la atención de Roma. Cruzando el Adriático, en las tierras que hoy ocupan Albania, Croacia, Serbia, Bosnia y Montenegro, existía un antiguo reino, Iliria, que había recuperado su independencia a la muerte de Alejandro Magno.

Con el auge del comercio regional, los ilirios habían encontrado en la piratería una saneada fuente de ingresos.

—¿Para qué comerciar si podemos obtener los productos asaltando las naves de los mercaderes? —se decían.

La accidentada costa iliria ofrecía convenientes guaridas para las naves locales *(lemboi),* que salían a la mar como las murenas salen de sus madrigueras para atrapar las descuidadas presas que el comercio adriático les ofrecía.

El asunto se trató en el Senado.

—Si le hemos ajustado las cuentas a Cartago, con todas sus escuadras, no vamos a gastar contemplaciones con estas ratas.

Reinaba sobre los ilirios una mujer, la reina Teuta, recientemente enviudada. En Roma no se tenía una elevada idea de su persona: «Mujer muy cruel, apasionada y poco reflexiva, que se conduce con la cortedad propia de las mujeres, pues solo se fija en sus éxitos recientes».[52]

52. Polibio, II, 4, 7-8.

En –230 el Senado le envió dos embajadores, los hermanos Cayo y Lucio Coruncanio.

—Los ataques piráticos al tráfico comercial deben cesar inmediatamente —le advirtieron.

—Los reyes de Iliria no solemos impedir a nuestros súbditos enriquecerse privadamente con la piratería —respondió la altiva Teuta.

—Señora, debe saber que los romanos acostumbramos a castigar las ofensas privadas y defender a quien padece injusticia —le replicaron los Coruncanio.[53]

A Teuta le pareció arrogante esa respuesta y sin mirar las consecuencias los hizo ejecutar. Es evidente que minusvaloró el poder romano.[54]

El Senado le declaró la guerra y la derrotó, pero luego solo anexionó parte del reino y dejó a Teuta al frente del resto, ya dócil y sujeta a tributo.[55]

En cuanto a los desventurados hermanos Coruncanio, mártires del deber, el Senado decretó que se les erigiera una estatua en el foro y «que durante muchos años se honrase a su linaje» *(«quae multos per annos progeniem eius honestaret»).*

Al propio tiempo, otras legiones romanas completaron la conquista de la Galia Cisalpina.[56] La bota itálica y sus mares quedaron bajo el dominio de Roma.

53. *Ibidem,* II, 8.

54. Dion Casio, IL, 4-5; Polibio, II, 4, 7-8.

55. Después de someterse a Roma, la figura de Teuta se oscureció y no se sabe si se suicidó. El caso es que modernamente Albania reivindicó orgullosamente su figura y llenó los edificios oficiales con estatuas que la representan joven, bella y desnuda. Chaucer, en sus *Cuentos de Canterbury,* la considera sin motivo alguno espejo de castidad.

56. Recordemos: Cisalpina, a este lado de los Alpes (el de Italia); Transalpina, al otro lado de los Alpes.

CAPÍTULO 12

La segunda guerra púnica

Cartago había perdido Sicilia, Córcega y Cerdeña. Le urgía buscar nuevos proveedores y nuevos mercados.

—¿Por qué no en la península ibérica, que es tan fértil en metales? —se dijeron los sufetes.

Encomendaron la conquista a Amílcar Barca, el vencedor de los mercenarios. Su primer objetivo fue el valle del Guadalquivir y los filones mineros de Sierra Morena.

En ocho años de duro batallar contra las tribus indígenas el bárquida consiguió asentar un nuevo Imperio cartaginés que ocupaba todo el Levante peninsular.

«Amílcar fundó en la península una verdadera monarquía en la que tanto él como sus sucesores gobernaron como auténticos monarcas helenísticos».[57]

En –229 Amílcar perseguía a unos nativos rebeldes cuando su caballo lo descabalgó al cruzar el río Vinalopó, provincia de Alicante. Lastrado por la pesada coraza, las grebas y el yelmo, se fue al fondo y se ahogó. Aquella misma tarde rescataron su cadáver, aguas abajo.

El Consejo cartaginés designó sucesor a Asdrúbal, yerno del difunto, tan buen diplomático como guerrero, que consiguió grandes avances en la península y fundó Qart Hadasht (Cartagena) en un puerto natural privilegiado.

57. Blázquez, 1977, p. 36.

Cartago recompuso su comercio con asombrosa rapidez, para reconcomio de los romanos, que asistían estupefactos a la recuperación de su potencial enemigo, el astuto tendero.

—¿Cuánto tardarán en subírsenos de nuevo a las barbas? —se preguntaban los más agoreros.

Alarmados por el florecimiento de Cartago, los romanos enviaron una embajada para deslindar sus respectivas zonas de influencia (–226). Acordaron delimitarlas por el río Ebro, al norte romanos y al sur cartagineses. La única excepción impuesta por Roma fue su protectorado de Sagunto, que quedaba al sur del río. Cartago accedió a regañadientes.

En –221 un esclavo descontento asesinó a Asdrúbal. Lo sucedió Aníbal Barca, hijo mayor de Amílcar, de veinticinco años de edad, educado con un preceptor espartano. El joven caudillo era el vivo retrato de su padre.[58]

Era importante contar con el concurso de las tribus iberas. Consciente de ello, Aníbal se casó con Himilce, hija de Mulcro, el régulo de Cástulo, de la que tuvo su único hijo conocido, Aspar.[59]

Cástulo era la capital minera de Sierra Morena. Según Polibio, solo la mina Baebelo le rentaba mil trescientas libras diarias de

58. «Es Amílcar en su juventud, que nos ha sido devuelto —se decían los viejos soldados—. Su mismo aspecto, sus mismos gestos, la misma energía, el mismo fuego en la mirada» (Tito Livio, XXI, 4).

59. Mencionan la boda Tito Livio (*Ab urbe condita,* XXIV, 41, 7) y Silio Itálico (*Púnica,* III, 62-127). En Baeza existe una fuente con la supuesta escultura de Himilce, hallada en las ruinas de Cástulo. Más crédito merecen las recreaciones histórico-lúdicas que cada año se hacen en Cartagena, donde suelen dar el papel de Himilce a una chica de reposada belleza. Habrán notado lo atractivas que resultan las mujeres vestidas a la romana, a la griega o a la púnica. Recuerden a Lindsay Duncan, la que interpreta a Servilia Caepionis en la serie *Roma* (2005) y no digamos a Polly Walker, en su punto exacto de sazón, que hace de Atia, de la familia Julia.

plata.[60] En el Guadalimar, al lado de la ciudad, había un embarcadero apto para gabarras anchas, de fondo plano, que transportaban el mineral, Guadalquivir abajo, hasta los cargueros anclados en aguas más profundas.

No era lerdo el cartaginés: en una tacada obtuvo plata para financiar su campaña de Italia y mercenarios iberos para engrosar su ejército.

Después de dos años de campañas triunfantes, Aníbal terminó de pacificar las tribus de su zona de influencia y reunió un variopinto ejército de libios, númidas, moros, iberos, celtiberos y lusitanos con el que se propuso llevar la guerra contra Roma a su propia casa, la península itálica.

Iberia era *horrida et belicosa,*[61] buena reserva de excelentes guerreros que con la necesaria disciplina podrían ayudar a derrocar el poder de Roma. Cada uno de estos pueblos alistados por Aníbal tenía su manera peculiar de combatir según sus armas. Nada más lejos de un ejército homogéneo como ya empezaba a ser el romano. El mérito del cartaginés fue obtener la mejor ventaja táctica de cada uno y conjuntarlos para formar un ejército disciplinado y eficaz.

Antes de marchar contra Roma, Aníbal debía conquistar Sagunto, la plaza fuerte aliada de Roma que quedaba peligrosamente cerca de Cartagena, su base principal en Iberia. Después de ocho meses de asedio, la ciudad capituló (–219).

El Senado de Roma dirigió un ultimátum a Cartago: «Devolución de Sagunto y entrega de Aníbal o vamos nuevamente a la guerra».

Como estaba previsto, los sufetes eligieron la guerra.

60. Polibio, *Historiae,* X, 38, 7.

61. Valerio Máximo, *Factorum et dictorum memorabilium,* IX, 1, 4, véase <https://www.cervantesvirtual.com/obra/factorum-et-dictorum-memorabilium-libri-ix-espanol/>.

Aníbal afrontó el problema logístico de trasladar su ejército de ochenta mil hombres y unas docenas de elefantes a suelo itálico. Descartó hacerlo por mar, ya que los romanos contaban con una potente escuadra y buenas bases en las islas arrebatadas a Cartago.

La opción menos mala era seguir el camino terrestre que atravesaba territorio galo (sur de la actual Francia) y la formidable barrera de los Alpes. Aníbal contaba con la posibilidad de alistar tropas en el camino. Además, estaba convencido de que los pueblos itálicos sometidos a Roma lo recibirían como a un libertador.

El camino resultó más difícil de lo previsto. Tuvo que guerrear con las tribus indígenas y perdió muchos hombres y elefantes en las escarpaduras alpinas.

¿Por dónde cruzó Aníbal los Alpes? Parece que fue por Col de la Traversette (2.950 metros de altura).[62]

Cuando llegó a la cabecera de la bota itálica, Aníbal solo contaba con un tercio de la fuerza original. Durante unos meses recompuso la tropa y descansó mientras trataba de atraerse aliados indígenas.

Los estupefactos romanos no podían consentir que el cartaginés hollara suelo itálico. El cónsul Publio Cornelio Escipión (padre) le salió al encuentro al frente de un fuerte ejército. Aníbal, tácticamente muy superior, lo derrotó a orillas del río Tesino.

Cornelio Escipión resultó herido y hubiese perecido si su hijo Publio Cornelio Escipión, de dieciocho años, que hacía sus primeras armas al mando de un escuadrón de jinetes, no hubiese capitaneado una carga desesperada que consiguió rescatarlo.

Aquel joven enterizo dedicaría su vida a combatir a Aníbal y finalmente lograría derrotarlo, veinte años después, en la batalla de Zama (–202), como en su momento veremos.

62. Un equipo de la Universidad de York (Toronto) ha encontrado, bajo una gruesa capa de lodo milenario, estiércol de caballo cuya genética microbiana data de aquella época.

Por ahora consignemos que la derrota de los romanos animó a muchas tribus galas y ligures de la región a unirse al invasor. Con un ejército de cuarenta mil hombres, Aníbal prosiguió su marcha hacia el sur hasta el río Trebia, donde lo esperaba el otro cónsul, Tiberio Sempronio Longo, con otro ejército.

Sempronio tenía prisa. Su periodo consular acababa pronto y quería retirarse con un triunfo resonante sobre Aníbal. El zorro cartaginés amagó un ataque sobre su campamento con la caballería ligera númida. Sempronio mordió el anzuelo y se lanzó a perseguirla sin advertir la trampa. En pleno diciembre los romanos cruzaron el Trebia con las gélidas aguas por la barbilla. Cuando ganaron, ateridos, la orilla opuesta, la encontraron ocupada por las tropas de Aníbal, que se habían untado aceite para combatir el frío y los recibían con una nube de jabalinas. Para colmo, la caballería de Magón, el hermano menor de Aníbal, que hasta entonces había permanecido emboscado, los atacó con un movimiento envolvente.

La derrota fue tan completa que Roma tuvo que abandonar la Galia Cisalpina.

Aníbal no aguardó la llegada del buen tiempo. Explotando su victoria avanzó hacia el sur y se atrevió a cruzar los Apeninos y el valle del Arno en pleno invierno, otra hazaña tan temeraria como la de los Alpes. El río se había desbordado y transitar por medio del barrizal se convirtió en una odisea. Perecieron muchos hombres, ya agotados, y buena parte de los caballos númidas que llegaban enflaquecidos por las estrecheces pasadas. El propio Aníbal perdió un ojo.

El siguiente enfrentamiento, en la primavera de –217, se produjo junto al lago Trasimeno.

Los augurios no podían ser más funestos para los romanos: nubes de formas inquietantes recorrían el cielo; en el templo de Spes, la esperanza, cayó un rayo; un buey se escapó en el foro Boario y se lanzó al vacío desde una altura de tres plantas…

Aníbal recurrió nuevamente a un ardid: ocultó su caballería detrás de unas colinas, apostó el grueso de su tropa en el desfiladero de Borghetto e hizo creer a los exploradores romanos que iba al encuentro del otro ejército romano del cónsul Servilio, que también lo buscaba.

Cayo Flaminio, el nuevo cónsul, avanzó confiadamente hasta el valle de Sanguineto, cerca del lago Trasimeno. Cuando las tropas de Flaminio avanzaban descuidadas en formación de marcha, Aníbal las atacó por sorpresa, sin darles tiempo para desplegarse. Una carnicería. Después de tres horas de combate habían perecido más de quince mil romanos por unos mil galos.[63]

Aníbal liberó a los prisioneros itálicos para congraciarse con sus lugares de origen y solo retuvo a los romanos.

—No he venido a guerrear con los itálicos, sino con los romanos —decía—. Si se me unen recobrarán la libertad.[64]

Con los despojos de los romanos equipó a los auxiliares mal armados. El descalzo númida se vio provisto de escudo y cota de malla *(lorica hamata).*

Roma quedaba a siete jornadas del victorioso Aníbal. Bastaba alargar la mano para alcanzarla, para vengar todas las ofensas recibidas por Cartago en el pasado.

En Roma cundió el pánico:

—*Hannibal ad portas!*

Se hablaba de los salvajes de los desiertos líbicos, de los aullidos espeluznantes con los que amedrentaban al enemigo, de soldados que habían perdido un brazo o una pierna por solo un tajo del temible sable de los iberos, la falcata.[65]

63. En la zona de la batalla se han hallado hasta diecisiete fosas troncocónicas excavadas en la caliza que podrían ser hornos crematorios *(ustrina)* para deshacerse de los cadáveres antes de que su putrefacción provocara epidemias. Algún autor aguafiestas sugiere que son hornos de fabricación de cal.

64. Polibio, III, 85, 4.

65. «Corta todo lo que se le interpone, pues no hay escudo, casco o hueso que pueda resistir el sablazo, dada la extraordinaria calidad del hierro» (Diodoro de Sicilia, V, 33).

El pueblo sublevado clamó por un dictador, la solución de las situaciones apuradas que requerían un mando único. Lo encontraron en Quinto Fabio Máximo, *Verrucosus (el Verruga)*, que emprendió el alistamiento de un nuevo ejército y designó al experto Marco Minucio Rufo como jefe de caballería *(magister equitum)*.

El dictador inauguró una táctica dilatoria inédita en Roma. En lugar de enfrentarse con Aníbal socavó su granero, lo acosó sin acceder a otra batalla campal. Cuando su mandato finalizó, los nuevos cónsules estimaron que a Aníbal había que vencerlo en una batalla campal.

CAPÍTULO 13

El descalabro de Cannas

El 29 de julio de –216 amaneció un día claro y despejado que presagiaba grandes calores. En cuanto la tropa almorzó, el cónsul Cayo Terencio Varrón hizo sonar las trompetas y formó al ejército en el llano, en orden de batalla. El Senado había conseguido reunir ocho legiones, casi cien mil soldados romanos y socios itálicos, para asegurarse la victoria.

Aquellas primitivas legiones iban al combate formadas en manípulos de diez hombres de frente por ocho de fondo dispuestos en tres líneas, al tresbolillo. En la delantera, los más jóvenes, las tropas de choque *(hastati);* detrás de ellos, los *princeps,* de edad intermedia, y finalmente los veteranos de mayor edad *(triarii).*

Las dos primeras líneas iban armadas con jabalinas *(pila)* y espadas. Los *triarii* llevaban lanzas largas.

Todavía no se parecían a la imagen que tenemos de los romanos. Muchos de ellos se costeaban su propia armadura, coraza de bronce o cota de malla *(lorica hamata)* y escudo ovalado *(scutum).* Se protegían la cabeza con un casco de cuero o de bronce en forma de gorra de *hockey* (casco de Montefortino).

Desde su campamento, Aníbal contemplaba aquel vistoso ajedrezado de rojos manípulos distribuidos sobre el pardo geométrico de los claros herbosos. Hasta la fecha sus victorias se habían debido a la oportuna intervención de unas reservas ocultas. En Cannas no había barrancos, ni bosques ni colinas donde emboscar tropas.

Cuando el cartaginés decidió la táctica que iba a seguir, formó a sus huestes entre los romanos y el río Afianto, casi tocando sus orillas con los extremos de las alas. De este modo, la corriente fluvial lo protegía de cualquier maniobra envolvente que pudieran intentar los romanos aprovechando la abrumadora superioridad de su ejército.

Varrón formó sus tropas a la manera romana: las ocho legiones en el centro y la caballería dividida en dos escuadrones que protegían las alas. No obtuvo ventaja alguna de su superioridad; antes bien, la convirtió en un obstáculo, pues, en lugar de respetar los amplios claros de la formación en tresbolillo tradicional, reforzó los manípulos hasta duplicarlos y redujo a la mitad los claros intermedios. De esta manera sus ocho legiones se concentraron en una superficie que hubieran ocupado seis.

A la vista de la disposición romana, Aníbal dispuso en su centro la infantería gala, de inferior calidad, y la flanqueó con la infantería pesada compuesta de celtiberos, libios y númidas.

Cuando los romanos atacaran su centro, las tropas de inferior calidad cederían terreno, mientras las de los flancos lo mantendrían. El resultado sería un embolsamiento en el que los romanos penetrarían confiados. En la segunda fase de la batalla las alas de infantería pesada africana e ibera cerrarían la bolsa y los romanos se encontrarían tan concentrados que se estorbarían unos a otros sin posibilidad de desplegarse.

De acuerdo con lo previsto, los romanos barrieron a los galos del centro del campo. Presionados por un enemigo táctica y numéricamente superior, los galos cedían terreno y su formación se hundía por el centro.

Magón asistía al espectáculo.

—Ahí los tienes, Aníbal. Penetrando entre tus fauces como reses que se agolpan delante de la angostura de la mesa del matarife.

Varrón acumulaba todas sus reservas sobre el centro de la línea para reforzar la cuña que sus tropas estaban introduciendo en el campo púnico.

Las ocho legiones formaban una apretada masa que, en el ardor del combate, penetraba más de trescientos metros dentro del campo enemigo, sin advertir que los flancos púnicos, que no habían cedido ni un palmo de terreno, iban quedando a su espalda.

A media mañana todas las reservas romanas habían penetrado en el saco que su propio avance formaba. Aníbal estimó que había llegado el momento de cerrar la trampa y lanzó a los escuadrones africanos y celtiberos contra los flancos de la legión. El imprudente avance romano y la densa acumulación en el desordenado centro del ataque habían concentrado de tal forma a los legionarios que se estorbaban unos a otros y apenas podían alzar los escudos para defenderse.

Los que un momento antes se enardecían mutuamente con gritos de victoria se vieron atrapados en una bolsa compacta, incapaces de maniobrar, rodeados de un enemigo al que nunca habían conseguido vencer. Durante tres horas, númidas, celtiberos y galos se ensañaron con aquella masa privada de toda capacidad de combate. Solamente un contingente de unos diez mil romanos consiguió abrirse paso cerca del río y escapó a la carnicería.

El ejército de Cannas, ocho legiones completas, resultó aniquilado. Murieron setenta mil romanos, de los cuales nueve mil eran patricios, lo más granado de la aristocracia ciudadana. Entre los muertos figuraban los cuestores de los cónsules, veintinueve de los cuarenta y ocho tribunos militares, treinta y dos senadores y cincuenta oficiales de alta graduación. De los púnicos, solo murieron seis mil, mayormente galos. También capturaron casi cinco mil prisioneros.

El jefe de la caballería ajustaba las cifras del botín capturado.

—Este es el momento de marchar sobre Roma, Aníbal.

—No habrá marcha sobre Roma —respondió el bárquida—. ¿Adónde vamos sin equipo de asedio y sin posibilidades de obtenerlo ni de aislar la ciudad? Nuestro ejército está formado por bárbaros. Temen a la ciudad, solo se sienten valerosos moviéndose libremente por el campo, como las fieras. Acuérdate de las dificultades de Sagunto.

El jefe de la caballería insistió, sin resultado.

—Sabes vencer, Aníbal —dijo—; pero no sabes qué hacer con tus victorias.

En los días siguientes Aníbal liberó a los prisioneros itálicos y retuvo a los romanos.

Cundió el pánico en Roma. El Senado consultó los libros sibilinos, que aconsejaron un sacrificio propiciatorio consistente en enterrar vivos a dos griegos y dos galos.

Aníbal vencía en Italia, pero los romanos le devolvieron el golpe en Iberia.

—Iberia es la despensa de Aníbal y su punto débil —razonaban en el Senado—. Si atacamos por allí lo forzaremos a abandonar Italia.

Publio Cornelio Escipión reunió un ejército de unos cuarenta mil hombres y en –209 conquistó Cartagena, la principal base púnica, aprovechando que estaba mal defendida.

Los tres generales enemigos en campaña quedaban lejos: Asdrúbal Barca en la Meseta; Magón Barca, en el sur; y Asdrúbal Giscón, en la desembocadura del Tajo.

Además de abundante botín en plata, Escipión obtuvo una flota intacta y trescientos personajes iberos que los púnicos mantenían como rehenes para garantizar la sumisión de sus tribus. Escipión les concedió la libertad, un gesto generoso con el que se ganó la simpatía de muchos caudillos indígenas.[66]

El siguiente objetivo de Escipión era la región minera de Sierra Morena, en torno a Cástulo, de cuyas ricas minas obtenían los púnicos la plata que pagaba las soldadas de sus mercenarios.

66. Los iberos no advirtieron que aquellos romanos que los ayudaban a sacudirse el yugo cartaginés les iban a imponer otro aún más pesado y, además, definitivo. Aunque también es cierto que Roma los desasnó. Vaya lo uno por lo otro.

Los ejércitos de Asdrúbal Barca y Escipión se encontraron en –208 cerca de Baecula (Santo Tomé, provincia de Jaén).[67] Mediante una hábil maniobra, propia de Aníbal, el romano atrajo a su adversario a una trampa y lo derrotó.

Asdrúbal Barca logró salvar una parte de sus tropas y huyó hacia la Meseta por Despeñaperros para unirse a los otros generales púnicos.

67. La localización del campo de batalla de Baecula es controvertida. Los arqueólogos Schulten y Lammerer lo identificaron en el triángulo comprendido entre Bailén, Mengíbar y Jabalquinto, pero modernamente se está situando en el cerro de las Albahacas, término de Santo Tomé, donde se encuentran abundantes remaches de sandalia legionaria así como glandes de honda, bocados de caballo, monedas y otros vestigios de la batalla. Protestan los bailenenses porque les han quitado la batalla y razonan los tometenses, ilusionados con la localización de la batalla en sus términos, que los bailenenses ya podían conformarse con una batalla, la de Bailén, sonada derrota de Napoleón, y no ser tan acaparadores. Yo ni quito ni pongo rey, porque tengo mis simpatías repartidas entre los dos pueblos, que son a cuál más bonito, pero si me obligan a manifestar mi opinión, diré que no hay que ser ansiosos con las glorias locales, especialmente cuando uno tuvo poca o ninguna participación en ellas, y que debemos repartirlas como buenos comprovincianos. Diría yo más a mis paisanos: que hay que globalizarse y evitar pérdidas inútiles de energías en discutir qué campanario es más alto, qué melones de producción local son más dulces, qué aguas de esta o aquella fuente ablandan mejor los garbanzos, qué mozas son más guapas o qué alcalde la tiene más larga. Somos hermanos y a lo que hemos de atender es a vender bien el aceite, que parece mentira que las plusvalías se las estén llevando los forasteros. Así que desde aquí invito a los *baileneros* a que se acojan a este gentilicio y le vayan perdiendo cariño al de *beculenses,* del mismo modo que mis vecinos de Andújar deben contentarse con el de *andujeños* y abandonar el de *iliturgitanos,* dado que la Iliturgi histórica está probado que está en los llanos de Maquiz, cerca de Mengíbar. La que ellos tienen cerca es Isturgi *(municipium Isturgi triumphale),* la de las buenas cerámicas, en la zona de Los Villares. Muden el gentilicio a *isturgitano,* que suena igualmente fino, y tengamos la fiesta en paz.

En media docena de ocasiones he visitado las impresionantes ruinas de la ciudad ibérica de Orongis (hoy Giribaile, en la provincia de Jaén) que Lucio Escipión destruyó en –207.[68]

Escipión envió a su hermano Lucio Escipión con diez mil peones y mil jinetes a atacar Orongis, la ciudad más rica de aquella comarca, de fértil suelo y propietaria de minas de plata. Orongis había sido la base desde la que Asdrúbal atacaba a los pueblos del interior. Escipión acampó cerca de la ciudad y antes de circunvalarla envió hombres a sus puertas para que conversaran con los nativos, los sondearan y les aconsejaran llevarse bien con los romanos en lugar de oponerse a ellos. Como la respuesta no fue nada amistosa, Escipión rodeó la ciudad de foso y doble empalizada y dividió el ejército en tres cuerpos, para que uno atacara mientras los otros dos descansaban. La primera lucha fue enconada, pero quedó en tablas. No resultaba fácil acercarse a los muros ni aplicar escalas bajo la lluvia de proyectiles. Las escalas que podían llegar al muro las derribaban con horcas o las levantaban con garfios. Cuando Escipión vio la lucha igualada, a pesar de que había comprometido a pocos de los suyos y de que los enemigos contaban con la ventaja de la muralla, retiró la primera sección y atacó con las otras dos simultáneamente, lo que provocó la desbandada de los defensores, ya cansados. Los romanos irrumpieron en la ciudad, pero se abstuvieron de saquear y respetaron la vida de los que se entregaban. Solamente apresaron a la guarnición cartaginesa y a los trescientos ciudadanos que se habían resistido. A los demás los dejaron libres, con sus bienes intactos. En toda la operación caerían cerca de dos mil enemigos y no más de noventa romanos. Escipión felicitó a su hermano y comparó la conquista de Orongis con la de Cartagena que él mismo había conseguido.[69]

68. Gutiérrez Soler, 2011, pp. 112-113.
69. Tito Livio, *Ab urbe condita,* XXVIII, 3 y 4.

Escipión pasó a cuchillo a los habitantes de la vecina Iliturgi (Mengíbar) que se le habían resistido. Después de lo de Giribaile (contando con que Giribaile fuera Orongis), Mulcro, rey de Cástulo, se dijo: «Ya que pintan bastos, seamos razonables». Se olvidó de su yerno Aníbal y le tendió la mano a los romanos.

Alcanzaron un rápido acuerdo: Mulcro aceptaría una guarnición romana permanente y Escipión respetaría Cástulo y le concedería la categoría de municipio latino. Las minas serían propiedad del Estado romano como bienes de interés público *(ager publicus),* aunque al principio las siguieron explotando las grandes familias castulonenses convenientemente fiscalizadas por funcionarios, técnicos, ingenieros y soldados venidos de Italia. Algunos de estos funcionarios se enriquecieron y fundaron dinastías familiares.[70]

La empresa estatal era la Societas Castulonensis, integrada por *negotiatores* procedentes de Italia, muchos de ellos antiguos esclavos y libertos de origen griego, buenos administradores e incondicionales del emperador. Tanta riqueza estimuló las inversiones. En el siglo I, Cástulo sería una de las ciudades más ricas y bellas

70. Acerca de la riqueza y explotación de las minas, Diodoro comenta: «[De] los que trabajan las de plata, los hay que sin ser profesionales extraen en tres días un talento de Eubea. Toda la mina está llena de polvo de plata condensado que emite destellos. Por ello es de admirar la naturaleza de la región y la laboriosidad de los hombres que allí trabajan. Al principio, cualquier particular, aunque no fuese un experto, se entregaba a la explotación de las minas y obtenía cuantiosas riquezas, debido a la excelente predisposición y abundancia de la tierra argentífera. Luego ya, cuando los romanos se adueñaron de Iberia, itálicos en gran número llenaron las minas y obtenían inmensas riquezas por su afán de lucro. Pues comprando gran cantidad de esclavos los ponen en manos de los capataces. Y estos, abriendo bocas en muchos puntos y excavando la tierra en profundidad, estadios y estadios, y trabajando en galerías trazadas al sesgo y formando recodos en forma muy variada, hacen aflorar la mena desde las entrañas de la tierra a la superficie, lo que les proporciona cuantiosas ganancias» (Diodoro de Sicilia, *Bibliotheca historica,* V, 36-38).

del Imperio, con teatro, termas, templos, palacios, acueductos, fuentes y un foro de respetables proporciones, amén de lujosas mansiones de funcionarios y patronos enriquecidos.

La aristocracia local, los Valerios, los Julios y los Cornelios, descendientes de los primeros *équites* romanos asentados en la ciudad, rivalizaban en sufragar edificios públicos y jardines. Incluso estatuas de plata, haciendo honor al origen de la riqueza de la ciudad. Una gran dama, Cornelia Marulina, destacó por su generoso mecenazgo en obras públicas y en la financiación de banquetes y espectáculos.

La ciudad brilló durante un par de siglos, pero con la decadencia de Roma decayó ella misma. A finales del siglo II la producción minera menguó por agotamiento de los filones más importantes, sobreexplotados durante siglos, aunque también debió de influir el descubrimiento de otros filones en las islas británicas.

La decadencia de los siglos III y IV se manifiesta en la ausencia de construcciones importantes. Lo poco que se construye reutiliza materiales extraídos de edificios más antiguos, se ve que la población se había contraído y sobraban ruinas para explotarlas como canteras. Cástulo decayó y las invasiones bárbaras le dieron la puntilla. Primero, los francos y los alamanes que cruzaron Hispania saqueando y arrasando (año 264), y posteriormente los vándalos (año 411).[71]

71. Blázquez Martínez y García-Gelabert 1985, p. 6. Anteriormente ya se había padecido otra invasión bárbara, la de los moros africanos hacia el año 172, pero no hay constancia de que llegaran a Cástulo, aunque el historiador Capitolinus, en su biografía de Marco Aurelio, dice: «Cuando los moros devastaron casi toda Hispania». En cualquier caso fue una expedición de saqueo sin mayores consecuencias, porque al año siguiente los moros habían regresado a sus cabilas y en Hispania se había restablecido la calma. La invasión grave ocurriría en el año 711, como es sabido, y daría al traste con el reino visigodo que había sucedido a Roma, pero esa es otra historia.

Regresemos a Escipión y a su guerra púnica. Pasaron dos años en que cada bando se ocupó en ganarse a las tribus indígenas y preparar el siguiente encuentro.

En –206 Escipión salió de Cartagena al frente de un renovado ejército dispuesto a expulsar a los cartagineses del valle del Guadalquivir. Cerca de la ciudad de Ilipa (y de la actual Alcalá del Río, provincia de Córdoba) le salió al encuentro Asdrúbal Giscón con un ejército ligeramente superior. Nuevamente los púnicos llevaron la peor parte, aunque les concedió un respiro un súbito aguacero que obligó a suspender las operaciones.

Escipión regresó triunfante a Roma y fue elegido cónsul. Se esperaba de él que derrotara de una vez a Aníbal, aquel lobo suelto cuya amenaza pesaba sobre Roma desde hacía dieciséis años.

No fue necesario. Después de operar por Italia con un ejército mermado por las largas campañas, Aníbal comprendió que ya no recibiría los esperados refuerzos de su hermano y regresó a Cartago.

Escipión, el flamante cónsul, llevó sus tropas a África, se enfrentó con Aníbal y lo derrotó en Zama (–202).

Aquel muchachejo que salvó al cónsul en la batalla de Tesino dieciséis años atrás había abatido, por fin, al invencible bárquida.

¿Qué fue de Aníbal? Incómodo en Cartago, donde el Consejo lo acusaba de negligencia por no haber tomado Roma cuando tuvo ocasión, se exilió en la corte del rey Prusias de Bitinia, en Asia Menor. Poco después, sospechó que su anfitrión andaba en tratos para entregarlo a los romanos y se suicidó con un veneno que escondía en un anillo.

El Senado romano impuso a Cartago una rendición suficientemente onerosa como para asegurarse de que su emporio comercial jamás levantaría cabeza.

Una vez más, los romanos erraron el cálculo. La vieja rival se recuperó y les volvió a disputar el comercio mediterráneo.

Algunos romanos de la vieja escuela se alarmaron. ¿Dejaremos crecer a Cartago hasta que sea más poderosa que Roma?

El senador Catón el Viejo, veterano de los tiempos de Aníbal, se erigió en portavoz de la conciencia romana. Todas sus intervenciones en el Senado remataban con la coletilla: «*Ceterum censeo Carthaginem esse delendam*» ('Aparte de eso, opino que hay que arrasar Cartago').

Los nuevos senadores no le hacían mucho caso. En una ocasión desparramó una cesta de higos en el suelo:

—¡Higos frescos, recién cosechados en Cartago! —advirtió—. ¡Está más cerca de lo que pensáis!

Arrasar Cartago. La obsesión de Roma. Finalmente lo perpetraron con el más fútil pretexto en –147. Esta vez no concederían al viejo enemigo una segunda oportunidad: deportaron a su población, incendiaron la ciudad (que estuvo ardiendo diecisiete días) y sembraron de sal sus sembrados y huertas.

Tácito, el gran historiador romano, escribió: «Es propio de la naturaleza humana odiar al que se ha ofendido».

Como dijo el caledonio Calgacus, que combatió contra los romanos en Gran Bretaña: «Hacen un desierto y lo llaman paz».

Con la destrucción de Cartago, Roma quedó dueña del Mediterráneo (el Mare Nostrum) e inició su expansión territorial por Europa, Oriente Medio y el norte de África.

En poco más de dos siglos, todo fue territorio romano, sometido o asociado, desde Escocia y el Rin hasta el Sáhara y desde el Finisterre gallego hasta los confines de Persia.

La explotación de este Imperio enriqueció a una aristocracia senatorial que se reservaba los cargos provinciales y amasaba grandes fortunas que después invertía en latifundios y en lujosas fincas de recreo.

En sus primeros tiempos, la tierra pertenecía al Estado, que la cedía a los agricultores, pero en el siglo II, bajo los césares, toda Italia pertenecía a los latifundistas que explotaban sus fincas mediante cuadrillas de esclavos.

«De cuantas tierras limítrofes se apropiaban en las guerras, los romanos vendían una parte y la otra la repartían entre ciudadanos pobres que pagaban una pequeña parte como tributo a las arcas públicas. Pero como los ricos empezaron a elevar los tributos y expulsar a los pobres, se redactó una ley que impedía poseer más de quinientos *pletros* [medida de longitud equivalente a 30,5 metros cuadrados]».

Plinio lo vaticinó: «*Latifundia perdidere Italiam*» ('Los grandes latifundios han destruido a Italia').[72] Los pobres despojados de sus granjas no se sintieron dispuestos como antes a servir en la guerra o a cuidar de la educación de sus hijos.

El pequeño campesino y el artesano se convirtieron en parásitos improductivos cuya única salida consistía en alistarse en las legiones o emigrar a la populosa Roma, donde tampoco encontraban trabajo, pues carecían de las habilidades artesanales que la industria requería. Muchos se acogieron a la beneficencia pública o privada, apilados en las miserables colmenas de los suburbios. Junto a los palacios y las quintas de recreo de los millonarios crecieron el chabolismo y la miseria.

La Roma imperial, capital del Estado universal, rectora del mundo conocido, «la reina de las ciudades y señora del mundo», como la llama Cervantes, llegaría a sumar, en el siglo II, un millón doscientos mil habitantes.

Para acabar de empeorar la situación, los grandes terratenientes abandonaron el cultivo del cereal para dedicarse a la ganadería de vacuno y ovino, que rendía mayores beneficios. El trigo se traía de Sicilia, de África o de Egipto.

72. Plinio el Viejo, *Historia natural,* XVIII, 7.

CAPÍTULO 14

La *annona*

El Estado era tan rico que podía permitirse una especie de seguridad social, la *annona,* que repartía trigo entre los pobres a bajo precio o gratis.

Gracias a la *annona* se estableció un delicado equilibrio entre las cada vez más enriquecidas aristocracia y clase alta y el cada vez más empobrecido proletariado, al que, a cambio de su docilidad, se ofrecía *panem et circenses* gratuitos.

La *annona* contribuyó al crecimiento de una numerosa clase social parasitaria y embrutecida que vivía del Estado. En tiempos de César, doscientos treinta mil romanos se beneficiaban de los repartos de trigo o de su venta a precios «políticos». Esta cifra de beneficencia se reducirá considerablemente después de la colonización y el reparto de tierras realizados por el mismo César. Las leyes frumentarias fijaban la cantidad de trigo por persona y día en cien gramos. Cuando Roma quedaba desabastecida, el fantasma del motín popular se cernía sobre las cabezas de los gobernantes, pero esta eventualidad se presentó raramente: en el año –60, debido a las actividades de los piratas que infestaban el mar, y hacia el –41, durante la guerra civil.

A los zánganos mantenidos a las ubres del Estado les era indiferente que el poder político estuviera en manos de los patricios y que las tareas de gobierno y los cargos recayeran sobre los aristócratas. Progresivamente envilecidos por la holgazanería, se contentaban con trigo y espectáculos públicos gratuitos: carreras en el circo, comedias en el teatro, luchas de gladiadores en el anfiteatro y desfiles triunfales *(triumphī)* para honrar a los generales victoriosos regresados de algún confín del mundo con nuevas reatas de esclavos y nuevas riquezas saqueadas a pueblos ignotos.[73]

Un texto de Séneca, ya de época imperial, cuando la situación había llegado a sus últimos extremos, nos ilustra sobre la jornada diaria de estos ciudadanos que vivían sin dar golpe: «Roma está llena de personas inquietamente ociosas que no tienen mejor cosa que hacer que merodear y matar el tiempo. Todo el día se lo pasan por las casas, por los teatros y por los foros, entrometiéndose en los de los demás y dando la impresión de que hacen algo. Solo quieren matar el tiempo; son como esas hormigas que suben en largas hileras hasta la copa de los árboles para luego descender al suelo de vacío. Si los observas detenidamente verás a los que saludan a uno que ni siquiera les devuelve el saludo, se suman al cortejo fúnebre de un desconocido, acuden al juicio de uno que pleitea todos los días, a la boda de una mujer que se casa cada dos por tres [...]. Luego regresan a su posada agotados y no saben decir a qué salieron ni dónde han estado, pero al día siguiente vuelven a lo mismo».

Roma debía evolucionar. Hacia el –100, Roma seguía rigiéndose por un gobierno municipal, como cuando era una aldea. El poder se concentraba en las manos de los aristócratas, que se repartían los cargos públicos y copaban el Senado, una institución

73. No seré yo el que señale parecido alguno entre esta forma de soborno estatal y los actuales subsidios de desempleo con los que ciertos gobiernos autonómicos cautivan el voto de sus bases, lo que les asegura el cumplimiento de su principal objetivo político: crear una clientela fiel que les permita perpetuarse en la poltrona. Tampoco compararé el *circenses* con el vertedero de programas basura en que se han convertido algunas televisiones autonómicas y nacionales. El teatro y las luchas suministraban la misma sustancia que nos ofrece la televisión: violencia y sexo. Igual que hoy, los políticos mantenían a la plebe ocupada en asuntos deportivos mientras ellos se forraban. *Nihil novum sub sole.*

obsoleta y corrupta, incapaz de administrar los inmensos territorios conquistados. La República, pensada para regir una ciudad y su entorno campesino, no daba más de sí. La administración de los inmensos territorios imperiales exigía un mando más permanente.

Julio César daría definitivamente al traste con la República y prepararía el retorno de Roma a un gobierno monárquico.

CAPÍTULO 15

La revolución de los Gracos

Paseamos por el foro en compañía de dos amigos, el joven Lucio Urgavo y Bonoso Valerio. Lucio repara en la única estatua femenina que adorna la balaustrada. En la basa lee: «*Cornelia Africani F. Gracchorum*» ('Cornelia, hija del Africano y madre de los Gracos').

—¿Quién es esta mujer? —inquiere—. ¿Qué hizo para merecer este honor?

—Tener hijos y educarlos romanamente —le responde Bonoso con cierto orgullo.

Se sientan a la sombra de la pérgola. Bonoso compone los pliegues de su toga con un gesto elegante.

—Cornelia era hija de Escipión el Africano, el vencedor de Aníbal, y nieta por parte de madre del general Lucio Emilio Paulo, muerto en la batalla de Cannas. No podía proceder de más noble cepa. Huérfana apenas cumplidos los quince años, la casaron con el patricio Tiberio Sempronio Graco, que fue dos veces cónsul. Aunque el marido le llevaba treinta años, fue un matrimonio amantísimo que engendró doce hijos, de los que solo tres alcanzaron la edad adulta, Tiberio y Cayo Graco, y una hija, Sempronia. Habrás oído hablar de los Gracos.

—¿Los que se rebelaron contra el Senado?

—Esos eran sus hijos. Ella era muy culta. Se había criado con preceptores griegos y al propio tiempo dentro de la severidad romana. Cuando una conocida se extrañó de que una mujer que llevó en su dote cincuenta talentos de plata nunca luciera joyas, como hacían las matronas de su rango (especialmente las esposas e hijas de militares en el extranjero), Cornelia llamó a sus hijos y cuando se presentaron saludando educadamente a la visita, le explicó:

—Estas son mis joyas.

Se cuenta que en una ocasión encontraron dos culebras, macho y hembra, enredadas en su lecho matrimonial. Como en Roma cualquier anomalía se tomaba por señal de los dioses, consultaron a los augures.

—Debéis sacrificar a una de las serpientes. Si escogéis la que es macho, Tiberio morirá; si la hembra, morirá Cornelia.

—Matemos al macho —decidió Tiberio, generosamente—. Tu vida es más valiosa y todavía tienes que educar a nuestros hijos.

Tal como profetizaban los augurios, Tiberio Sempronio Graco falleció en el –150. A la joven viuda no le faltaron pretendientes, entre ellos el rey de Egipto Tolomeo VIII Evergetes, pero ella los rechazó. No volvió a contraer matrimonio. Se consagró a la administración de su casa y mantuvo una especie de salón en el que artistas y filósofos discutían las nuevas y piadosas tendencias del pensamiento helenístico. Sus hijos, cuando tuvieron edad, asistían a estas discusiones y, sin duda, adoptaron en ellas el ideal de justicia que después presidiría sus vidas.

Tiberio Graco, el mayor, era un joven oficial que combatió en Cartago bajo las banderas de su abuelo Escipión y obtuvo una condecoración por ser el primero que se encaramó en las murallas púnicas. Después prosiguió su carrera militar en Hispania y en Sicilia. Conviviendo con los legionarios, advirtió la triste realidad de los pobres de Roma y concibió la idea de promover unas reformas sociales que mejoraran la vida de los humildes.

Tiberio Graco se levantó en una asamblea pública y pronunció un discurso que causó gran escándalo entre sus colegas:

—Los animales salvajes de Italia tienen sus guaridas o cubiles, pero los hombres que han combatido por Italia, que estuvieron dispuestos a morir por ella en sus legiones, solo tienen derecho a su aire y su luz, porque están privados de un techo que los proteja.

Vagan de un lado a otro pobres, con sus familias e hijos. *Kyrioi tes oikoumenes einai legomeneoi* ('Estos guerreros son llamados los dueños del mundo, pero no tienen donde caerse muertos').

En –134, elegido tribuno de la plebe, promovió una reforma agraria basada en la adquisición por el Estado de los enormes latifundios de los *optimates* para parcelarlos y repartirlos entre los desheredados de Roma. Esos lotes serían inalienables para evitar que a los pocos años los potentados recompraran las parcelas, las tierras volvieran al latifundio y los pobres a la pobreza.

Graco contaba con la aquiescencia del otro tribuno, Marco Octavio, pero los *optimates* lo sobornaron para que se opusiera al proyecto. Enterado de la defección de su colega, Graco propuso una votación para destituirlo. Los *optimates* recurrieron a diversas argucias legales para impedirlo y al propio tiempo propagaron toda clase de calumnias sobre él a fin de enfriar el entusiasmo de sus partidarios.

Viendo empañado su buen nombre, el tribuno recurrió a un golpe de efecto para recuperar su popularidad. Recientemente había fallecido el rey Atalo III de Pérgamo, que legaba su reino a Roma.

—El tesoro de Pérgamo pertenece al pueblo —alegó ante la asamblea—. Debe repartirse entre los *humiliores*.

Los senadores rechinaron los dientes ante la populista medida.

Tiberio Graco comprendió que en cuanto dejara de ser tribuno, y por lo tanto sacrosanto, lo asesinarían. Temiendo ese desenlace se postuló para continuar en el cargo por otro periodo, pero repetirse en el tribunado era entonces ilegal.

—Lo que quiere es proclamarse rey —lo acusaron los *optimates*.

—Y sabes, amigo Lucio, lo que ser rey significa en Roma. No existe palabra más odiosa. Nadie ha recabado ese título desde los tiempos del impopular Tarquinio.

Llegó el día de la votación. Grupos de alborotadores sobornados por los *optimates* se mezclaron con los votantes para ocasionar desórdenes y reventar el acto. Se produjeron trifulcas, salieron a relucir armas y los sicarios lincharon a muchos partidarios de nuestro tribuno. El propio Tiberio Graco pereció, asesinado de un garrotazo en la cabeza. Según otras fuentes, se suicidó al verse perdido. Los alborotadores arrojaron su cadáver al Tíber.

«Cererem vetustissiman placari opportet» ('Hay que aplacar la ira de la antigua diosa de los campos'), corrió en Roma como un rumor. Los culpables eran conscientes de que el asesinado gozaba de la protección de Ceres.

Fue un entierro multitudinario. Una masa popular seguía a las plañideras enlutadas que se desgañitaban gritando contra los asesinos del «misionero de Ceres». Temeroso de que el pueblo se amotinara, el Senado confirmó, muy a su pesar, sus leyes agrarias.

—Y el otro hermano, Cayo, ¿qué hizo?

—Cayo Graco servía a la sazón en Hispania a las órdenes de Escipión el Africano. Cuando regresó a Roma, los populares lo aclamaron como sucesor y continuador de la obra de su difunto hermano. En este menester se opuso a otro Escipión que acaudillaba a los *optimates* opuestos a las reformas. Estaban a punto de enfrentarse cuando Escipión murió de pronto. Los *optimates* difundieron el rumor de que los populares lo habían envenenado.

Cayo Graco fue elegido tribuno de la plebe en –123. Volvió a reivindicar la reforma agraria, abolió la Ley Calpurnia del año –149 que cedía al Senado la administración de los tribunales, persiguió a los *mercatores* que encarecían los productos de primera necesidad y asignó a los pobres de Roma 43,5 litros de cereal a un precio simbólico.[74]

Los *mercatores* justificaban sus precios abusivos:

—Es que el auge de la piratería en el Mare Nostrum encarece los precios, porque casi todo el trigo procede de ultramar.

A la postre, la aristocracia cedió. Desde entonces, el enriquecido Estado sobornó a la plebe con distribuciones de trigo a bajo

74. Annona era la diosa de la recolección. Medio siglo después, el tribuno Publio Clodio Pulcro instituyó el reparto gratuito de trigo a los ciudadanos pobres (*Lex Clodia Frumentaria,* año –58).

precio o gratuitas. Esta práctica contribuiría a la formación de la referida clase social parasitaria y embrutecida que vivía de los subsidios estatales y se desentendía de las cuestiones del gobierno.

Otros proyectos sociales de Graco fueron fundar colonias en el Imperio que pudieran mitigar la superpoblación de Roma. También estimuló la construcción de calzadas que absorbieran la mano de obra para paliar el paro (idea que tomó prestada Mussolini y de este Hitler, con las autopistas) y, lo más peligroso, reformar el sistema de voto para conceder más importancia al proletariado.

Eran ideas de progreso que chocaron con la pasividad de los presuntos beneficiarios.

—¿Una finquita en la lejana Tarento para que me deslome trabajándola? No, gracias. Prefiero quedarme en Roma y vivir de la *annona* tan ricamente. Yo con un plato diario de *puls* me apaño.[75]

—Pero eso es humillante, vivir de limosna, de las migajas que caen de la mesa del rico.

—A mí no me humilla. A mí que me den una talega de trigo al mes y entrada libre en los espectáculos. Con eso me conformo.

Otra de las ideas de Cayo Graco era extender la ciudadanía romana a los aliados itálicos como un acto de justicia, porque se habían mantenido fieles desde los tiempos de Aníbal.[76]

75. Antes de que los romanos conocieran el pan, durante más de trescientos años, su plato nacional había sido el *puls,* unas gachas de cereales (de cebada, farro, espelta, mijo, etcétera) a cuyos componentes básicos, agua y harina toscamente molida *(far),* podía agregarse algo de manteca. Una variedad muy diluida en agua se tomaba como nuestra levantina horchata; otra, muy espesa, se presentaba en forma de albóndigas. En las celebraciones, el *puls* se enriquecía con tropiezos de queso, miel o huevo y entonces lo llamaban *puls punica,* es decir, cartaginés, involuntario reconocimiento de la superior cocina del odiado enemigo.

76. La *Rogatio Sempronia de Sociis et Nomine Latino,* por la que se pretendía que todos los pueblos itálicos después de siglos de colaboración más o menos leal con Roma ascendieran a su ciudadanía en lugar de seguir siendo considerados *peregrinus* o no ciudadanos.

Esta vez la sugerencia molestó por igual a los *optimates* y a los populares. A los primeros, porque lo creyeron una maniobra del populista para ampliar la base de sus votantes; a los pobres, porque no estaban dispuestos a compartir los repartos de trigo con gentes venidas de fuera.

Cayo Graco había revalidado su magistratura en dos ocasiones. No le dieron ocasión a revalidarla una tercera. Aprovecharon su ausencia de Roma, cuando intentaba organizar una colonia agrícola en Cartago, para convocar elecciones.

El joven Graco comprendió que, desasistido de la protección religiosa inherente al cargo tribunicio, su vida corría peligro. Los sicarios de los *optimates* estaban asesinando a mansalva a sus partidarios, así como al otro tribuno saliente, Marco Fulvio Flaco, y a su familia. Sintiéndose en peligro, quiso huir de Roma y se refugió en el bosque de Furrina, en las laderas del Janículo, en compañía de su fiel esclavo Filócrates, pero ante el temor de caer en manos de los piquetes que lo seguían le pidió al esclavo que lo ejecutara, una forma de suicidio propia de la aristocracia romana.

Los Gracos habían fracasado. El proyecto de renovar las obsoletas instituciones romanas se ahogó en un baño de sangre. La victoria de los *optimates* comportaba la propia desgracia de una República lastrada por esta clase inmovilista que tarde o temprano caería por no haberse sabido renovar.

—¿Qué fue de la noble Cornelia?

—El Senado prohibió que los familiares de los asesinados vistieran de luto, pero Cornelia, madre coraje, se presentó a las puertas del Senado de luto riguroso y con el platillo de los suplicantes en la mano reclamando el cadáver de su hijo.

Después se apartó del mundo para llevar su luto con dignidad romana y cambió su residencia a una finca en los campos misenos, donde vivió el resto de su vida.

CAPÍTULO 16

La revolución de Mario

El heredero del legado populista de los Gracos fue, quizá sin proponérselo, Cayo Mario, un hombre sencillo de la nobleza menor itálica que ascendió en el ejército y participó en todas las guerras del Imperio.

Mario era un joven oficial cuando asistió al asedio de la ciudad celtibérica de Numancia,[77] en el que probablemente conoció a un noble númida, Yugurta, que mandaba tropas aliadas de Roma. Terminada la campaña, Yugurta regresó a su tierra africana y se proclamó rey de Numidia después de asesinar a sus competidores dinásticos. Roma envió a varios generales contra él, pero el astuto númida escapaba al castigo sobornándolos.

¿Un romano aceptando sobornos? ¿Qué pasó con las virtudes cívicas que lo caracterizaban? ¿Dónde están la *honestas* y la *dignitas*?

Con el tiempo se habían deteriorado. Las clases dirigentes habían perdido la vergüenza y solo pensaban en enriquecerse y en disfrutar de sus privilegios. Ya lo dice Salustio: «Había en aquel tiempo en nuestro ejército varios sujetos (de poca cuenta y tam-

77. Sus ruinas se encuentran a siete kilómetros de Soria. Asediada por Escipión Emiliano, el Africano Menor, el conquistador de Cartago, en el verano del año –133, sus habitantes prefirieron incendiar la ciudad y suicidarse antes que rendirse, lo que ha originado la expresión *resistencia numantina*.

bién nobles) que anteponían las riquezas a lo bueno y honesto; gente de partido y de autoridad en Roma, notorios por eso más que por su virtud».

Yugurta se mantuvo en la cuerda floja, corrompiendo a los funcionarios enviados a capturarlo hasta que el incorruptible Mario lo llevó a Roma cargado de cadenas. El Senado lo recompensó con un triunfo *(triumphus)* el 1 de enero de –104, aunque buena parte del mérito de haber capturado a Yugurta correspondía a su cuestor Sila.

Después del desfile, como era costumbre, estrangularon al númida en la cárcel Mamertina (según otros, lo dejaron morir de inanición).[78]

Mario repitió consulado cinco años seguidos (una distinción nunca antes vista en Roma).

—Es que la ley cede ante el interés común —explicó Plutarco.

Mientras tanto, no faltaban problemas en las fronteras. Un cambio climático ocurrido en el norte de Europa provocó las primeras invasiones bárbaras entre los años –113 a –101. Los cimbrios, hijos del «territorio umbroso y boscoso en el que no penetran jamás los rayos del sol», y los rubios teutones buscaban una región amable en la que establecerse. Buscándola descendieron por las Galias devastándolo todo a su paso y derrotando a los ejércitos romanos que se les enfrentaban.[79]

Cundió el pánico en Roma hasta el punto de que se realizaron sacrificios humanos siguiendo ritos atávicos.[80]

78. Algún lector provecto que hizo el antiguo bachillerato de letras recordará que se traducían textos de la obra de Salustio *Bellum Iugurthinum (La guerra de Yugurta),* popularmente conocida como *La Yogurtera.*

79. Plutarco se refiere al territorio de Schleswig-Holstein, entre las actuales Alemania y Dinamarca, hogar ancestral de nuestra reina emérita (cuyo nombre completo es Sofía Margarita Victoria Federica de Schleswig-Holstein-Sonderburg-Glücksburg).

80. Entre los vestigios ancestrales de sacrificios humanos cabe destacar la *devotio,* un pacto sagrado por el que se invita a los maléficos dioses sub-

El Senado suplicó a Mario que se hiciera cargo de la situación.

—Con una condición —dijo—. Reformaré las legiones. Se acabó el sistema de levas basado en los inscritos en las cinco clases.

—Lo que quieras.

Después de la reforma de Mario, el ejército romano se convirtió en un ejército profesional permanente.

—A partir de ahora, la defensa de Roma compete a todo el mundo, incluidos los pobres y los itálicos —declaró Mario—. Y se les pagará en botín y reparto de tierras. Los itálicos que se alisten tendrán derecho a la ciudadanía romana y los esclavos dispuestos a defender a Roma recobrarán la libertad.

Mario reclutó a los menores de veinticinco años, incluidos los pobres *(capiti censi)*, y puso a los gladiadores cedidos por los lanistas a entrenar a tanto recluta.

—Pero el *mos maiorum* ('ley no escrita') circunscribe el ejército a los ciudadanos romanos con todos los derechos —alegaron los conservadores.

—La necesidad prevalece sobre el *mos maiorum* —alegó Mario.

—Todos querrán alistarse.

—De eso se trata. Buenos soldados harán buenos ciudadanos. En el fragor de la batalla no se distingue la sangre de un romano de la de un itálico.

---

terráneos a destruir al enemigo. El pontífice que dirige la ceremonia inscribe el nombre de la persona que debe morir en una lámina de plomo. Después, los jóvenes cubren sus cabezas con un velo y consagran sus armas a Belona y a los dioses novensiles en el curso de una ceremonia denominada *facio ut facias,* es decir, 'hago para que hagas'. Por este pacto se comprometen solemnemente a buscar la muerte en la primera ocasión militar para que, a cambio de sus vidas, los dioses infernales arrebaten la del enemigo designado.

Mario entrenó a sus tropas con la dureza y severidad que usaba consigo mismo y les impuso nuevas tácticas e incluso nuevas armas.[81]

Cuando le pareció que el nuevo ejército estaba suficientemente curtido salió al paso de los teutones en Aquae Sextiae (Aix-en-Provence) y los aniquiló. Cuenta Plutarco que las mujeres de los bárbaros «arrancaban los escudos a los romanos con sus brazos desnudos y se agarraban a las espadas, aguantando los golpes y los tajos con un coraje inquebrantable hasta el final».

Después les llegó el turno a los cimbrios, que se habían instalado en la región véneta atraídos por su fertilidad en trigo, carne y vino. Incluso enviaron embajadores para ofrecer un acuerdo de paz.

—Solo queremos instalarnos aquí, en buena paz con nuestros hermanos los teutones.

—No os preocupéis por los teutones —ironizó Mario—. Ya les hemos dado tierra y la tendrán para siempre.

Aludía a las fosas comunes donde los sepultaron. Se dice que la tierra quedó tan fertilizada con la sustancia de los cadáveres descompuestos que las siguientes cosechas fueron estupendas.

81. Hasta entonces, el soldado se equipaba a su costa, pero Mario decidió que el Estado suministrara un equipo uniforme, fabricado en serie, lo que lo abarató considerablemente. La tradicional *lorica hamata* (cota de malla), que era cara y trabajosa de fabricar, se sustituyó por la *lorica segmentata,* con tiras de acero plegables, fáciles de transportar. Además, suprimió la variedad de insignias (lobo, jabalí, caballo...), dejando solo el águila. También modificó el diseño del *pilum* (dardo arrojadizo), sustituyendo los dos remaches de hierro que fijaban el hierro al astil por remaches de madera que se quebraban al golpear al adversario inutilizando el arma, con lo que se evitaba que el enemigo las devolviera. Clavada en el escudo del contrario, el hierro le dificultaba el movimiento. Finalmente, impuso la cáliga legionaria, la sandalia de piel de vacuno cortada en tiras con suela de tachuelas de hierro o bronce.

Unos días más tarde se celebró la batalla. La fuerza combinada de Mario y la del otro cónsul, Quinto Lutacio Cátulo, aniquiló a los bárbaros en Vercelas (Galia Cisalpina). Muchas mujeres cimbrias mataron a sus hijos y se suicidaron para evitar la esclavitud.

En Roma recibieron a Mario como a un segundo Camilo (aquel padre de la patria que derrotó a los galos) y lo eligieron cónsul por sexto año consecutivo.

Él se dejó halagar, pero transcurridos los fastos llamó a la puerta del Senado.

—Ahora toca recompensar a mis hombres.

Asociado a un tribuno de la plebe, Lucio Apuleyo Saturnino, consiguió los repartos de tierra previstos por las leyes de los Gracos. De nada sirvió la renuencia de los *optimates.* Cada soldado de Mario recibió cien *iugera*[82] en la provincia de África.

Otra medida populista fue rebajar el precio del trigo subvencionado hasta el punto de que el Estado apenas podía soportar el desembolso.

Finalmente, suprema ironía o simple coincidencia, Mario invirtió parte del botín tomado a los bárbaros en la construcción de un templo dedicado al honor y a la virtud.

El año –99 se postularon dos posibles candidatos para acompañar a Mario en el consulado (se suponía que él seguiría en el cargo), pero Saturnino los hizo asesinar. El Senado ordenó a Mario que castigara al culpable.

¿Defendería Mario a su colega y aliado, al que debía muchos favores?

Parece que no. Poco después Saturnino y sus adláteres fueron linchados por los esbirros senatoriales. A Saturnino, refugiado en su casa, lo sacaron a la calle a rastras y lo mataron a golpes.

La vida muelle y el vino de Falerno habían engordado a Mario. Inadaptado en tiempos de paz, no se sentía cómodo en Roma.

82. Una *iugera* equivale a 0,25 hectáreas.

Como Roma tampoco se sentía cómoda con él, puso tierra por medio y marchó a Asia, quizá con el pretexto de inspeccionar el reino de Mitrídates.

En el año –90 los itálicos aliados de Roma que llevaban siglos esperando que les otorgaran la ciudadanía romana se sublevaron.

—Después de siglos de acatamiento, de pagaros impuestos abusivos y de dar nuestra sangre en vuestras guerras, ¿qué hemos sacado? —se quejaban—. Ahora nos prohibís emigrar a Roma e incluso nos expulsáis de la ciudad porque no figuramos en las listas del censo.

Fueron cuatro años de «guerra social» (de *socii,* aliado). Cuando Roma estaba sofocando el incendio itálico, las llamas se propagaron a las resecas lindes asiáticas, donde Mitrídates el Grande invadía Grecia (año –89).

Mario y Sila, hasta entonces aliados, competían por obtener el mando del ejército que ajustaría las cuentas a Mitrídates.

Mario se sintió rechazado por la ciudad que antes lo adoraba. Contrariado, decidió exiliarse en África, lejos de la desagradecida urbe, pero cuando desembarcó en Cartago resultó que el gobernador de aquella provincia le prohibía residir en su jurisdicción.

—Dile a tu amo que has visto a Mario fugitivo sentado sobre las ruinas de Cartago —le respondió ceñudo al funcionario que se lo comunicó.

¿Quién es este Sila que ha oscurecido la estrella de Mario y ahora lo persigue?

Lucio Cornelio Sila era un típico producto de la aristocracia venida a menos. Había observado una juventud disoluta y farandulera que no presagiaba la brillante carrera política que seguiría después, pero la inesperada herencia de su amante Nicópolis (una pudiente prostituta griega) mejoró sus finanzas y le permitió crecer a la sombra de Mario, participando en sus campañas militares. Finalmente compitió con el propio Mario por la comandancia del ejército enviado contra Mitrídates.

Después de imponerse en Roma (con el respaldo de un ejército acampado en el foro), Sila se disponía a someter a la rebelde Atenas cuando le llegaron noticias de que en Roma había estallado una guerra civil entre *optimates* capitaneados por el cónsul Cneo Octavio y populares capitaneados por el cónsul Cornelio Cinna.

—Una matanza, procónsul —le dijeron—. Mario ha regresado de su exilio africano y ha tomado Roma a sangre y fuego. Hay más de diez mil cadáveres pudriéndose sin que nadie los recoja en las calles y los foros. Bandas de facinerosos recorren los palacios saqueando y matando. Los esclavos violan a sus amas. Las turbas han degollado a decenas de senadores y pasean sus cabezas pinchadas en palos.

En palabras de Cicerón, «la República se vio privada de una administración regular de justicia y de su antigua dignidad y esplendor». «Los hombres más ilustres fueron asesinados y las luces del Estado se apagaron».[83]

En medio del caos, Mario y Cinna, los nuevos cónsules, se sirvieron de los auxiliares galos para exterminar a los rebeldes. Fue una matanza como no se había visto en la ciudad. Al cónsul Cneo Octavio, que rehusó huir, lo degollaron en su silla proconsular, lo decapitaron y presentaron su cabeza a Cinna, que la exhibió en el foro, frente a los *rostra.*

Las noticias llegaban puntualmente a Sila, que seguía en Grecia con sus tropas.

—Han asesinado a tus amigos, te han declarado destituido del mando y han confiscado tus propiedades. Las togas que guardabas en el baúl de tu alcoba las han convertido en taparrabos para los esclavos.

Sila comprendió que había llegado su momento. La «irreconciliable y violenta enemistad» que sentía hacia Mario exigía su regreso.

83. Cicerón, *In Catilinam,* III, 24.

Mario se había proclamado cónsul por séptima vez (–86), pero era ya un hombre estragado por la vejez, el alcohol y el insomnio. Cuando lograba conciliar el sueño sufría pesadillas. Creía estar al frente de las tropas que batallaban contra Mitrídates. Finalmente falleció de pleuresía, con las heladas de enero, después de una larga agonía.

Dueño de la situación, Cinna envió a dos legiones al mando del otro cónsul, Lucio Valerio Flaco, para detener a Sila. Nada más desembarcar en Grecia las tropas asesinaron al general que las mandaba y se unieron a las fuerzas de Sila.

Cinna aprestó nuevas tropas y fue al encuentro de Sila. No sospechaba que las fatas, las diosas del destino, habían determinado su muerte.[84]

«Uno de sus lictores apartó de un empujón a un transeúnte que lo estorbaba y el otro respondió empujando al lictor. Cinna ordenó arrestarlo, lo que provocó un clamor indignado de la chusma que derivó en pedradas y, finalmente, lo apuñalaron. Así pereció el cónsul Cinna».[85]

El 27 de enero de –81, Roma se engalanó para dispensar un «triunfo» a Sila. Los *optimates* y otros fugitivos coronados de flores seguían su carro aclamándolo como padre de la patria. Incluso le levantaron la primera estatua ecuestre que se vio en Roma, un honor antes reservado a los dioses. Se acuñaron monedas con su perfil.

Después de la fiesta vino la resaca. Sila había preparado una lista con los nombres de partidarios de Mario o de Cinna que

84. Las fatas son tres hermanas tejedoras. Cuando naces, se hacen cargo del hilo dorado que representa tu vida. Cloto hila la hebra, Láquesis la alarga y Átropos la corta cuando te llega el momento de la muerte. Ni los propios dioses pueden revocar sus decisiones.

85. Apiano, *Guerras civiles,* I, 78-96. Otra versión es igualmente dramática. Cinna suplicó clemencia de rodillas y le tendió un precioso anillo de sello al centurión que iba a matarlo, pero este respondió: «No vengo a sellar ninguna escritura, sino a castigar a un maldito tirano» (Plutarco, *Vidas paralelas,* «Pompeyo», 5).

convenía ejecutar por el bien de la República. No hubo piedad. «Ejecutaron a esposos en los brazos de sus mujeres y a hijos abrazados a sus madres», escribe Plutarco. Los más opulentos corrían especial peligro, pues Sila necesitaba confiscar bienes para recompensar a sus soldados.

Reparemos ahora en dos alevines que muy pronto decidirán el destino de Roma. Por una parte, el joven Pompeyo, de veinticuatro años, que ayudó a Sila con un ejército privado reclutado por su rica familia al frente del cual mereció el sobrenombre del Muchachito Carnicero *(Adulescentulus Carnifex)*. Pompeyo, que merecería el título de Magno, el Grande, era un personaje magnánimo capaz de inclinar las insignias de su cargo ante un sabio para demostrarle respeto y capaz de liberar a un esclavo simplemente porque había demostrado gran inteligencia.

Por otra parte, Julio César, un sobrino político de Mario que figuraba en la lista de Sila, pero escapó de milagro gracias a la intercesión de algunos amigos. Sila lo perdonó, renuente:

—Me arrepentiré de haberlo indultado, porque en este joven se contienen muchos Marios.[86]

Sila impuso su idea del Estado. Restituyó sus poderes al Senado (y de paso duplicó el número de senadores), repartió tierras, concedió ciudadanía romana a pueblos itálicos fieles y redujo la *annona* para desanimar a los holgazanes que se instalaban en Roma para vivir del subsidio.

La esposa de Sila, Cecilia Metela, contrajo una enfermedad infecciosa que los augures reputaron impura. Sila la hizo trasladar al templo de Juno y no volvió a visitarla. Poco después,

86. Una anécdota nos muestra la tesonera determinación de aquel joven que despertaba los recelos de Sila. Siendo todavía estudiante, lo capturaron los piratas. Cuando esperaba que la familia lo rescatara, uno de sus carceleros le preguntó: «¿Qué harás cuando estés libre?». Y él contestó: «Armaré una flotilla, os buscaré, os capturaré y os haré ejecutar». Los piratas rieron de buena gana el chiste, pero en cuanto estuvo libre César hizo exactamente lo que les había prometido: los crucificó a todos.

cuando ya viudo asistía a unos juegos de circo, una joven y atractiva divorciada, Valeria, que se sentaba a su lado, le recogió un cabello de la toga. Al gesto de sorpresa de Sila por tamaño atrevimiento, respondió ella con una encantadora sonrisa que lo desarmó.

—Señor, quiero que este pelo me dé un poco de tu suerte.

Le dio mucha, porque el sexagenario general quedó prendado de aquella belleza de veinticinco años y se casó con ella.

El nuevo matrimonio modificó el carácter de Sila. Para sorpresa de Roma, reimplantó la elección anual de dos cónsules y cuando lo dejó todo atado y bien atado se retiró a gozar de la vida y de su nueva esposa a su estupenda finca de Cumas, la Costa Azul de los millonarios romanos, donde falleció, probablemente de cáncer, el año –78, en la paz de los dioses.

Dejó escrito su epitafio: «El mejor de los amigos. El peor de los enemigos».

En efecto, enemigo no había quedado ni uno.[87]

87. Esto nos recuerda la anécdota del general Narváez. En su lecho de muerte, el confesor le aconsejaba que perdonara a sus enemigos. El moribundo abrió un ojo y fulminó con la mirada al cura. «¿Enemigos dice, padre? Yo no tengo enemigos. ¡Los he fusilado a todos!».

CAPÍTULO 17

Un ejército invencible

A finales del siglo –II, Mario había sustituido el tradicional ejército de ciudadanos de las clases altas por otro profesional formado por plebeyos *(infra classem)* que combatían como infantería pesada, a menudo la escoria de la sociedad atraída por el salario, el empleo fijo, la dieta suficiente[88] y las posibilidades de aventura y promoción por años de servicio *(stipendia)*. Cualidades positivas para el soldado eran la simpleza *(simplicitas)* y la ignorancia *(imperitia)*.[89]

El recluta *(tironum)* pasaba por un periodo de instrucción de cuatro meses a las órdenes de un instructor *(campidoctor)* antes de considerarse soldado *(miles)*. Después de un tiempo se le asignaba a una unidad y entonces se tatuaba en la mano la señal indeleble del regimiento o la llevaba al cuello en una plaquita de plomo.

Mario creó una máquina militar bien engrasada que durante siglos sería imbatible en su lucha con los pueblos bárbaros, hasta que, en el siglo III, la disciplina se relajó, y el romano rehusó servir en el ejército y cedió su puesto a bárbaros contratados que terminaron siendo mayoría e impusieron tácticas que en poco se diferenciaban de las del enemigo al que tenían que combatir, ellos mismos o sus primos.

88. El soldado seguía una dieta hipercalórica, tres cuartos de kilo de grano y medio kilo de verduras, carne o legumbres diarios (Knapp, 2011, p. 242).

89. *Ibidem*, p. 232.

Antes de Mario, cada soldado se armaba y ataviaba a su costa, lo que determinaba cierto descontrol en las armas. A partir de Mario es el Estado el que provee de armas procedentes de contratas que las fabrican en serie, lo que determina su abaratamiento y la uniformidad de la tropa. La *lorica segmentata* o *laminata* (armadura de placas horizontales, plegable, fácil de transportar) sustituye a la *lorica hamata* (cota de malla), más cara, pesada y laboriosa de fabricar.[90]

El armamento individual consistía en un escudo en forma de teja *(scutum),* la espada corta *(gladius hispaniensis),* el puñal *(pugio)* y tres jabalinas *(pila,* dos ligeras, de mil ochocientos gramos, y otra pesada, de dos kilos).

Se adoptaron también las *caligae,* o sandalias de suelas claveteadas con *clavi caligarii,* aptas para afirmarse sobre el terreno evitando resbalones y también como arma, pateando al enemigo. Después de cada acción, los soldados reponían los clavos perdidos, menester para el que el regimiento les concedía una asignación especial *(clavarium).*[91]

Salvo en momentos de apuro, este ejército permanente se componía de unas treinta legiones. Al principio agrupaban unos cuatro mil hombres, número que aumentó con el tiempo hasta unos seis mil, además de un cuerpo de caballería de unos quinientos.

La legión se subdividía en cohortes de unos quinientos hombres, divididas en tres manípulos que a su vez constaban de dos centurias de ochenta hombres cada una al mando de sendos centuriones.

90. La cota de malla pesaba entre nueve y doce kilos; la *lorica segmentata,* entre seis y ocho. Avanzado el Imperio, la cota de malla volvió a imponerse, el escudo se hizo oblongo *(parma* o *clipeus)* y la espada más larga de la caballería *(spatha)* se impuso también en la infantería (Guillerat, 2020, p. 90).

91. Como vimos páginas arriba, en Santo Tomé (Jaén), los arqueólogos que estudian el campo de batalla de Baecula, donde Escipión derrotó a los cartagineses, han deducido los movimientos de los romanos por los clavos de sandalia hallados sobre el terreno.

La centuria se dividía en diez pelotones de ocho hombres *(contubernia)*, que en el campamento compartían la misma tienda en dos turnos de cuatro hombres (cama caliente).

Hasta seis tribunos *(tribuni angusticlavii)* y un número determinado de centuriones constituían la oficialidad de la tropa. El centurión mayor *(primus pilus)* asesoraba al general o legado *(legatus)*.

Acompañaban a la legión tropas auxiliares *(auxilia)* prestadas por los pueblos o países sometidos, cada cual combatiendo según sus armas y tácticas: jinetes, arqueros, honderos, etcétera.

Los honderos baleares, por ejemplo, usaban balas (*glandes plumbeae*, 'bellotas de plomo') del tamaño y forma de una croqueta en las que insertaban inscripciones como «*d(ono) d(atum)*», 'toma este regalo', o «*(amnum) d(et)*», 'que haga daño', o con todas sus letras: «*Feri Pompey*», 'Hiere a Pompeyo'.[92]

«Usan tres hondas de junco negro, de cerdas o de tendones: una larga para los tiros largos, otra corta, para los cortos, y la tercera mediana, para los intermedios —escribe Estrabón—. Desde niños los adiestran en el manejo de la honda. Si tienen hambre tienen que acertar en la diana antes de recibir el pan».[93]

En Escocia se han hallado piedras con forma de glande de la época romana con un agujero de unos cinco milímetros en el centro que en el aire provoca un zumbido capaz de inquietar al enemigo.

La señal sagrada depositaria del honor de la legión era el águila *(aquila)*, una escultura de plata o de oro de poco más de un palmo de ancho que terminó siendo el símbolo de Roma. Un soldado escogido, el *aquilifer*, portaba el águila en la punta de un

92. Incluso las hubo más sofisticadas, con mensajes obscenos: «Lucio Antonio, pelón, y tú, Fulvia, abre el culo», «A por el ojete de Octaviano», «Voy a por el culo de la señora Octavio», «Voy por el clítoris de Fulvia» —por cierto, *clítoris*, en latín, es *landica*— (Beard, 2016, p. 370).

93. Licofrón de Calcis, 1956, vv. 633-641.

astil. La pérdida del águila o su captura por el enemigo deshonraba a la legión entera.

Existían también otros signos, que acompañaban al águila: mano, coronas, guirnaldas, tablillas con el nombre del emperador o imágenes de la diosa Victoria...

La insignia de la centuria *(signum* o *vexillum)* solía ser un banderín horizontal que portaba un suboficial, el signífero o *vexillarius,* cuyo uniforme se complementaba con una vistosa piel de lobo *(galea lupina)* y en algunos casos de león o de oso cuya cabeza se encajaba sobre el casco *(galea).* Otro soldado *(draconarius)* llevaba en alto el dragón de la cohorte, con la cabeza de bronce y el cuerpo formado por una manga de viento *(textilis anguis)* que se hinchaba y ondulaba al avanzar. En la boca del dragón el viento hacía vibrar una lengüeta de cobre produciendo un sonido penetrante que desmoralizaba al enemigo.

Cada manípulo disponía de un asno o mula en el que transportar el fardaje, aunque el equipo militar, de unos veinticuatro kilos, tenía que llevarlo el soldado a cuestas en marchas de hasta cinco horas que cubrían unos treinta kilómetros diarios, al término de las cuales, en lugar de descansar, montaba un campamento completo, que destruiría al día siguiente antes de proseguir la marcha. Cuando la situación lo requería, la legión se sometía a marchas de hasta cuarenta kilómetros *(magnis itineribus).*

Durante mucho tiempo, el ejército romano fue una perfecta máquina de guerra que conquistó un extenso Imperio gracias a sus tácticas, su valor y su disciplina. Se entrenaban como cualquier ejército moderno: en campamentos, con mucho ejercicio físico, mucha instrucción con espadas de madera *(rudis),* aprendiendo los golpes sobre postes primero y después en combates figurados con otros soldados o con instructores.

A veces, si no había carros de transporte, también tenían que repartirse palas, hachas y otra impedimenta necesaria para levantar el campamento (por eso, en alguna ocasión los llamaron «las mulas de Mario»).

En la marcha, el soldado colgaba parte de sus pertenencias en una especie de percha *(furca)*. Entre la impedimenta que transportaban las mulas asociadas a cada *contubernium* figuraban varias estacas de 1,80 metros *(sudes* o *pila muralis)* con un estrechamiento en el centro y aguzadas por sus dos extremos que, en caso de súbito ataque de caballería, podían unirse en grupos de tres para formar un «caballo de Frisia» y que al construir un campamento servirían de remate al terraplén (un extremo clavado en tierra y otro formando una empalizada defensiva).

Cada tarde, después de la marcha, los soldados construían un campamento fortificado cuadrado o rectangular, suficiente para rechazar cualquier ataque por sorpresa. Aunque solo les sirviera para pasar la noche (al día siguiente lo destruían antes de partir), lo hacían concienzudamente: mientras la mitad de la tropa formaba en orden de batalla por si atacaba el enemigo, la otra mitad excavaba un foso *(fosa)* de cuatro metros de ancho por tres de profundidad, y con la tierra extraída construía un terraplén *(agger)* coronado por una empalizada de estacas clavadas y atadas entre sí.

Como cualquier ciudad de nueva planta, el campamento estaba cruzado por dos calles principales (la *via praetoria* y la *via principalis*) que en la intersección formaban una plaza o foro donde se levantaba la tienda del general *(praetorium)*, el almacén de intendencia *(questorium)* y la capilla o santuario *(aedes signorum)*, donde se custodiaban las águilas y las señales.

A veces construían campamentos permanentes, de piedra, con el muro torreado y todos los servicios de una ciudad, incluidas las termas y el hospital *(valetudinarium)*.

En torno a estos campamentos fijos disponían auténticos campos minados para dificultar la aproximación del enemigo. En los escritos de César encontramos una descripción detallada de las defensas en torno a la corona de fuerzas romanas que sitiaban al galo Vercingétorix: a un lado y a otro, un terraplén reforzado con empalizada y torres de observación y defensa. A continuación, dos anchos fosos de escarpadas laderas, uno de ellos parcialmente inundado con aguas desviadas de un río cercano; delante de los fosos, una zanja menos profunda con cinco filas de ramas de árbol trabadas a las que habían aguzado las puntas, de manera que hirieran a los atacantes. Delante de todo esto, hoyos pequeños con agudas estacas clavadas en el fondo (*cippi* o 'urnas funerarias') seguidos de un sector de los llamados *tilia* (lirios), agujeros del tamaño del pie disimulados con paja que en el fondo escondían una estaca aguzada. Rodeándolo todo, otra zona de tarugos clavados en el suelo y rematados por un clavo con la punta en forma de anzuelo (*stimuli* o 'aguijones').

La legión disponía de su propia artillería. La *balista* era una enorme ballesta con tensores de cuerda o de crines que lanzaba piedras de medio kilo o lanzas a más de cien metros de distancia. Otra máquina, el *scorpio,* lanzaba flechas a trescientos metros. Aunque los efectos reales de esta artillería fueran limitados, el impacto sobre la moral del enemigo, alcanzado a tan larga distancia, sería demoledor.

El ideal de la legión era combatir en el campo de maniobras como si fuera la batalla y en la batalla como en el campo de maniobras. Este entrenamiento en el combate colectivo le proporcionaba una gran ventaja frente a los bárbaros, acostumbrados al desordenado combate individual. Frente a la turba vociferante del bárbaro, el legionario se movía coordinadamente y respondía automáticamente a las órdenes de mando: detenerse *(constituere),* avanzar en orden de batalla *(signa subsequi),* romper la formación *(signis discedere),* avanzar sobre el enemigo *(signa inferre),* trabar batalla *(signa conferre),* retroceder *(signa convertere).*

El orden y la disciplina eran las cualidades descollantes de las legiones, además de una táctica certera. A una distancia prudencial desafiaban al enemigo *(clamore sublato)* tanto para enardecerse como para amedrentarlo. Luego, a una señal de los oficiales, que a su vez la recibían del general, las cohortes se lanzaban al ataque a paso de carga hasta llegar a pocos pasos del enemigo. Los centuriones ordenaban: *«Eicere pila!»* ('¡Lanzad jabalinas!'), mandato probablemente refrendado mediante toque de *cornu,* y los legionarios arrojaban una granizada de *pila* ligeros y unos pasos más adelante otra granizada de pesados.

Hemos mencionado el *pilum* (singular de *pila*). Constaba de un asta de madera a la que se unía una vara de hierro del grosor del meñique y de unos sesenta centímetros de larga, terminada en punta piramidal del tamaño de una almendra. Ese hierro atravesaba los escudos del enemigo, que eran de madera, y penetraba unos palmos por la otra parte hiriendo al adversario o, al menos, inutilizándole el escudo, pues la barra de acero, destemplada a posta,[94] se doblaba por el peso del asta y quedaba colgando, embarazándole los movimientos.

Tras el lanzamiento de los *pila,* los centuriones ordenaban «*contendite vestra sponte!*» ('enfrentaos a vuestro rival') y los legionarios cargaban *(impetus)* empuñando el *gladium* o espada corta, hasta llegar al cuerpo a cuerpo, a medio metro o menos de su adversario.

Las batallas de los romanos no eran tan vistosas como las que reproduce el cine, sino enfrentamientos de topa carnero, algo sórdidos. La prieta fila de infantes, una muralla de grandes escudos, arremetía contra el enemigo o frenaba su ímpetu. El topetazo pretendía desequilibrarlo mientras el legionario lo hería. El legionario romano, protegido íntegramente por su enorme *scutum,* que servía tanto de protección como para empujar, apuñalaba con su *gladius* el pecho o el vientre del adversario o, acaso, tajando por abajo, la arteria femoral, lo que le aseguraba una hemorragia mortal y una muerte rápida. Para esos breves y certeros golpes se entrenaban en el poste de ejercicios.

El combate a tan corta distancia, empujando con los escudos, dificultaba al enemigo el manejo de cualquier arma larga (como la larga espada de los bárbaros, *sphatae*).

Después de unos minutos de lucha, o cuando estaba herido, el legionario se retiraba a segunda línea dejando su espacio a un compañero de refresco.

Si en la aproximación al enemigo se encontraban con una masa de arqueros que descargaban una lluvia de flechas o piedras, a

94. O sea, hecha de acero dulce (sin carbonatar), que es relativamente dúctil.

la orden de «*testudinem formate!*» ('¡haced la tortuga!') levantaban los escudos, formaban un tejado sobre sus cabezas y seguían avanzando bajo esa cubierta móvil, hombro con hombro, mientras la primera fila orientaba sus escudos al frente.

Si por el contrario se veían rodeados por una fuerza enemiga, la orden era «*orbem formate!*» ('¡haced el orbe!') y hacían un círculo o cuadro defensivo, táctica que se ha estado utilizado hasta las guerras napoleónicas.

Durante un tiempo los romanos fueron invencibles, no solo por esas tácticas y por el elevado sentido del honor y la disciplina, sino por su superior organización. Cuidaban la logística, llevaban consigo administradores, médicos, ingenieros de puentes o fortificaciones *(cohors fabrorum)* y, en fin, toda clase de auxiliares que garantizaran la correcta ejecución de la campaña.

A ello hay que sumar la legendaria testarudez romana: insistían una y otra vez, más que ningún otro pueblo, hasta alcanzar la victoria, sin darse jamás por vencidos. Esto se manifestaba especialmente cuando tenían que tomar una ciudad amurallada. Jamás atacaban sin una cuidadosa preparación del campo: montaban campamentos en su entorno y los unían por medio de una muralla *(contravallum)* doble: hacia el interior para defenderse de posibles salidas de los sitiados y hacia el exterior para hacer frente a refuerzos que pudieran atacarlos por la espalda. A todo lo largo de ese anillo impenetrable, de trecho en trecho, levantaban torres vigía *(turres extruere)*. Solo cuando habían completado ese cerco empezaba el asedio propiamente dicho con máquinas, torres rodantes, arietes, onagros, balistas y escalas.

La más gloriosa culminación posible de un *cursus honorum* era regresar a Roma al frente de un ejército triunfante y cargado de botín. Esa consagración a la que todo aristócrata aspiraba también estaba minuciosamente regulada: el Senado podía conceder, en orden creciente, *gloria, fama, ovatio* o *triumphus*.

El máximo honor que podía reconocer Roma era el *triumphus*, un desfile triunfal que el Senado concedía al general que había derrotado al enemigo en una batalla produciéndole al menos cinco mil muertos.

El *triumphator* era aclamado por el pueblo en un vistoso desfile que partía del Campo de Marte, recorría la vía Sacra y los foros, y terminaba en el templo de Júpiter, en el Capitolio, el lugar más sagrado de Roma.[95]

Delante del carro triunfal *(ante currum),* encadenados, a pie, iban los caudillos vencidos, que recibían los insultos y abucheos del público.[96] Al término del desfile serían debidamente estrangulados en la cárcel Mamertina.

El general victorioso *(vir triumphalis)* iba en una cuadriga precedida por abundantes lictores con los fasces coronados de laurel y tirada por cuatro caballos blancos que conducía un mancebo vestido de blanco. Llevaba la cara maquillada de rojo e iba ataviado con una toga púrpura con adornos dorados *(toga picta)* similar a la de la imagen de Júpiter en el templo capitolino, lo que le confería un carácter sagrado. Detrás de él, un esclavo le sostenía sobre la cabeza una corona de laurel al tiempo que le susurraba al oído: «Recuerda que eres mortal» *(«Memento mori»)*.[97]

Para evitar el mal de ojo, la cuadriga se decoraba con ristras de cascabeles *(tintinnabulum)* y otros amuletos *(fascinus),* entre ellos,

95. Recuerde el lector la enfática «Marcha triunfal» de Rubén Darío, libremente inspirada en estas exhibiciones que se prolongaron casi hasta nuestros días.

96. La costumbre antigua era encerrarlos en el Tullianum (hoy, cárcel Mamertina) y es posible que los dejaran morir de hambre (así murió Yugurta), pero con el tiempo se optó por estrangularlos ritualmente al término de la procesión (como hicieron con Vercingétorix) o, en ciertos casos, liberarlos para que colaboraran con Roma. Al menos en una ocasión, Roma se apiadó de una bella cautiva, la hermana de Cleopatra, una frágil muchacha, capturada en las guerras alejandrinas, y no la ejecutó.

97. *«Respice post te! Hominem te esse memento!»* ('¡Mira tras de ti! Recuerda, que solo eres un hombre'); *«Memor senior, totus palma est volatilis»* ('Recuerda señor, que toda gloria es efímera'), o *«Memento totalitas gloriae fluxa»*, con el mismo sentido. En algún momento del sonsonete el general triunfante reprimirá la tentación de soltar una bofetada *(alapa)* al cargante que lo acompaña.

un falo sagrado de respetables dimensiones que prestaba, asómbrense, el convento de las vestales.

Seguían al carro, en solemne y vistosa procesión, sus soldados, a menudo achispados, que coreaban «*io triumphe!*» o prorrumpían en cantos obscenos en alabanza del homenajeado:

—Romanos, guardad a vuestras mujeres, que aquí os traemos al putañero calvo *(Romani, servate uxores: moechum calvum adducimus)* —le cantaban a Julio César.

La procesión triunfal terminaba con el sacrificio de dos bueyes blancos en el templo de Júpiter. Allí quedaban depositados los dioses y los amuletos de los pueblos conquistados, mitad como trofeo, mitad como refuerzo del poder divino de Júpiter, dado que los dioses de los pueblos sometidos también se consideraban poderosos (recordemos que el romano es politeísta).

Como se trata de «escenificar ante los ojos del pueblo las hazañas del general victorioso» (Polibio *dixit*), es normal que en las procesiones triunfales figuraran paneles pintados que reproducían las hazañas de la campaña. Cerraban el cortejo carros cargados con armas capturadas o con alguna muestra del botín.

En los primeros y recios tiempos de la República, los triunfos se celebraban de tarde en tarde y con rituales sobrios y solemnes. Con la ampliación del Imperio y con el menudeo de guerras que acarreó la expansión romana, los triunfos se hicieron más frecuentes. Al final degeneraron en despilfarros de banquetes, juegos y farras que escandalizaban a los romanos aún adscritos al *mos maiorum*.

En las guerras púnicas, diez años de conflicto continuo, solo se celebraron doce triunfos (también es cierto que casi todas las batallas las perdía Roma y no había mucho que celebrar). Después, los triunfos se alcanzaron más fácilmente. Pompeyo acumuló tres, al regreso de otras tantas guerras, en uno de ellos con la peculiaridad de que los cuatro caballos blancos tradicionales que tiraban de la cuadriga (a imagen de Júpiter o de Apolo) se sustituyeron por dos elefantes blanqueados con tiza que no cupieron por la Porta Triumphalis (como los trenes de Cantabria).

Una versión más modesta del triunfo era la ovación *(ovatio),* que celebraba victorias menores sobre enemigos despreciables (piratas, bandidos, esclavos). En este caso, el vencedor hacía el camino a pie, ataviado con la *toga praetexta* (blanca con una cenefa púrpura) y coronado de mirto.

Para los soldados distinguidos existían varias condecoraciones: la *phalera* (un medallón de bronce, plata u oro, generalmente con una cabeza en relieve, casi siempre en número de nueve, unidos por correas sobre el pecho del legionario), la *armilla* (un brazalete) y la corona cívica (hecha de ramas de encina, por salvar la vida de un camarada). También se recompensaban doblándoles la soldada *(duplicarius)* o dándoles paga y media *(sesquiplicarius).*

El emblema de los centuriones era el bastón de vid *(vitis),* definido como *summam rerum imperiumque,* 'supremo mando y autoridad', y el casco con cresta transversal *(crista transversa).*[98]

Muchos veteranos se casaban o tomaban soldaderas *(focariae)* y formaban familias. Algunas veces, las familias los acompañaban en asentamientos de población civil *(canabae)* que crecían cerca de los campamentos.

98. El bastón servía para aplicar castigos físicos a los soldados. Un centurión llamado Lucilio recibía el sobrenombre de Venga Otra porque cuando rompía una vara en la espalda de un soldado, pedía que le dieran otra (Tácito, 1980, I, 23).

CAPÍTULO 18

Corruptio optimi pessima

Antes de examinar los acontecimientos más relevantes del periodo, echemos un vistazo a la sociedad e instituciones de la Roma imperial.

La oligarquía senatorial gobernó acertadamente mientras la demarcación de la ciudad apenas excedía la línea del horizonte, pero en cinco siglos de continua expansión, Roma creció prodigiosamente. Resultaba anacrónico y contraproducente aquel empecinamiento en gobernar medio mundo con el cuadro dirigente de un Ayuntamiento mal avenido. Los más avisados romanos no dejaban de reconocer que la dinámica de los tiempos demandaba la aparición de un poder más personal.

Por otra parte, el romano aferrado al *mos maiorum* heredado de sus ancestros rechazaba como tiránico y contrario a la razón cualquier sistema parecido a la monarquía. ¿Acaso no había demostrado Roma la superioridad de su sistema sometiendo a su dominio las monarquías del mundo helenístico, las ciudades Estado de Grecia y sus múltiples hijuelos establecidos en Asia Menor?

El tiempo fue modificando ese pensamiento. La expansión del Imperio abría nuevas ventanas a los puros aires de la cultura helenística. Roma vencía por las armas, pero Grecia vencía por la filosofía, el arte y la cultura. Las tradiciones del *mos maiorum* empezaban a saber a rancio. Lo verdaderamente moderno era la monarquía, al estilo de los griegos: esa autoridad preclara que emana del rey designado por los dioses.

Roma necesitaba una sola cabeza rectora, clara y fría, que rigiera sus destinos. Necesitaba un reformador inteligente y sagaz, un gran hombre capaz de comprender los cambios que la sociedad romana y el Imperio demandaban, un hombre dotado de la voluntad firme necesaria para llevar a cabo tan ambiciosa transformación. El terreno estaba abonado para que surgiera ese reformador, pero ¿quién sería?

Varios prohombres aspiraron a ese puesto, entre ellos Pompeyo y Julio César.

Pompeyo parecía iniciar la competición con ventaja, aunque César, más listo o más afortunado, se las arregló para superarlo. En una carta de Celio a Cicerón encontramos este juicio sobre Pompeyo: «No dice lo que piensa, pero tampoco es lo suficientemente inteligente para ocultar lo que verdaderamente pretende».[99]

Los bandos pompeyano y cesáreo se enfrentaron durante años en un duelo que terminó con la derrota y muerte de Pompeyo. Quedaba César invicto, pero su asesinato abrió un nuevo periodo de lucha entre los que se proclamaban sus sucesores. Al final prevaleció su sobrino Octavio Augusto, el hombre frío y cerebral que Roma necesitaba.

Octavio Augusto dividió a los ciudadanos de Roma en tres clases: senatorial —los poseedores de más de un millón de sestercios—, ecuestre —los que rondaban los cuatrocientos mil sestercios— y la impecune plebe.

Roma y su Imperio eran propiedad de un número reducido de familias nobles pertenecientes a la clase senatorial, cuyos descendientes heredaban este privilegio, por línea masculina, hasta la cuarta generación. La admisión en el Senado dependía del prestigio alcanzado por el individuo, porque, como dice Tácito, «el pueblo ve las cosas a través de los ojos de las estirpes ilustres».

99. Fox, 2007, p. 444.

A las órdenes de la privilegiada minoría senatorial estaban la plebe (hombres libres, pero pobres), los libertos y los esclavos.

Entre estas dos clases extremas se sitúa una clase media comercial e industrial de importancia creciente, la ecuestre, que va accediendo a puestos importantes en la administración.

Este avance institucional determinó también que Roma cambiara su política: no más conquistas. Paz, progreso y administremos lo que tenemos dentro de fronteras seguras. «Augusto transmitió a sus sucesores la idea de que era una locura intentar agrandar el Imperio (de hecho, solo se conquistaron Britania, por Claudio, y Dacia, por Trajano). La mayoría de los emperadores fueron pacíficos. Prefirieron velar por la prosperidad general a agotar las provincias con reclutamientos de soldados, optaron por invertir el dinero de los impuestos en grandes obras públicas para uso de la plebe romana».[100]

El Imperio había crecido tanto que era difícil administrarlo; por eso, a la postre hubo que dividirlo en dos, el de Oriente, con capital en Constantinopla, y el de Occidente, en Roma.

Avanzando el Imperio, la rígida estratificación social tiende a suavizarse y hasta encontramos casos de libertos enriquecidos cuyos hijos ingresan en el orden ecuestre y cuyos nietos llegan a ser senadores. En el siglo II la población de Roma estaba tan mezclada que más de la mitad era descendiente de antiguos esclavos, lo que quizá explica la sorprendente expansión de oscuros cultos orientales, el cristianismo entre ellos, que al principio eran propios de gente baja e inculta y a partir de esta época comienzan a ganar terreno entre las clases dirigentes.

El aristócrata romano está tan orgulloso de su origen campesino que esta vinculación al campo le parece garantía de rectitud moral. No obstante, dista mucho de ser un mero terrateniente: su máxima aspiración sigue siendo hacer carrera política ejerciendo sucesivamente cargos cada vez más importantes en el *cursus*

100. Grimal, 2005, p. 95.

honorum. De este modo, adquiere dignidad para él y para sus descendientes. Al propio tiempo, le importa mucho la censura colectiva *(reprehensio),* que viene a ser, bien mirado, la única arma que ha quedado en manos de este pueblo, criticón y mordaz, pero despojado de derechos políticos. Por este motivo, la aristocracia no pierde ocasión de halagarlo y lo corteja con toda clase de medidas demagógicas: subsidios, teatro, juegos gladiatorios, obras públicas...

El noble que quiere hacer carrera se promociona halagando al pueblo con espectáculos gratuitos, financiando obras públicas o repartiendo alimentos entre la plebe. Prefiere pasar por derrochón antes de que lo tilden de avaro. Un cínico personaje de Petronio observa: «Él me ha ofrecido el espectáculo y yo lo he aclamado: estamos en paz; una mano lava la otra».

¿De dónde sale el dinero para los cuantiosos gastos que acarrea la promoción política del aristócrata? De los mismos cargos que va desempeñando. El funcionario romano obtiene cargos en la administración provincial y allí se enriquece aceptando sobornos y recaudando impuestos ilegales.

Toda función pública entraña ganancias privadas. Nadie se espanta de ello. El tráfico de influencias y la venta de recomendaciones *(suffragia)* constituyen procedimientos comunes; la propina *(sportula)* es el medio normal para agilizar trámites. Incluso existen gestores *(proxeneta)* que, mediante una adecuada remuneración, buscan las recomendaciones necesarias y driblan cualquier escollo administrativo.

Desde nuestra perspectiva moderna, la administración romana aparece tan podrida como la de cualquier república tercermundista. No obstante, antes de emitir un juicio condenatorio hemos de tener en cuenta que tal proceder respondía a una ética distinta y que, en cualquier caso, a pesar de estas evidentes taras, la administración romana seguía siendo mucho más articulada y eficaz que la de los otros países, a veces culturalmente superiores, a los que Roma sojuzgó y convirtió en provincias de su Imperio.

La plebe no tiene problemas éticos ni se fatiga con ambiciones de escalar el *cursus honorum*. Las preocupaciones de la plebe son más inmediatas. En los estratos más bajos están los parásitos del Estado que se contentan con sobrevivir de la *annona* y de la *sportula* del patrón.

Luego está una masa obrera artesanal que, desplazada por la competencia de la mano de obra esclava, acabará engrosando el número de los parásitos. Por encima de estos encontramos a los pequeños comerciantes, «que revenden a lo largo del día lo que han adquirido fiado por la mañana», y una decreciente escala de comerciantes acomodados que culmina en aquellos que aspiran a ingresar en la clase ecuestre y se ocupan de favorecer el ascenso social de sus hijos, ese sempiterno anhelo de las clases medias.

Corruptio optimi pessima ('La peor corrupción es la de los mejores'), una píldora de sabiduría que algunos ingenios romanos aplican a su sociedad. La riqueza, el lujo y la desvergüenza de los poderosos corrompieron las instituciones. Incluso el sacrosanto derecho romano se vio afectado. Había leyes y había justicia, pero también existían innumerables chanchullos para burlar una ley que solo se mostraba inflexible con los humildes. Cuando el tribunal que lo juzgaba absolvió a Léntulo Sura por solo dos votos favorables, el encausado comentó cínicamente a sus amigos, que lo felicitaban:

—¡He fallado en mis cálculos! He comprado un voto de más.

Los gobiernos de las provincias no se asignaban al más competente, sino al que sobornaba a más senadores. En esto gastaban fortunas los aspirantes a gobernador, pero las ganancias, cuando exprimieran el territorio asignado, los compensaban sobradamente. Es famoso el caso de Vero, casado con una nieta de Augusto, destinado en Siria, donde «llegó pobre a una provincia rica y salió rico dejando una provincia pobre».

«El primer año en la provincia sirve para robar lo suficiente para las deudas; el segundo año, el gobernador se hace rico, y el tercer año acumula lo suficiente para sobornar a los jueces y las autoridades antes de que lo denuncien por ladrón», Cicerón *dixit.*

Los recaudadores de tributos de las diferentes regiones competían por el puesto que se subastaba, en la seguridad de que se resarcirían de los gastos. Los usureros (profesión ocupada por *équites* a la que no tenían acceso los dignos senadores) hacían su agosto prestando al cincuenta por ciento.

Los generales regresaban de las fronteras enriquecidos, pero, además, se lucraban vendiendo a los prisioneros como esclavos.

CAPÍTULO 19

Gula imperial

Consolidado el Imperio, bien podemos decir que Roma era una metrópoli que recaudaba tributos en casi todo el mundo conocido. Los descendientes de Rómulo y Remo habían cambiado la loba capitolina por una vaca lechera y succionaban las ubres del mundo sin comedimiento alguno.

El lujo de las clases privilegiadas no conocía límites. Se importaban los mejores mármoles de las famosas canteras de Grecia, de Egipto y de Hispania. Los palacetes campestres competían en munificencia. Cualquier pretexto era bueno para que el ricachón deseoso de congraciarse con la plebe sufragara espectáculos públicos *(ludi gladiatori, venationes)*. Cuando las *venationes* con leones se pusieron demasiado vistas, llevaron panteras, tigres, osos y otros animales desconocidos en Roma. Incluso una jirafa *(camelopardus)*[101] y un esqueleto de dinosaurio que identificaron con los restos de un monstruo de la mitología griega.[102]

Las fiestas privadas eran extravagantemente suntuosas. El cine de Hollywood ha hecho lo posible por reproducirlas, pero a juzgar por los testimonios se ha quedado corto.

101. *Camelo* porque les recordaba al camello y *pardus* por sus manchas.

102. Fox, 2007, p. 471. En otros templos se exponían curiosidades semejantes, como «la piel y el hueso de la mandíbula de una gigantesca serpiente de más de ciento veinte pies de longitud» (Toner, 2022, p. 82).

Del examen de los textos de Marco Gavio Apicio *De re coquinaria (Sobre materia de cocina),* y de otros recetarios y noticias que nos han llegado, se deduce que la cocina romana era robusta, viril, de potentes sabores, poco apta, presumimos, para estómagos delicados.[103]

Por la abundancia de grasas y las explosivas combinaciones de especias, hoy seguramente nos recordaría a la de ciertos países del exótico Oriente más que a la europea actual.

La gran cocina romana corresponde sin duda a la época de los césares. Es una cocina esnob y pedante, de nuevos ricos: artificiosa y refinada hasta lo extravagante; descabellada en ocasiones, pero sin duda suculenta y generosa. Los cocineros eran, muy a menudo, esclavos.

Con el tiempo, la profesión se convirtió en una de las más importantes de la Roma imperial. Adriano los agrupó en un *collegium cocorum*. Algunos experimentaron toda clase de caprichos gastronómicos con las exóticas viandas que aportaba el Imperio: pavos de Samos, dátiles egipcios, ciruelas damascenas, almendras de Cilicia, tordos de Frigia, murenas de Grecia, palomas torcaces de Chíos, nueces de Tasia, esturión de Rodas, ostras de Tarento, jengibre, canela, pimienta de la India...[104]

Se sobrevaloraban partes mínimas de grandes piezas, cuyo mayor mérito residía en su pequeñez o rareza: ubres de cerda, sesada de faisán, lenguas de flamenco, hígados de caballa, testículos de cabrito. Cuando no podían consumirse solas, se combinaban en sofisticadas recetas: la denominada «escudo de Minerva» era un escaro servido en una salsa de sesos de pavo y faisán, lenguas de flamenco...

Un buen ejemplo de estas extravagancias gastronómicas es el plato que sirven en el convite de Trimalción, antiguo esclavo con-

103. Apicio, 1987 y 2006.

104. Domiciano construyó unos enormes almacenes para la pimienta, los Horrea Piperataria. En el sur de la India se encuentran monedas de oro y de plata romanas que testimonian el comercio de la pimienta.

vertido en millonario que intenta deslumbrar a sus invitados con una cena memorable.

Antes de comenzar muestra a los presentes tres jabalíes vivos en las corralizas de palacio para que escojan el que debe prepararse para la cena. Los invitados intercambian miradas preocupadas, como diciendo: «La cena está sin hacer, lo que quiere decir que se demorará horas y mientras tanto pasaremos más hambre que un caracol en un espejo». En eso consiste la broma: cuando han señalado al jabalí que les parece más adecuado, Trimalción los hace pasar al comedor para que se acomoden en los triclinios. Da un par de palmadas y aparecen unos esclavos que portan en una enorme bandeja un humeante jabalí asado.

—No es posible —dice Trimalción fingiendo enfado—. En tan poco tiempo no os ha dado tiempo a prepararlo. Seguro que está crudo y que le habéis dejado la mitad de la inmundicia dentro. A ver. Traedme un látigo y que vengan los cocineros, porque los azotaré delante de los invitados.

Llega un cocinero tembloroso y jura por sus muertos más frescos que el jabalí ha sido minuciosamente cocinado.

—Ábrelo, que veamos las tripas —ordena Trimalción.

El cocinero obedece. Desgarra con un cuchillo el vientre del animal y ¡sorpresa! Por la herida brotan un montón de salchichas, chorizos y morcillas humeantes que imitan las tripas.

Los invitados estallan en aplausos, aliviados.

Trimalción sonríe, bonachón. Se brinda para celebrar la broma del antiguo esclavo, hoy vestido de sedas, los dedos como morcillas cargados de anillos, que les llena la andorga y es tan ingenioso.

Llega a la mesa un segundo jabalí, una hembra asada en una bandeja grande como un escudo con una docena de jabatillos de pasta de almendras dispuestos en su vientre como mamoncillos. Cuando el maestresala le abre el lomo con un cuchillo, brota de su interior una banda de tordos que escapan volando.

Nuevos platos nos traen variados productos del mar: ostras, anguilas, lubinas, murenas. Incluso bloques de *ficatum* (fuagrás) que imitan tortugas y peces. No faltan extravagancias cuyo principal atractivo es que son caras: lenguas de flamenco, sesadas de avestruz, talones de camello...

A casi todo le añaden una salsa hispánica, el *garum,* una especie de pasta de anchoas de consistencia casi líquida que se ha hecho tan imprescindible en las mesas del Imperio romano como la mostaza y el kétchup en una hamburguesería de Nueva York o la salsa agridulce en un chino de Hunán.

El *garum* se elabora en la costa meridional de Hispania a partir de entrañas de atunes, murenas, caballas, esturiones... fermentadas al sol durante meses en albercas de salmuera. Cuando aquella apestosa podredumbre se ha reducido a la mitad por efecto de la evaporación, la prensan y obtienen un líquido oscuro: el precioso *garum.*

Los residuos sólidos que quedan en la pila se riegan con salmuera y se vuelven a prensar para que destilen *garum* de segunda, y así sucesivamente, porque existe *garum* de varios precios y calidades. En el fondo de las albercas queda un residuo exprimido y seco que, emulsionado con aceite de oliva, resulta ser una especie de pasta de anchoas, el *allec.*

El *garum* es la salsa comodín que combina con todo, ya sea carne, pescado o verdura. Sus más fervientes aficionados incluso la añaden al vino *(oenogarum),* al agua *(hidrogarum)* y al aceite *(oleogarum).*

«Actualmente el mejor *garum* —leemos en Plinio— se obtiene del pez escombro [caballa] en las pesquerías de Cartagena. Se conoce con el nombre de *sociorum.* Dos congios [unos tres litros] no se pagan con menos de mil monedas de plata. A excepción de los perfumes, no existe ningún licor que se pague tan caro, dando su nombre a los lugares de donde procede».

Al final de las cenas costeadas vienen las actuaciones de bufones *(derisores),* las pantomimas, los pasos de comedia, incluso conciertos de lira y flauta, los recitales de juglares *(aretalogi)* y, si el que invita es libertino, las *puellae gaditanae,* las alegres chicas procedentes de Cádiz.

«Bebíamos sin dejar de admirar tanta magnificencia, cuando apareció un esclavo con un esqueleto de plata, tan bien realizado que sus coyunturas podían moverse con naturalidad. Varias veces lo arrojó sobre la mesa para que adoptara las más variadas posturas de un cadáver y dijo: "¡Pobres! ¿Veis qué poca cosa es este hombrecillo? En eso acabaremos todos cuando nos arrebate el orco. ¡Vivamos, pues, mientras podamos pasarlo bien!"».[105]

Muchos comedores romanos están decorados con mosaicos que representan esqueletos con la inscripción: «Bebe y diviértete, porque en esto has de acabar».

Advierte Horacio la necesidad de vivir intensamente cada día, *carpe diem,* antes de que la devastadora vejez nos aparte de los placeres: «*Singula de nobis anni praedantur euntes: eripuere iocos, venerem, convivia, ludum*» ('El paso de los años me roba todo de mí: me arrebató las bromas, el sexo, los banquetes, el juego').[106]

El banquete de Trimalción es, como propio de nuevo rico, excesivo, pero ¿en qué consistía un banquete de un hidalgo morigerado? Veamos el que describe el poeta Marcial: «La mujer de mi casero me ha traído unas malvas para aligerar el vientre y varios manjares de los que produce mi casa de campo: una lechuga crecida, varios puerros en sazón, menta digestiva y la hierba afrodisiaca; pondré rodajas de huevo cocido sobre las anchoas aliñadas con ruda y pezones de cerda macerados en salmuera de atún. Como plato principal tendremos un tierno cabrito que los pastores arrebataron de las fauces del lobo, bocaditos de carne que no necesita de trinchante, y habas y brécol; añadiremos pollo y un jamón que ya ha sobrevivido a tres cenas. Cuando estéis satisfechos os daré frutas maduras y vino de Nomento, sin posos, que ya había cumplido seis años cuando el consulado de Frontino. Haremos bromas sin maldad y franquezas que no nos avergüencen a la mañana siguiente, ni palabras que quisiéramos no haber dicho: que mis invitados discutan sobre su partido favorito, los verdes o los azules, porque de mi invitación no saldrá nadie acusado».[107]

105. Petronio, *Satiricón,* XXXIV,, 8-10.
106. Horacio, *Epístolas,* II, 2, 55-56.
107. Marcial, X, 48, 1-24.

CAPÍTULO 20

De lujuria

El romano está persuadido de que la actividad venérea es fuente de legítimo placer, puesto que «lo natural no puede ser indecente» *(«naturalia non sunt turpia»).* El ejercicio de la sexualidad solo tiene tres limitaciones: el adulterio, el incesto y el escándalo público.[108]

El lujo y las comidas en plétora estimulan en Roma nuevas tendencias en el sexo recreativo. El romano imperial es muy dado a la práctica del sexo *(ad res venereas intemperantior),* sea porque está bien alimentado, sea por influencia de la secta epicúrea que propugna huir de la desazón sentimental que el amor acarrea y buscar el menos complicado y asequible desahogo con putas. No obstante, el fondo moralista subsiste y se critica al obseso sexual, que anda siempre persiguiendo esclavas *(ancillariolus).*

Al igual que otros pueblos paganos de la antigüedad, el romano se entrega gozosamente al frenesí de vivir y no considera pecaminoso el sexo ni advierte culpa alguna en la complacencia de los sentidos. Esto durará hasta que el cristianismo lo libere de su error y le muestre que la vida es, en realidad, un valle de lágrimas.

108. Sin embargo, el incesto debió de ser bastante frecuente, puesto que, a menudo, la esclava doméstica que sustituía a su ya ajada madre en el lecho del señor había sido engendrada por él.

Para eso falta todavía, así que hoy vamos a acompañar a nuestro amigo Hortensio Metelo, un campesino acomodado que viene a Roma para adquirir un esclavo que precisa para las labores del campo. Si no anduviese escaso de mano de obra habría puesto cualquier otra excusa. El caso es viajar a la tentadora capital del Imperio un par de veces al año para echar una cana al aire. Nuestro hombre se sonríe recordando el dicho popular: «Baño, vino y amor acaban con uno, pero son la verdadera vida».

Hortensio Metelo está felizmente casado, desde hace quince años, con la todavía atractiva, aunque ya algo chafadita, Calpurnia. Si visita los lupanares romanos en cuanto se le presenta la ocasión es para practicar variaciones que un romano chapado a la antigua no debe intentar con su legítima. No se vayan a imaginar nada raro, son cosas sencillas. Calpurnia, como toda matrona decente, no se muestra jamás completamente desnuda, ni siquiera ante su marido. Incluso en el momento de mayor ardimiento, comparece celada de camisas y arneses pectorales, lo que, si añade aliciente a los preliminares del amor, también los entorpece y enoja llegado el momento de la franqueza.

En la timidez de la esposa y su resistencia a mostrarse desnuda advertimos una contradicción, pues, por otra parte, el mundo romano cultiva la desnudez: los dioses, incluyendo en ellos a los emperadores deificados, se representan desnudos; los celosos defensores de la moral y de las buenas costumbres de tiempos antiguos, entre ellos Catón el Censor, andaban en cueros por la casa si la temperatura de la estación lo consentía. Es más, la pudibunda costumbre de taparse las vergüenzas se consideraba propia de sociedades subdesarrolladas. Heródoto se asombra, en el siglo –V, del pudor de los bárbaros.

Cuando Roma avanza en la búsqueda de placeres, limitarse, como los severos republicanos, a un *coitus at tergo* (la postura del perrito) con la parienta parece propio de personas poco instruidas y apegadas al *mos maiorum*. Lo bueno es experimentar nuevas posturas y fantasías. La iconografía sexual reproducida en frescos, grabados, cerámicas, medallas y camafeos muestra que los romanos conocieron y practicaron todas las posiciones del amor del *Kamasutra*.

A la postura del varón tendido boca arriba y la mujer encima, a horcajadas sobre él, la denominaron épicamente *caballo de Hermes*. También fueron duchos en las combinaciones tripartitas que hoy pueda ofrecer la más imaginativa pornografía, lo que no quiere decir que estuvieran socialmente admitidas. Al emperador Claudio se le censuraba que se acostase con dos mujeres a un tiempo. Al pío Tertuliano le horrorizaba la felación (*fellatio,* claro), que él comparaba con la antropofagia.

Otras cosas que el fogoso Hortensio Metelo no puede hacer en casa es copular con la luz encendida o de día. La norma exceptúa solamente a los recién casados, con los que hay que ser indulgentes si se arrullan a la hora de la siesta *(meridiatum).* Finalmente, Calpurnia cifra su decencia en permanecer inmóvil cuando Metelo la atiende. Oigamos al poeta Lucrecio: «A la esposa no le son necesarios los movimientos lascivos [...]. Las putas son las que, por su propio interés, suelen realizar estos movimientos y para que el placer del coito les resulte a los hombres más intenso: lo cual no parece en modo alguno que sea necesario a nuestras esposas».[109]

A todos los efectos, las mujeres romanas se dividen, según la Ley Julia, en dos grandes grupos: las *honestae,* o respetables, que observan las virtudes típicamente femeninas *(pudicitia, castitas, virtus, fides...)* y las *probrosae*, 'desgraciadas' (un grupo que engloba no solo a las que no son *honestae,* sino a las que por su oficio tienen que servir y están expuestas al acoso de los hombres).

Las leyes toleran la prostitución como válvula de escape para que los jóvenes potrillos respeten a las doncellas casaderas y a las matronas casadas. En un epitafio leemos: «Aquí yace Silo, que suministraba chicas a los alegres banquetes de jóvenes: cazador de chicas débiles, se ganaba un salario deshonroso traficando con car-

109. Lucrecio, *Rerum,* 1740-1750.

ne humana. Pero, caminante, no tires piedras a su tumba ni le pidas a otro que lo haga. Está muerto y enterrado, perdónalo. No porque le pareciese bien ganarse así la vida, sino porque al proporcionarles mujeres corrientes apartaba a los jóvenes del adulterio».[110]

Se admitía que un joven debía iniciarse en el sexo a los dieciséis años, con una esclava de confianza o en un prostíbulo, costumbre que ha persistido entre gente bien hasta los tiempos de nuestros bisabuelos.

Hortensio Metelo no es excepción. El negocio prostibulario florece en Roma porque muchos esposos desertan del monótono lecho conyugal en busca de variedad.

«Ir con prostitutas no tiene los peligros que trae aparejado el adulterio —observa Horacio—: No hay que aguardar a que la amada te rinda su virtud; se nos ofrece desnuda sin tapujos y no velada y con tiquismiquis como hace la esposa legítima, y además, no hay que estar temiendo que en medio del gustirrinín aparezca de pronto el marido y haga saltar la cerradura».[111]

Muchos burdeles romanos *(lupanaria, fornices)* estaban instalados en la Subura, el «barrio chino» de la ciudad, en el monte Esquilino, distritos V y XV. También los había, de lujo, en el distrito IV.

Si exceptuamos los de lujo, que estaban instalados y alhajados como auténticos palacios, los prostíbulos romanos solían ser locales lúgubres, oscuros y malolientes. El lupanar romano mejor conservado se ha descubierto en Pompeya. Había un vestíbulo, donde se situaba la madame *(lena)* o el rufián *(leno),* que cobraban por adelantado a los clientes, y una serie de camaretas angostas en las que apenas quedaba espacio para acomodar una estrecha cama cubierta por un astroso colchón y un cobertor. En algunos casos, un poyo de mampostería cubierto con una colchoneta de borra hacía las veces de cama.

110. Knapp, 2011, p. 302.
111. Horacio, 1985, serm. I, 2, pp. 123-129.

En la puerta de cada celda se inscribía el nombre de la ocupante, casi nunca el verdadero. Las paredes estaban decoradas con un catálogo de posiciones sexuales para estimular la imaginación del cliente.

De las condiciones higiénicas no sabemos mucho. Todavía no existía la sífilis (venida siglos después de América junto con la patata, el tomate y el tabaco), pero sí las molestas ladillas. Por este motivo se apreciaba que la prostituta tuviera el pubis depilado, lo que en las más caras era obligado. Para ello existían depiladores de coños *(alipiarius)* que se servían de pinzas *(volsella)* o de resina *(philotrum)*.

Entonces como ahora, las suripantas gustaban de escoger sonoros nombres de guerra. Recordemos que la emperatriz Mesalina, bajo cuya venerada advocación se titulan hoy dudosas casas de masajes y manufacturas de ropa de cama, cuando bajaba al prostíbulo se hacía llamar Licisca.

Los dueños de los prostíbulos adquirían su mercancía humana por diversas vías. Algunas chicas habían sido niñas pobres abandonadas en la infancia y recogidas y criadas por un explotador con vistas a dedicarlas al oficio; otras eran esclavas adquiridas en el mercado. También las había de origen penal: las condenadas a las minas estaban obligadas a ejercer la prostitución con sus vigilantes y otras, finalmente, se cedían a las escuelas de gladiadores para el servicio de los internos.

Siendo Roma el corazón de un Imperio que albergaba tantos y tan distintos pueblos, las mujeres que allí ejercían el oficio del amor eran de las más exóticas procedencias: las había griegas y orientales, cultas y refinadas, de alto *standing*, y las había humildísimas busconas de ínfima condición. Las tarifas oscilaban según la calidad del género. Lo normal era un as o dos ases por prestación sexual, como prueban los grafitos de Pompeya: «Optata, esclava, es tuya por dos ases»; «Soy tuya por dos ases» (el salario diario de un trabajador era de ocho ases).

Las de más alto *standing (famosae)* podían cobrar diez veces más: «Attis, tuya por un denario»; «En este lugar Harpocras se gastó un denario por un buen polvo con Drauca».[112] Las más tiradas eran las *cuadrantarias,* que solo cobraban un cuadrante, un cuarto de as.[113]

Una variada gama de nombres designaba a las mujeres de placer en sus respectivas categorías: las *meretrices,* del verbo *merecer,* eran las más caras. Por lo general, trabajaban por cuenta propia y solo de noche; por el contrario, las denominadas *prostibulum,* es decir, las que pasan el día delante de la puerta, haciendo la calle, eran las más baratas. A estas se les prohibió exhibirse antes de la hora novena (las dos de la tarde, cuando los artesanos daban de mano en el trabajo), por lo que se denominaron también *nonariae.* Otros apelativos eran *lupa,* 'loba', de donde procede *lupanar,* y *scortum,* 'pellejo'.[114]

En todos los casos, la prostituta gozaba de gran libertad en el ejercicio de su oficio, pero no podía contraer matrimonio legalmente, ni heredar ni testar. El intrusismo profesional se perseguía. No era infrecuente que la guardia irrumpiera en un prostíbulo y lo registrara sin muchas contemplaciones, para comprobar si había entre las pupilas alguna patricia casada. Este era el caso de la emperatriz Mesalina, que llegó a ejercer el oficio por pura afición, como se explica en otro lugar.

Para que no hubiese malentendidos, las prostitutas quedaban obligadas a usar un atuendo especial que las distinguiera de las mujeres decentes cuando transitaban por la calle. No podían llevar velo ni calzado elegante y debían vestir túnica corta en lugar de *stola.* A esto se debe que una de las muchas denominaciones de la prostituta fuera *togata,* 'togada'.

112. Knapp, 2011, pp. 300-301.

113. Entre las *famosae* cabe mencionar a Quintia, «*vibratas docta movere nates*» ('docta en mover sus vibrantes nalgas').

114. Ramón J. Sender, al que encantaban las etimologías, nos explica que «se llamaba *pellejas* a las prostitutas que vestían, por obligación, pieles de cabras rojizas. Y zorras a las que vestían pieles de zorra, amarillentas».

Estas medidas evolucionaron con el tiempo. En el siglo II no era ya posible distinguir a la mujer de vida alegre de la pacífica y honesta ama de casa: entonces, como ahora, inevitablemente, el seguimiento de la moda inducía a las honestas a imitar el vestido y aderezo de las que no lo eran. Y las prostitutas no solo usaban calzado, sino que algunas se hacían inscribir en las suelas unas letras que iban imprimiendo el mensaje «sígueme» *(«sequere me»)* en la huella que dejaban sobre el polvo.

Si el romano era medianamente acomodado podía permitirse el lujo de mantener una querida *(delicium, delicatae),* o incluso más de una. Algunos emperadores dispusieron de auténticos harenes.

Algunas chicas de la vida trabajaban en la calle; otras, sometidas a una disciplina conventual, en prostíbulos, en los que incluso se adquiría una ficha a la entrada *(spintria)* para evitar el trasiego de monedas con la venerada imagen del César en una transacción carnal.[115]

Aparte de estos prostíbulos existía una gran variedad de lupanares encubiertos; cada venta del camino y cada taberna expedidora de vino tenía sus mozas de partido (las *copae*), que servían al parroquiano en lo que se terciara. Se sobreentendía que el varón que viajaba sin compañía femenina podía recabar los servicios sexuales de una camarera del mesón. Cuando nuestro amigo Hortensio Metelo pregunta el precio de la pensión completa, el posadero ensancha su sonrisa e inquiere discretamente: «¿Con o sin?». Se entiende que le está preguntando: «¿Con chica o sin ella?».

Aparte de estas, hemos de considerar a las que iban por libre, las que hacían la calle, las *ambulatorae* o *prostibulae,* o incluso a la *scorta* errática. Por los lugares donde ejercían recibían otros nombres: *lupae,* las que buscaban la clientela en parques y jardines; las

115. También se ha sugerido que pudieran ser fichas de algún juego. Vaya usted a saber.

busturiae, que frecuentaban cementerios o funerales, y, finalmente, las *forariae,* putas de carretera.

Fuera de los prostíbulos, la lujuria romana encontraba variados lugares y ocasiones para satisfacerse. Había fiestas anuales, principalmente las *lupercalia* (hacia el 15 de febrero) y los *ludi florae* (en torno al 28 de abril) propicios al desenfreno y bastante equiparables a los modernos carnavales de ciertos lugares, incluso, si me fuerzan, a ciertas fiestas patronales. También existía la posibilidad de propiciar encuentros íntimos en el teatro, aquella «escuela de lascivia» contra la que tronaba el indignado Tertuliano. Y, finalmente, estaba el adulterio, que debía de ser tan frecuente como hoy, aun sin el auxilio de los móviles.

No obstante, el romano nunca llegó a los avances sociales de los que disfrutamos gracias al movimiento de liberación LGTBI.

La relajación moral que cundió entre los varones cuando la sociedad se hizo rica y esclavista alcanzó también a las mujeres. Aquella legendaria unidad familiar bajo la tutela de un patriarca o paterfamilias se resquebrajó cuando entre la clase superior se puso de moda el matrimonio *sine manu,* que admitía el divorcio y que la mujer conservara su dote.

Entre la masa de población ociosa de Roma es natural que existieran auténticos profesionales especializados en rendir virtudes femeninas. El poeta Marcial se pregunta:

—¿Existe en la ciudad mujer capaz de negarse? Tengo comprobado que ninguna se niega, como si fuera vergonzoso emplear la palabra *no*.

—Entonces, ¿ninguna es casta?

—¡Las hay a miles!

—Y ¿qué hacen las castas?

—No te dicen que sí, pero tampoco te dicen que no.

Es decir, que era cuestión de insistir. Eran tiempos muy lejanos de avances feministas como nuestro «no es no».

Los desvergonzados poetas se habían inventado la expresión *militia amoris* ('carrera amorosa'). Lamentablemente para ellos, el carácter especulativo de la sociedad romana se manifestaba también en estos íntimos dominios. Aunque la mujer fuese casada y rica, esperaba una compensación económica por sus favores: un regalo caro, algún costoso capricho que aliviara la mala conciencia de entregarse gratis…

La libertad de costumbres de la época imperial se refleja también en la circulación de olisbos o consoladores entre damas encopetadas.[116] En el Imperio existió un activo comercio de estos instrumentos fabricados en la colonia griega de Mileto.

Espiemos la conversación de dos damas romanas:

METRÓ: Te lo ruego, no me engañes, Corito querida, ¿quién puede ser el guarnicionero que te ha hecho el consolador colorado?

CORITO: ¿Dónde lo has visto, Metró?

METRÓ: Nóside, la de Erinna, lo tenía anteayer. ¡Vaya regalo bonito! ¿Quién lo fabricó?

CORITO: Cerdón. Tiene el taller en casa y vende a escondidas —que hoy en día toda puerta se estremece de miedo ante los recaudadores de impuestos—, pero sus trabajos, ¡qué trabajos! Te dará la impresión de ver en ellos las manos de la mismísima Atenea, no las de Cerdón. Al verlos yo —me trajo dos cuando vino—, Metró, se me salían los ojos de las órbitas. *(Recreándose en la contemplación del consolador)*. A los hombres no se les pone tan tiesa. Y no solo eso, su suavidad y lisura son de ensueño y los flecos son de lana y no de cuero. Por mucho que lo busques, no encontrarás un guarnicionero más simpático para una mujer.[117]

Un grafito pompeyano abunda en el mismo tema: junto al dibujo de un consolador de notables proporciones han escrito: «Cuando me entra gana, me siento en él».

116. Estos instrumentos de placer gozaban ya de cierto predicamento en la antigua Grecia (Aristófanes en *Lisístrata,* vv. 112 y ss., los llama «consuelo de viudas»). En Roma fueron a veces considerados sagrada imagen de Hermes Príapo, al que las jóvenes desposadas ofrendaban su virginidad. En la novela *Satiricón* se menciona el *olisbo* como instrumento de castigo, untado de pimienta e introducido por vía rectal.

117. Herodas, 1981, p. 36.

¿Existía algún equivalente masculino de las *puellae*? Pues sí, había chaperos *(cinaedi)* que en ocasiones también atendían a mujeres. Otras recurrían a *gigolos* llamados *onobelos* ('pene de asno', en griego) en alusión a las cumplidas dimensiones de la herramienta de trabajo.

¿En qué había quedado la mojigata moral sexual de los antiguos romanos cuando Catón el Censor censuraba a los senadores por besar a sus esposas delante de sus hijos?

Quinto Cecilio Metelo Céler, un hombre fiel a las antiguas virtudes romanas, destacó especialmente por su paciencia con las liberalidades de su esposa, Clodia, también conocida como Ojos de Vaca. Ella, fiel al principio de «culito que veo, culito que deseo», lo mismo se encamaba con patricios que con esclavos y en las fiestas destacaba por su ingenio y su cultura, pero también porque aguantaba el Salerno como una señora. Muerto el marido (algunos sospecharon que lo había envenenado), le guardó el luto preceptivo y luego continuó en su despiporre. Entre sus amantes se contaba el poeta Catulo, que en los buenos momentos de la relación escribió:

> Vivamos, Lesbia mía, y amémonos.
> Que las murmuraciones de los viejos gruñones
> no nos importen.
> El sol puede salir y ponerse:
> nosotros, cuando acabe nuestra breve luz,
> dormiremos una noche eterna.[118]

Después de dos milenios, el poema no ha perdido frescura ni intensidad. ¿Cabe mejor expresión del *carpe diem,* ese ideal romano, tan nuestro, de apurar la vida? El lector sabe que los amores

118. *Viuamus, mea Lesbia, atque amemus, / rumoresque senum seueriorum / omnes unius aestimemus assis. / Soles occidere et redire possunt: / nobis, cum semel occidit breuis lux, / nox est perpetua una dormienda.*

eternos tienen a veces un final desgraciado. Cuando Clodia lo dejó plantado, el poeta le reclamó infructuosamente el rosario de su madre y compuso este despechado poema:

Una adúltera vil me toma el pelo
y vuestras tablas de escribir se niega
a devolverme: ¿vais a permitirlo?
Poneos en derredor y hacedle escándalo.
¡Adúltera asquerosa, trae las tablas,
trae, asquerosa adúltera, las tablas![119]

Catulo nos da una idea vivaz de Roma, sociedad cambiante y desprejuiciada. Otro poema comienza:

Os daré por el culo y me la vais a chupar,
Aurelio chupapollas y Furio maricón.[120]

Este Catulo desvergonzado no es excepción. El romano que aparece en los documentos es chismoso, socarrón y maldiciente. *Italum acetum,* recuerda Horacio.

La pederastia se toleraba. Después de todo, el mismo Júpiter, padre de los dioses, la había practicado con su tierno copero Ganimedes. Los más liberales pensaban, como los griegos, que las relaciones de un adulto con un muchacho pueden resultar formativas para este. Cuando el jovencito comenzaba a encañar su primera barba, la intimidad debía cesar y su mentor le hacía cortar los largos cabellos que hasta entonces habían acentuado su aspecto femenino. Estos prejuicios desaparecieron en la época impe-

119. *Iocum me putat esse moecha turpis, / et negat mihi vestra redditu-ram / pugillaria, si pati potestas / circumsistite eam et reflagitate, / moecha putida, redde codicillos, / redde, putida moecha, codicillos!*

120. *Paedicabo ego vos et irrumabo / Aureli pathice et cinaede Furi* (Catulo, «Carmina XVI»).

rial, cuando la homosexualidad adquirió carta de naturaleza y hasta se hizo alarde de ella.[121]

A la masturbación, presumiblemente frecuente en la juventud, no se le otorgó mayor importancia hasta que, ya entrado el siglo II, sucedió la nueva moral estoica. Pero aun entonces solo se desaconsejaba por motivos de salud, no morales. Se suponía que contribuía al precoz desarrollo del organismo.

La costumbre importada de Oriente de castrar a los esclavos de servicio doméstico o «guardianes del lecho» se introdujo en las grandes casas de Roma por motivos prácticos: preservaba la castidad de las mujeres y el esclavo castrado resultaba más servicial y sumiso que el entero. No obstante, dependiendo del tipo de castración, algunos eunucos podían alcanzar una erección y copular satisfactoriamente sin peligro de preñez, lo que fue muy apreciado por algunas damas romanas. Como Marcial explica en un epigrama: «¿Por qué solamente tiene eunucos tu Celia, preguntas, Pánico? Celia desea las flores del matrimonio, no los frutos».[122]

121. Un grafiti pompeyano, ubicado en la casa de Citharis, en el cual, al lado de un dibujo de un hombre con nariz grande, alguien escribió: «Llorad, chicas. Mi pene ha renunciado a vosotras. Ahora perfora el trasero de los hombres. Adiós, maravillosa feminidad».

122. Marcial, 2004, VI, 67.

CAPÍTULO 21

La rebelión de Espartaco

Después de la expansión erótico-gastronómica de las páginas precedentes, regresemos a la no siempre árida cronología.

El ciudadano Léntulo Baciate mantenía en Capua una escuela de gladiadores en la que se preparaba a los hombres, generalmente esclavos, que lucharían en el anfiteatro. En el año –74, setenta y ocho de ellos se amotinaron bajo el mando del tracio Espartaco.

Cundió la noticia por la región y por todas partes se produjeron fugas de esclavos que corrían a unirse a los insurrectos. Pronto Espartaco se vio al frente de un verdadero ejército de setenta mil hombres. No se hacía ilusiones sobre su capacidad de vencer a Roma. Su plan era abrirse camino hasta los Alpes y una vez fuera del suelo itálico disolver la tropa y que cada cual regresara a su tierra.

Un ejército senatorial le cortó el paso ¡y Espartaco lo derrotó! En Roma no se recordaba semejante humillación desde que sus antepasados tuvieron que pasar bajo las Horcas Caudinas.

Espartaco comprendió que Roma iba a movilizar todos sus recursos para castigar la insolencia de los esclavos. La propia supervivencia del sistema estaba en juego. Consciente de que no iban a permitirle alcanzar los Alpes, cambió de idea y de rumbo y se dirigió nuevamente al sur. El nuevo plan era pasar a Sicilia y de allí a África en unas naves que apalabró con los piratas de Cilicia.

El Senado envió al pretor Marco Licinio Craso, que tenía cierta experiencia militar demostrada en Hispania y África a las órdenes de Sila. Después de condenar a una *decimatio* a las dos legiones derrotadas por los esclavos,[123] Craso alcanzó la retaguardia de Espartaco en el río Silario. Forzado a combatir, Espartaco degolló el caballo que le ofrecían para demostrar a sus hombres que no pensaba huir.

—Si ganamos nos sobrarán caballos —razonó— y si nos derrotan, un caballo no me servirá de nada.

Los derrotaron, claro. Espartaco murió combatiendo, pero su cuerpo no se pudo reconocer entre los miles de cadáveres.

No hubo piedad con los rebeldes. Craso crucificó a seis mil de ellos a lo largo de la vía Apia, entre Roma y Capua, para escarmiento del resto de los esclavos.[124]

Mientras tanto, Pompeyo, que regresaba triunfante de Hispania después de terminar con el rebelde Sertorio, derrotó a otras bandas de esclavos armados y se presentó en Roma como si hubiese acabado él solito con la rebelión de Espartaco.

El Senado votó que solo se celebraría una ovación, dado que los derrotados habían sido simples esclavos. Craso no se conformó y como le sobraba dinero celebró su victoria ofreciendo un gran banquete al pueblo y donando a los pobres una ración de trigo suficiente para tres meses.

Como estamos viendo, el banquete romano solía entrañar motivaciones electoralistas. Solo así podemos comprender cabalmente la celebración de banquetes tan espectaculares como el que el joven Julio César ofreció prácticamente a toda Roma al regreso

123. Del latín *decimare* procede el español *diezmar*. Es un castigo colectivo consistente en escoger mediante sorteo uno de cada diez hombres de la tropa que ha dado muestras de cobardía ante el enemigo y ejecutarlos a palos o lapidados por sus propios compañeros.

124. Aquellos lectores de mi generación, que cuando eran niños quedaron impresionados por la película de Stanley Kubrick *Espartaco* (1960), se lo imaginarán con el rostro y la prestancia de Kirk Douglas. Las batallas de la película se rodaron en Colmenar Viejo, a las afueras de Madrid, con ocho mil reclutas españoles haciendo de extras con la energía proporcionada por sendos chuscos y latas de sardinas.

de su campaña de Oriente. Un cuarto de millón de personas concurrieron al festín, que duró varios días.

También existían banquetes corporativos, las cenas de los gremios de artesanos o de cofradías *(collegia)* o de los colegios sacerdotales, que —si creemos a Varrón— provocaban la escasez y el encarecimiento de los productos del mercado. En estos banquetes multitudinarios, en los que se reunía gente de distinto nivel social, solían establecerse distingos entre los comensales. Los más humildes se sentaban en mesas peor abastecidas, en las que se servían platos más baratos y simples que en las de sus vecinos más importantes.

También era inevitable que asistieran *parasiti* (singular, *parasitus)*, notable precedente del moderno gorrón. Son aduladores, graciosos profesionales capaces de humillarse hasta extremos bochornosos con tal de llenar el estómago. Los convidados se divertían gastándoles pesadas bromas o golpeándolos entre pullas y chanzas. Ellos sonreían y no se inmutaban. Tomaban asiento donde podían , lejos de la mesa principal, y estaban pendientes de las sobras o de los potajes especialmente preparados para ellos que les traían de la cocina.

Marco Licinio Craso, conocido como Craso el Rico (Crassus Dines), era a la sazón el hombre más rico de Roma. Sus riquezas procedían principalmente de la especulación con los bienes de los *optimates* perseguidos por Sila.

Mientras los *optimates* consideraban desdoro invertir en algo que no fueran fincas agrícolas, Craso basaba su fortuna en la explotación minera, en el tráfico de esclavos y en la especulación inmobiliaria. Había creado un cuerpo de bomberos privado que le rendía saneadas ganancias. Cuando se producía un incendio en Roma, se personaba en el lugar y adquiría a bajo precio el edificio incendiado y los inmuebles amenazados por el fuego. Después enviaba a sus hombres a extinguir el incendio. No es que fuera muy honorable, pero sabía hacerse perdonar por la chusma con préstamos y regalos.

CAPÍTULO 22

Pompeyo el Grande y César

Hacia el siglo –I, el Senado se había convertido en una institución obsoleta y corrupta, incapaz de afrontar las nuevas necesidades que comportaba la administración de los inmensos territorios conquistados por Roma.

Julio César daría finalmente al traste con la República y prepararía el retorno de Roma al régimen monárquico.

Julio César vino al mundo hacia el año –100 en el seno de una familia patricia venida a menos, la última representante de la *gens* Julia, cuyos orígenes remontaban a la diosa Venus.[125]

El historiador Plinio asegura que su madre, la noble Aurelia, tuvo un parto difícil, con cesárea (lo que explicaría la denominación que desde entonces se dio a tan delicada operación quirúrgica).[126]

125. Al lector educado en la tradición cristiana no le resultará inadmisible que en aquel siglo, que es también el de Cristo, los dioses condescendieran a encamarse y mezclarse con los mortales.

126. Esta leyenda no se sostiene. Cuando César vino al mundo ninguna mujer hubiera sobrevivido a una cesárea. Las cesáreas en mujeres vivas solo se han practicado con éxito desde hace un siglo. Antes de la aparición de la anestesia, de los antisépticos, de los antibióticos y de las transfusiones de sangre, era inevitable que la parturienta sometida a cesárea muriera durante la operación o en el postoperatorio. Sin embargo, sabemos que la noble Aurelia vivió muchos años para educar a su hijo y orientarlo con sus prudentes consejos.

César nació en plena efervescencia revolucionaria, con los *optimates* enfrentados a los populares. Además, las fronteras del Imperio peligraban: rebeliones de los númidas en África, invasiones de cimbrios y teutones en el norte e inquietud en los reinos de Asia satélites de Roma. Solamente Hispania parecía tranquila.

Después de una infancia que suponemos feliz y libre de cuidados, nuestro joven César encañó en un adolescente espigado y rubiasco, despabilado y simpático, con la cara llena de granos y una libido quizá algo excesiva.

César recibió una sólida formación griega y latina con los mejores profesores y completó sus estudios en el extranjero, en Rodas y Atenas, las ciudades universitarias más prestigiosas. Mientras aprendía argucias retóricas y se ensayaba en el espléndido y riguroso estilo literario que admiramos en sus obras, se ejercitaba al aire libre y adquiría la forma física que en su madurez le permitiría compartir, sin esfuerzo aparente, las marchas y privaciones de sus soldados.

César, aunque nacido en el seno de una familia senatorial, se inclinó políticamente por el partido del pueblo, que se oponía al corrupto Senado y propugnaba la democratización del poder.

El joven César apostó fuerte: primero, se atrajo a la oprimida y descontenta plebe con espectáculos públicos, banquetes y dádivas que lo dejaron endeudado y al borde de la ruina; después, marchó a Hispania, donde sofocó una rebelión de tribus indígenas y ganó —además de prestigio— el numerario que necesitaba para saldar sus deudas y proseguir su brillante carrera política; finalmente, regresó a Roma, donde Pompeyo y Craso se estaban disputando el poder. César consiguió reconciliarlos y constituyó con ellos una coalición electoral, el primer triunvirato, que Tito Livio denominaría «conspiración permanente».

En este ínterin llegaron noticias de Egipto, ahora reducido a la condición de protectorado romano.[127]

127. Dos mil años atrás, los egipcios habían desarrollado una cultura refinada cuyo máximo exponente fueron las grandes pirámides, pero a es-

El último faraón, abrumado quizá por el hervidero de intrigas de su corte, había adoptado la radical decisión de dejar su reino en herencia a Roma, una medida que puso al borde del infarto a los poderosos de la corte alejandrina y los obligó a deponer sus diferencias para tomar una decisión que les asegurara sus puestos y prebendas: se apresuraron a elegir a un nuevo faraón.

El nuevo rey de Egipto, Tolomeo XII, apodado Auletes ('el Flautista'), desposó a Cleopatra VI Trifena, probablemente hermana suya. Este rey pelele, mero títere de Roma, tuvo cinco hijos: Berenice, Cleopatra VII, Arsinoe, Tolomeo XIII y Tolomeo XIV.

Esta Cleopatra VII, también llamada Thea Philopator, es decir, 'Diosa que Ama a Su Padre', nacida en el año –69, es la famosa reina de Egipto que sería amante sucesiva de César y Marco Antonio.

Craso elevó su voz en el Senado para proponer que Egipto se incorporara al Imperio como provincia y que su regencia se encomendase a su colega César. Pero el Senado, con Cicerón al frente, se opuso. Permitir que César, líder de los populares, dispusiera de las ingentes rentas de Egipto hubiese sido el suicidio político de los *optimates*.

Mientras el Senado discutía la conveniencia de aceptar la herencia egipcia, el nuevo Tolomeo sobornaba generosamente a muchos senadores para que la rechazaran. Mientras tanto, el pueblo egipcio, abrumado de impuestos, se rebeló y el Flautista tuvo que huir y refugiarse en Roma, a la propicia sombra del poderoso triunvirato.

El Flautista se hizo cargo de la situación. Craso nadaba en la abundancia, pero sus dos camaradas distaban mucho de ser ricos,

---

te esplendor había sucedido una larga decadencia. Egipto fue conquistado primero por los persas y después por Alejandro Magno. A la muerte de Alejandro, sus generales se repartieron el Imperio. Egipto correspondió a Tolomeo, cuyos sucesores poseerían el trono hasta la incorporación de Egipto al Imperio romano, en tiempos de César.

particularmente César, que siempre andaba sin blanca. Le fue fácil sobornarlos con la promesa de seis mil talentos de plata (la renta anual de su reino). Entonces César hizo aprobar la llamada Ley Julia sobre el rey de Egipto, una declaración oficial que reconocía los derechos de Tolomeo al trono del Nilo y lo declaraba «amigo y aliado del pueblo romano».

Nuevamente seguro en su trono, Tolomeo dejó las tareas de gobierno en manos de tres ministros: Aquilas, jefe del ejército; Teódoto de Quíos, retórico griego y tutor de su primogénito, el joven Tolomeo; y Potino, un intrigante eunuco que cuidaba las finanzas.

Sumando la fuerza de sus aliados a la de sus muchos partidarios en Roma, César logró ser elegido cónsul para el año –59. Pero, como los cónsules eran dos, teóricamente se veía obligado a compartir el poder con un compañero de ideología conservadora. En la práctica consiguió desplazarlo para gobernar de manera casi personal, después de anular a otros adversarios políticos.[128]

128. Uno de ellos, Marco Porcio Catón Uticense, filósofo estoico y gran defensor de la República, cuando supo que su bando había sido derrotado, despreció el perdón que le ofrecía César y prefirió suicidarse. Se retiró a sus aposentos, leyó algunos párrafos del diálogo platónico *Fedón* sobre la inmortalidad del alma y se desventró en una especie de *seppuku* a la romana. Como la herida no era mortal, sus deudos acudieron a un médico que se la cosió y vendó, pero en cuanto lo dejaron solo se arrancó los vendajes, se abrió la herida y se sacó las tripas para asegurarse la muerte.

CAPÍTULO 23

La guerra de las Galias

En –58 Julio César era un cónsul cesante y estaba nuevamente arruinado. Necesitaba una guerra de la que regresar a Roma victorioso para impulsar su carrera política y para saldar sus deudas.

Sopesó las posibilidades y se decidió por las Galias, el corazón del continente europeo, una tierra rica, aunque poblada por unas trescientas tribus nada pacíficas.

—Son un peligro potencial —razonó ante el Senado—. Desde los tiempos de la monarquía han invadido suelo itálico. Si no llega a ser por los gansos del Capitolio habrían degollado a nuestros ancestros. Aún hoy la situación allá es volátil, porque el territorio está bajo presión de los suevos y de los helvecios.

¿Qué tal una guerra preventiva?

César consiguió que el Senado le concediera el gobierno de la Galia Transalpina durante un lustro. Para cumplir sus designios contaba con cuatro buenas legiones fogueadas bajo su mando en Hispania, a las que sumó otras dos. Debido a las reformas de Mario, la legión romana era entonces una formidable máquina de combate muy superior tácticamente a cualquier pueblo bárbaro.

César conquistó para Roma ricos y extensos territorios después de someter a cientos de tribus galas, helvéticas y germanas. Incluso desembarcó en Britania.

El episodio más notable de esta guerra fue, en el año –52, la rebelión del jefe arverno Vercingétorix, cuyo ejército de casi cien mil hombres se vio finalmente copado en la plaza fuerte de Alesia (actual Borgoña).

César se lo tomó con calma. Levantó una muralla doble en torno a la ciudad (quince kilómetros de *circumvallatio* y veintiuno de *contravallatio*) para protegerse tanto de los sitiados como de los que pudieran auxiliarlos desde el exterior. Los galos lo intentaron repetidamente y lo pusieron en apuros cuando tuvo que enfrentarse a un ejército de casi un cuarto de millón de hombres al que derrotó con solo setenta mil.[129]

La celebración del triunfo se demoró cinco años, en los que el jefe galo Vercingétorix permaneció preso en el Tullianum, ignorante de que veinte siglos después inspiraría a Uderzo y Goscinny el famoso cómic *Astérix* (1959).

Estos fulgurantes éxitos de César despertaron la envidia de sus antiguos camaradas de triunvirato, Pompeyo y Craso, y el recelo de la aristocracia senatorial, que veía peligrar sus privilegios si Cé-

129. César, gran escritor además, contó la campaña en su libro *De bello Gallico (La guerra de las Galias),* que tanto se tradujo en el bachillerato antiguo. En esa obra (libro V, cap. 44), menciona la hazaña de dos centuriones, Tito Pulón y Lucio Voreno, que protagonizaron la estupenda serie televisiva de John Milius *Roma* (2005): «Había en esta legión dos centuriones muy valientes que ya iban a llegar a los primeros grados: Tito Pulón y Lucio Voreno. Estos tenían entre sí continuas disputas por cuál de los dos era más valiente. Uno de ellos, Pulón, una vez que estaba luchando encarnizadamente junto a las fortificaciones, dijo: "¿Por qué dudas, Voreno? ¿A qué esperas para demostrar tu valor? Este día concluirán nuestras rivalidades". Tras decir esto, avanzó más allá de las fortificaciones y se abalanzó donde los enemigos eran más numerosos. Pero Voreno no se quedó dentro de la empalizada, sino que lo imitó por no ser menos. Pulón avanzó un poco, lanzó su *pilum,* atravesó a un galo que se había adelantado. Rodeado de enemigos y con un dardo clavado en el tahalí que le dificultaba desenvainar la espada, Voreno acudió en su ayuda y, tras matar a uno, hizo retroceder a los demás. En este trance cayó en un hoyo del que salió con ayuda de Pulón y ambos regresaron incólumes dentro de las fortificaciones, tras matar a muchos enemigos, hazaña por la que recibieron grandes alabanzas. Así, la fortuna, en la lucha y en la competición, dispuso para ambos que cada uno ayudara y salvase a su adversario y que no se pudiera decidir quién era el más valiente».

sar regresaba triunfante a Roma como representante del partido del pueblo.

En Roma no eras nadie si antes no habías obtenido un triunfo al mando de las legiones. Envidioso de los éxitos de sus colegas, Craso soñaba, como muchos generales romanos, con emular al joven rey de Macedonia, Alejandro Magno, que dos siglos atrás había conquistado el Imperio persa y llegado hasta la India.

Para ello tendría que derrotar a los partos, un pueblo correoso que ocupaba Mesopotamia y competía con Roma. También pensó en el negocio. Los partos dominaban la ruta de la seda por la que llegaban productos de China y el lejano Oriente al Imperio romano y viceversa.

¿Qué productos? Especias, especialmente pimienta, marfil, seda... Un solo barco procedente de la India podía trasportar una carga que con los aumentos se valoraba en más de seis millones de sestercios, una fabulosa cantidad más que suficiente para adquirir una finca de muchas hectáreas.[130]

Craso se enfrentó a los partos en Carras (actual Harrán, Turquía) en –53.

«Los partos no se animaban para la batalla con cuernos y trompetas, sino con tambores [...], un sonido mezcla de rugido de fiera y trueno. Sabían que de todos los sentidos, el oído es el más apto para confundir el alma, el que más pronto eleva las emociones y más efectivamente hace perder el juicio».[131]

La caballería parta, provista de arcos reforzados con cuerno y tendones, lanzaba flechas tan potentes que atravesaban las armaduras romanas, mientras sus arqueros cabalgaban fuera del alcance de los *pila*. Incluso cuando fingían huir dando la espalda a los romanos eran capaces de volverse y alcanzar con una certera flecha al perseguidor (a ese tiro traidor se lo llamó *flecha parta*).

130. Beard, 2016, p. 541.
131. Plutarco, 1821, «Craso», 23, 7.

En fin, que Craso y sus legiones sucumbieron ante los arqueros montados partos. Los romanos tardarían en olvidar la *clades Crassiana,* 'el desastre de Craso'.

Cuando le presentaron el cadáver de Craso, el general parto Surena le hizo verter en la boca oro derretido.

—¿No es esto lo que venías buscando desde siempre? —le dijo—. Anda, hártate ahora.

Surena no digirió bien su victoria. Se pavoneó ante el rey de los partos, Orodes II, parodiando un triunfo romano en el que un prisionero hacía de Craso precedido por lictores que llevaban en sus fasces cabezas decapitadas de oficiales romanos.

Orodes temió que un hombre tan popular lo suplantara y lo hizo ejecutar.

¿Qué fue de los diez mil romanos que se rindieron a los partos en Carras? Unos pocos escaparon por Asia, alcanzaron Judea y se reintegraron al Imperio, pero otros, los componentes de «la legión perdida», se establecieron en Margiana (hoy Merv, en el lejano Turkmenistán), donde se casaron con mujeres indígenas y se hicieron a una nueva vida. El poeta Horacio se preguntaba: «¿Han podido los soldados de Craso vivir, ¡oh, maridos desgraciados!, con una esposa bárbara?».

Pasado un tiempo, el emperador Augusto negociaría el rescate de las siete águilas romanas perdidas en Carras. Incluso acuñó una moneda en la que un parto arrodillado le ofrecía los estandartes. Nunca ocurrió tal cosa: las águilas se recuperaron mediante negociación, pagando por ellas un crecido rescate.

El caso de Craso encierra una provechosa lección. ¿Qué necesidad tenía este hombre rico, poderoso y respetado de abandonar sus palacios de mármol y su vida muelle en la que no faltaban tortillas de lenguas de colibrí[132] para meterse a rayo de la guerra tras las huellas de Alejandro Magno en los desiertos de

132. Se trata de la esfinge colibrí *(macroglossum stellatarum)*, distinta del americano *(trochilidae)*.

Mesopotamia? Por otra parte, siendo supersticioso como romano, ¿por qué presentó batalla cuando los auspicios eran desfavorables?[133]

Desaparecido Craso de la escena, era inevitable que Pompeyo y César colisionaran. Corrigiendo pasados desprecios, el Senado ganó a Pompeyo para su causa, lo nombró dictador y lo puso a la cabeza del partido senatorial, un acierto político que luego malograron al subestimar el poder de César en las Galias cuando lo conminaron a que licenciara su ejército y regresara a Roma.

Para rematar la torpeza, al propio tiempo comenzaron a perseguir a los más destacados líderes del partido del pueblo. En vista del cariz que tomaban los acontecimientos, algunos correligionarios de César huyeron de Roma y fueron a unírsele a las Galias, entre ellos su amigo y pariente, el tribuno de la plebe Marco Antonio.

César evaluó la situación. El Senado le era adverso, pero tenía bajo su mando a un ejército numeroso y bien entrenado dispuesto a seguirlo hasta la muerte.

El 12 de enero César llegó al Rubicón, un riachuelo que marcaba el límite entre Italia y las Galias. Todavía estaba dentro de su jurisdicción como general, pero si cruzaba a la otra orilla equivaldría a declararle la guerra al legítimo gobierno de la República y al Senado.

Probablemente había tomado su decisión días antes, pero, no obstante, buscando señales del cielo en el trance más decisivo de

133. Si creemos a los romanos, Craso atrajo la desgracia por despreciar los augurios. Cuando estaba a punto de embarcar, escuchó la voz de un pescador del muelle que pregonaba higos al grito de *«caunea!»* ('¡higos secos!'), pero él entendió *«cave nee eas!»*, o sea, '¡cuidado, no vayas!'. A pesar de ello, se obstinó en ir. Además, la víspera de la batalla, durante el sacrificio a los dioses, Craso dejó caer el hígado de la víctima en el que el arúspice busca signos. Mal presagio. Los legionarios también murmuraron que el plato de lentejas del rancho se parecía demasiado a lo que se comía en los funerales romanos. Por el contrario, los partos llegaban con cierta moral de victoria. El general Surena, que los mandaba, incluso se presentó con su harén distribuido en carros.

su vida, soltó una manada de caballos, un antiguo rito para incitar a la divinidad a manifestar su voluntad, y esperó la señal divina que había de producirse.

Aguas abajo, unos legionarios descubrieron a un mancebo alto y hermoso que tocaba un caramillo junto a la rumorosa orilla. Cuando se le acercaron, el desconocido se levantó de pronto y, asiendo la trompeta que llevaba uno de los soldados, cruzó el río alegremente tocando paso de carga. ¡La señal de los dioses estaba clara! Invitaban a César a invadir el suelo italiano.

Uno, que es escéptico por naturaleza, no puede dejar de pensar que a lo mejor todo estaba preparado para disipar los últimos escrupulillos de la supersticiosa tropa. Piénsese que, en términos modernos, lo que se disponían a hacer era dar un golpe de Estado contra el gobierno legítimo.

La arenga de César en aquella ocasión es famosa: «¡Adelante! Nos reclaman los dioses y la injusticia de nuestros enemigos. ¡La suerte está echada!».

Estas últimas palabras, dichas en latín, *alea jacta est,* eran las que solían acompañar al lanzamiento de dados en los ocios del campamento. Han tenido gran fortuna y forman hoy parte del bagaje cultural de Occidente, junto con la expresión *pasar el Rubicón,* en su equivalencia de tomar una decisión trascendente.

Los dados del Rubicón rodaron cuatro años en una larga y sangrienta guerra civil que no solo decidió los destinos de Roma, sino también los de Occidente.

Dos colosos enfrentados: César, rebelándose en nombre del pueblo, y Pompeyo, encarnando la legalidad representada por un Senado cicatero y copado por *optimates* que servían a sus intereses de clase.

El Senado contaba con más de cincuenta mil hombres, César con solo unos seis mil, pero lo compensaba con la popularidad de su causa entre unas tropas que procedían mayoritariamente de las clases populares de Roma.

Los soldados desertaban de las filas senatoriales para unirse a las de César. Conscientes de que estaban abocados a la derrota,

Pompeyo y sus senadores más comprometidos huyeron de Italia dejando el campo libre a su adversario.

—Nos organizaremos en las provincias y aplastaremos a César —prometió el fugitivo.

La guerra civil prendió en todos los dominios de Roma. Estaba en juego la supervivencia de la República.

Finalmente, César y Pompeyo se enfrentaron en Farsalia (Grecia) el año –48.

César atrajo a la caballería pompeyana a una trampa y rodeó al ejército. Jaque mate. Pompeyo y sus senadores se pusieron a salvo abandonando a los suyos.

—Ha sido solo un revés —animaba Pompeyo a los suyos—. Prepararemos el desquite.

El desquite implicaba alistar nuevas tropas. Necesitaba dinero, mucho dinero. ¿Dónde conseguirlo? Pensó en Egipto, país satélite de Roma, cuyos reyes le debían el trono. Fletó una galera y zarpó para Alejandría acompañado de Cornelia, su esposa.

¿Cómo estaban las cosas en Egipto?

Un poco antes de su muerte, en el año –51, el Flautista había nombrado corregentes a sus hijos Cleopatra, de dieciocho años, y Tolomeo XIII, de diez. Según la costumbre del país, los dos hermanos se casaron.[134]

Por su formación y carácter, Cleopatra, una mujer culta, desenvuelta e independiente, era más griega que oriental. Cuan-

134. Quizá al lector le extrañe que Cleopatra se casara con su hermano. El incesto dinástico fue una práctica común entre los faraones de los antiguos Imperios egipcios. Los Tolomeos, aunque griegos de origen, no tuvieron inconveniente en adoptarla. El incesto dinástico aseguraba hijos legítimos al trono. Dado que la realeza se transmitía por vía femenina, siguiendo una ancestral tradición matriarcal, el rey tenía que ser concebido por la hija de un rey. Esta endogamia acarrea la degeneración genética de las familias que la practican. Costumbres similares se han observado en algunas casas reales europeas, entre ellas los Austrias y los Borbones.

do los ministros del Flautista se percataron de que no se dejaría manipular, urdieron una conjura para destronarla y casar a Tolomeo XIII con Berenice, la hermana pequeña.

Viéndose en peligro, Cleopatra huyó a Siria, a reclutar tropas para recuperar el trono.

A la llegada de Pompeyo a Egipto, el rey niño Tolomeo XIII y sus ministros no se hallaban en Alejandría, sino en Pelusio, la plaza fuerte que guardaba la frontera oriental, donde pensaban derrotar al ejército sirio de Cleopatra, cuya aparición era inminente.

La llegada de Pompeyo en aquellas circunstancias no podía ser más inoportuna.

Los ministros se reunieron en consejo. ¿Qué hacer? Pompeyo era un hombre prestigioso al que los Tolomeos debían mucho, pero después de su expulsión de Italia y de su derrota en Farsalia estaba acabado. Ahora bien, todavía retenía poder en Oriente. No podían descartar que al cabo de un tiempo se volvieran las tornas, que derrotara a César y se adueñara nuevamente de Roma. No hacía falta ser muy avispado para comprender que Pompeyo venía a pedirles ayuda contra César. Si se la prestaban y vencía César, malo. Si se la denegaban y vencía Pompeyo, peor.

Teódoto, el sofista griego, propuso cínicamente una posible solución: «Un muerto no muerde. Matemos a Pompeyo y así nos aseguramos de que nunca va a gobernar Roma y, al propio tiempo, garantizamos la victoria de César, que nos quedará eternamente agradecido».

La galera de Pompeyo había anclado frente a la costa. El propio Aquilas, el ministro de la Guerra, salió al encuentro del ilustre huésped en una embarcación tan pequeña que resultaba imposible embarcar en ella escolta alguna. Pompeyo tuvo un mal presentimiento y preguntó, escamado, por qué no habían enviado una barca más espaciosa.

—Es que hay poco calado y otra mayor no llegaría a la playa —lo tranquilizó Aquilas.

Pompeyo no quedó muy convencido, pero tampoco estaba en situación de exigir mayores garantías. Resignado, se volvió hacia Cornelia, su esposa, y le recitó los conocidos versos de Sófocles:

> … y el que entró en la casa para ser príncipe
> fue esclavo de ella aunque llegara libre.

Luego subió al esquife acompañado tan solo por un criado y su liberto Filipo. Acompañaban a Aquilas dos antiguos oficiales romanos a su servicio, Lucio Septimino y Salvio. Mientras los remeros los acercaban a la playa, Pompeyo se quedó mirando al primero:

—Tu rostro me resulta familiar. ¿Hemos sido compañeros de armas?

Septimino se limitó a asentir. Se produjo un incómodo silencio. Llegaron a la orilla. Cuando Pompeyo se alzaba de su asiento para saltar a tierra, Septimino, situado a su espalda, le clavó su espada.

Aquilas y el centurión Salvio lo apuñalaron también. Sacaron el cadáver a la arena, donde un esbirro lo decapitó y le arrancó el sello que llevaba en el anular de la mano derecha: un león que sostenía una espada entre sus garras.

La infortunada Cornelia presenció desde la galera el asesinato de su esposo y profirió un grito tan desgarrador que se escuchó desde la playa a pesar del oleaje. Luego, la galera levó anclas y huyó a mar abierto escapando de algunas embarcaciones egipcias menores que pretendían capturarla.

Ignorante del asesinato de Pompeyo, César navegaba rumbo a Alejandría, adonde creía que se había dirigido el fugitivo. Cuando desembarcó en la capital egipcia le informaron de que Tolomeo XIII se encontraba todavía en el campamento de Pelusio. Recibió a César el ministro Teódoto, que creyó apuntarse un tanto al presentarle, ufano, la cabeza de Pompeyo. Craso error: ante el sangriento despojo de su enemigo, César se mostró consternado. A lo mejor hipócritamente, por parecerse a los héroes antiguos, puesto que, bien mirado, la desaparición de Pompeyo le allanaba el camino y le evitaba tener que matarlo él mismo, lo que le hubiera granjeado la perpetua enemistad de los muchos romanos que admiraban y querían a Pompeyo.

Para congraciarse con la facción pompeyana, César liberó a algunos oficiales de Pompeyo que Teódoto retenía en las prisiones de Alejandría y envió a la viuda las cenizas del difunto. Cornelia las sepultaría en el jardín de la villa de Pompeyo, en Albano.

Teódoto comprendió que su carrera política estaba acabada después de aquel patinazo. Huyó de Alejandría y anduvo errante por diversas ciudades de Siria y Asia Menor hasta que años más tarde Bruto lo capturó y lo hizo crucificar.

Eliminado Pompeyo, César tenía un nuevo motivo para prolongar su estancia en Egipto: el dinero. Las últimas campañas militares lo habían dejado sin blanca y quería poner al cobro los seis mil talentos, más intereses por demora, que los herederos de Tolomeo el Flautista le adeudaban.

El negocio se presentaba muy dudoso mientras Tolomeo XIII y Cleopatra estuvieran enfrentados en Pelusio. Si César lograba reconciliar a los hermanos, se aseguraría su influencia sobre Egipto, ya camino de convertirse en el granero del Imperio romano, y podría cobrar su deuda.

César se instaló en el palacio real de Alejandría y convocó a Tolomeo XIII. Jugaba fuerte. Había llegado a Alejandría con mucho prestigio, pero con pocas tropas, a pesar de lo cual actuaba como si dominara la situación, dando por hecho que los egipcios lo obedecerían.

A los consejeros que regían los destinos de Egipto, la osada convocatoria del romano debió de parecerles un insulto, pero eran cautos y optaron por obedecer. No convenía indisponerse con un hombre que se estaba convirtiendo en el amo virtual de Roma. El astuto Potino acompañó a Tolomeo XIII a la entrevista con César en Alejandría, mientras Aquilas permanecía en Pelusio al mando del ejército.

Alejandría era la ciudad más próspera del Mediterráneo. Allí tenían su lonja de comercio Europa, Asia y África. Era el gran centro de intercambio de productos entre partes del mundo que no se conocían entre ellas. En sus almacenes se acumulaban los productos mediterráneos, el aceite y la vajilla griega, el marfil africano, el vino de Libia, el oro de Arabia, las especias de la India, así como los productos de la industria nacional, principalmente tejidos y papiros, vidrio, joyas, cerveza y muebles.

César, como otros romanos antes que él, se sintió subyugado por la belleza y el esplendor de Alejandría, pero al ojo perito del general no escapaba la certeza de que Egipto era solamente un coloso con los pies de barro. De su pasada grandeza militar quedaba solamente un lejano recuerdo transmitido por las inscripciones conmemorativas en los antiguos monumentos. Ya lo había dicho el estratego Arato de Sición en el siglo –II: «La riqueza egipcia, las escuadras, los palacios, no son más que farsa y aparato».

Desde las altas terrazas del palacio sitiado, César contemplaba el atardecer sobre la blanca ciudad. Ahora el mundo pertenecía a los romanos, le pertenecía a él.

CAPÍTULO 24

Cleopatra sale de la alfombra

Potino, el eunuco ministro de Hacienda, no contaba con que César retendría a Tolomeo en el palacio en una hospitalidad que se parecía más a un arresto domiciliario. Tampoco pudo prever que Cleopatra, en un golpe de audacia, se metiera en la cama de César, el incorregible mujeriego, lo catequizara para su causa y ganara la partida a su hermano y a Potino.

Para burlar la vigilancia del palacio real, donde quizá su vida hubiese peligrado de ser descubierta antes de llegar a César, la reina se hizo conducir ante el romano oculta en un revoltijo de ropa de cama o en el interior de una alfombra enrollada que su fiel sirviente, el siciliano Apolodoro, llevó en su barquilla hasta el atracadero de palacio y luego cargada sobre su hombro hasta la sala donde César despachaba. El fornido siciliano depositó a los pies de César el presente, tiró de un extremo y Cleopatra apareció deslumbradora en su belleza.

¿Qué planes tenía Cleopatra? A pesar de su juventud, era una mujer de claro juicio y firmes decisiones. Según ciertos autores, en el año –57 recibió a la delegación que enviaba Pompeyo en demanda de trigo para la lucha que preparaba contra César. La delegación iba presidida por el joven y presumiblemente apuesto Cneo Pompeyo, hijo de Pompeyo el Grande, con el que aseguran que la jovencísima Cleopatra flirteó y ven en ello el germen de un plan para conquistar Roma con las armas de su seducción y su belleza, que luego aplicaría sucesivamente con Julio César y con Marco Antonio. Si así hubiera sido, habría que reconocerle muy mala suerte, siempre apostando por el caballo perdedor: los Pompeyos sucumbieron ante César; César sucumbió ante el Senado y Antonio sucumbió ante Octavio.

«Cleopatra era muy hermosa y estaba en la flor de la dulzura. Nadie podía sustraerse a su encanto —escribe Dion Casio—. Su presencia y sus palabras causaban tan profunda impresión que hasta el hombre más frío y menos aficionado a las mujeres quedaba preso en sus redes».

«Si la nariz de Cleopatra hubiese sido más corta, habría cambiado el curso de los acontecimientos», escribió el filósofo Pascal en un tiempo en que las grandes narices se tenían por signo inequívoco de voluntad firme y carácter decidido. Hoy, más informados, preferimos pensar que el poder de Cleopatra no residía en su nariz, sino en sus otras gracias: «Su voz —dice Plutarco— era como un instrumento de muchas cuerdas [...]. Platón reconoce cuatro formas de adular, pero ella conocía mil».

Algunos autores, los que silencian su encuentro con el joven Pompeyo años antes, suponen que Cleopatra entregó su virginidad a César aquella misma noche. La chica tenía ya veintidós años y es dudoso que en el ambiente mundano de Alejandría una muchacha se conservase intacta hasta edad tan avanzada.

La famosa reina de Egipto que sedujo a los más grandes romanos de su tiempo, Julio César y Marco Antonio, se sirvió de su femineidad, de su cultura y de su exotismo más que de su físico (sus retratos nos presentan a una mujer corriente, de nariz aguileña y frente despejada).[135]

135. Es posible que el lector tenga una imagen algo equivocada de Cleopatra, la que ha recibido a través del cine. Las Cleopatras cinematográficas Theda Bara (1917), Claudette Colbert (1934), Rhonda Fleming (1953), Sophia Loren (1954), Linda Cristal (1959) y Liz Taylor (1963) tienen en común que han ido encarnando en cada época el ideal femenino de belleza y seducción. Todas han dado la imagen de una mujer moderna, amante del lujo y de los placeres, una mujer que ignora que el sexo sea pecado, y de los más gordos, y goza de él con fruición ninfomaniaca. La

Su irrupción en la historia de Roma bien pudo alterar el destino del mundo. Primero sedujo a Julio César, que la entronizó en Egipto y, si no lo llegan a asesinar, la hubiera entronizado en Roma (de reina consorte, porque Roma se encaminaba firmemente hacía la monarquía cesárea). Con todo, el Imperio que César preconizaba llegó a su debido tiempo después de que Cleopatra cautivara con sus encantos al sucesor de César, Marco Antonio, y lo enfrentara con Octavio Augusto. A este último no lo llegó a seducir porque era más bien frío y porque ella comprendió que ya se le había pasado el arroz y prefirió suicidarse en el esplendor de su madura belleza antes que comparecer en Roma como cautiva del vencedor.

¿Qué hay de cierto en el episodio de la alfombra? Probablemente nada. Seguramente lo inventaron los romanos para demostrar que Cleopatra no vacilaba en prostituirse para lograr sus objetivos.

Cleopatra histórica fue totalmente distinta. En realidad permaneció soltera durante más de la mitad de su vida y solo estuvo unida sentimentalmente a dos hombres; primero, a Julio César, con el que convivió unos doce meses como máximo, y después a Marco Antonio, cuyo lecho compartió durante seis años, de los que se podrían descontar las frecuentes ausencias que la guerra o la política imponían al romano. A los dos les fue fiel. No contamos, porque es dudoso que se consumaran, sus dos matrimonios oficiales con sus hermanos, mozalbetes muertos a los catorce y dieciséis años, respectivamente. Algunos autores opinan que sus encantos incluían técnicas sexuales desconocidas por los rústicos romanos, entre ellas la ahora conocida como «presa de Cleopatra», muy divulgada en su tiempo en África y en Egipto: «Entre algunas de estas razas [especialmente entre las mujeres ghanas], los músculos constrictores de la vagina se hallan anormalmente desarrollados. En Abisinia, por ejemplo, casi cualquier mujer puede contraerlos hasta el extremo de provocar dolor en el hombre; acuclilladas sobre los muslos del hombre, son capaces de inducir el orgasmo en él sin mover ninguna otra parte de sus cuerpos. A tales artistas se las denomina en árabe *kabbacah,* que literalmente significa 'poseedora de agarrador o receptáculo'» (Hallet, 1990, p. 33).

Parece más lógico pensar que César convocara a los dos hermanos, faraón y faraona, para reconciliarlos y, de paso, presentarles factura por la deuda de su padre.

El ministro Potino, preocupado por las pretensiones del romano, decidió eliminarlo. Aquilas retiró de Pelusio gran parte de sus tropas y se dirigió a Alejandría. César se alarmó: con los cuatro mil legionarios de que disponía difícilmente podría enfrentarse a los veinte mil infantes y dos mil jinetes egipcios, a los que sin duda se sumaría una multitud de milicianos civiles, porque los alejandrinos, en torno al millón, le eran mayoritariamente hostiles. ¿Qué hizo? Envió un legado para conminar a Aquilas a detener su avance. Aquilas escuchó la exigencia de César y por toda respuesta decapitó al mensajero.

A primeros de noviembre la población de Alejandría salió a la puerta de Cánope para aplaudir la llegada del ejército egipcio. César, atrincherado en el palacio real, estaba cercado. Ni siquiera podía escapar por mar, puesto que los vientos soplaban contrarios.

La situación era compleja. César retenía al joven Tolomeo, cuyo ejército sitiaba el palacio. Como ya sospechábamos, el romano se había convertido en amante de Cleopatra. Conciliador, dispuesto a conseguir la paz por vía diplomática, reunió en asamblea a los notables de Alejandría para leerles el testamento de Tolomeo el Flautista. Incluso prometió devolver Chipre a Egipto para que fuera gobernada por el hermano menor, Tolomeo XIII, y su hermana Berenice.

Los egipcios rechazaron el trato. Contaban con una abrumadora superioridad militar y dominaban la ciudad y el muelle occidental, el Eunostu, mientras que los romanos solo tenían el palacio, el muelle de oriente y la isla de Faros.

Agotada la vía diplomática, César pasó a la militar. Ejecutó al enredador Potino, responsable principal del conflicto, y se preparó para resistir un largo asedio. Había solicitado refuerzos a Mitrídates de Pérgamo. Quizá tardaran meses en llegar…, si llegaban.

Mientras tanto, incendió la flota egipcia surta en el puerto, unos setenta barcos, para que no estorbaran el desembarco de los refuerzos que estaba esperando. Lamentablemente, el incendio se propagó a tierra y destruyó la biblioteca y el museo.

La fabulosa biblioteca de Alejandría, el centro que atesoraba todo el saber de la antigüedad, quedó reducida a cenizas. Años después, Cleopatra la reedificaría y la dotaría con los doscientos mil volúmenes de la biblioteca de Pérgamo que le regaló Antonio.[136]

César concibió un audaz plan para conquistar la isla de Faros. Forzó el paso del Eunostu y, tras reñida batalla naval, recobró la isla y el Heptastadion, pero los egipcios contraatacaron con fuerzas mayores por el canal. Cogidos entre dos fuegos, los romanos cedieron terreno y a duras penas se abrieron paso hacia el palacio. En la accidentada retirada, César perdió su valioso manto púrpura, insignia de su dignidad.

La situación de los romanos era desesperada. Para colmo, Berenice, la hermana menor de Cleopatra, escapó de palacio con su tutor Ganimedes, se unió a los sitiadores y se proclamó reina.

La nueva aspirante encontró cierta oposición del general Aquilas y algunos altos oficiales que preferían a su hermano Tolomeo XIII, aunque estuviera prisionero de César. Entonces, Ganimedes dio un golpe de Estado, asesinó al general Aquilas y se hizo con el mando del ejército.

136. La biblioteca sufrió nuevas destrucciones en 272 y 295. En 395, en tiempos del obispo Teófilo, fue brutalmente expurgada. No obstante, continuó funcionando y tres siglos después volvía a contar con fondos estimables cuando los árabes conquistaron Alejandría en 641 y el califa Omar I ordenó que los preciosos manuscritos atesorados en sus anaqueles fueran destinados a calentar las calderas de los baños públicos. Como alguno de sus consejeros pusiera objeciones a la ejecución de tamaña salvajada, el ilustre espadón razonó sutilmente: «Si esos libros contradicen al Corán deben destruirse; si, por el contrario, coinciden con el Corán, son innecesarios. Por lo tanto podemos quemarlos».

En marzo del año –47, los vigías de la torre de Faros divisaron las velas de los cargueros que traían los refuerzos de César, la legión trigesimoséptima, al mando de Domicio Calvino, procedente de Asia Menor. La flota avanzaba con dificultad venciendo vientos adversos. César aparejó las naves disponibles y salió a recibirla.

César y Cleopatra eran amantes y esperaban un hijo seguramente deseado, al menos por Cleopatra. La reina, como todas las egipcias, conocía métodos para evitar un embarazo o para abortar llegado el caso. Seguramente había decidido tener un hijo de César. ¿Maquinaba casarse con él? En cualquier caso, César, que hasta entonces solo pretendía reconciliar a los hermanos y poner al cobro la deuda del difunto rey, alteró su propósito inicial, que consistía en mantener estricta neutralidad, y comenzó a favorecer descaradamente a Cleopatra. Su primer movimiento fue desconcertante: en lugar de retener al joven Tolomeo, en cuyo nombre actuaban los sitiadores de palacio, lo puso en libertad para que regresara junto a sus partidarios. Una astuta decisión: eliminar al rival de su amante mientras estaba en su poder hubiese resultado una solución poco diplomática. Era mejor que muriera lejos de su tutela para que nadie pudiera acusarlo de asesinato, ni acusar a Cleopatra. Por otra parte, el regreso de Tolomeo XIII al campamento sitiador, donde su hermana Berenice pretendía hacerse reconocer como reina, contribuiría a dividir las fuerzas egipcias.

Las esperanzas del romano no resultaron infundadas. Las banderías políticas dividieron nuevamente a los egipcios. A poco, Ganimedes desapareció de su campamento. ¿Lo habían asesinado con ocultación de cadáver o había huido?

A partir de entonces, los acontecimientos se precipitaron. El rey Mitrídates de Pérgamo, al que César había solicitado refuerzos, llegó con sus tropas a la fortaleza fronteriza de Pelusio y derrotó a las fuerzas egipcias que salieron a su encuentro en el camino de Menfis.

Temerosos de verse atrapados entre dos fuegos, los generales de Tolomeo retiraron el grueso de sus fuerzas de Alejandría para detener el avance de Mitrídates antes de que alcanzara la capital. Anticipándose a este movimiento, César zarpó con la mayor parte de sus tropas dando a entender que se dirigía a Pelusio, pero en cuanto anocheció invirtió el rumbo y navegó hacia el oeste, desembarcó en lugar propicio y se reunió al norte de Menfis con las fuerzas de Mitrídates.

El reforzado ejército de César derrotó al egipcio en la orilla del Nilo. Entre los cadáveres apareció el del joven Tolomeo, que, al parecer, se había ahogado, lastrado por su pesada coraza de oro cuando trataba de ponerse a salvo.

El 27 de marzo del año –47, César entró triunfante en Alejandría. Tenía en sus manos el reino. Si quería, podía anexionarlo al Imperio romano. El destino de Cleopatra, como el de todo el país del Nilo, dependía de su voluntad.

Ya lo dice César-Rex Harrison en la película de Mankiewicz: «Tú serás lo que decida yo». Y Cleopatra-Liz Taylor, como en la «Marcha triunfal» de Rubén Darío, asiente rendida al varón y se contenta con ser «la más hermosa que sonríe al más fiero de los vencedores».

Quedó el romano árbitro de la situación y colocó en el trono de Egipto a su amada Cleopatra, convenientemente asociada a su otro hermano, Tolomeo XIV, que solo contaba nueve años.

Después hizo un crucero por el Nilo en compañía de Cleopatra.

Pacificado Oriente, César regresó a Roma, donde su fiel Marco Antonio se había ocupado de sus intereses durante su ausencia.

Cleopatra acompañó a César a Roma y se instaló en una lujosa villa a orillas del Tíber. ¿Era su huésped o su amante? En cualquier caso, su enamorada. César colocó una estatua dorada que la representaba en el templo familiar de Venus Genetrix.

CAPÍTULO 25

César, reformador

La ascensión política del victorioso general era ya imparable: contaba con la fuerza del ejército, con la simpatía del influyente partido del pueblo y con la creciente debilidad y desprestigio del Senado. No le fue difícil acaparar todos los resortes del poder haciéndose nombrar dictador vitalicio, jefe supremo del ejército, sumo sacerdote e incluso tribuno vitalicio, cargo que sacralizaba su persona.

Hubiera sido el momento de la venganza, pero el omnipotente César se mostró clemente con sus antiguos adversarios, los prohombres conservadores que habían apoyado a Pompeyo, entre ellos Cicerón.

César emprendió una serie de profundas reformas políticas encaminadas a beneficiar a la mayoría en detrimento de los antiguos privilegios de la clase senatorial: aumentó a novecientos el número de los senadores, incluyendo a muchos partidarios suyos, incluso procedentes de provincias; reformó el sistema fiscal para aliviar la insufrible presión impositiva que abrumaba a las provincias; remedió los abusos de los gobernadores; extendió la ciudadanía romana a la Galia y a ciertas ciudades de Hispania; reformó la seguridad social (la *annona,* el trigo de los pobres); fundó ciudades provinciales; apadrinó ambiciosos proyectos de obras públicas; y puso, en fin, los cimientos del Imperio que había de sucederlo. Entre tantas obras, incluso tuvo tiempo de reformar el calendario.

Imaginemos un mundo sin relojes ni calendarios.

En los primeros siglos de la República, los campesinos romanos se basaban en el ciclo agrícola y solo tenían en cuenta el periodo comprendido entre el equinoccio de primavera (marzo) y el siguiente (septiembre). No contaban el invierno, en el que la tierra está muerta, así que se arreglaban con diez meses que sumaban trescientos cinco días:

- 31 días de *martius* (marzo), consagrado a Marte, dios de la guerra.
- 30 días de *aprilis* (abril), por el jabalí *(aper)* o por la apertura de los brotes vegetales (*aperire* es 'abrir').
- 31 días de *maius* (mayo), por la pléyade Maia.
- 30 días de *junius* (junio), por Juno, esposa de Júpiter.

Los seis meses restantes no tenían denominación propia y se designaban por el ordinal correspondiente: quinto *(quintilis);* sexto *(sextilis);* séptimo *(septembris);* octavo *(octobris);* noveno *(novembris) y* décimo *(decembris).*

Más adelante se decidió nombrar los meses del invierno: *januarius* ('enero'), por Jano, el dios de los dos rostros (porque mira al año que acaba y al que empieza), y *februarius* ('febrero'), por los ritos de purificación *(februalia)* celebrados en esas fechas. De este modo el calendario completó seis meses de treinta días y otros seis de veintinueve, todos ellos lunares, que sumaban tan solo 355 días, lo que obligaba al sumo pontífice, responsable del calendario, a intercalar un suplementario *(mensis intercalaris)* cada dos años, para evitar el desfase del año oficial respecto al natural.

En el descontrol que acarrearon las guerras civiles, se dejó de actualizar el calendario. Cuando intentaron recuperarlo, en el año –45, resultó que existía una diferencia de setenta días entre el año natural y el oficial.

—¿Cómo arreglamos este desfase? —se preguntaron.

—A grandes males, grandes remedios: que este año tenga 445 días y todo arreglado —dijo Julio César.

—Será un *annus confusionis.*

Hizo más Julio César. Impuso que en adelante los años tuvieran 365 días más uno bisiesto que se añadiría cada cuatro años.

—Resuelto el problema —se dijo.[137]

Después de la muerte de Julio César se decidió honrar su memoria otorgando su nombre a un mes. El quinto mes, antes *quintilis,* se llamaría *julius,* 'julio'; Augusto, el sucesor de César, también se consideró merecedor de tal distinción y *sextilis* se convirtió en *augustus,* 'agosto'.

Algún avisado señaló que el mes dedicado a Augusto tenía un día menos que el de César, lo que parecía menoscabar la figura del emperador. El problema quedó resuelto: aumentaron a treinta y uno el número de días de agosto y redujeron, para compensar, a veintiocho el de febrero. Reajustaron, además, el número de días de los meses restantes. Al sucesor de Augusto, Tiberio, le propusieron denominar septiembre con su nombre, pero él rechazó sensatamente la idea. «¿Qué haréis —dijo— cuando se os acaben los meses y siga habiendo emperadores?».

Otro problema fue el de la hora.

Los romanos nunca concedieron demasiada importancia al horario. La hora central del día, sobre la que pivotaban todas las demás, era la séptima, correspondiente a mediodía *(meridiem).* La duración del día y de la noche se calculaba por el sol. Había doce horas diurnas y doce nocturnas, lo que entrañaba que la duración de cada hora dependiese de la época del año. Las horas diurnas de junio eran muy largas, las nocturnas muy cortas. En diciembre ocurría lo contrario.[138]

137. Pero, no. El calendario juliano tampoco coincidía exactamente con el año natural. Ahora pecaba por exceso. Por eso hubo de revisarlo en 1582 el papa Gregorio XIII (calendario gregoriano), pero básicamente continúa siendo hoy el calendario de los países cristianos.

138. La carencia de instrumentos con los que medir el tiempo imponía esa impuntualidad. Los primeros relojes de sol *(solarium)* y de agua *(ex aqua* o *clepsydra)* solo se divulgaron entrado el siglo -II, más como un decorativo capricho de ricos que como un instrumento útil.

La jornada laboral estaba mal delimitada. Si en una época se trabajó de sol a sol, mientras hubiese luz, andando el tiempo las condiciones laborales fueron mejorando y el periodo de trabajo se acortó. En el cambio de milenio se comenzaba al amanecer y se terminaba en la hora novena *(nona),* entre nuestras 13:30 y 14:30, dependiendo de la estación. Después se hizo incluso más breve: cesaba el trabajo a mediodía o poco después, lo que supone una jornada laboral de solo seis horas en invierno y de siete u ocho en verano.

En principio no existían las semanas. Los romanos dividían el mes en tres periodos de duración variable denominados *nonas, idus* y *calendas.*[139]

Más adelante, cuando aceptaron la división en semanas, los días se denominaron según los siete planetas conocidos que también eran dioses: *lunae dies,* 'día de la luna'; *martis dies,* de Marte; *mercurii dies,* de Mercurio; *iovis dies,* de Júpiter; *veneris dies,* de Venus; *saturni dies,* de Saturno, y *solis dies,* del Sol (todavía se creía que el Sol daba vueltas en torno a la Tierra, centro del universo).

Los dos últimos días evolucionaron para aproximarse al hebreo *sabaoht,* que da 'sábado', y el *dominus,* latino 'señor', domingo, cuando el culto al Sol se hizo eje de la religión oficial identificándose con el emperador o *dominus.*

No hubieran entendido eso de *finde.*

139. Las calendas *(calendae)* eran el día primero el mes; las nonas, el quinto día del mes, excepto en marzo, mayo, julio y octubre, en que eran el séptimo; los idus, el día 15 de marzo, mayo, julio y octubre, y el 13 de los demás meses. Nuestra palabra *calendario* deriva de *kalendarium,* que era el cofre donde los usureros romanos guardaban el libro en el que tenían asentados los vencimientos de préstamos. La profesión de usurero era entonces tan respetable como la actual de banquero.

CAPÍTULO 26

El asesinato de César

En su acertada gestión, César solo cometió un error grave. Ya dictador vitalicio, soñaba con el retorno de la monarquía en una dinastía que él mismo encabezaría. Esta dinastía sería de origen divino, puesto que su familia, la *gens* Julia, era descendiente de Eneas y de Venus (idea que plasma Virgilio en la «Égloga IV» y en la *Eneida*). Pero el pueblo romano era, por tradición, muy refractario a la idea de una monarquía. La historia patriótica oficial había estado enseñando durante generaciones que la grandeza de la ciudad se debía a su régimen republicano, tan superior moralmente a las depravadas monarquías de los pueblos sojuzgados por Roma.

César había minado el poder del Senado reduciéndolo a un papel meramente consultivo y se había atraído a la clase ecuestre y a buena parte de la *nobilitas,* pero la aristocracia conservadora era aún poderosa.

Las pretensiones monárquicas de César, cada vez más evidentes (lo escoltaban setenta y dos lictores, vestía manto y zapatos rojos como los antiguos monarcas), constituyeron un revulsivo capaz de anudar nuevamente las dispersas voluntades de los *optimates* en pos de un objetivo común: la eliminación física de César para evitar que se proclamase rey.

La víspera del día de su muerte, César soñó que volaba hasta la morada de Júpiter, y Calpurnia, su esposa, soñó que la casa se hundía y César moría en sus brazos.

Fuese por el sueño o por una mala digestión, aquel día César se sintió indispuesto. Ya había decidido quedarse en casa y aplazar su visita al Senado cuando Bruto, su ahijado (hijo de Servilia, quien había sido durante muchos años amante de César), lo convenció de la conveniencia de comparecer.

—No puedes faltar —le dijo—. Los senadores te aguardan para concederte el título de rey de Oriente.

César decidió ir al Senado después de todo. Por el camino, un anónimo ciudadano se le acercó y le entregó un memorial que resultó ser una acusación en la que se denunciaba la conjura para asesinarlo con los nombres de los cincuenta senadores implicados. Pero César aplazó su lectura para más tarde. El memorial se encontraría, con el sello intacto, en la mano izquierda del cadáver.

El augur Spurinna había advertido a César, unos días antes, que se guardase de los idus de marzo (esta división romana del mes abarcaba el periodo comprendido entre los días 8 y 15, inclusive). Como ya era día 15, César bromeó con Spurinna a la puerta del Senado:

—¿Ves como no pasaba nada?

—El día no ha terminado todavía, César —replicó el augur sombríamente.

César penetró en el edificio. Los conspiradores lo rodearon con semblante cordial. Cuando sacaron los puñales, comprendió que iban a asesinarlo. Todavía consiguió herir a dos de ellos con un *stylus* de escribir, pero no pudo evitar que lo apuñalaran.

Dícese que al descubrir entre sus agresores a Marco Junio Bruto, su hijo adoptivo, le reprochó, decepcionado:

—*Tu quoque, Brute, fili mi* ('Tú también, Bruto, hijo mío').[140]

Y renunciando a defenderse, se cubrió la cabeza con la toga, un ademán sacerdotal compatible con su íntimo sacrificio como ofrenda a los dioses, o quizá buscando una muerte lo más digna posible.

140. Según Suetonio, se lo dijo en griego: *Καὶ σύ τέκνον, Βροῦτε*? (*«Kaì sý, téknon, Broute?»*, '¿Incluso tú, hijo mío?').

Tilio Cimbro y Servilio Casca lo apuñalaron los primeros y después de ellos Cayo Casio, Bruto, Décimo Junio y los otros conjurados. Fueron veintitrés puñaladas «y solo la primera le arrancó un gemido». Quedó muerto en medio de un gran charco de sangre a los pies de la estatua de Pompeyo, su admirado y gran enemigo.[141]

En aquel momento, Cleopatra estaba en Roma, instalada en la lujosa villa junto al Tíber. Comprendiendo que su vida también corría peligro, la bella egipcia abandonó Roma apresuradamente y regresó a Egipto.

Pareció que la muerte de César favorecía al partido senatorial. Sus líderes así lo creyeron, entre ellos Cicerón, que consiguió la aprobación de una ley que abolía perpetuamente la dictadura. Pero las reformas emprendidas por el dictador eran ya imparables y la idea monárquica subsistía para encarnarse, vigorosa, en su sobrino y sucesor Octavio.

En los funerales de César, con el cadáver tendido en un lecho de marfil en la capilla dorada, su fiel lugarteniente Marco Antonio hizo su elogio sin poder contener las lágrimas, la toga ensangrentada del padre de la patria colgada de una lanza. Todo de muy intenso dramatismo, pero lo que de verdad conmovió a la multitud fue la lectura del testamento del difunto. César nombraba hijo adoptivo suyo y heredero de sus bienes a su sobrino nieto Octavio (el futuro Augusto). También dejaba un generoso legado para el pueblo romano, lo que desencadenó el fervor de la plebe, cuya recia voz se alzó para exigir justicia contra los asesinos de su ídolo.

A Bruto, Casio y el resto de la caterva senatorial les pareció prudente alejarse de Roma hasta que los ánimos se templaran.

141. Los arqueólogos han identificado el lugar exacto donde asesinaron a Julio César. Octavio Augusto lo señaló con una especie de ermita memorial de tres metros de lado por dos metros de altura que se descubrió en 1928 en el centro de Roma, en el subsuelo de la plaza Largo di Torre Argentina en la Curia de Pompeyo.

Parecía que los herederos políticos de César eran su fiel lugarteniente Marco Antonio y Marco Emilio Lépido, otro prestigioso general. Entonces se presentó en Roma el joven Octavio y reclamó sus derechos después de proclamarse «hijo del divino César» y hacerse llamar César Octavio.

El enfrentamiento entre el joven Octavio y los dos lugartenientes de César parecía inevitable. Los aristócratas del partido senatorial vieron la posibilidad de desgastar al partido de la plebe apoyando a la parte más débil contra la más fuerte. Por lo tanto, aclamaron a Octavio y declararon enemigo público a Marco Antonio.

Esta vez se enfrentaban el ejército del Senado, que apoyaba a Octavio, contra el de Marco Antonio y su asociado Lépido. Marco Antonio resultó vencido cerca de Módena y huyó. Los dos cónsules que comandaban el ejército senatorial perecieron en combate.

Octavio quedaba indemne, victorioso y con fama de héroe, puesto que durante la batalla había recogido el águila de la legión de manos del *aquilifer* herido y había seguido combatiendo. Reclamó el consulado, pero sus recelosos aliados del partido senatorial, crecidos por la victoria sobre Marco Antonio, se hacían los remolones. En una maniobra digna de su ilustre padre adoptivo, el joven Octavio ocupó militarmente Roma y se hizo proclamar cónsul. El Senado no osó rechistar.

Octavio, frío y calculador, había ganado la primera baza. En Roma nadie discutía su autoridad, pero su posición en las provincias distaba mucho de ser halagüeña. En Occidente, los vencidos Marco Antonio y Lépido se preparaban para volver a la lucha. En Oriente, los principales asesinos de César hacían lo propio: Bruto en Macedonia y Casio en Siria.

CAPÍTULO 27

El segundo triunvirato

El sagaz Octavio se alió con Marco Antonio y Lépido en un segundo triunvirato y se repartió con ellos el Imperio: Octavio gobernaría sobre África, Sicilia y Cerdeña; Marco Antonio sobre las Galias Cisalpina y Transalpina, y Lépido sobre la Narbonense e Hispania.

Ingresos saneados y vamos a llevarnos bien, pero ¿qué hacemos con Roma?

El triunvirato eliminó a los líderes del partido senatorial y les confiscó los bienes. Entre las víctimas se contó Cicerón, el más grande humanista y escritor de Roma, al que Marco Antonio hacía responsable de la muerte de su padre adoptivo.

Purgada Roma de adversarios políticos, el triunvirato se ocupó de sus enemigos de Oriente, los asesinos de César: Marco Junio Bruto y su cuñado y amigo Cayo Casio Longino, a los que se había unido Sexto Pompeyo júnior, el comandante de la flota (hijo del gran Cneo Pompeyo, que luchó contra César).

Cada facción disponía de un número similar de legiones, por lo que puede decirse que la lucha estaba igualada cuando se enfrentaron en Filipos, Macedonia, el año –42. Venció el triunvirato y Bruto y Casio se suicidaron por un método consistente en apoyar el pomo de la espada en el suelo, la punta en el quinto espacio intercostal izquierdo, y dejarse caer sobre ella (la forma de suicidio más honrosa para un militar, el acreditado *seppuku* o harakiri romano).

Las últimas esperanzas del partido senatorial se desvanecían.

Estamos viendo, y más que veremos, que los romanos eran propensos al suicidio. El suicidio se consideraba un derecho natural del hombre libre para evitar situaciones de indignidad, como verse procesado, una ejecución pública, la confiscación de los bienes tras una condena o simplemente la demencia senil.

El estoicismo lo justificaba como un modo digno de escapar de una existencia intolerable, pero el cristianismo lo condenaría como ofensa a Dios, que es el que dispone cuándo y cómo debemos abandonar su valle de lágrimas.

Desaparecidos sus adversarios políticos, Octavio y Marco Antonio disolvieron el triunvirato. Marco Antonio se quedó con Oriente, Octavio con Occidente. A Lépido lo conformaron con la provincia africana.

El acuerdo se selló con una alianza familiar: Marco Antonio, reciente viudo, se casaba con Octavia la Menor, hermana de Octavio.

Los perjudicados por el reparto, Lépido y Sexto Pompeyo, no se resignaron con su posición subalterna y conspiraron contra el cada vez más poderoso Octavio, pero la suerte de las armas les fue esquiva. Lépido, definitivamente excluido del triunvirato, tuvo que conformarse con el cargo de sumo pontífice, en Roma.

Mientras tanto, la antigua rivalidad de César y Pompeyo se reproducía fatalmente entre Octavio y Marco Antonio.

El mundo parecía demasiado pequeño para contenerlos.

Nuevamente entra en escena la bella Cleopatra. Marco Antonio, que había marchado a Oriente para reorganizar aquellas provincias, se prendó de ella y repudió a Octavia, la hermana de Octavio.

—¿Repudias a mi querida hermana, una digna matrona romana, para encamarte con esa furcia? —le reprochó Octavio.

Era todo lo que necesitaba para declararle la guerra. No obstante, guardó las formalidades para que no pareciese una cuestión personal. Primero reveló, ante los horrorizados romanos, los escandalosos términos del testamento que Marco Antonio había depositado en el templo de las vestales. Según aquel, la herencia del venerado César correspondía a Cesarión, el hijo que el famoso general tuviera con Cleopatra.

—¿Pero los documentos depositados en el templo de Vesta no eran inviolables? —adivino la pregunta.

Caben dos respuestas: Octavio había violado el sagrado secreto de los documentos custodiados por las vestales o el testamento era falso.

Octavio declaró la guerra a Cleopatra. Las escuadras romana y egipcia se enfrentaron en Actium el año –31. Las ligeras y veloces birremes y trirremes de Octavio se impusieron a las voluminosas y poco maniobreras galeras egipcias.

Marco Antonio y Cleopatra optaron por suicidarse antes de caer en las manos de Octavio. No es seguro que Cleopatra lo hiciera por medio de una serpiente áspid oculta en una cesta de rosas, pero es poéticamente plausible. En cualquier caso, el áspid simbolizaba la divinidad del reino egipcio. La ilustre suicida escribió una carta a Octavio suplicándole que la sepultaran al lado de Marco Antonio. El magnánimo vencedor accedió.[142]

Cleopatra murió a los treinta y nueve años. Dion Casio le dedica este epitafio: «Conquistó a los dos romanos más ilustres de su tiempo, pero el tercero fue causa de su ruina».

Después de estos hechos, Italia y las provincias occidentales prestaron juramento de fidelidad a Octavio.

El Imperio romano había comenzado.

142. Cleopatra había tenido un hijo con Julio César, Cesarión, al que asoció a su reino, y tres hijos con Marco Antonio, los mellizos Cleopatra Selene y Alejandro Helios, y Tolomeo Filadelfo. Todos murieron jóvenes, excepto Cleopatra Selene, que prohijada por Octavia la Menor recibió una educación romana y se casó con el rey Juba II de Mauritania.

CAPÍTULO 28

Cicerón, un intelectual en la política

El lector está habituado a los políticos actuales, capaces de palabrear largo tiempo sin decir nada. Esa es una licencia que la lengua latina no consiente. En latín hay que decir algo y si es posible hay que expresarlo con elegancia. En eso se basaba la brillante carrera del hombre más culto y el mejor comunicador de la historia de Roma, Marco Tulio Cicerón. Lástima que este gran intelectual cuya vasta cultura se cimentaba en los filósofos griegos no se acompañara con la deseable firmeza en los principios morales.

Aunque republicano convencido, Cicerón era un poco veleta. En el torbellino de su tiempo (los dos triunviratos) se esforzaba en analizar con claro entendimiento los versátiles vientos de la política, pero no siempre acertaba con el caballo ganador. Su mayor originalidad fue sugerir una «tercera vía», la de los hombres buenos *(boni viri)*, entre los *optimates* y los populares.

Cicerón era famoso por sus réplicas y ocurrencias. A su yerno, hombre de exigua estatura, que lucía con gallardía su atuendo militar, le dijo:

—Léntulo, ¿quién te ha atado a esa espada?

Tomando declaración en el foro a una doncella, granadita ya, le preguntaron la edad.

—Treinta —respondió ella bajando pudorosamente la mirada.

Cicerón se volvió hacia los testigos y corroboró, con gravedad romana:

—Así debe de ser, porque llevo veinte años oyéndoselo decir.

Cicerón es famoso por haber desactivado el golpe de Estado de Catilina con un famoso discurso, las Catilinarias, que los estudiantes de oratoria han estudiado desde entonces y que los escolares de mi generación traducíamos: «*Quousque tandem abutere, Catilina, patientia nostra?*» ('¿Hasta cuándo abusarás, Catilina, de nuestra paciencia?').

Catilina intentó su golpe de Estado con una variopinta tropa que al final fue derrotada. En aquel momento, algunos potentados romanos alistaban bandas de esbirros armados con las que solventaban sus asuntos, a falta de una policía que impidiera los abusos. Uno de ellos, el adinerado patricio Publio Clodio Pulcro, se enemistó con Cicerón a raíz del procesamiento de Catilina.

Esa enemistad se tornó en mutuo odio en –62, cuando Clodio se coló disfrazado de mujer en los misterios de Bona Dea, estrictamente femeninos, que se celebraban en la casa del *pontifex maximus* Julio César.[143]

«Ese secretismo alimentaba todo tipo de lascivas fantasías. Todo ciudadano sabía que las mujeres son depravadas y promiscuas por naturaleza. Por tanto, un festival al que los hombres tenían prohibido asistir tenía que ser un nido de lujuria».[144]

La profanación de Clodio causó un gran escándalo en Roma, donde todo lo relacionado con los ritos y la religión se tomaba muy en serio. Las malas lenguas propalaron que en realidad su intención era verse en secreto con Pompeya, la mujer de Julio César, porque eran amantes. Llevado a juicio, el jurado fue benévolo y le impuso una pena menor, lo que despertó sospechas de que Clodio lo había sobornado. En cualquier caso, el episodio se cerró con el repudio de Pompeya por César («la mujer de César no

143. Bona Dea era la diosa de las mujeres *(feminea dea),* de la castidad y de la fecundidad, y en sus ritos secretos se prohibía la presencia de hombres y de animales machos, aunque Juvenal sugiere que el final de la fiesta consistía a veces en practicar bestialismo con un asno.

144. Holland, 2007, p. 43.

solo debe ser honesta, sino que debe parecerlo», dicen que dijo)[145] y con la enemistad eterna entre Clodio y Cicerón.

Tras el suicidio de Catilina, Cicerón intentó persuadir al Senado para que decretara pena de muerte a los compinches del extinto, entre los que figuraba Clodio. No fue fácil, porque casi todos ellos pertenecían a los *optimates*, con vínculos familiares y clientelares en el Senado.

—Será un descrédito para toda la clase patricia —argumentaba Julio César.

Cicerón se envaneció excesivamente con su victoria, lo que le enajenó muchas voluntades entre la gente de bien que lo consideraba un arribista, un plebeyo carente de pedigrí que se encaramaba al poder gracias a su contundente oratoria. Los *optimates* solicitaron su condena por abusos cometidos durante su consulado y él creyó prudente exiliarse a Dirraquio (Durazzo).

En –51 aceptó, sin mucho entusiasmo, el gobierno de Cilicia, pequeña provincia de Asia Menor, donde dejó fama de equidad y buen gobierno.

A su regreso a Roma, en plena contienda entre Pompeyo y César, se alineó con el primero y, después del asesinato de César, defendió el perdón de los senadores asesinos, lo que lo indispuso con el poderoso Octavio. ¿Cómo hacérselo perdonar? Compuso una serie de catorce alegatos contra la virtual dictadura de Marco Antonio (las *Filípicas*) con los que intentaba congraciarse con Octavio. Nuevamente erró en sus expectativas, porque cuando Octavio y Marco Antonio se unieron en el segundo triunvirato, Cicerón se quedó sin protector y Marco Antonio decretó su muerte. Su cabeza y sus manos se expusieron en los *rostra* del foro, donde tantas veces lo había desacreditado en sus discursos.[146]

145. Plutarco, *Vida de César*, XI.

146. Cuenta el historiador Dion Casio que cuando ejecutaron a Cicerón y su cabeza fue expuesta en el foro, la impetuosa viuda de Casio, Fulvia, «cogió la cabeza y, enfurecida, le escupió y, abriéndole la boca, tiró de la lengua y la atravesó con un pasador del pelo al tiempo que lo insultaba».

CAPÍTULO 29

El hombre que pudo reinar

En el momento de su muerte, César era o aspiraba a ser dueño absoluto de Roma, virtualmente un rey. Pero recordemos que la palabra *rex* causaba horror a los romanos educados en el ideal republicano y en el repudio de cuanto significara monarquía, siempre asociado a las tiranías orientales.

Hemos visto que a César lo sucedió su sobrino adoptivo Octavio, heredero de su inexistente corona.

Octavio necesitaba foguearse en alguna guerra exterior en la que resultara vencedor. Miró en su entorno en busca de una frontera caliente.

—En la Hispania Citerior, pegada a los riscos pirenaicos, hay una cornisa de montañas habitada por gente fiera, cántabros y astures, que se resiste a pagar tributos —le avisó un dilecto secretario.

—¿No los había sometido Estatilio Tauro, al que le concedí recientemente un triunfo por derrotar a cántabros, astures y vacceos?

—Me temo que fue más el ruido que las nueces, César. Son pueblos indómitos.

—¿Y qué interés tenemos en someterlos? Tengo entendido que esa tierra solo produce manzanas y mercenarios.

—Muy cierto, señor, pero sospechamos que también es rica en minas de oro, plata, hierro, plomo y cobre.

La mención del oro estimuló el apetito de Octavio.

—Está bien —dijo tras meditarlo brevemente—. Llevemos a esas tribus los beneficios de la civilización latina.

—Advierte, señor, que el territorio es abrupto y que los indígenas evitan enfrentarse a las legiones en campo abierto. Lo suyo son los ataques por sorpresa, la guerra de guerrillas. Usan jabalinas y unas preocupantes hachas de doble filo *(bipennis)* que manejan con gran ligereza.

—A más dificultad, más gloria —dijo Octavio.

E hizo abrir las puertas del templo de Jano, como se hacía cuando Roma declaraba una guerra. Las puertas del templo permanecerían abiertas siete años.

El año –26, Octavio se puso al frente de sus tropas para someter la cornisa cantábrica.

Fue un viaje incómodo seguido de una guerra feroz. «De los cántabros no se cogieron muchos prisioneros, pues cuando desesperaron de su libertad, no quisieron soportar más la vida, sino que incendiaron antes sus murallas, unos se degollaron, otros quisieron perecer en las mismas llamas, otros ingirieron un veneno de común acuerdo, de modo que la mayor y más belicosa parte de ellos pereció».[147]

Los prisioneros seguían cantando himnos de victoria cuando los crucificaban.[148] Las madres mataban a los hijos para evitarles la esclavitud.

Destruidos los castros y obligada la población a instalarse en el llano, la región quedó relativamente pacificada, aunque Roma siempre mantuvo en ella dos legiones.

En los mercados de esclavos, los cántabros no valían nada.

—Ni regalado lo quiero —imaginemos el rechazo de un traficante de esclavos—. Al menor descuido te degüella y escapa. No existe en el Imperio gente peor mandada. Por mí, que lo devuelvan a la ergástula de Astúrica Augusta (hoy Astorga) de donde salió.

147. Dion Casio, 2004, LIII, 22-56, 43.

148. «Se cuenta de los cántabros este rasgo de loco heroísmo: que habiendo sido crucificados ciertos prisioneros, murieron entonando himnos de victoria», Estrabón, *Geografía,* III, 4, 17-18.

Con Octavio (–63 al 14), Roma torna al régimen autocrático de la antigua y odiada monarquía, aunque, después del desastrado intento de César, los emperadores romanos se guardaron mucho de adoptar el título de rey, que seguía estando muy desprestigiado. Octavio adoptó el nombre de César en su memoria y el nombre se transformó en título de realeza y dignidad que los sucesivos mandatarios romanos adoptaron hasta transformarlo en un sinónimo de *rey* que se transmitió como tal a diversos idiomas europeos, al alemán *kaiser* y al ruso *zar*.

Octavio prefirió titularse príncipe (*princeps*, es decir, 'primer ciudadano'), lo que, teóricamente, reconoce la primacía de un órgano parlamentario, el Senado.[149]

¿Y de dónde procede la palabra *emperador*? El *imperator* era el jefe máximo del ejército, porque desde el año –27 el emperador se reservaba el gobierno de las provincias fronterizas *(provinciae Caesaris),* en las que se asentaba el ejército —al que, por tanto, controlará personalmente—, y dejaba al Senado las provincias interiores (*provinciae Senatus et populis* o *provincia populi Romani),* desprovistas de tropas. El Senado, reducido ya a un mero coro de comparsas, concedió a Octavio el título de «augusto».

La justificación teórica de la autocracia imperial reside en el anhelo de paz, la *pax romana,* que terminó con las guerras civiles y con los estériles enfrentamientos que durante tanto tiempo desangraron al pueblo romano y a sus provincias sometidas. Esta *pax,* solemnemente proclamada por Augusto en el –27, perdurará hasta la dinastía de los Antoninos (año 96) y será, sin duda, muy beneficiosa para la implantación y normalización de la superior cultura romana en el Imperio.

Octavio Augusto se esforzó por mantener una apariencia republicana en las instituciones de Roma. De hecho, devolvió al

149. Todos sus sucesores serían *princeps* hasta el siglo III. A partir de 285 (Diocleciano), el título cambia a *dominus,* 'señor', lo que refleja, ya sin tapujos, el poder absoluto de que está investido el emperador.

domesticado Senado una serie de prerrogativas que apenas lograron disimular la cruda realidad: todos los resortes del poder se concentraban en la firme mano del sucesor de César.

Por una parte, se arrogó la potestad tribunicia, auténtica subversión del equilibrio republicano. Recordemos que los tribunos eran los garantes del pueblo frente a los poderosos del Senado. A partir de Octavio Augusto, el César es a la vez dictador perpetuo y sacrosanto tribuno con derecho de veto frente al Senado y los cargos por él designados; por otra parte, gozaba de *imperium* proconsular, lo que reunía en sus manos los poderes ejecutivo, legislativo y judicial. Finalmente, también era sumo pontífice y controlaba las decisiones religiosas.

¿Cómo se gobernaba la Roma de los césares?

Octavio Augusto delegó parcelas de su inmenso poder en un funcionariado capaz, escogido preferentemente entre individuos de la clase ecuestre. De este modo debilitó las republicanas aspiraciones de la clase senatorial, al tiempo que se creaba una fiel clientela política entre los cada vez más poderosos *équites*.

Las magistraturas y los cargos republicanos continuaron existiendo sobre el papel, aunque desprovistos de sus antiguas prerrogativas. El Senado se redujo a mero órgano consultivo de seiscientos miembros designados a dedo por el emperador. Más adelante, en el siglo III, actuaba prácticamente como Ayuntamiento de Roma.

La cuestión sucesoria de esta solapada monarquía nunca se planteó en términos dinásticos. Normalmente, el emperador designaba sucesor a un familiar suyo y lo adoptaba como hijo antes de morir. El sistema perduraría hasta el siglo III, en que los emperadores se elegían por aclamación de los soldados de la guardia pretoriana o del ejército de las fronteras, a los que los diferentes candidatos procuraban sobornar con dádivas y promesas. Hubo ocasiones en que el trono imperial se subastó.[150]

150. Debido a este sistema de sucesión tan aleatorio, el oficio de emperador llegó a ser casi tan peligroso como el de gladiador. Un 62 por cien-

Los ministros estrechamente vinculados al emperador eran el prefecto del pretorio o jefe de la guardia pretoriana, cuerpo de ejército establecido en Roma o en sus cercanías; el prefecto de la *annona,* responsable de los abastecimientos de Roma y de la embrionaria seguridad social; el prefecto de vigilias, responsable del novedoso cuerpo de bomberos de una ciudad proclive a los incendios; y el prefecto de la urbe, especie de alcalde que velaba por la administración y la policía.

Aparte de estos altos cargos, existían una serie de oficinas gubernativas: *ab epistulis,* equivalente a un ministerio del interior y asuntos exteriores; *a rationibus,* de hacienda; *a cognitionibus,* de justicia, y *a libellis,* de bienestar social.

Más tarde, Adriano (117-138) agruparía a los responsables de la cancillería imperial en una especie de consejo de ministros *(consilium principis),* que ejercía las funciones tradicionales del Senado. Solían integrarlo dos cónsules, quince senadores y algunos otros magistrados.

---

to de los emperadores fueron asesinados. De los sesenta y nueve gobernantes que tuvo el Imperio entre los años 14 y 395, cuarenta y tres murieron asesinados o en combate.

CAPÍTULO 30

Augusto en su paz

Dejemos de llamarlo Octavio u Octaviano y llamémoslo tan solo por el título que el Senado inventó para él, Augusto *(Caesar Augustus)*.

Augusto fue el gobernante más decisivo de la historia romana, el que heredó una República desgarrada por las luchas internas y la acompañó en el difícil parto —mediante cesárea— para dar a luz el Imperio y la *pax romana,* un periodo de paz y desarrollo interior que se extiende en los dos siglos comprendidos entre los años –27 y 180.

Augusto inauguró el Imperio y fundó el inédito oficio de los emperadores, el principado (por su oficio de *princeps,* 'primer ciudadano', como dijimos) en los dos siglos siguientes.[151] Fue una autocracia en la que las elecciones quedaban al arbitrio del Senado, dejando al pueblo al margen.[152] Y el Senado se limitaba a votar lo que el emperador ordenaba.

Por lo demás, Augusto respetó las apariencias republicanas y gobernó con mano de hierro embutida en guante de seda. Para protegerse de posibles peligros (siempre con el ejemplo de la muerte de su tío Julio César), instituyó un cuerpo de guardaespaldas, la guardia pretoriana. El número e importancia de los pretorianos fue creciendo. Al final del Imperio eran los que virtualmente elegían al nuevo emperador.

151. Después vendría el *dominado,* de *dominus,* 'señor', que corresponde al Imperio romano tardío (años 284-641).

152. Beard, 2016, p. 380.

Mandó mucho Augusto, y casi siempre sensatamente, con ayuda de la sagaz Livia, su segunda y definitiva esposa. Intentó recuperar las irrecuperables costumbres severas de la vieja Roma legislando contra el adulterio y contra el lujo desenfrenado de los millonarios que importaban todos los vicios de Oriente.

Las clases dirigentes habían olvidado las virtudes ancestrales que en otro tiempo justificaron sus privilegios, la mesura *(continentia)* y la honestidad *(honestitas)*. Augusto les afeaba que se entregaran al lujo y a los placeres. Una paradójica consecuencia de tal desmadre fue el drástico descenso de la natalidad. Los patricios evitaban tener hijos, por librarse de la molestia de criarlos y educarlos:

—¡Roma no son las columnas ni las estatuas —clamaba Augusto—: son los romanos, son sus hijos!

Y estableció sanciones para los que se negaban a engendrar, así como ventajas para las familias numerosas.

El aumento de ancianos sin hijos estimuló la aparición de una nueva profesión, los cazadores de herencias *(captatores testamentorum)*, especializados en embaucar ancianos.

Un anciano rico de la comedia *Miles gloriosus,* de Plauto, explica que es mejor tener parientes que hijos, porque lo cuidan a uno más. «Antes de que amanezca, se presentan en mi casa, preguntan cómo he pasado la noche; de cualquier sacrificio que hagan me reservan las mejores tajadas; cuando celebran algo, me llevan, continuamente me invitan a almorzar o a cenar. Se compadecen del que me hizo un regalo menor. Compiten entre ellos por regalarme y yo me dejo querer y me digo: "Codician mis bienes, me alimentan y hacen regalos a porfía"».[153]

También se ocupó Augusto del atuendo. Con la invasión de las modas orientales la gente vestía cómodas túnicas a la griega o pantalones a la gala (de las Galias) en lugar de la toga romana, tan dificultosa de poner.[154] Augusto impuso que en el foro, escapara-

153. Plauto, *Miles gloriosus,* vv. 711-715.

154. Los pantalones comienzan a verse a partir del siglo III, traídos por

te de Roma y hogar de sus instituciones, solo se pudiera circular con toga.[155]

En otros aspectos, Augusto fue menos romano. Adoptó los recursos propagandísticos de los soberanos orientales. Por todo el Imperio se erigieron idealizadas estatuas que lo representaban joven y apuesto, y siempre en dos uniformes, el de tribuno militar con la *lorica musculata* y el de sumo sacerdote con la cabeza cubierta por un pliegue de la toga. Viéndolas, nadie sospecharía que el emperador envejecía como el resto de los mortales, o que tenía una dentadura espantosa, o que era bajito y por eso calzaba coturnos con alzas. También se hizo construir un mausoleo descomunal, quizá imitando el de la tumba helenística de Alejandro Magno, que había visitado en Alejandría.[156]

El drama personal de Augusto fue el de su sucesión. No tuvo hijos varones y la única hembra, Julia, le salió tan disoluta que quizá hubiera deseado no tenerla. En Roma era fama la disponibilidad sexual de la señora, pues lo mismo se encamaba con senadores que con *équites,* libertos o esclavos, sin discriminar en categorías ni barreras sociales.

Augusto se mantenía en la inopia. Nadie se atrevía a contarle las correrías de su hija, especialmente en vista de las severas leyes que él mismo dictaba contra el adulterio.

---

los soldados de la Galia Braccata, en tierras cisalpinas. Al principio, fueron rechazados por los romanos elegantes, que estaban acostumbrados a sentir sus partes pudendas en libertad y volanderas, pero luego su uso se fue imponiendo paulatinamente.

155. Beard, 2016, p. 380. Me ahorro comparar aquella situación con la que a veces se vive en ciertos Parlamentos europeos donde los representantes del pueblo se presentan con camisetas astrosas y balbucean discursos equiparables al atuendo.

156. En este mausoleo, una especie de Escorial romano, recibieron sepultura, además del propio Augusto, distintos miembros de la familia imperial, entre ellos su yerno Agripa, su hermana Octavia, su esposa Livia, Druso, el hijo de Livia, y los emperadores Tiberio, Germánico, Claudio, Vespasiano y Nerva. Seguramente todas sus tumbas fueron violadas por los visigodos de Alarico, que saquearon Roma en 410. Hoy solo quedan las ruinas.

El gran hombre envejeció dolorosamente, consciente de que la obra de su vida se iría a pique si no encontraba un sucesor capaz. Casó con Julia a los que consideró sucesores idóneos, pero todos morían prematuramente. El primero fue su sobrino Marco Claudio Marcelo, que falleció de muerte súbita, quizá envenenado. El segundo, Marco Vipsanio Agripa, su fiel colaborador, que también «premurió». Adoptó entonces a sus nietos Cayo César y Lucio César (hijos de Julia y Agripa), a los que concedió el novedoso título de *princeps iuventutis,* pero igualmente fallecieron jóvenes. A falta de más idóneo pretendiente, solo quedaba Tiberio, hijo del anterior matrimonio de su esposa Livia, al que profesaba mal disimulada antipatía.

El problema era que Tiberio estaba felizmente casado con Vipsania, hija de Agripa y de su primera esposa. Augusto adoptó como hijo a Tiberio, lo obligó a divorciarse de Vipsania y lo casó con Julia. En la misma tacada hizo que Tiberio adoptara a Germánico (el hijo de Druso) y él mismo adoptó también a Agripa Póstumo (hijo póstumo de Agripa). De ese modo, la dinastía julioclaudia quedaba blindada y la sucesión asegurada.

—¿Quiere decir que Tiberio, que está casado con la hija de Agripa, tiene que divorciarse de ella para casarse con la viuda de su suegro?

Exactamente. El perplejo lector hará bien en consultar el árbol genealógico de esta página.

Tiberio nunca olvidó a Vipsania, a la que Augusto casó con un senador que le hacía un hijo al año. Cuando se la encontraba por la calle, no podía reprimir las lágrimas.

Dion Casio sospecha que detrás de muchas de las muertes referidas que fueron despejando el camino de Tiberio hacia el trono se hallaba la mano de su madre, la artera Livia, experta en venenos. Sea casualidad o no, Livia es la matrona potente de la que proceden cuatro emperadores: es madre de Tiberio, abuela de Claudio, bisabuela de Calígula y tatarabuela de Nerón.

La *pax romana* solo afectó al interior del Imperio, porque en las fronteras occidentales se guerreaba con los conflictivos galos e hispanos, en las orientales con los belicosos partos y en las del norte con las tribus mal romanizadas del sur del Danubio y del Elba.

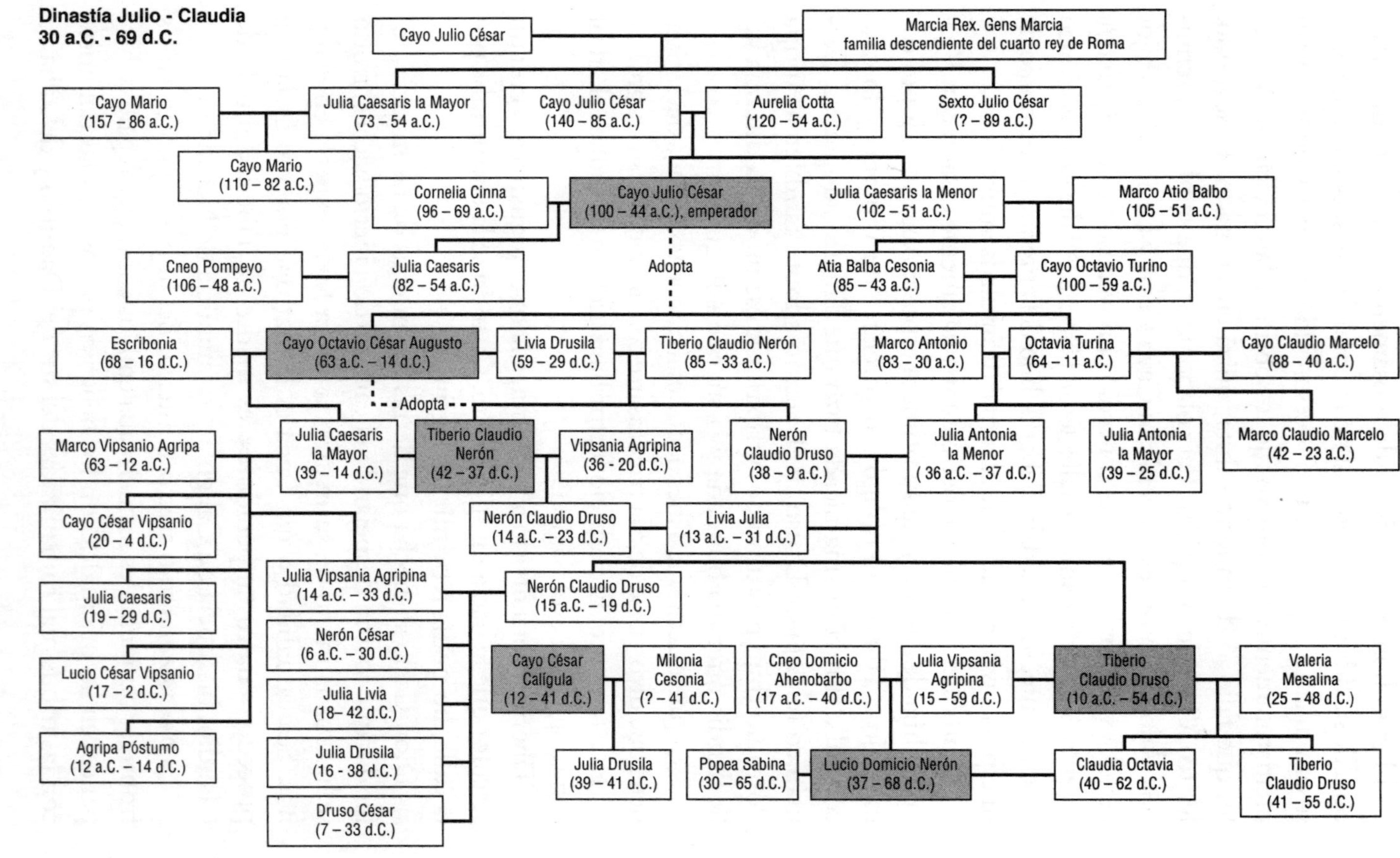
Dinastía Julio - Claudia
30 a.C. - 69 d.C.
Cayo Julio César
Marcia Rex. Gens Marcia familia descendiente del cuarto rey de Roma
Cayo Mario (157 – 86 a.C.)
Julia Caesaris la Mayor (73 – 54 a.C.)
Cayo Julio César (140 – 85 a.C.)
Aurelia Cotta (120 – 54 a.C.)
Sexto Julio César (? – 89 a.C.)
Cayo Mario (110 – 82 a.C.)
Cornelia Cinna (96 – 69 a.C.)
Cayo Julio César (100 – 44 a.C.), emperador
Julia Caesaris la Menor (102 – 51 a.C.)
Marco Atio Balbo (105 – 51 a.C.)
Cneo Pompeyo (106 – 48 a.C.)
Julia Caesaris (82 – 54 a.C.)
Adopta
Atia Balba Cesonia (85 – 43 a.C.)
Cayo Octavio Turino (100 – 59 a.C.)
Escribonia (68 – 16 d.C.)
Cayo Octavio César Augusto (63 a.C. – 14 d.C.)
Livia Drusila (59 – 29 d.C.)
Tiberio Claudio Nerón (85 – 33 a.C.)
Marco Antonio (83 – 30 a.C.)
Octavia Turina (64 – 11 a.C.)
Cayo Claudio Marcelo (88 – 40 a.C.)
Adopta
Marco Vipsanio Agripa (63 – 12 a.C.)
Julia Caesaris la Mayor (39 – 14 d.C.)
Tiberio Claudio Nerón (42 – 37 d.C.)
Vipsania Agripina (36 - 20 d.C.)
Nerón Claudio Druso (38 – 9 a.C.)
Julia Antonia la Menor (36 a.C. – 37 d.C.)
Julia Antonia la Mayor (39 – 25 d.C.)
Marco Claudio Marcelo (42 – 23 a.C.)
Cayo César Vipsanio (20 – 4 d.C.)
Nerón Claudio Druso (14 a.C. – 23 d.C.)
Livia Julia (13 a.C. – 31 d.C.)
Julia Caesaris (19 – 29 d.C.)
Julia Vipsania Agripina (14 a.C. – 33 d.C.)
Nerón Claudio Druso (15 a.C. – 19 d.C.)
Nerón César (6 a.C. – 30 d.C.)
Lucio César Vipsanio (17 – 2 d.C.)
Julia Livia (18– 42 d.C.)
Agripa Póstumo (12 a.C. – 14 d.C.)
Julia Drusila (16 - 38 d.C.)
Druso César (7 – 33 d.C.)
Cayo César Calígula (12 – 41 d.C.)
Milonia Cesonia (? – 41 d.C.)
Cneo Domicio Ahenobarbo (17 a.C. – 40 d.C.)
Julia Vipsania Agripina (15 – 59 d.C.)
Tiberio Claudio Druso (10 a.C. – 54 d.C.)
Valeria Mesalina (25 – 48 d.C.)
Julia Drusila (39 – 41 d.C.)
Popea Sabina (30 – 65 d.C.)
Lucio Domicio Nerón (37 – 68 d.C.)
Claudia Octavia (40 – 62 d.C.)
Tiberio Claudio Druso (41 – 55 d.C.)

CAPÍTULO 31

«Varo, ¿dónde están mis legiones?»

La conquista de Germania la había comenzado el hijo adoptivo de Augusto, Druso. A su muerte, por un accidente de equitación, cuando solo contaba treinta y un años, la tarea descansó en Tiberio.

En el año 6, Augusto designó gobernador de la nueva provincia Germania Magna al legado Publio Quintilio Varo, casado con su nieta Vipsania.

En los mapas de Roma, la nueva provincia de Germania Magna abarcaba el territorio comprendido entre los ríos Rin y Elba, pero el dominio romano de aquellas boscosas tierras era todavía más nominal que real. Germania estaba poblada por belicosas tribus que no se dejaban convencer de la conveniencia de tributar a unos tíos morenos que venían del sur embutidos en armaduras de hierro.

—Los romanos no enviáis perros y pastores para vigilar vuestros rebaños, sino lobos hambrientos —se quejaban.

O sea, recaudadores de impuestos.

Los primitivos germanos, como antes los iberos, los galos, los celtas y los vascones, ignoraban las ventajas de la romanización que les sobrevendría de la mano de aquellos sujetos: alfabeto, código legal, calzadas, acueductos, termas, lengua latina y todo lo demás. Aquella gente recia, con olor a tigre, no acababa de entender las ventajas de la superior cultura romana.

Varo intentó atraerse a los régulos germanos, entre ellos a Arminio, joven caudillo de los queruscos, al que otorgó la ciudadanía romana y nombró *équite*. Se sentía tan afablemente inclinado por aquel germano deseoso de asimilar la cultura romana que «a menudo lo invitaba a su mesa».[157]

Arminio estaba familiarizado con las tácticas de la legión romana porque se había enrolado como auxiliar en las guerras de Dalmacia. Sabía que la legión era invencible en campo abierto, pero perdía mucho valor en medio de un bosque, donde se veía obligada a avanzar por senderos estrechos y embarrados sin espacio para formar.

En el año 9, aprovechando el traslado de tres legiones, Arminio condujo a Varo a un paraje donde lo aguardaban emboscados entre 20.000 y 35.000 guerreros de una confederación de tribus (queruscos, brúcteros, angrivaros y otros).

Las tres legiones de Varo atravesaban por caminos embarrados el espeso bosque de Teutoburgo en desorganizada columna que se alargaba hasta alcanzar diez kilómetros, debido al lento avance de los carros de impedimenta.

De pronto, un clamor de miles de gargantas brotó de la espesura y la muchedumbre de guerreros que había permanecido emboscada y silenciosa cayó sobre los desconcertados romanos.

La matanza se prolongó durante cuatro días con sus noches. Las tres legiones, unos quince mil hombres con sus auxiliares, resultaron aniquiladas. Varo se suicidó (una tradición familiar, porque así habían muerto su padre y su abuelo).[158] Otros oficiales lo imitaron. Uno de ellos, prisionero de los bárbaros, el joven Caldo Celio, a falta de otra arma, se quitó la vida golpeándose la cabeza con sus cadenas.

157. Dion Casio, 2004, LVI, 19. También los españoles apreciaban a Abd el-Krim, el morito bachiller al que emplearon como escribiente de árabe en la Oficina Central de Tropas y Asuntos Indígenas de Melilla. Luego nos trajo el desastre de Annual (1921).

158. Su padre, Sexto Quintilio, se había suicidado tras la batalla de Filipos (Dion Casio, 2004, LVI, 18-23).

Los germanos se ensañaban con sus prisioneros. «A unos les sacaban los ojos, a otros les amputaban las manos; a otro que los insultaba le cortaron la lengua y le cosieron la boca. El bárbaro que lo había deslenguado agitó al aire el sangriento trofeo mientras le decía: "Por fin dejaste de sisear, víbora"».[159]

Después de la matanza de Teutoburgo, los germanos asaltaron los puestos de las guarniciones romanas al oriente del Rin y pasaron a cuchillo a sus defensores. Tan solo resistió el fuerte de Aliso, al mando del prefecto Lucio Cedicio, que soportó heroicamente el asedio germano en plan «últimos de Filipinas».

La noticia de la *clades Variana*, o 'desastre de Varo', sobrecogió a Roma. Augusto estaba tan afectado que suspendió sus apariciones en público, se encerró en sus aposentos, se dejó crecer el cabello y no se afeitó durante meses. A veces lo escuchaban gritar:

—¡Devuélveme mis legiones, Quintilio Varo![160]

En el ejército romano no volvió a haber una legión XVII, XVIII o XIX, los números correspondientes a las aniquiladas.

Crecido con su victoria, Arminio intentó unificar a los germanos para plantar cara a Roma. Incluso envió la cabeza de Varo al régulo de los marcomanos, Maraboduo, para animarlo a unirse a la rebelión, pero Maraboduo rehusó el ofrecimiento, firmó una paz con Roma y devolvió a Augusto la cabeza de Varo para que la familia le diese honrosa sepultura.

159. Floro, 2000, II, p. 30. Uno de los muertos en el desastre fue el centurión Marco Caelio, en cuyo cenotafio, pagado por su hermano, leemos: «M[ARCO] CAELIO T[ITI] F[ILIO] LEM[ONIA TRIBV] BON[ONIA] P[RIMVS] O[RDO] LEG[IONIS] XIIX ANN[ORVM] LIII S[EMISSIS] [CE]CIDIT BELLO VARIANO OSSA [HVC] INFERRE LICEBIT P[UBLIVS] CAELIVS T[ITI] F[ILIVS] LEM[ONIAN TRIBV] FRATER FECIT» ('A Marco Caelio, hijo de Tito, del distrito Lemoniano, de Bolonia, primer centurión de la decimoctava legión, cincuenta y tres años y medio de edad. Cayó en la guerra de Variano. Los huesos de su liberto pueden estar enterrados aquí. Publio Caelio, hijo de Tito, del distrito Lemoniano, su hermano, erigió [este monumento]').

160. Suetonio, 1985, II, p. 23.

A los cinco años del desastre, el sucesor de Augusto, Tiberio, envió nuevas legiones al mando de su sobrino Germánico. Los romanos regresaron al bosque donde se habían perdido las tres legiones.

Lo que encontraron fue impresionante: «En medio del campo —escribe Tácito— blanqueaban los huesos de hombres y caballos, y restos de armas amontonados en el lugar de la matanza o dispersos por los alrededores donde alcanzaban y mataban a los fugitivos. Muchas cabezas estaban clavadas en troncos de árboles. En los bosques cercanos había altares bárbaros, en los que habían sacrificado a los tribunos y a los primeros centuriones».[161]

No se encontraron las águilas, el sagrado estandarte de las legiones. Dos de ellas se recuperaron más tarde mediante negociación con los germanos, que las mantenían cuidosamente ocultas en sus frondas. La restante nunca apareció. Quizá el *aquilifer* que la portaba la arrojó al pantano para evitar que cayera en manos del enemigo.[162]

Los nacionalistas alemanes del siglo XIX reivindicaron la figura de Arminio, aunque tuvieron que inventarle un nombre germano, Hermann. Nada que objetar: todos los países europeos reivindicaron caudillos nacionales de la resistencia antirromana: los españoles (y portugueses) a Viriato, los franceses a Vercingétorix, los belgas a Ambiórix, los holandeses a Julio Civilis, los británicos a la reina Boudica.

Hace años visité el lugar donde los germanos exterminaron a las legiones de Varo, en la colina Grotenburg, donde se yergue una estatua de Arminio de cincuenta y cuatro metros de altura,

161. Tácito, 1989, II, pp. 60-63. Algo parecido a lo de Teutoburgo encontraron los españoles cuando, meses después del desastre de Annual, llegaron al fuerte de Monte Arruit: miles de cadáveres insepultos, ya devorados de alimañas, medio momificados por el sol, muchos de ellos con señales de tortura.

162. Floro, 2000, II, pp. 30-38.

la *Hermannsdenkmal,* monumento nacional, popular destino turístico y lugar de peregrinación de patriotas alemanes.

Dejé atrás el aparcamiento lleno de Mercedes, BMW, Audi, Opel de todas las gamas y los inevitables puestos de postales, llaveros, imanes para el frigo y chucherías, y ascendí por la ancha escalinata que conduce al pedestal del monumento.

El *Hermannsdenkmal* comenzó a construirse en 1835 por suscripción popular, pero el último impulso se lo dio el canciller Bismarck en 1875 con la euforia patriótica de su victoria en la guerra franco-prusiana.

El pedestal es una pasable construcción entre neogótico y protonazi, pero la colosal estatua de Arminio es la detestable obra de un escultor aficionado. Más que un fiero guerrero hirsuto y espantable como nos imaginamos al modelo, el héroe germano parece un actorcillo de ópera menor que se hubiera recortado la barba y el bigotillo con unas tijeritas frente al espejo del camerino.

Espié las reacciones de la gente. Los rubios descendientes de Arminio se pavoneaban satisfechos y se retrataban en grupos familiares al pie del héroe, cuya espada, explican los folletos de turismo, mide siete metros de largo.

Escasamente socializador como soy, me aparté del turisteo y busqué la soledad en el ordenado bosque circundante.

—Aquí perecieron las legiones de Varo —pensé imaginando las terribles escenas, los legionarios arrollados por el *furor teutonicus.* Casi podía oír los gritos salvajes de los bárbaros y el angustioso gorgoteo de las gargantas seccionadas de los agonizantes.

Así dice el general Patton que se sintió cuando visitó, solitario, el campo de batalla de Zama.

Quise retener el momento. Me despojé de las botas para sentir en mis plantas la fresca hierba en comunión con los huesos de los héroes allí sepultados.

Fue un derroche de emoción, con lágrimas y todo, pero sin fundamento alguno, me temo, porque años después los arqueólogos han corregido el lugar de la batalla y resulta que ocurrió a muchos kilómetros de allí, en Kalkriese, cerca de Osnabrück.[163] No es la primera vez que hago el indio.

Antes de abandonar el lugar, me encaré con el perfil en bronce del canciller Bismarck.

—Si te digo mi verdad, amigo Otto —le dije—, entiendo que como prusiano te sientas orgulloso de la aniquilación de las legiones de Varo, pero convendrás conmigo en que esa matanza determinó que los romanos desistieran de extenderse hasta el Elba y se quedaran en el Rin, una decisión que os privó a los germanos de las ventajas de la romanización. Os quedasteis en esa prístina barbarie que aún hoy os afecta, aunque seáis el pueblo más culto, organizado y mecanizado del continente. Es una grave carencia de la que la Unión Europea se resiente, sin ningún género de dudas.[164]

El desastre de Varo no quedó sin venganza. Unos años después los romanos regresaron con renovados ímpetus y derrotaron a los germanos, pero no pudieron capturar a Arminio. Tuvieron que conformarse con exhibir en su triunfo a la esposa del rebelde, Thusnelda, que estaba embarazada. No se sabe qué fue de ella. Quizá supo que Arminio fue asesinado por un clan rival el año 20. El hijo que tuvieron, Tumélico, creció en Roma, se metió a gladiador y murió joven, en la arena, ejerciendo su oficio.

163. Allí han instalado un museo-centro de interpretación en un moderno edificio de vidrio y paneles de hierro oxidados, en cuyo interior pueden admirarse restos de la batalla, cascos, cráneos reventados y la famosa máscara de caballería que un previsor legionario enterró para evitar que cayera en manos de los bárbaros.

164. Algún autor incluso piensa que la derrota determinó el futuro de Europa: «Si los romanos hubieran conquistado Germania, es probable que ni el inglés ni el alemán existieran y las lenguas romances estuvieran mucho más extendidas, jamás ocurrieran la Reforma, la guerra de los Treinta Años o el largo conflicto entre alemanes y franceses» (Benario, 2012, p. 35).

En el año 17, el emperador Tiberio decidió que, después de todo, la conquista de Germania iba a costar más de lo que valía. Retiró a sus tropas a la orilla izquierda del Rin e instaló allí la frontera del Imperio convenientemente defendida por una serie de fuertes, el Limes Húmedo, una línea Maginot romana compuesta de empalizadas, fosos, torres de vigilancia y una guarnición de hasta treinta mil legionarios que perduró hasta el año 430.[165]

165. El Limes Húmedo se extiende a lo largo de quinientos cincuenta kilómetros desde la ciudad costera de Katwijk a Ratisbona, pasando por Colonia y Bonn.

CAPÍTULO 32

Tiberio, en su roca

La vida de Tiberio es como una novela. Su madre, la bella Livia, tenía trece años cuando lo dio a luz. Era Tiberio todavía niño cuando Augusto, enamorado de Livia y deseoso de emparentar con la prestigiosa familia Claudia, la obligó a divorciarse de su marido para casarse con él. Tiberio recibiría la esmerada educación propia de un miembro de la familia imperial y, por lo tanto, posible sucesor de Augusto. A los veintidós años destacó en varias campañas militares y ganó un triunfo.

Tiberio había pasado más tiempo en las fronteras, al frente de las legiones, sofocando incendios, que en Roma.

Su nueva esposa, Julia, la hija de Augusto, era bella, alegre y casquivana. Sus adulterios eran la comidilla de los mentideros de Roma, aunque nadie se atrevía a denunciarlos al severo Augusto.

En el año 6, Tiberio decidió que necesitaba un periodo sabático para dedicarse a su verdadera vocación, los libros.

—Ni hablar —le dijo Augusto—. El Imperio te necesita en otros menesteres.

Tiberio era obstinado. Se puso en huelga de hambre hasta que su padre adoptivo cedió.

Tiberio permaneció varios años en Rodas, seguramente los más felices de su vida, frecuentando poetas y filósofos. Después de ese paréntesis regresó a Roma para hacerse cargo de las responsabilidades que la nueva situación demandaba.

Profundamente deprimido, este *tristissimus hominum* (como lo llama Plinio el Viejo) renunció a todos sus cargos y honores a los treinta y seis años y se retiró a la isla de Capri dejando a la alegre Julia en Roma.

En el retiro de Capri pasó diez oscuros años, al principio por su voluntad; después, quizá, porque no podía regresar a Roma sin permiso expreso de Augusto. Mientras tanto, Augusto había conocido que su amada hija Julia era un pendón y se vio en la necesidad de aplicarle la rigurosa *Lex Iulia de Adulteriis Coercendis* que él mismo había promulgado: destierro de las adúlteras y de sus amantes. El destino de Julia fue la isla de Pandataria (hoy Ventotene), un peñón rocoso de 1,5 kilómetros cuadrados en el mar Tirreno, donde no hay mejor cosa que hacer que aburrirse.

Augusto comprendió los motivos que había tenido Tiberio para alejarse de Julia y de Roma, y lo llamó de nuevo a su lado. Fue un acierto, porque, como hemos comentado, Tiberio se cubrió de gloria aplastando a los sublevados germanos que años antes habían exterminado a las legiones de Varo.

El año 13, Augusto lo declaró copríncipe, el primer paso para hacerlo su heredero. Pocos meses después, Augusto realizó un misterioso viaje sin más acompañamiento que un senador de su confianza. Se especula que pudo ir a la minúscula isla de Planasia (hoy Pianosa, en el archipiélago toscano), donde estaba confinado su único nieto vivo, Agripa Póstumo, al que Augusto había expulsado de Roma porque avergonzaba con sus gamberradas a la familia imperial.

¿Por qué fue Augusto a visitarlo casi de incógnito? Probablemente para comprobar si era idóneo para sucederlo. ¿Acaso se arrepentía de haber designado a Tiberio?

Nunca lo sabremos. Al regreso del viaje fallecieron los dos, Augusto y su acompañante. En sus últimos momentos, Livia y Tiberio no se apartaron de su cabecera. Sus últimas palabras fueron: «*Acta est fabula, plaudite*» ('La comedia ha terminado. ¡Aplaudid!').

¿Envenenó Livia a su esposo? Robert Graves, en su famosa y documentada novela *Yo, Claudio* (1934), nos muestra la sutileza de esta mujer que ofrece a su esposo medio higo cortado con un cuchillo envenenado solo por una de sus caras, la de la mitad que le entrega. Él lo come confiado, porque su esposa está masticando la otra mitad. Lo cierto es que, fuese Livia o fuese la casualidad, todos los optantes a la sucesión de Augusto habían fallecido prematuramente hasta que, por descartes, solo quedó Tiberio. Innecesario decir que en cuanto murió el emperador, Tiberio o Livia ordenaron la muerte de Agripa Póstumo.

Los dolientes llevaron el cadáver de Augusto a Roma para una vistosa ceremonia funeraria en la que se liberó un águila que ascendió al cielo representando el alma del finado. En la pira ardieron muchas condecoraciones que los oficiales presentes arrojaban como homenaje al difunto. Apagadas las brasas con vino, la anciana viuda recogió los huesos, que fueron sepultados en el centro del imponente mausoleo.

¡Tiberio, emperador! Se había cumplido el anhelo que presidió la vida de Livia. Después la matrona se retiró de la vida pública y se dedicó a administrar sus propiedades. De sobra conocía que Tiberio no le perdonaba haber provocado su divorcio.

Cuando heredó el Imperio, Tiberio había cumplido ya cincuenta y seis años. Era un hombre profundamente marcado por sinsabores y adversidades. No obstante, en los comienzos de su principado gobernó sabiamente. Puso coto a los dispendios del dinero público en juegos y espectáculos, lo que le atrajo la antipatía de la plebe, pero esta impopular medida alivió la presión fiscal sobre las provincias.

Otros aspectos de su mandato son menos loables. Obsesionado por la idea de una conspiración contra su persona, multiplicó los procesos políticos contra preeminentes ciudadanos. El sistema de delaciones permitía recompensar al delator con parte de los bienes confiscados al condenado, lo que provocó que muchos inocentes se vieran acusados por simples sospechas o con pruebas falsas.

Cuando Livia falleció, con ochenta años cumplidos, Tiberio ni siquiera asistió a su entierro ni, por supuesto, quiso saber nada de deificarla. Fue su nieto Claudio, al que tanto despreciaba la señora, el que la declaró *diva augusta* ('divina augusta') y le erigió un templo.

El hijo predilecto de Tiberio, Druso, murió, quizá envenenado por su esposa Livila, el año 23. Esta pérdida causó tanto dolor al emperador que le trastornó el juicio. Abandonó el ejercicio del poder en manos de su amigo Lucio Elio Sejano, el prefecto del pretorio, y se retiró nuevamente a Capri.

Lo tremendo del caso es que es posible que Sejano fuese el verdadero responsable de la muerte de Druso, pues era amante de Livila.

Hace poco visité Capri y perpetré la hazaña, impropia de una persona de mi edad y arrobas, de escalar el monte Tiberio, el promontorio donde el emperador edificó su villa favorita, Villa Jovis.

«¿A qué te dedicabas aquí, Tiberio?», le iba preguntando mientras resoplaba por el empinado y angosto sendero que conduce a las imponentes ruinas.

¿Era Villa Jovis un picadero lujoso o la torre de marfil de un intelectual huraño que deseaba apartarse del mundo?

Alcancé exhausto las ruinas, con el corazón en la boca. Descansé un rato sentado a la sombra de un pino mientras me hidrataba con media botella de agua efervescente Ferrarelle, ya famosa en tiempos de Roma.

Restablecido mi ritmo cardiaco, me sumé al turisteo y recorrí los imponentes restos. Villa Jovis no era ningún chalecito. Era un enorme edificio de sólidos muros desde el que se disfrutan unas vistas espectaculares del mar, con sus yates de millonarios que en la distancia parecen de juguete.

«¿Qué hacías aquí, Tiberio?

»Quisiera creer que te dedicaste a leer, a escribir, a conversar con filósofos y a inspeccionar el progreso del huerto donde cultivabas tus verduras favoritas, especialmente los pepinos. Te imaginé, después de cenar, en la amplia terraza, observando el cielo nocturno y comentando con tu astrólogo griego los mensajes de las estrellas.

»Quizá pasearas por el mar turquesa en una barca movida por fornidos remeros. Pasarías por los *faraglioni* que ha popularizado el anuncio de Dolce & Gabbana en el que un tipo guapo, musculado, bronceado y depilado se lanza desde las alturas como un clavadista de Acapulco y emerge junto al yate de una potranca de excelente aspecto que aguarda cubrición.

»Suetonio, que en nuestro tiempo no tendría precio para un programa de cotilleos de la tele, te describe como un anciano pedófilo. Dice que te deleitabas mirando copular a parejas de adolescentes.[166] También cuenta que desde esta terraza arrojabas al mar a tus enemigos, después de atormentarlos, y que "abajo los esperaban barqueros que los remataban golpeándolos con los remos". Que a ciertos invitados los hacías beber en abundancia y luego los atormentabas ligándoles el pene para impedirles orinar.

»No sé qué pensar, amigo Tiberio. Sospecho que sean infundios escritos por el bocachancla de Suetonio para congraciarse con Calígula, el nuevo César. Por otra parte, me parece que ser filósofo y pornófilo son condiciones perfectamente compatibles. ¿A qué reduciríamos la cultura universal si la castramos?».

Capri no alivió la depresión de Tiberio. Una enfermedad de la piel, que le cubrió el rostro de purulentos granos malolientes, debió de contribuir a su creciente aislamiento y misantropía.

Mientras tanto, Sejano, ya casado y conchabado con Livila (que aspiraba a superar a su abuela Livia), proseguía en Roma los procesos políticos por delitos de lesa majestad en un am-

166. «Tenía una habitación destinada a sus desórdenes más secretos, guarnecida toda de lechos en derredor. Un grupo elegido de muchachas, de jóvenes y de disolutos, inventores de placeres monstruosos, y a los que llamaba sus maestros de voluptuosidad, formaban allí entre sí una triple cadena y entrelazados de este modo se prostituían en su presencia para despertar, por medio de este espectáculo, sus estragados deseos» (Suetonio, *Vida de Tiberio*).

biente de terror. Imaginemos el insomnio de muchos senadores que habían creído percibir una mirada extraña del jefe del pretorio en el palco del hipódromo. «¿Me tocará a mí mañana? ¿Seré el siguiente en comparecer ante el carnífice? ¿En qué le habré fallado?».

Esto duró hasta que Tiberio, afectado por su creciente manía persecutoria, dio en pensar que había otorgado a Sejano demasiado poder. ¿No acabaría volviéndose contra él? «Más me vale madrugarlo», pensó. Escribió al Senado una carta en la que lo acusaba de traición y ordenaba su muerte. El cumplimiento de la sentencia había sido previamente acordado con Macro, el nuevo y ambicioso prefecto del pretorio.

En obediencia de los deseos de Tiberio, sacaron a Sejano de la prisión Mamertina para estrangularlo en las vecinas Escaleras Gemonias (Scala Gemoniae), donde solían exponerse los cadáveres de los ejecutados con deshonra. En el caso de Sejano no hubo exposición, porque al pie de las escaleras lo aguardaba la chusma para descuartizarlo y arrojarlo al Tíber.

La sentencia contra Sejano comprendía también a su familia, menores incluidos. Según una antigua creencia, el que mataba a una virgen se atraía la maldición de los dioses. Los ejecutores violaron primero a Junila, la hija de Sejano, de once años, antes de degollarla.[167]

En cuanto a Livila, la esposa de Sejano, la encerraron incomunicada en sus habitaciones hasta que murió de inanición, vigilada por su madre, Antonia la Menor.

El obediente Senado emitió una *damnatio memoriae* sobre Sejano, una orden de suprimir su nombre y su figura de cualquier registro (imágenes, monumentos, inscripciones, etcétera).

Durante el principado de Tiberio, el prefecto de Judea Poncio Pilatos crucificó a un sedicioso llamado Yeshú o Yeshúa, caudillo de la secta independentista judía de los *christiani,* que siglos des-

167. Tácito, 1980, v, 9.

pués el emperador Teodosio (año 380) declararía religión oficial del Imperio romano.[168]

En marzo del año 37, cuando sintió que su vida llegaba a su fin, Tiberio designó sucesor a su sobrino Cayo César, más conocido como Calígula, al que había adoptado como hijo.

Sobre la muerte de Tiberio circulan diversas versiones. Tenía ya setenta y siete años mal llevados cuando le dio un síncope y se quedó sin pulso.

—¡Tiberio ha muerto! —la noticia corrió como la pólvora por el palacio.

Calígula era su designado sucesor. A rey muerto, rey puesto. Nada que objetar.

—¡Viva Cayo César! —prorrumpieron gozosos los criados y los funcionarios. La ola de satisfacción recorrió el palacio, desde las escribanías a los establos, pasando por las cocinas.

Natural la reacción: Tiberio era un carcamal gruñón que gozaba de escasas simpatías. Por el contrario, su heredero, un muchacho sanote de veinticuatro años, le parecía encantador a todo el mundo.

En plenas celebraciones por el nuevo emperador, cuando todos coincidían en felicitarse porque por fin había muerto ese malasombra holgazán y vicioso, y llevaban un buen rato dándole al Falerno, hete aquí que un esclavo se cuela en la cámara mortuoria a ver si podía afanar algo y se lleva un susto de muerte cuando, de pronto, el muerto se incorpora y le dice:

—Oye, *puer,* tráeme un poco de queso, que estoy muerto de hambre. ¿Qué es ese escándalo ahí fuera?

Pálido como la cera, corre el esclavo a contar que el Augusto no ha muerto, que ha resucitado con excelente apetito y pide colación.

168. El motivo de la sentencia de muerte fue la «aspiración al trono» *(adfectatio regni),* Bermejo, 2023, p. 153.

Cesa el tumulto como si alguien hubiera accionado un resorte. ¡Tiberio está vivo! ¡Cuando sepa que estábamos celebrando su muerte nos crucificará a todos!

¿Qué hacer?

Uno de los celebrantes, Nevio Sutorio Macrón, el prefecto del pretorio, un hombre bragado en las legiones y muy resolutivo, se hace cargo de la situación.

—Que no cunda el pánico —los tranquilizó—. Dejadme ver qué se puede hacer.

Entró en la alcoba del emperador. Tiberio estaba sentado en la cama, esperando el almuerzo. No sabemos si hubo algo de conversación. Macrón era hombre de pocas palabras. Se sospecha que se abalanzó sobre el emperador y lo asfixió con una almohada. Cuando se cercioró de que estaba bien muerto salió a donde lo aguardaban los expectantes servidores de palacio.

—Ha sido una falsa alarma —explicó—. El augusto ha fallecido, sin duda. ¡Viva Cayo César!

Se ignora qué fue del esclavo que había causado el revuelo.

CAPÍTULO 33

Calígula

El nuevo emperador, Cayo César Germánico, era conocido por el apodo cariñoso con que lo llamaban los soldados de su padre, entre los que se crio. Calígula es el diminutivo de *caligae,* la sandalia de suela claveteada que usaban los legionarios.

Calígula comenzó gobernando sabiamente, pero a los pocos meses cayó enfermo y estuvo a las puertas de la muerte. Cuando se repuso, había perdido el juicio, sufría ataques de epilepsia, padecía insomnio y, si conseguía conciliar el sueño, sufría pesadillas.

Si damos crédito al anecdotario que nos suministran sus biógrafos, de la noche a la mañana se convirtió en un maniaco homicida. En un banquete prorrumpe en carcajadas sin motivo aparente. Sus invitados, corteses, preguntan la razón de tan contagiosa hilaridad: «Estaba pensando —responde— que si quisiera podría hacer que os degollaran a todos ahora mismo».

No se puede ser más gracioso.

En otra ocasión acariciaba el cuello de una amante y le susurró al oído:

—Esta gentil cabecita caerá en cuanto yo quiera.

Con esa labia cualquiera puede hacer que la amante sienta mariposas en el estómago.

¿De dónde le venía la fijación? Había visto cabezas cortadas en su infancia, en Germania, y quizá se obsesionaba con ellas. Una vez en que la plebe protestaba en el circo, murmuró:

—¡Ay, si tuvieseis una sola cabeza!

Era bastante exhibicionista. Vestía de forma extravagante y teatral, despreciando la severa toga romana. Sus aficiones eran igualmente impropias de la alta dignidad que ocupaba. Actuó sucesivamente como gladiador, como auriga, como cantante, como bailarín... y obligaba a las personas respetables de su entorno a danzar con él, severas matronas incluidas.

«Sin embargo —reflexiona Suetonio—, este hombre que había aprendido tantas cosas no sabía nadar» (casi todos los romanos eran nadadores).

«Vivía en incesto habitual con todas sus hermanas (Drusila, Livila y Agripina) y en un gran banquete turnaba a cada una de ellas debajo de él, mientras su esposa se reclinaba encima».[169]

Por suerte para Roma, el gobierno de Calígula solo duró tres años. En los primeros meses despilfarró el tesoro imperial acumulado por Augusto y acrecentado por el austero Tiberio. Gastó hasta el último sestercio en frecuentes juegos de gladiadores, en carreras de circo y en los más extravagantes proyectos, entre ellos la construcción de un puente de barcas perfectamente inútil para atravesar la bahía de Nápoles o un palacio flotante adornado con columnatas y jardines y provisto de baños con el que recorría el lago Nemi *(Nemorensis lacus)*, donde tenía su residencia veraniega.[170] Sumemos los gastos en joyas. Lolia Paulina, su esposa, se adornaba como un árbol de Navidad, cargada de oro y piedras preciosas por valor de 40 millones de sestercios.

—César, el arca está tan vacía que si cae una rata dentro se despanzurra —le advirtió el contable.

—Habrá que recaudar más impuestos —resolvió.

169. Suetonio, *Calígula,* 24.1.

170. Entre 1933 y 1939, Mussolini consiguió rescatar las dos naves que yacían en el fondo del lago en un estado de conservación apreciable. Trasladadas al Museo delle Navi Romane, fueron destruidas por un incendio en 1944.

Esquilmó las provincias y reemprendió los procesos y juicios sumarísimos contra ciudadanos acaudalados para confiscarles las fortunas.

—¿Recordáis cuando Tiberio dijo: «Estoy criando una víbora para el pueblo de Roma»? ¡Qué razón llevaba!

Los ciudadanos acaudalados dilapidaban fortunas con tal de empobrecerse y evitar que el emperador se fijara en ellos.

Influido por tradiciones egipcias y orientales que defendían la encarnación de los dioses en simples mortales, Calígula se empeñó en que el Senado lo proclamara dios en vida e hizo consagrar como diosa Pantea a su fallecida hermana Drusila, con la que, notoriamente, había mantenido una relación incestuosa.

Otras historias aún más extravagantes son, sin embargo, calumnias propaladas por sus biógrafos. Por ejemplo, su pretensión de que el Senado nombrase cónsul a su querido caballo Incitatus, al que mantenía en un establo de mármol provisto de un pesebre de marfil. Incluso llegó a casarlo con una yegua de noble estampa a la que puso Penélope.

Otra de las ocurrencias era dar a besar a los súbditos el anillo y cuando se disponían a hacerlo les hacía la peineta, o sea, les mostraba el dedo medio tieso y los otros plegados hacia la palma como si fueran el pene y los testículos, *digitus impudicus,* en latín.

¿Estaba tan loco Calígula o todo era una broma elaborada para tomarle el pelo al Senado y a la posteridad?

Algunas bromas te pueden costar la vida. Calígula fue asesinado, cuando contaba veintiocho años, por el prefecto de su guardia pretoriana, Casio Querea, al que solía humillar imponiéndole expresiones obscenas o ridículas como santo y seña del día.

Casio Querea lo acuchilló en un pasaje subterráneo que comunicaba el palco del circo con las habitaciones imperiales. Los conjurados de la guardia pretoriana asesinaron también a la emperatriz, Cesonia, y a su hijita Julia Drusila, de un año, la tomaron por los pies y le estrellaron la cabeza contra el muro.

Casio Querea había obrado en connivencia con una facción del Senado que aspiraba a la restauración de la República. El plan falló porque, el mismo día de la muerte de Calígula, unos pretorianos que registraban el palacio encontraron a Claudio, tío carnal del emperador, de cincuenta años de edad, oculto detrás de unas cortinas y temblando de miedo porque creía llegada su hora. Para su sorpresa, los soldados lo sacaron al patio y lo aclamaron como nuevo emperador.

Claudio era hijo de Druso y, por tanto, nieto de Livia, la esposa de Augusto. Una parálisis infantil y otras diversas desdichas lo afectaron gravemente en su infancia dejándolo cojo y tartamudo. «Cla, Cla, Claudio» era, además, desgarbado, feo y algo lento de entendederas. La divinizada familia julioclaudia se avergonzaba de aquel engendro. Su madre, Antonia, lo llamaba «aborto de la naturaleza» y cuando tenía que mostrar su desprecio por alguna persona decía: «Es más tonto que Claudio». Su abuela Livia ni siquiera le dirigía la palabra. Naturalmente, lo mantuvieron apartado de toda actividad pública, lo que le permitió pasar inadvertido y dedicarse a sus loables aficiones, principalmente el estudio de la historia. Compuso una apreciable cantidad de tratados de tema histórico que se han perdido.

Siendo ya de cierta edad, Claudio fue promovido al consulado por su sobrino Calígula. A pesar de ello, como el cargo era poco más que honorífico, nuestro hombre consiguió mantenerse alejado de la política. Sus estudios de historia lo habían llevado a simpatizar con el antiguo régimen republicano al que, con la deformada perspectiva del tiempo, parecían atribuibles las glorias y conquistas del heroico pasado romano.[171]

171. El novelista y biógrafo Robert Graves defiende la tesis de que Claudio se pasó la vida fingiendo ser más tonto de lo que en realidad era, a lo que quizá debió su supervivencia física en el ambiente de conjuras y asesinatos que caracterizó los principados de Tiberio y Calígula.

La actuación de Claudio como emperador fue, en general, beneficiosa para Roma: retornó a la tradición administrativa de Augusto, reformó el sistema judicial, otorgó la ciudadanía romana a algunas provincias, fundó ciudades y, en fin, gobernó despóticamente, unas veces dando muestras de paternal clemencia, otras con tiránica severidad, según su cambiante humor. No obstante, procuró atraerse a los poderes fácticos: el Ejército, el Senado y los *équites.* Incluso amplió el Imperio con la anexión de dos nuevas provincias africanas (las Mauritanias) y otra en Asia Menor (Licia).

Todos los grandes romanos habían cimentado su prestigio en alguna conquista militar y Claudio no podía ser menos. ¿Por dónde empezar? Ahí estaba Britania, donde César había desembarcado un siglo antes, aunque nunca consolidó su conquista.

El año 43, Claudio desembarcó en Britania al frente de cuatro legiones. En realidad, la tropa la mandaba el general Aulo Plaucio, que venció repetidamente a los indígenas. Claudio no estuvo presente en ninguna batalla, pero cuando consideró que había ganado suficiente prestigio regresó a Roma y le puso Británico a su hijo en memoria de la hazaña.

Los britanos, acaudillados por Cimbelino (Cunobelinus), se retiraron a las montañas galesas y desde allí prosiguieron la resistencia. Su historia, muy fantaseada, inspiraría un drama de Shakespeare. Similar suerte tuvo la reina de los icenos Boudica, que sería muy exaltada por la literatura victoriana. Esta mujer, según Dion Casio, «poseía una inteligencia mayor que la que generalmente tienen las mujeres» y una cabellera pelirroja que le llegaba a la cintura.

Boudica se rebeló contra los romanos, que la habían azotado públicamente y violado a sus dos hijas, y acaudilló una confederación tribal que arrebató a los romanos Colchester, Londinium (Londres) y Verulamium, donde trató a los prisioneros con salvaje crueldad, empalándolos en pinchos ardientes.[172] Finalmente la

172. Dion Casio, LXII, 2, 4.

derrotaron en batalla campal y masacraron a su ejército. Consciente de que acabaría ejecutada en Roma después de ser exhibida en un triunfo, Boudica se envenenó.[173]

En lo personal, Claudio tuvo poca suerte con sus cuatro sucesivas esposas, o quizá ellas tuvieron mala suerte con él. Urgalanilla, una giganta que le sacaba tres palmos, se divorció de él alegando: «Aunque me dieran a cambio no solo Roma, sino todo el mundo, no lo aguanto». La siguiente, Aelia Paetina, tampoco lo hizo feliz, así que la repudió para casarse con Valeria Mesalina, treinta años más joven que él.

«Viejo con joven casado, difunto o venado», dice el sabio refrán castellano refrendado por el propio personaje Claudio de Graves cuando escribe: «Cuando un cincuentón no muy inteligente y no muy atractivo se enamora de una muy atrayente y muy inteligente muchacha de quince años, por lo general tiene muy malas perspectivas».

Las perspectivas, más que malas, resultaron pésimas, porque, si creemos a Plinio el Viejo, Mesalina resultó ser una adelantada a su tiempo que creía firmemente en el poliamor, aunque la posteridad la ha considerado una ninfómana desorejada que lo traicionó con una variedad de amantes.[174] El colmo fue cuando aprovechando la prolongada ausencia de Claudio, que intentaba conquistar Britania, desafió a las putas de la ciudad a ver cuál atendía a más hombres en una noche.

El gremio *(collegium)* de las putas aceptó el reto y le envió a su campeona, una corpulenta siciliana apodada Escila (como el monstruo mitológico que apostado en el estrecho de Mesina se tragaba a los hombres). Puesta a la faena, Escila despachó a veinticinco hombres antes de rendirse... Mesalina le

173. El esposo de la reina Victoria, Alberto de Sajonia-Coburgo-Gotha, promovió en 1905 un monumento a Boudica en su carro de guerra junto al puente de Westminster, frente al Parlamento.

174. Plinio el Viejo, X, cap. 83; Juvenal, sátira VI, 114-132.

igualó la cifra y seguía tan fresca. Pasó el resto de la noche dale que te pego y con las luces del alba había elevado su cifra a doscientos.

—Esta mujer tiene el chichi de acero —comentaba Escila admirada.[175]

La emperatriz debió de tomarle gusto a la experiencia, porque en adelante frecuentó «el más infecto de los cubiles de la Subura, cuya puerta ostentaba, escrito en yeso, el apodo de Licisca (nombre de perra). A la luz de una lámpara mortecina, fatigada, pero no saciada, descubría, a los mozos de cuerda de Roma, el vientre que había llevado a Británico».[176]

Aquello no podía acabar bien. En el año 48, Mesalina se casó con el cónsul Cayo Silio aprovechando una larga ausencia del paciente Claudio. Tácito lo refiere advirtiendo que, aunque parezca increíble, ocurrió. «No ignoro que ha de parecer inconcebible

175. Algunos autores y autoras ponen en duda que Mesalina pudiera atender a tantos hombres de una tacada. El que esto escribe ni quita ni pone rey, pero debe señalar que en 2004 se celebró en Varsovia un concurso similar, *gang bang* se llama ahora, en el que la actriz porno norteamericana Lisa Sparxx acogió a portagayola a novecientos diecinueve hombres, empleando un minuto y cincuenta y siete segundos en despachar cada prestación. Imaginamos que el noningentésimo vigésimo, el que quedó a las puertas sin consumar, marchó del evento muy cabreado.

176. A este propósito, Quevedo le dedicó un inspirado soneto: «¿Cuándo insolencia tal hubo en Sodoma, /que en viendo al claro emperador dormido, / cuyo poder el mundo rige y doma, // la emperatriz, tomando otro vestido / se fuese a la caliente mancebía / con el nombre y el hábito fingido? // Y entrando, los pechos descubría / y al deleite lascivo se guisaba, / ansí que a las demás empobrecía. // El precio infame y vil regateaba / hasta que el taita de las hienas brutas / a recoger el címbalo tocaba. // Todas las celdas y asquerosas grutas / cerraban antes que ella su aposento, / siempre con apariencias disolutas. // Hecho había arrepentir a más de ciento / cuando cansada se iba, más no harta / del adúltero y sucio movimiento».

que algunos mortales hubiesen sido tan imprudentes en una ciudad donde se sabe y se cuenta todo».[177]

El liberto Narciso, *praepositus ab epistulis* (secretario de la correspondencia) y hombre de confianza de Claudio, lo informó de lo ocurrido y sus dos esclavas favoritas, Calpurnia y Cleopatra, testimoniaron que lo que contaba Narciso era cierto.

—Preparad la litera, que nos vamos a Roma —ordenó Claudio.

Mientras tanto, «Mesalina, más entregada al lujo que nunca, bien entrado el otoño, celebraba en su finca una representación de la vendimia. Trabajaban las prensas, rebosaban los lagares y las mujeres, vestidas con pieles, bailaban como bacantes en un sacrificio o en éxtasis. Mesalina y Silio, coronados de hiedra, danzaban calzando coturnos, ella desmelenada, agitando el tirso, mientras un coro entonaba canciones obscenas».[178]

La fiesta terminó abruptamente cuando un mensajero avisó de que Claudio regresaba a Roma dispuesto a castigar aquel desatino. Cesaron la música y el baile. Silio recordó de pronto sus muchas ocupaciones consulares y se ausentó. Los invitados lo imitaron, al principio con excusas plausibles, al final sin despedirse, en atropellada huida.

Viéndose sola y perdida, Mesalina optó por jugar la carta del arrepentimiento. Se lavó los colorines de la cara, vistió su atuendo más sobrio, de verdadera matrona romana antigua, y salió al encuentro de Claudio por la vía Ostiensis en un palanquín, ensayando las palabras con las que pediría clemencia. Llevaba consigo a la anciana vestal Vididnia y a los dos hijos que había tenido de Claudio: Británico, de siete años, y Octavia, de seis.

Quizá hubiera conseguido el perdón del burladísimo marido, pero Narciso y los libertos temieron que «desapareciera la ira y

177. *«Haud sum ignarus fabulosum visum iri tantum ullis mortalium securitatis fuisse in civitate omnium gnara et nihil reticente».*

178. Tácito, 1980, pp. 32-44.

volviera el amor, porque la noche inminente y la añoranza del lecho matrimonial podían cambiar el parecer de Claudio».

—Y lo mismo lo vuelve contra nosotros por haberla delatado.

—Hay que matarla antes de que vuelva a engatusar al tonto este.

Narciso se dirigió a los centuriones y al tribuno de guardia:

—El augusto ha decretado la muerte de su esposa.

A los condenados de calidad se les ofrecía la posibilidad más honorable de suicidarse.

Mesalina aceptó el puñal que le ofrecían, pero «en vano lo acercaba, temblorosa, ya al cuello, ya al pecho». Viendo que aquello se eternizaba, el tribuno le empujó la mano y se lo clavó hasta el arriaz.[179]

Claudio cenaba cuando fueron a comunicarle la muerte de Mesalina. Asintió, no dijo nada y continuó trasegando con el apetito de siempre.

¿Lo afectó aquella muerte? Sin duda alguna. Había estado muy enamorado de aquella belleza, incluso encoñado, si me disculpan la vulgaridad. Se prometió no reincidir en el matrimonio.

—Si digo de casarme otra vez, me ejecutáis —les decía a sus íntimos.

Pero cambió de idea y se casó con Agripina la Menor, su sobrina carnal, un matrimonio prohibido por la ley para el que Claudio obtuvo la dispensa del Senado.[180]

Quizá la motivación del nuevo enlace fue política. En la minoría de edad de Británico, el hijo biológico de Claudio y Mesalina, otros representantes de la estirpe julioclaudia conspira-

179. *Ibidem,* 12, 66-67 y 38, 1-2. Suetonio, *Vida de Claudio,* 44, 2 y 45, 1. Dion Casio, 61, 34.

180. Agripina la Menor es una de esas mujeres fascinantes de la historia de Roma que hemos visto en el cine. De la media docena de películas en las que aparece, me quedo con la Gloria Swanson de *Mio figlio Nerone* (*Mi hijo Nerón,* 1956).

LOS ORÍGENES DE ROMA

Eneas narrando a Dido las desgracias de Troya, óleo de Pierre-Narcisse Guérin (1815), París, Louvre.

La loba capitolina alimenta a Rómulo y Remo. Reproducción de los Museos Capitolinos.

Lucrecia, escultura de Damià Campeny, Museo Nacional de Cataluña.

Lapis niger o *Piedra negra,* ligada a la fundación de Roma.

ROMA EN APUROS

Breno y su parte del botín, óleo de Paul Jamin (1893).

Los romanos pasando por las Horcas Caudir en un óleo de Charles Gleyre (1858).

Azulejo representando a Almícar en Acra-Leuca, plaza de España (Sevilla).

EL PODER DE CARTAGO

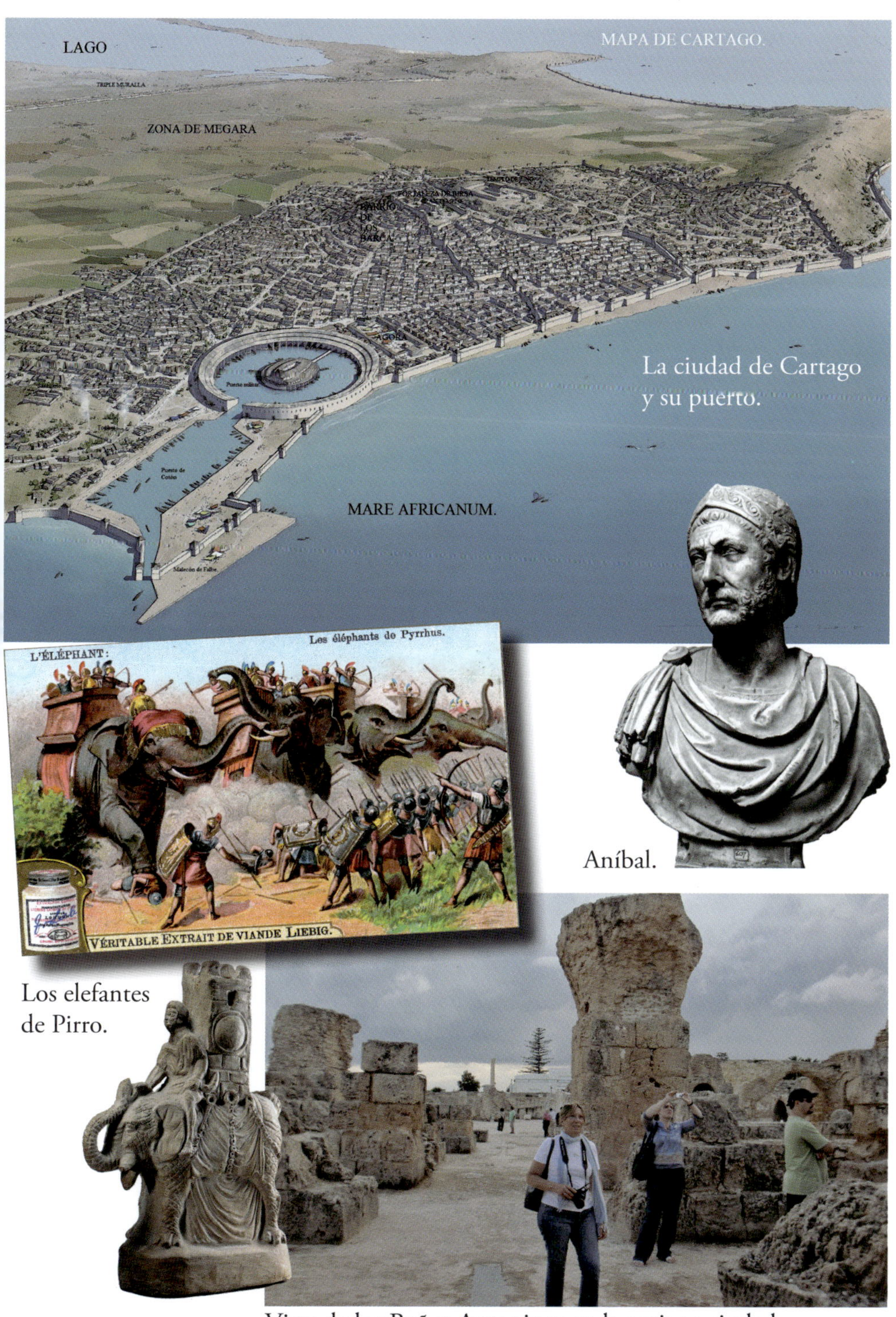

La ciudad de Cartago y su puerto.

Aníbal.

Los elefantes de Pirro.

Vista de los Baños Antoninos en la antigua ciudad de Cartago, Túnez (Icastro, 2009).

EL EJÉRCITO

Pilum pesado.

Pilum ligero.

Petate de marcha de un soldado romano sujeto sobre una *furca.*

Proyectil de honda.

Águila de la legión.

Campamento romano.

Restos de armadura romana.

Lorica laminata o *lorica segmentata.*

Cassis.

Caligae.

Balista.

Gladius.

Soldados representados en la columna trajana.

ROMA EN LA PINTURA HISTÓRICA

Las clases sociales en Roma representadas en un cartel de cárnicas Liebig (ca. 1920).

El triunfo de Mario, óleo de Saverio Altamura (mediados del siglo XIX).

Vercingétorix arroja sus armas a los pies de Julio César, óleo de Lionel Noel Royer (1899).

César.

Pompeyo.

Asesinato de César, óleo de Vincenzo Camuccini (1806).

Muerte de Cleopatra, óleo de Jean-André Rixens, 1874.

Cicerón pronuncia su discurso contra Catilina, óleo de Cesare Maccari (1888).

EL IMPERIO ROMANO

Emperador Augusto.

Livia, esposa de Augusto.

Tiberio.

Restos de Villa Jovis, el palacio de Tiberio en Capri (Icastro, 2011).

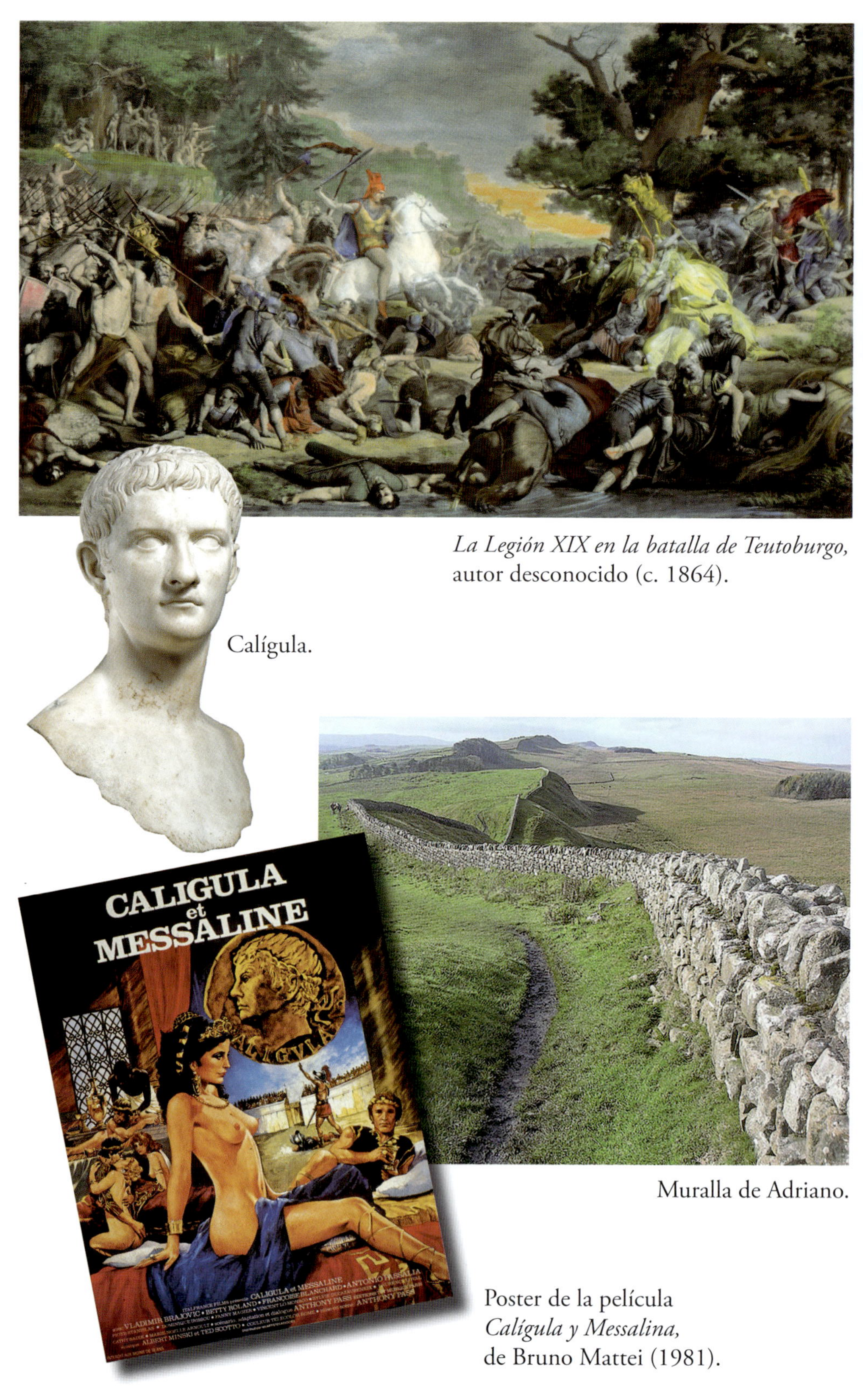

La Legión XIX en la batalla de Teutoburgo, autor desconocido (c. 1864).

Calígula.

Muralla de Adriano.

Poster de la película *Calígula y Messalina,* de Bruno Mattei (1981).

Los despojos del Templo de Jerusalén en un relieve del Arco de Tito, Roma.

Mártires cristianos en el Coliseo, óleo de Konstantin Flavitsky (1862).

Trajano.

Adriano.

Columna trajana.

ROMA CRISTIANA

Constantino.

Relieve de la tríada de Palmira.

Patena de Cástulo (Museo Arqueológico de Linares, Jaén).

Crismón.

El triunfo del cristianismo, óleo de Tommaso Laureti (1585).

LA DECADENCIA

Teatro de Bosra convertido en castillo (Icastro, 2009).

Los tetrarcas.

Mapa de Constantinopla en la época otomana.

Las rosas de Heliogábalo, óleo de Lawrence Alma-Tadema (1888).

Zenobia, óleo de Herbert Schmalz (1888).

El general Estilicón.

LA INVASIÓN DE LOS BÁRBAROS

Los favoritos del emperador Honorio, óleo de John William Waterhouse (1883).

Familia bárbara.

El saqueo de Roma, de Joseph-Noël Sylvestre (1890).

La invasión de los bárbaros, óleo de Ulpiano Checa (1887).

ban para suceder a Claudio. Esas asechanzas cesaron cuando Claudio adoptó a Nerón, el hijo habido por Agripina de un matrimonio anterior, y lo declaró futuro coemperador al lado de Británico.

Al parecer, Agripina había consultado a unos astrólogos caldeos sobre la posibilidad de que su hijo fuera emperador.

—Reinará, pero matará a su madre —le dijeron.

—¡Que me mate con tal de que reine! *(Occidat, dum imperet!)* —respondió ella.

Dos emperadores compartiendo trono no parecía un arreglo natural, pensó Agripina, y antes de que el pequeño Británico alcanzara la pubertad, envenenó a Claudio con un plato de setas.[181]

Para ello contó con la connivencia del *praegustator* Haloto, el eunuco que probaba los alimentos del emperador precisamente para evitar envenenamientos. Claudio se atiborró de setas (era muy glotón), pero cuando lo llevaban a sus aposentos a dormir la mona (también bebía en exceso) lo vomitó todo.

—No morirá. El veneno de las setas requiere paciente digestión, de lo contrario no funciona —advirtió Locusta, una especialista en aligerar defunciones cuyos servicios había contratado Agripina (ya la había ayudado a deshacerse de su primer marido).

La impaciente Agripina convocó al médico de cabecera, un griego llamado Jenofonte que también estaba implicado en el magnicidio. El médico le introdujo una pluma de ave en la garganta con el pretexto de hacerle vomitar el resto, pero la pluma estaba impregnada de un veneno más activo que acabó de ultimar a Claudio.

¿Por qué asesinó Agripina a su marido?

181. No entraré en la discusión académica sobre si fue con *Amanita caesarea,* convenientemente envenenadas, o *Amanita phalloides* o *Boletum medicatum,* que aportan su propio veneno.

No fue solo porque la asqueara el anciano baboso. Sus motivos fueron más bien maternales y políticos: acelerar la ascensión al trono de su hijo Nerón, que ya había cumplido los diecisiete años.

Claudio entregó su alma a los dioses, por fin, pero Agripina fingió que solo estaba enfermo y fue emitiendo comunicados más o menos esperanzadores mientras movía los hilos del poder para asegurar la sucesión de su hijo.[182]

¿Qué fue de Británico? Al principio lo ningunearon para exaltar a Nerón, pero cuando estaba a punto de cumplir los catorce años, momento en que el Senado lo declararía mayor de edad y quizá optante a compartir el trono de Nerón, Agripina requirió de nuevo los servicios profesionales de Locusta y el chico murió echando espuma por la boca.

—Un ataque de epilepsia —sentenció el galeno Jenofonte, convocado al efecto.

182. Juvenal, *Sátiras,* V, 146 y ss. y VI, 620; Plinio el Viejo, *Historia natural,* XXII, 92.

CAPÍTULO 34

Nerón, artista y poeta

Nerón, que gobernó entre los años 54 y 68, comenzó su principado dando muestras de sabiduría y templanza. Se dejaba aconsejar por sus dos sabios tutores, Afranius Burrus, el prefecto del pretorio, y Séneca, el famoso filósofo cordobés.

La cordura y el buen juicio del joven emperador sorprendían a todos. La primera vez que le presentaron a la firma una sentencia de muerte, comentó con amargura: «¿Por qué me enseñaron a escribir?». Poco después abolió la pena de muerte y prohibió los juegos sangrientos en el anfiteatro. Incluso pretendía sustituirlos —en lo que ya empezamos a percatarnos de que estaba loco de atar— por juegos florales y justas poéticas. Quiso también reducir los impuestos y humanizar las condiciones de vida de los esclavos.

Hasta aquí, todo bien. Incluso las armas de Roma triunfaban en el exterior, sometían a los rebeldes partos y reconquistaban Armenia. Pero, de pronto, el joven Nerón dio notorias muestras de enajenación mental, especialmente cuando su esposa Popea Sabina le hizo sospechar que su madre conspiraba para derrocarlo y entregar el trono a su joven amante Aulo Plaucio. Nerón lo hizo ejecutar, pero si creemos a Suetonio, antes lo obligó a hacerle una felación y le dijo: «Ahora que venga mi madre y bese a mi sucesor».[183]

183. Suetonio, 1985, «Nerón», 35, 2.

El odio a su madre se fue acrecentando hasta que en el año 59 resolvió matarla. primero lo intentó haciendo naufragar la barca en la que atravesaba un lago, pero la incombustible señora se puso a salvo a nado.[184] Entonces la hizo ejecutar, sin más.

Desaparecida la madre posesiva, principal freno a sus extravagancias, y fallecida su mujer Popea Sabina (la que a pesar de bañarse en la leche de quinientas burras no prolongó su existencia), Nerón hizo castrar a Esporo, un esclavo joven que se parecía a ella, y se casó con él. Esporo ocupaba el lecho imperial y se vestía y peinaba como la difunta. No fue la mayor extravagancia del emperador.

Nerón se sintió libre para ejercer su vocación verdadera, que era la de actor y poeta. Los funcionarios que lo rodeaban tuvieron que soportar sus versos, que él mismo acompañaba tañendo una lira. Imaginando las tediosas sesiones poéticas está uno tentado de pensar que lo mataron por eso.

Además, ideaba piezas de teatro crueles que consistían en reproducir cruentas escenas mitológicas en el circo: un jabalí hambriento que se cebaba en un Prometeo atado a una roca (el cochino en sustitución del águila original); un Dédalo con alas de cera y plumas que se estrellaba desde un elevado trampolín..., incluso un toro berrando que violaba a una condenada disfrazada de Pasífae, convenientemente envuelta en una piel de vaca y con la vagina impregnada con licor de una vaca en celo (lo cuenta Marcial).[185] Esta mezcla de sexo y crueldad se repetía en el anfiteatro, donde el público asistía a la violación de una condenada por un asno y su posterior sacrificio abandonándola a las fieras.[186]

184. Tácito, 1980, XIV, 3.

185. Probablemente introducían a la condenada en una ternera hueca convenientemente untada de jugos vaginales de una vaca para que excitara al semental.

186. Apuleyo, *El asno de oro,* X, 34, 3-5.

Para entonces había degenerado el espectáculo y ya se ofrecían hasta charlotadas: veladas nocturnas en las que gladiadoras con las ubres al aire luchaban contra enanos o contra eunucos y otras extravagancias semejantes.[187]

Quizá al principio fuera un loco gracioso, pero su propio omnímodo poder acabó convirtiéndolo en un loco homicida. Reanudó los procesos por imaginarios delitos de lesa majestad y llegó a condenar a muerte a su esposa y a Burrus, su prefecto del pretorio.

Es, sin embargo, falso que incendiase Roma en el año 64 para contemplar una ciudad en llamas. En realidad, cuando ocurrió el incendio que devastaría gran parte de la ciudad, Nerón se encontraba a sesenta kilómetros de allí, en Antium. Regresó a toda prisa para dirigir los trabajos de extinción y socorrer a los damnificados.

También es falso que acusara del incendio a los cristianos y desencadenara contra ellos una sangrienta persecución. La verdad es que los cristianos de la ciudad eran todavía escasos y no se consideraban una amenaza para la religión oficial. Las noticias relativas a esta persecución son apócrifas y fueron insertadas, siglos después, en los textos de Tácito y Suetonio.[188]

187. Suetonio, *Vida de Nerón,* 12, 2.

188. Tácito lo cuenta así: «En consecuencia, para librarse de la acusación [de haber quemado Roma], Nerón buscó rápidamente un culpable e infligió las más exquisitas torturas sobre un grupo odiado por sus abominaciones, que el populacho llama cristianos. Cristo, de quien toman el nombre, sufrió la pena capital durante el principado de Tiberio de la mano de uno de nuestros procuradores, Poncio Pilatos, y esta dañina superstición, de tal modo sofocada por el momento, resurgió no solo en Judea, fuente primigenia del mal, sino también en Roma, donde todos los vicios y los males del mundo hallan su centro y se hacen populares. Por consiguiente, se arrestó primero a los que se declararon culpables; entonces, con la información que dieron, una inmensa multitud fue presa, no tanto por el crimen de haber incendiado la ciudad como por su odio contra la humanidad. Todo tipo de mofas se unieron a sus ejecuciones. Cubiertos con pieles de bestias, fueron despedazados por perros y perecieron, o fueron

Nerón, muy helenizado en sus gustos, detestaba aquella Roma crecida caóticamente que no correspondía a una capital del mundo. Quiso reconstruirla en el más puro estilo griego: calles rectas, jardines y estatuas.

¿Estatuas? La mayor estatua del mundo, un bronce de treinta metros de altura, en la explanada frente al Circo Máximo, representaba al propio Nerón.[189]

César y el gran Augusto habían vivido en mansiones que hoy podríamos denominar de mediano pasar, sin lujos excesivos. Tiberio, que odiaba las concurrencias, se arregló con el palacio heredado y solo mostró su afán constructivo en su retiro de Capri. Nerón concibió la idea de construir un palacio que superara no solo los de todos sus predecesores, sino, a ser posible, también los de sus sucesores (una idea que también tuvo el megalómano Hitler, siglos después).

El proyecto fue la Domus Aurea (Mansión de Oro), un conjunto de edificios separados por jardines, bosques, viñedos y un lago artificial. De haberse construido al completo habría ocupado la colina Palatina, el llano del Coliseo y la colina del Oppio, casi un tercio de la superficie total de la ciudad.

Los ingeniosos y maldicientes romanos idearon pasquines en los que se leía: «Roma va camino de convertirse, toda ella, en una sola mansión. ¡Ciudadanos, emigrad a Veyes!». Y una venenosa posdata: «Aunque bien pudiera ocurrir que la casa de Nerón llegue también a Veyes». La suerte de Roma, o su desgracia, fue que el palacio quedase sobre el papel.

¿De dónde iban a salir los muchos millones de sestercios que costaba el proyecto?

---

crucificados, o condenados a la hoguera y quemados para servir de iluminación nocturna, cuando el día hubiera acabado» (Tácito, XV).

189. Años después, Vespasiano le añadió una corona de rayos, para que representara al dios del sol, Helios *(Coloso Solis),* que dio nombre al vecino Coliseo. Probablemente la destruyeron en el saqueo de Roma de 410.

Nerón recurrió al acreditado sistema de expropiaciones de millonarios de fidelidad dudosa.

Fue una mala idea tocar el bolsillo de los poderosos. En el Senado arraigó el proyecto de eliminar al tirano que los estaba arruinando con sus extravagancias. Acordaron apuñalarlo cuando asistiera a los juegos en honor de Ceres, la agrícola, en el Circo Máximo. Cuando todo estaba preparado, un liberto denunció la implicación de su señor, Flavio Escevino, quien hábilmente interrogado confesó los nombres de los conjurados. El verdugo ejecutó a unos cuantos; otros se suicidaron, entre ellos los escritores Petronio y Lucano y el filósofo Séneca, que se abrió las venas en el baño.

Una generosa propina contentó a los pretorianos para estimular su fidelidad al emperador.

Tres años más tarde, el gobernador de las Galias, Julio Vindex, se sublevó alegando que Roma no podía soportar más a semejante histrión.

—Lo he visto actuar sobre un escenario haciendo papeles de mujer preñada y de esclavo al que van a ejecutar —explicaba.

En aquello había quedado la severa continencia de los antiguos romanos.

A Vindex se unieron Galba y Otón, gobernadores de la Hispania Citerior y la Lusitania, respectivamente. En vista de que los que tenían mando en tropa lo rechazaban, el obediente Senado depuso a Nerón.

Abandonado de todos, Nerón se hizo matar por un liberto de confianza. Tenía treinta y un años. Su amante, la cristiana Claudia Actea, se encargó de sepultarlo.

La Domus Aurea, todavía inacabada, fue víctima de la *damnatio memoriae:* se saquearon sus mármoles y las estancias desnudas se rellenaron de tierra para que sirvieran de fundamento a otros edificios.[190]

190. Cuando se descubrieron en el siglo XV, pensaron que eran grutas decoradas. Los artistas se descolgaban con sogas para admirar los frescos

Con Nerón pereció la dinastía julioclaudia, que tan gloriosamente fundara Augusto un siglo antes.

A este propósito circulaba en Roma una curiosa leyenda: paseaba Livia en su silla, a poco de casarse con Augusto, cuando, al cruzar una plaza, un águila que sobrevolaba dejó caer sobre su regazo una gallina que había robado de un corral vecino. La gallina aún sostenía en el pico una ramita de laurel que se hallaba picoteando en el momento de su secuestro. Livia consideró que aquel suceso era una señal del cielo y alojó al ave en el corral de su casa, donde también plantó la ramita de laurel. El árbol creció frondoso y la gallina se multiplicó en una muchedumbre de ponedoras como si árbol y ave fuesen reflejo de la creciente prosperidad de Roma y de los Julio-Claudios.

Cuando un emperador celebraba un triunfo siempre se coronaba con una rama de aquel laurel. Después de la ceremonia, la rama se volvía a plantar y siempre retoñaba y echaba raíces, pero se marchitaba a la muerte del emperador al que había coronado.

Pues bien, durante el último año del principado de Nerón, las gallinas del corral murieron una tras otra y el laurel plantado por Livia se secó. Señal por la que los romanos vinieron a saber —concluye la leyenda— que la dinastía julioclaudia había fenecido.

Hemos visto que los últimos césares julioclaudios fueron una calamidad. ¿Cómo es posible que el Imperio se mantuviera rozagante con estos sujetos al frente? Porque gozaba de «una estructura de mando sorprendentemente estable».[191]

El sistema funcionaba gracias a los gobernadores y funcionarios provinciales que velaban por la paz y la prosperidad, y espe-

---

de las paredes y luego se inspiraban en ellos para sus propios grutescos (del italiano *grottesco* y este de *grotta,* 'gruta'): «Adorno renacentista caprichoso y complejo que representa seres fantásticos con apariencia humana o animal, acompañados de frondas».

191. Beard, 2016, p. 433.

cialmente porque impartían una justicia superior a la que los pueblos sometidos recordaban de cuando eran libres. Los legados superaban las mezquinas disputas locales y, aunque no siempre estuvieran acertados en sus decisiones, el prestigio de Roma los sustentaba. Por otra parte, el sistema premiaba con ventajas fiscales la sumisión y la colaboración de individuos y comunidades. En este sentido, las ciudades podían ser libres sin pacto previo *(liberae et inmunes)*, sometidas por la fuerza de las armas *(dediticiae)*, libres asociadas *(foederatae)*, tributarias *(stipendiariae)* o exentas de tributos *(foederatae liberae)*. Las ciudades romanas *(cives romani)* disfrutaban de derechos políticos plenos; las latinas, solo de ciertos derechos civiles *(ius latii)*. También había ciudades de nueva creación que se gobernaban por el derecho romano *(coloniae)* y otras que se gobernaban por el derecho latino, intermedio entre la ciudadanía y la extranjería *(municipia)*.

El comercio y la riqueza florecían en las ciudades provinciales unidas por una red cada vez más tupida de vías intermedias que al propio tiempo servían para que las legiones se desplazaran rápidamente de un lado al otro del Imperio a fin de mantener la *pax romana*.

CAPÍTULO 35

Flavios, Antoninos y generalísimos

A la muerte de Nerón, varios generales con mando en las provincias se disputaron el poder. En menos de un año, cuatro de ellos se sucedieron en el trono imperial y cada uno suprimió a su antecesor.[192]

El primero fue Servio Sulpicio Galba, que se sublevó contra Nerón desde Hispania con el apoyo del Senado. Era un hombre ya mayor, calvo, gordo, artrítico y estragado por una vida intemperante. «Su pasión lo impulsaba hacia los varones: pero los quería crecidos y vigorosos. Se contaba que cuando Icelo, uno de sus antiguos compañeros de orgías, fue a anunciarle la muerte de Nerón, no contento con abrazarlo indecentemente delante de todos, le rogó que se depilara en el acto y se lo llevó consigo para un encuentro a solas».[193]

Galba regresó a Roma para hacerse cargo del Imperio, pero no supo ganarse el apoyo del pueblo. El hombre era algo tacaño: al pueblo le recortó las fiestas, a la aristocracia le advirtió que debían restituir lo que Nerón había disipado y al ejército le racaneó las pagas prometidas.

¿Es para matarlo o no es para matarlo?

Los pretorianos lo asesinaron en el foro: «Volcose la litera junto al lago llamado de Curcio y, arrastrándose Galba por el suelo

192. Los romanos llamaron al –69 el año de los cuatro emperadores *(annus quattuor imperatorum).*

193. Suetonio, 1985, «Galba», p. 22.

con la corona puesta, corrieron a herirlo. Él, alargando el cuello, dijo: "Acabad vuestra obra si así conviene al pueblo romano". Recibió, pues, muchos tajos y estocadas en las piernas y los brazos, y lo decapitó un tal Camurio, de la legión decimoquinta».[194]

¿A quién ponemos ahora?

Los militares preferían a Otón, del que se contaba que era capaz de devorar, él solo, medio jabalí asado de una sentada.

El gobernador de Germania Aulo Vitelio se rebeló en Colonia con siete legiones a las que luego se unieron las de otros colegas. Otón intentó apagar el incendio sobornando al rebelde con la promesa de «asegurarle una vida de holgura, placer y ocio» (Plutarco). Como no dio resultado tuvo que apelar a las armas.

Vitelio derrotó a Otón y este se suicidó lanzándose contra su espada después de disponer que lo incineraran para evitar que su cabeza acabara expuesta en el extremo de una lanza.

Vitelio se regocijó al contemplar el campo de batalla sembrado de cadáveres:

—¿Los enterramos, césar? Esto apesta.

—El enemigo muerto siempre huele bien —comentó.

Apenas pudo saborear las mieles del triunfo. Derrotado por Vespasiano, al que apoyaban las legiones de Oriente, cuando intentó dimitir ya era tarde.

«Lleváronle casi desnudo al foro, con las manos atadas a la espalda, una cuerda al cuello y las ropas destrozadas, prodigándole los peores ultrajes por todo el trayecto de la vía Sacra: unos le tiraban de los cabellos hacia la espalda para levantarle la cabeza, como se hace con los criminales; otros le empujaban la barba con la punta de la espada para obligarlo a mostrar la cara; arrojábanle estos fango y excrementos; aquellos lo llamaban borracho e incendiario; finalmente lo mataron a espada y lo arrastraron con un gancho hasta el Tíber».[195]

194. Plutarco, *Galba,* 27.
195. Suetonio, 1985, «Vitelio», p. 17.

Más afortunado que sus antecesores, Vespasiano fundó la breve dinastía de los Flavios y se mantuvo en el poder durante diez años (69-79). Este militar, nieto de un centurión, era un hombre sencillo y realista, chapado a la antigua, que administró austeramente su patrimonio imperial y subastó muchos cargos.

—De todos modos van a robar —razonaba—. Así al menos restituyen al Estado parte de sus rapiñas.

Le disgustaban los petimetres viciosos y holgazanes que producía la aristocracia, los nietos de los guerreros que habían conquistado el mundo, pervertidos por el lujo y la abundancia. Favoreció a los habitantes de las provincias, extendió la ciudadanía latina *(ius latii)* a Hispania y aumentó a mil el número de senadores, admitiendo entre ellos a muchos miembros de la nobleza municipal, plebeya, de las ciudades italianas. Inició la construcción del Coliseo o anfiteatro Flavio, el monumento más característico de Roma. Guerreó contra germanos, dacios y judíos.

En las lavanderías públicas romanas *(fullonicae)* se usaban orines humanos (por el amoniaco que contienen). Vespasiano impuso un impuesto a los urinarios públicos. Cuando su hijo Tito le afeó la ocurrencia, le acercó a la nariz unas monedas.

—Como verás, no huelen.[196]

Después de una cura de aguas termales, porque padecía de los riñones, se sintió morir.

—*Puto deus fio* —bromeó en su agonía ('Parece que me estoy volviendo dios').

El experimentado y capaz Tito sucedió a su padre en el año 79. En su corto reinado, tres años, ocurrieron dos catástrofes memorables: el segundo incendio de Roma y la famosa erupción del Vesubio (año 79) que sepultó bajo una montaña de cenizas y lava sólida las ciudades de Pompeya, Herculano y Estabia. Una vícti-

196. Recuerden que los antiguos urinarios públicos en París, ya casi desaparecidos, se llamaban precisamente *vespasianos*. Los más modernos, adecuados también a las mujeres, se llaman *sanisettes*.

ma famosa de esta erupción fue el naturalista Cayo Plinio Segundo, muerto cuando intentaba acercarse al cono del volcán en una expedición científica.

Una tercera catástrofe puede atribuirse a Tito. Cuando reprimió la rebelión judía y arrasó Jerusalén, saqueó el templo y arrambló con los ornamentos y objetos sagrados que contenía. El candelabro de los siete brazos, la mesa de Salomón y el resto del tesoro se exhibieron en el triunfo. Fue el gran día de los Flavios. A la cabeza del desfile iban Tito y Vespasiano. Tras ellos, el meritorio Domiciano, hermano de Tito, en un caballo blanco.[197]

También trajo consigo a una princesa hebrea espectacularmente bella (como ellas suelen ser), Berenice, que le llevaba once años sobradamente compensados con las ventajas de gozar de la vida en los brazos de la mujer madura.

—Padre, queremos casarnos.

—Ya hemos tenido en Roma bastantes Cleopatras —respondió Vespasiano—. De concubina tiene un pase, pero para esposa te buscas una romana de buena familia.

Tito, obediente, se casó con Arrecina Tértula y a su muerte con otra romana, Marcia Furnila.

Fue un buen emperador, amante de su pueblo y constructor. Acabó el Coliseo y se desvivió para ayudar a los damnificados por la erupción del Vesubio. Era tan clemente que perdonó a unos conjurados y envió un mensaje tranquilizador a las madres que ya los daban por muertos.

A Tito sucedió Domiciano, que arrinconó definitivamente al Senado y optó por un gobierno autocrático de carácter oriental, divinización del monarca incluida. Adoptó el título de *dominus deus* como supuesto descendiente de Júpiter, cuyo templo restauró y enriqueció con un techo de láminas de oro.

197. Una representación de ese triunfo es el arco de Tito, uno de los pocos que se han conservado hasta hoy. En él vemos los sagrados objetos: la menorá o candelabro de los siete brazos y la mesa de Salomón.

A pesar de sus esfuerzos por restaurar la antigua religión romana, Domiciano no pudo evitar la extensión de los cultos orientales, entre ellos, el cristianismo.[198]

Domiciano gobernó arbitrariamente durante quince años en los que Roma guerreó contra los dacios del Danubio, contra los germanos en el Rin y contra los britanos en Britania. Roma, militarmente exhausta, creó las primeras líneas defensivas (limes) en Escocia y en el Rin.

En sus últimos tiempos, al emperador le aquejó cierta manía persecutoria. Por todas partes veía conspiraciones palaciegas. Andaba por palacio aquel esclavo, Epafrodito, que ayudó a Nerón a suicidarse.

—¿Y si le ha tomado el gusto al magnicidio? —se preguntaba Domiciano en su delirio.

Y lo hizo ejecutar.

Los otros funcionarios palaciegos tomaron nota. ¿No peligraremos todos?

Un astrólogo le había anunciado a Domiciano que moriría un mediodía. El día en que una conjura palaciega lo asesinó preguntó la hora a un esclavo y este lo tranquilizó.

—Pasa de mediodía, *dominus*.

El intendente Esteban, que fingía una herida en el brazo en cuyo vendaje ocultaba una daga, le solicitó audiencia para entregarle un documento importante. Mientras Domiciano lo leía, sacó la daga y se la hundió en el vientre. El herido se defendió con denuedo, pero nada pudo hace frente a los otros conjurados que a los gritos de Esteban acudieron: «Clodiano, legionario distinguido; Máximo, liberto de Partenio; Saturio, decurión de los cubicularios, y algunos gladiadores, cayeron sobre él y le asestaron siete puñaladas».[199]

198. Como demuestra el llamado grafito del Palatino, que dibuja a un cristiano adorando a un asno crucificado.

199. Suetonio, 1985, «Domiciano», p. 17.

No existe constancia de que Domiciano, al verse agredido por sus hombres de confianza, dijera:

—¡Jo, qué tropa!

Todo estaba preparado. Inmediatamente proclamaron sucesor a Nerva, con el que se inaugura una nueva dinastía, la antonina, basada más en el principio de adopción que en el de la sucesión familiar.

En términos generales, los Antoninos fueron beneficiosos («los cinco emperadores buenos») e incluso intentaron reformar las costumbres y educar al pueblo.

El emperador Nerva (96-98), un anciano senador que solo gobernó dos años, promovió al consulado y asoció al trono al gobernante excepcional que lo sucedió: Marco Ulpio Trajano (97-117), el primer emperador nacido fuera de Italia, un hispano oriundo de Itálica, junto a Sevilla.

Para muchos, Trajano fue el mejor gobernante que tuvo Roma. A su muerte se estableció la costumbre de desear a cada nuevo emperador, en el acto de toma de posesión de las insignias, que fuera «más feliz que Augusto y mejor que Trajano» *(«felicior Augusto, melior Trajano»)*.

Trajano fue un hombre de acción, enérgico y honrado, noble con el Senado, generoso con la plebe. Moderó los impuestos, administró sensatamente, emprendió obras públicas, aumentó el número de los inscritos en la *annona,* instituyó un organismo de auxilio a los niños necesitados *(alimenta)* y cuidó del bienestar del pueblo de Roma como ningún antecesor lo había hecho.

Dice Dion Casio: «Sabía bien que la excelencia de un gobierno se muestra tanto en su atenta vigilancia de las diversiones como en su preocupación por los asuntos más serios y que, aunque el reparto de dinero agrade a los individuos, también deben celebrarse espectáculos que satisfagan a la plebe».

Fue, en fin, tan sabio y paternal que la leyenda medieval pretendía que el papa Gregorio el Grande (hacia el 600) había conseguido con sus oraciones que Trajano fuese admitido en la gloria a pesar de su condición de pagano.

Una de las grandes reformas de Trajano consistió en integrar las provincias en el núcleo de decisiones del Imperio, un proyecto de César que Augusto había frenado. A partir de Trajano, el número de senadores provinciales aumentaría a casi la mitad del total.

En política exterior reanudó las conquistas, que estaban prácticamente estancadas desde Augusto. Primero sometió a los dacios y añadió al Imperio la provincia de Dacia, origen de la actual Rumania. Luego guerreó con los partos, el tradicional enemigo del Este, y creó por aquellos confines las nuevas provincias de Armenia, Siria y Mesopotamia.

El emperador murió en Asia Menor, al concluir aquella campaña. Roma había alcanzado su máxima expansión territorial, pero ya daba alarmantes signos del cansancio y del agotamiento que preceden al declive.

El testigo material de este emperador hispano es uno de los más bellos monumentos de Roma, la columna trajana, construida por Apolodoro entre 106 y 113. Es una monumental columna dórica de 42 metros de altura cuyo fuste, de 2,50 metros de diámetro, representa una banda en espiral adornada con bajorrelieves. En ellos asistimos a la narración casi cinematográfica de los 124 episodios de la campaña de Trajano contra los dacios. El macizo pedestal inferior albergaba las cenizas de Trajano y sobre el capitel de remate se elevaba a los cielos de Roma un águila de bronce. A la muerte del emperador sustituyeron el totémico animal por una estatua del mismo Trajano, pero esta fue desbancada, en 1588, por la imagen de san Pedro que hoy vemos.

CAPÍTULO 36

Limes o fronteras

A Trajano lo sucedió su sobrino segundo Adriano (117-138), también de origen hispano. Este hombre refinado y distante, enamorado de la cultura griega, resultó un infatigable viajero, «explorador de todo lo curioso» *(«omnium curiositatum explorator»).* Se ha sugerido que pudo ser homosexual y que su pasión por el bello Antínoo lo llevó a multiplicar las estatuas del muchacho.

Adriano se ganó la aprobación de la plebe con juegos circenses, amnistía fiscal y obras sociales, pero renunció formalmente a la expansión del Imperio, hizo la paz con los partos, a los que devolvió extensos territorios, y procuró ganarse la amistad de los pueblos sometidos y de establecer fronteras seguras: la oriental en el Éufrates y la europea en el Danubio y el Rin.

Después de sofocar la rebelión de Simón Bar Kojba (132-136), Adriano decidió erradicar a los judíos de su tierra. Para ello, transformó Jerusalén en una ciudad romana (Aelia Capitolina) y erigió dos estatuas paganas, la suya y la de Júpiter, en el sagrado solar del templo (destruido por Tito el año 70). Además se aplicó la *damnatio memoriae* sobre el nombre de Judea, que en adelante se llamaría Palestina.

En Britania construyó la muralla de Adriano (Vallum Aelium), de ciento diecisiete kilómetros, que atraviesa la isla de costa a costa, festoneada de fuertes y torres de vigilancia, y marca la frontera entre el territorio civilizado por Roma y la Caledonia norteña (Escocia), donde habitaban los feroces *pictos*, los 'pintados'.[200]

En el muro de Adriano se han encontrado unas laminillas de abedul o aliso del tamaño de una tarjeta postal que contienen una variedad de textos sobre los más variados asuntos, comunicaciones oficiales, listas domésticas y hasta una invitación al cumpleaños que la celebrante Claudia Severa envía a su amiga Sulpicia Lepidina. [201] Un sorprendente hallazgo que nos muestra la cotidianeidad de una comunidad militar instalada en las fronteras del Imperio.

Fue Adriano un excelente organizador. Reestructuró la administración y el ejército, codificó el derecho civil romano *(Edictum perpetuum praetoris)*, y fundó ciudades en un intento de reactivar la economía.

Murió a los sesenta y dos años de edad, después de larga y penosísima enfermedad. Lo sepultaron en un monumental mausoleo circular *(mausoleum Hadriani)* que es la base del actual castillo de Sant'Angelo. En su lecho de muerte compuso uno de los más delicados poemas de la lengua latina: «*Animula, vagula, blandula / Hospes comesque corporis / Quae nunc abibis in loca / Pallidula, rigida, nudula, / Nec, ut soles, dabis iocos...*» ('Almita, inquieta y afable, / huésped y compañera del cuerpo, / ¿dónde vivirás ahora? En lugares / yertos, austeros y desnudos / y jamás volverás a animarme como antes').

200. Por los tatuajes azules que usaban. También César había notado que los naturales de la isla se pintaban las caras de azul.

201. Otras tablillas nos muestran aspectos de la vida cotidiana de una guarnición fronteriza. «Te he enviado [...] un par de calcetines de Sattua, dos pares de sandalias y dos pares de calzas [...]. Te saludo, [...] Elpida, [...], Tetricus y todos tus paisanos con quienes rezo porque tengas la mayor de las fortunas». En una lista de compras leemos: «Pollos: 20, 100 manzanas, si las puedes encontrar bonitas, un centenar o dos centenares de huevos, si te los ponen a buen precio» (véase <https://www.nationalgeographic.es/historia/2023/05/tablillas-vindolanda-vida-cotidiana-ejercito-romano>).

El sucesor de Adriano fue su hijo adoptivo Antonino Pío (138-161), hombre sabio y gris de cincuenta y dos años que prosiguió la política pacifista de su antecesor, aunque se vio obligado a combatir contra los belicosos partos y los escoceses.

Buen administrador, Antonino se limitó a conservar lo construido en Roma y procuró atraerse al Senado condonando las condenas que su predecesor había dictado.

En su tiempo, la calidad del soldado romano había decaído tanto que cada vez se recurría más al alistamiento de mercenarios germanos.

En el año 165 las tropas que regresaban de la guerra contra los partos extendieron por el Imperio una epidemia de viruela quizá entreverada con otra de sarampión (la «peste antonina») que causó una gran mortandad, quizá hasta cinco millones de personas.[202]

A la muerte de Antonino Pío sucedió la diarquía (autoridad dividida entre dos) de Marco Aurelio y Lucio Vero.

Era Marco Aurelio un filósofo y hombre de letras. Hubiera sido feliz en una biblioteca, pero el destino lo obligó a viajar mucho y a comandar ejércitos, porque ardían las fronteras del Imperio con las rebeliones de germanos y partos. Por sus campañas, en las que hizo de tripas corazón, recibió los títulos algo exagerados de *armeniacus, medicas, parthicus, germanicus* y *sarmaticus.*[203]

Una de las víctimas de la epidemia antonina fue Lucio Vero, el corregente de Marco Aurelio, al que sucedió Cómodo, el hijo de Marco Aurelio, con el título de augusto, en lo que parece un regreso al principio de sucesión dinástica.

202. Se cree que la peste antonina (166-180) y la de Cipriano (251-270) se causaron por la adaptación al hombre de dos enfermedades hasta entonces de los animales, el sarampión y la viruela.

203. En este tiempo de Marco Aurelio se ambientan dos notables películas, *La caída del Imperio romano* (1964), de Anthony Mann, y *Gladiator* (2000), de Ridley Scott.

Debilitado por la plaga, el Imperio romano vivía un delicado momento. La presión de los pueblos germanos en la frontera aumentaba aprovechando la debilidad de las legiones afectadas por la epidemia.

Durante la campaña de Germania, Marco Aurelio compuso su célebre tratado *Meditaciones,* una colección de normas sobre la vida que ha sido libro de cabecera de muchos estadistas y ciudadanos en general, porque nos enseña a sufrir con paciencia las adversidades.[204]

«El arte de vivir se parece más al de la lucha que al de la danza, porque hemos de soportar contrariedades, muertes de seres queridos, falsedades y desengaños».

«La mejor venganza es ser diferente de quien causó el daño».

«No pierdas más tiempo argumentando cómo debe ser un hombre bueno, sé uno de ellos».

«De mi maestro aprendí no haber sido de la facción de los verdes ni de los azules, ni partidario de los parmularios ni de los escutarios [las facciones deportivas que dividían a la plebe romana]; el soportar las fatigas y tener pocas necesidades; el trabajo con esfuerzo personal y la abstención de excesivas tareas, y no prestar oídos a la calumnia».

Acompañaba a Marco Aurelio su abnegada esposa Faustina, que por este motivo mereció el aplauso de los legionarios y el título de madre del campamento *(mater castrorum).* Faustina era hija de Antonino Pío y se habían criado juntos. Le dio trece hijos (de los que solo sobrevivieron su sucesor, Cómodo, y cuatro chicas). Cuando murió, le dedicó un templo bajo la advocación de «Diva y Pía» y fundó en su memoria un colegio de huérfanas, las *puellae*

204. Las *Meditaciones* de Marco Aurelio (cuyo modesto título griego es *Τὰ εἰς ἑαυτόν, Cosas para mí mismo*) inspiraron el ascetismo cristiano y extienden su influencia hasta los ecologistas actuales. El sabio emperador describe el coito como «una fricción del intestino y eyaculación de un moquillo acompañada de cierta convulsión». Medite sobre ello el lector y convendrá conmigo, y con Marco Aurelio, en que el sexo está sobrevalorado. Los septuagenarios de mi generación hemos alcanzado la sabiduría necesaria para entenderlo.

Faustinianae. La fama de Faustina fue tan perdurable que durante mucho tiempo los denarios de plata con su efigie se engastaron en pulseras y anillos como amuleto que aseguraba la buena suerte.

¿Recuerdan la película *Gladiator* (2000)? En las primeras escenas asistimos a la muerte de Marco Aurelio en el limes de Germania a manos de su hijo Cómodo. No hay constancia histórica de que ocurriera así, pero Cómodo es el caso típico de un hijo impresentable que sucede a un padre sabio que no ha sabido o podido educarlo.

De padres sabios suelen nacer hijos necios, miren ustedes en su entorno y encontrarán ejemplos. A la muerte de Marco Aurelio, su hijo y corregente Cómodo se sintió libre de trabas para mostrar la paranoia y la megalomanía que hasta entonces había disimulado. Se declaró reencarnación de Hércules e hijo de Júpiter y se otorgó los títulos de pacificador del mundo *(pacator orbis)* y nuestro señor *(dominus noster).*

Cómodo dejó el gobierno en manos del liberto Saotero para dedicarse a sus aficiones, especialmente la carísima de las carreras de carros, las luchas de gladiadores y las cacerías de fieras en el circo. En estas farras gastó lo que sus predecesores de la dinastía antonina habían ahorrado tacita a tacita.

En sus frecuentes visitas al Coliseo, Cómodo pasaba a la sombra de la gigantesca estatua de Nerón. ¿Iba a consentir que su predecesor señorease Roma, aunque fuera en efigie? Lo hizo decapitar y sustituyó la cabeza por otra que reproducía sus rasgos. A los pies del coloso puso un león para acabar de parecerse a Hércules. En el pedestal inscribió: «El único zurdo que ha conquistado a mil hombres en doce ocasiones».

Cómodo descendía a la arena y derrotaba a todos los gladiadores que se le enfrentaban, pobres diablos convenientemente drogados para que no supusieran amenaza alguna.[205] Otras veces actuaba como ejecutor de delincuentes maniatados.[206]

205. Dion Casio, LXXIII, 10, 3.
206. *Ibidem,* LXXIII, 20, 3.

—Esas aficiones denotan que es hijo del gladiador del que se encaprichó su madre, Faustina, durante sus vacaciones en la costa de Caieta —murmuraban los corrillos.

—Y antes de yacer con Marco Aurelio se bañaba en sangre de gladiadores —aseguraban otros.

Estos y otros derroches le granjearon la enemistad del Senado, pero al menos consiguió el aprecio de la chusma, que aplaudía los espectáculos gratuitos. También, por cierto, ganó el aplauso de los cristianos, a muchos de los cuales libró de las prisiones porque abogaba por ellos su concubina Marcia, que era cristiana.

Un perturbado al frente del Imperio no podía durar mucho (pero duró doce años). Pronto la gente de palacio conspiró para asesinarlo. Incluso la gentil Marcia estaba de acuerdo. El último día del año 192 le suministró un veneno en la cena, pero se conoce que erró en la proporción, porque el taimado pensó que le había sentado mal la comida y vomitó antes de que el veneno surtiera efecto.

—Me daré un baño —dijo.

Los conspiradores sintieron que un abismo se abría bajo sus pies. «¿Qué hacemos?». Si el suspicaz Cómodo sospechaba de ellos estaban perdidos. Tras breve conciliábulo enviaron al liberto Narciso, que lo estranguló en la bañera.

Cuando conoció la noticia de la defunción de Cómodo, el Senado se sintió aliviado y decretó contra él una *damnatio memoriae*.

CAPÍTULO 37

La cristianización de la Bética

En el año 57, san Pablo manifestó su deseo de evangelizar Hispania, pero es dudoso que pudiera cumplir su propósito.[207] Igualmente dudosa es la venida del apóstol Santiago con el mismo fin, a pesar de las respetables tradiciones que sitúan su tumba en Compostela y su encuentro con la Virgen en el Pilar de Zaragoza.

Los datos históricos apuntan a que el cristianismo llegó a Hispania desde el norte de África (entonces provincia romana de Mauritania Tingitana) y se extendió rápidamente por la Bética en el siglo III.[208] Es lo que se deduce de la tradición, también entera-

207. Epístola a los Romanos 15:24. «Cuando vaya a Hispania, iré a vosotros; porque espero veros al pasar, y ser encaminado allá por vosotros, una vez que haya gozado con vosotros». Digamos, como curiosidad, que en el año 51 san Pablo conoció en Corinto a un hispano que remanecía de un pueblo de la Bética, Urgavona (hoy Arjona): el procónsul o gobernador de Acaya, Junio Anneo Galión, hijo de Helvia Albina, de ilustre familia urgavonense y madre también de Lucio Anneo Séneca, el preceptor de Nerón. Precisamente a ella dedicó este hijo filósofo una de sus mejores obras, *Consolación a Helvia*.

208. Se deduce del análisis filológico de las actas del Concilio de Elvira (Iliberis), así como de la arquitectura de las primeras basílicas y del origen africano de los primeros mártires hispanos. Un elemento propagador pudo ser la Legio VII Gemina, de procedencia africana, que remontó la vía de la Plata hasta alcanzar Astorga y León. La primera representación de Cristo conocida es la patena de Cástulo (siglo IV).

mente imaginaria, de las predicaciones de los siete varones apostólicos.[209]

La irradiación cristiana desde el norte de África determinó la importación de cánones y liturgias mucho más rigoristas que los que en la misma época emanaban del papado romano.[210] Seguramente, estas comunidades cristianas crecieron a raíz de la expulsión de los cristianos de Roma decretada por el emperador Claudio en el año 49.

La rápida conversión de un territorio antes pagano se explica porque los cristianos adaptaron su religión a ciertas prácticas de los cultos paganos que venían a suplantar.

Los poblados iberos más importantes solían sacralizar un santuario o *heroon,*[211] presunto sepulcro del héroe fundador y protector de la comunidad. Estos santuarios o *heroa* se convirtieron en *martyria* o sepulcros de mártires de la manera más natural.[212]

209. Según una leyenda que se puede remontar al siglo VIII, los siete varones (Torcuato, Tesifonte, Indalecio, Segundo, Eufrasio, Cecilio y Hesiquio o Isicio) comenzaron sus predicaciones en Acci (Guadix), donde recibieron la protección de la matrona Luparia, lo que les permitió fundar sendos episcopados en la región: el propio Torcuato en Acci, Tesifonte en Vergi (Berja), Hesiquio en Carcere (Cazorla o Cieza), Indalecio en Urci (Pechina), Segundo en Abula (Abla o Ávila), Eufrasio en Iliturgi (Maquiz, cerca de Mengíbar) y Cecilio en Iliberri (Iliberris o Elvira, hoy Granada).

210. Lo prueban las decisiones adoptadas por el Concilio de Elvira, dirigido por Osio, obispo de Córdoba (hacia el año 306-311): celibato de los clérigos, prohibición de tratos con judíos y herejes, severas penitencias para los pecadores, iconoclastia, etcétera. Ocho de los diecinueve obispos y diecisiete de los veinticuatro presbíteros que firmaron las actas del Concilio pertenecían a la Bética, lo que demuestra la gran implantación del cristianismo en la actual Andalucía. Tampoco pueden descartarse influencias orientales más directas por el intenso comercio que las regiones costeras andaluzas mantenían con el Mediterráneo oriental.

211. *Heroon* (del griego *ἡρῷον,* plural *ἡρῷα, heroa*), dedicado al héroe más o menos mítico fundador de la ciudad y su primer régulo.

212. Lo señaló Gibbon y más recientemente Lucius, 1904, y Saintyves, 1907.

En este trueque se produjo una remodelación de valores: «El héroe pagano no presenta capacidad para interceder por la salvación de los fieles y creyentes, ya que él mismo ni es eterno, ni se redime, ni es redimido; por el contrario, el mártir adquiere la salvación eterna, la inmortalidad, el don profético y es intermediario e intercesor entre los seres humanos y Dios para obtener su misericordia».[213]

Consecuencia lógica de una colonización por las legiones, el primer elemento civilizador de Roma, muchos héroes paganos eran guerreros que con el paso del paganismo al cristianismo mantienen su carácter, aunque evolucionado hacia el *miles Christi*, 'soldado de Cristo', de índole espiritual, que lucha contra el mal y en defensa de la doctrina y la fe de Cristo. Se impone entonces la expresión *militia Christi* o *miles Christi,* tan frecuente en textos paulinos.[214]

A partir del siglo II, el cristianismo se difundió por el Imperio, favorecido por la tolerancia politeísta de los romanos y por la creciente demanda popular de religiones mistéricas orientales. Será mucho más tarde —cuando el culto oficial se afirme en torno al divinizado emperador, en un desesperado intento de robustecer un poder ya decadente— cuando se produzcan los primeros conflictos entre la Iglesia y el Estado.

¿Por qué persiguieron a los cristianos?

Algunos cristianos se negaban a aceptar una rutinaria obligación de todo ciudadano romano que consistía en quemar un grano de incienso en el altar del templo de Roma y Augusto, lo que, en tiempos de absolutismo imperial, constituía un delito político. Este conflicto dio lugar a algunas persecuciones a menudo propiciadas por cristianos fanáticos a los que sus líderes habían prometido la salvación eterna si morían por su fe. Hay que advertir que

213. Geary, 1978.

214. «No militamos según la carne, pues las armas de nuestra milicia no son carnales» (2 Cor 10:3-4).

la mayor parte de las actas de los mártires son falsificaciones muy posteriores a la época en que acaecieron los sucesos que pretenden atestiguar.

Las primeras persecuciones pudieron ocurrir en tiempos de Nerón; las de Domiciano (entre los años 81 y 96), Decio (249) y Valeriano (257) no fueron muy cruentas, aunque apologetas posteriores las exageraron por motivos propagandísticos. Más grave fue la de Diocleciano (entre los años 303 y 313), que afectó más a las jerarquías que a las bases, o sea, murieron más obispos que monaguillos.

El sur de Hispania estaría completamente cristianizado cuando en el siglo V ocurrieron las invasiones bárbaras que dieron al traste con el Imperio romano.

Los visigodos, que en principio profesaban la herejía arriana,[215] se convirtieron al catolicismo con el rey Recaredo (año 587), lo que contribuyó a cohesionar a la población en vísperas de la invasión islámica.

215. El arrianismo (por Arrio, obispo de Alejandría, a principios del siglo IV) negaba que Cristo fuera Dios y, por consiguiente, la Trinidad.

CAPÍTULO 38

La decadencia del Imperio romano

En el siglo III se produjo una crisis que acabó con el modelo de sucesión augusteo y precipitó la decadencia del Imperio romano. El Imperio quedó a merced de militares que ni siquiera eran romanos de origen.

A la muerte de Cómodo sucedió la breve dinastía de los Severos (193-235), que comenzó con la proclamación como emperador de Publio Helvio Pertinax, prefecto del pretorio.

La guardia pretoriana esperaba de él un sustancioso *donativum,* pero las arcas del Estado estaban exhaustas después de los derroches de Cómodo. Pertinax tuvo que pignorar los bienes del anterior emperador, concubinas incluidas, y aun así no se atrajo la benevolencia de sus hombres, puesto que a los ochenta y dos días de reinado lo asesinaron.

Los pretorianos subastaron el trono. El mayor postor, el adinerado senador Marco Didio Juliano, prometió pagar veinticinco mil sestercios por pretoriano. Aun así solo alcanzó a reinar sesenta y seis días antes de que lo asesinaran a su vez.

—Pero ¿qué he hecho mal? ¿A quién he matado? —protestó antes de morir.

Lo sucedió el general Septimio Severo (193-211), de origen romano-púnico, quizá beréber,[216] que marchó sobre Roma con el apoyo de las legiones acantonadas en el Danubio y en el Rin.

216. Por ser africano se dijo que encarnaba la venganza de Aníbal.

Septimio Severo tomó la precaución de invitar a la guardia pretoriana a un banquete en su campamento y aprovechó la ocasión para disolverla y sustituirla por una guardia más personal *(protectores domestici).* Aunque el Senado lo aceptó, qué remedio, procuró mantener tropas fieles cerca de Roma.

Además se legitimó alegando que el emperador Marco Aurelio lo había adoptado a él y a toda su familia como herederos.

—Pero si Marco Aurelio lleva diez años muerto —objetaría algún senador.

—Tú acata como hacen todos y no te signifiques —nos figuramos el consejo de su esposa—. Piensa en mí y en nuestros niños.

En Roma, ya lo estamos viendo, si te eliminaban por algún motivo, la familia iba detrás, la soga tras el caldero, como suele decirse.

Los tiempos en que el ejército obedecía al gobierno habían pasado. En la decadencia de la institución, las legiones obedecían a sus generales.

El gobernador de Britania, Clodio Albino, se rebeló y marchó sobre Roma al frente de un poderoso ejército. Septimio Severo le salió al encuentro cerca de Lyon (Lugdunum) el año 197. Prevaleció Severo, que decapitó el cadáver de su enemigo antes de arrojarlo al Ródano y luego ejecutó a la mujer y los hijos del rebelde.

Septimio Severo contentó a las tropas con buenos sobresueldos e impuso una dictadura militar que le permitió reinar largos años. También fue generoso con la plebe romana, a cuya tradicional *annona* de grano añadió repartos de aceite de oliva.

Baldado por la gota y las fatigas de sus frecuentes campañas se echó a morir en Eboracum (hoy York), después de aconsejar a sus hijos y sucesores:

—Mantened la paz, contentad a las tropas y echaos a dormir.

Nuevamente iban a compartir el Imperio dos diarcas que además eran hermanos: Marco Aurelio Antonino Basiano (198-217), más conocido como Caracalla por el manto galo que solía vestir, y Publio Septimio Geta, un elegante aficionado a los cócteles («ávido de vinos preparados de diferentes maneras»).

El conflicto entre los dos hermanos era inevitable, porque rivalizaban y se odiaban desde la infancia. En algún momento intentaron repartirse el Imperio, pero su madre, la árabe siria Julia Domna, lo impidió con maternales razones.

—¿A mí también me vais a dividir? ¿Me vais a descuartizar para repartiros las dos mitades? Matadme y que cada uno realice los ritos funerarios de su mitad. Así también yo, junto con la tierra y el mar, quedaré dividida entre vosotros.

—Vale, madre, era solo una idea.

Por el momento, Julia Domna, la *pia felix augusta*, impuso la paz entre los dos hermanos, pero era inevitable que acabaran enfrentándose, porque recelaban, y con razón, el uno del otro.

Caracalla convocó a Geta en las habitaciones de su madre y sus centuriones lo acuchillaron, según algunos, cuando huyendo de los conjurados se había refugiado en brazos de la propia Julia Domna.

Caracalla obró siempre como un tirano, pero concedió la ciudadanía romana a todos los habitantes del Imperio.

—A partir de ahora, todos somos iguales —se dijeron los más ilusos.

—Hasta cierto punto, ciudadano. Seguirá habiendo dos clases, los *honestiores* ('más honorables') y los *humiliores* ('humildes'), estos sujetos a los mismos castigos degradantes que antes podían aplicarse a los forasteros.

Caracalla ambicionaba emular a Alejandro Magno llevando la guerra contra los partos. En ello estaba cuando una conspiración de Marco Opelio Macrino, su jefe de la guardia, lo asesinó aprovechando que había descabalgado para orinar.[217] Julia Domna se

217. Una muerte parecida a la de Sancho de Castilla, salvando las distancias. El rey murió en Zamora, asesinado por su acompañante Bellido Dolfos, cuando «apartosse a fazer aquello que la natura pide et que ell omne non lo puede excusar. Et Vellid Adolffo alle-gósse allá con él, et quandol vio estar d'aquella guissa, lançol aquel venablo, et diol por las espaldas

suicidó al conocer la noticia, también convencida de que no viviría mucho, puesto que padecía cáncer de mama.[218]

Lo más notable que dejó Caracalla a la posteridad fueron sus impresionantes termas en Roma, una especie de catedral del baño con capacidad para seis mil personas que cumplió su función hasta que en el siglo V los bárbaros destruyeron el acueducto que la alimentaba.

Muerto Caracalla, Macrino suspendió las operaciones, consciente de que no estaba en condiciones de derrotar a los partos. Hombre realista, les compró la paz desembolsando doscientos millones de sestercios, lo que repercutió negativamente en las pagas de sus tropas.

---

et salióI a la otra parte por los pechos». Así lo cuenta el ilustre arzobispo de Toledo Jiménez de Rada en su *Crónica general.*

218. Esta interesante mujer es la protagonista de dos novelas de Santiago Posteguillo: *Yo, Julia* (Premio Planeta, Barcelona, 2018) y su secuela, *Y Julia retó a los dioses* (Planeta, Barcelona, 2020). Me las lean.

CAPÍTULO 39

Paseando por Dura Europos

Quizá el lector se esté preguntando por el empeño de los romanos en domeñar a los partos. Como casi todo en la historia, la explicación es económica. Aquella región del Éufrates a la costa mediterránea era un nudo de comunicaciones vital por el que transitaba un activo y lucrativo comercio (caravanas incluidas). Ahora todo está muy decaído, debido a peculiaridades socioculturales de los países que ocupan aquel espacio, pero en los tiempos del helenismo aquello era un emporio de riqueza y de cultura.

Hace años visité las impresionantes ruinas de Dura Europos, a mitad de camino entre Alepo y Bagdad, en las rumorosas orillas del Éufrates. Una experiencia inolvidable. Unas ruinas que nos muestran la magnificencia de aquellos confines provinciales de Roma, la provincia Celesiria, en la que durante siglos se produjo el choque, pero también el encuentro, de diversas culturas.

La ciudad fortificada por los seléucidas sucesores de Alejandro Magno era un importante emporio comercial junto con Palmira. Durante siglos se las disputaron los Imperios parto y romano.

Sus impresionantes murallas, solo parcialmente vencidas por un terremoto en 1089, sugieren lo que tuvo que ser este enclave fronterizo. Los romanos la conquistaron fugazmente con la Legión III Cirenaica, pero enseguida regresó al dominio parto para volver a Roma, con intermitencias, en la campaña de Lucio Vero (año 165).

Además de núcleo esencial de intercambio comercial, Dura Europos lo fue de intercambio de ideas y de sangres: griegos, sirios, partos y judíos. Allí se encuentra, precisamente, la iglesia cristiana más antigua que se conoce (fechada en el año 234), decorada con interesantes frescos.

En Dura Europos captaron el judaísmo y el incipiente cristianismo las creencias indoiranias de la resurrección de los muertos, el dualismo del bien y del mal (Dios y el diablo) e incluso la existencia de un paraíso más allá de la muerte.[219]

A unos doscientos kilómetros de Dura Europos estaba el otro gran centro caravanero y comercial de Palmira, una espléndida ciudad helenística (solo su monumental columnata mide más de un kilómetro) en la que estableció un breve mandato la reina Zenobia (años 268-272).

Zenobia era una aristócrata de origen arameo que se casó a los catorce años con Septimio Odenato, el gobernador de la ciudad. Cuando su marido murió asesinado por un pariente, como es tradicional en aquellos pagos, ella se proclamó independiente tanto de Roma como del Imperio sasánida y regente de Palmira en la minoría de edad de su hijo y heredero. En este oficio, la reina guerrera extendió sus dominios desde el Nilo hasta el Éufrates.

El sueño imperial de Zenobia duró cuatro años. El emperador Aureliano la derrotó en la batalla de Emesa (hoy Homs) y la cautivó cuando intentaba huir al otro lado del Éufrates.[220] La exhibió

219. Si piensan visitar Dura Europos, temeridad que desaconsejo dada la inestabilidad política de la zona, absténganse de comer los peces del Éufrates, espinosos y con sabor a cieno, que sirven carbonizados en el establecimiento denominado As Salhiya Gardens, cerca de las históricas ruinas.

220. Existe una especie de palafito-merendero llamado al-Furat Doura en el lugar donde se dice que Zenobia se enfrentó a sus perseguidores. Sirven una cerveza Al Charq templada y unos pinchitos de oveja valetudinaria a la brasa.

en Roma en su triunfo encadenada con cadenas de oro, pero después, en lugar de estrangularla, como era costumbre, le cedió una villa en Tívoli donde vivió respetada el resto de sus años.[221]

Dura Europos. Icastro.

221. El 20 de mayo de 2015, el Estado Islámico o Dáesh ocupó las ruinas de Palmira y filmó en vídeo múltiples ejecuciones, degüellos y decapitaciones en su teatro grecorromano, para horripilar a los blandengues occidentales, los hijos del gran Satán. Después, volaron con explosivos los monumentos más notorios de la ciudad: el arco del triunfo, el teatro romano, el templo de Bel, el de Baalshamin, y varias tumbas torre, entre ellas la de Elahbel. Esto demuestra que los monumentos rapiñados por las potencias occidentales en Oriente Medio y otros lugares del planeta están más seguros en los museos europeos que en sus emplazamientos originales.

CAPÍTULO 40

Un travesti en el trono de Augusto

A la muerte de Caracalla, las legiones proclamaron emperador al joven Heliogábalo, sobrino de Julia Domna, un espíritu progresista, desenfadado, innovador, que impuso en Roma ciertas novedades para reconcomio de los senadores chapados a la antigua.

Por una parte, reemplazó el culto tradicional de Júpiter por el de Sol Invicto, una devoción oriental ascendente entre las legiones; por otra, se autopercibía como mujer y gustaba de depilarse, lucir joyas y vestirse con sedas de vivos colores. Incluso ofreció medio Imperio al cirujano que pudiera dotarlo de genitales femeninos (primer caso de transexualidad conocido).

La aducida condición femenina no le impidió trasgredir todas las normas de la tradición romana cuando se casó con la virgen vestal Julia Aquilia Severa, con el pretexto de que en ella produciría «hijos semejantes a los dioses».[222] En total tuvo cinco mujeres y dos maridos, los fornidos libertos Hierocles y Zótico.

Hierocles era un auriga rubio como la cerveza; Zótico, un atleta de Esmirna famoso por la magnitud de su herramienta (ya saben, un *onobelos,* 'pene de asno').

La extravagancia de Heliogábalo se extendió a los banquetes a los que invitaba a la buena sociedad romana. En ellos no sabías

222. Dion Casio, 2004, LXXX, 9. Hasta entonces, la vestal que perdiera su virginidad estaba condenada al emparedamiento en un subterráneo en el que fallecía de inanición.

bien lo que estabas comiendo, pues una de sus bromas pesadas consistía en introducir excrementos en la receta. En una ocasión provocó tal petalada que algunos comensales se asfixiaron bajo el alud.[223]

En 222, la guardia pretoriana, hastiada de sus genialidades, lo asesinó junto a su madre y consejera, Julia Soemias, y arrojó los cadáveres al Tíber después de arrastrarlos por las calles de Roma. Siguieron la misma suerte Hierocles y Zótico, los apenados esposos.

A Heliogábalo lo sucedió su primo e hijo adoptivo de trece años Alejandro Severo (222-235), que en su minoría de edad dejó el gobierno en manos de su abuela y después nombró un *consilium* de setenta individuos, veinte abogados y cincuenta «sabios y muy elocuentes» *(«sapientes viri eidemque disertissimi»).*

En la frontera oriental presionaba el rey persa Ardacher I, que invadió la provincia romana de Mesopotamia en 230. Alejandro Severo logró contenerlo con tropas rebañadas de los otros confines del Imperio, lo que aprovecharon los germanos para atacar por su lado en 234.

Alejandro Severo acudió a contener la invasión, pero la tropa descontenta con las pagas lo asesinó junto con su madre, Julia Mamea, y proclamó emperador a Maximino el Tracio.

—¿Un emperador bárbaro? —se dijeron los senadores—. Eso es inaceptable.

Y nombraron emperador al *equestre* Gordiano, culto miembro de una adinerada y antigua familia que, como ya había cumplido ochenta años, asoció al trono a su hijo Gordiano II y entró triunfalmente en la nueva ciudad romana de Cartago pensando que con él regresaría el Imperio a los buenos tiempos pasados. La ilusión le duró apenas un mes, porque el gobernador de la vecina

223. *Petalada,* 'lluvia de pétalos', neologismo que acabo de aprender en la Semana Santa de 2024. Como se sabe, cada nueva edición de la Semana Santa debe aportar una novedosa tradición ancestral.

Numidia permaneció leal a Maximino el Tracio y derrotó a Gordiano II, que pereció en la batalla. El abatido padre se ahorcó con su propio cinturón al conocer la noticia.

Lejos de arredrarse, el Senado nombró a dos coemperadores de su confianza, Pupieno Máximo y Calvino Balbino, los dos de nobles ancestros, que se felicitaron al conocer que un motín de la soldadesca descontenta había asesinado a Maximino el Tracio y a su hijo y heredero.

Pupieno y Balbino mantenían ciertas discrepancias sobre el mejor modo de conducir el Imperio. En realidad, eran dos egos enfrentados, así que finalmente decidieron elegir como césar a Gordiano III, un joven y tierno nieto de Gordiano I.

Pupieno Máximo había sido gobernador en Germania y se hacía acompañar por una escolta personal de germanos. Descontenta con esta competencia, la guardia lo asesinó. El mismo destino tuvo su colega Balbino, cuya herencia más notable es su estupendo sarcófago recientemente hallado en la vía Apia.

Sucedió otro periodo de anarquía militar (235-276). Las tropas obedecían a los militares que les pagaban… cuando llegaban las pagas. La fragmentación y la inseguridad perjudicaban al comercio, la moneda se depreció, aumentó la corrupción ante la incapacidad del gobierno central para vigilar las provincias y todo ello redundó en pobreza y desempleo. En el espacio de medio siglo se sucedieron veintiséis emperadores, que en su mayoría perecieron asesinados.

Uno de ellos, Valeriano (253-260), fue derrotado y apresado por el rey persa Sapor I en 260. Diversos autores cuentan las sevicias que el infortunado emperador tuvo que sufrir en manos de su captor. Según Lactancio, lo usaba de escabel: «Cuando deseaba subir al carro o montar a caballo, mandaba al romano que se postrase y le ofreciese su espalda y, poniéndole el pie sobre ella, le decía entre risas, en plan de burla, que esta era la realidad verdadera y no lo que los romanos pintaban en tablas y murales».

Cuando se cansó de humillarlo lo hizo desollar y la piel convenientemente curtida para que se conservara se expuso en el templo «de los dioses de los bárbaros para que la memoria del triunfo pudiera perpetuarse y para mostrársela a los embajadores romanos, quienes, al ver los despojos de su emperador, no depositaran mucha confianza en su propia fuerza».[224]

Roma solo se recuperó a medias con la despótica monarquía oriental de Diocleciano, un militar chusquero ascendido por méritos a jefe de caballería que reforzó el ejército para hacer frente a la amenaza de las fronteras e impuso cierto orden.

Diocleciano comprendió que los limes fronterizos instalados desde tiempos de Augusto resultaban una defensa estática poco operativa ante la creciente amenaza de los bárbaros. Para sustituir aquel sistema, ideó una defensa más dinámica, en profundidad, y dividió las legiones en *limitanei* ('vigilantes de los limes') y *comitatenses,* fuerza de élite, muy maniobrera, reforzada por potente caballería, fiel al emperador y lista para acudir a los puntos conflictivos.

La escasez de reclutas romanos obligaba a reforzar el ejército con tropas mercenarias *(foederati)* procedentes de los países bárbaros: godos, germanos y escitas. Las tácticas se vieron profundamente afectadas. Aquellas legiones compactas de la época de Mario que durante más de un siglo fueron una infantería invencible cedieron paso a unidades más móviles basadas en la manera de combatir de los bárbaros con predominancia de la caballería pesada (caballos y jinetes protegidos por cotas de malla). Estos *cataphractarii* de origen sasánida y parto, más adelante llamados *clibanarii,* llegaron a ser en el siglo IV las unidades más importantes del ejército romano.[225] Usaban espada larga, propia para hen-

224. Lactancio, 1982, p. 74. Un bajorrelieve existente en Naqsh-e Rostam (actual Irán) muestra al emperador Valeriano arrodillado ante Sapor I a caballo.

225. Los clibanarios reciben su denominación del *clibanus,* 'cazuela de barro que servía para hornear pan', por el calor que padecían dentro de sus armaduras.

dir, y lanza larga y pesada de origen sármata *(contus)* o arrojadiza *(lancea)*.[226]

Diocleciano impuso una nueva forma de gobierno, la tetrarquía, formada por dos emperadores o augustos (Diocleciano y Maximiano) y sus sucesores, los césares (Galerio y Constancio Cloro). Cada uno de ellos gobernaría una región de las cuatro en que se dividía el Imperio.

A la muerte de Diocleciano se disputaron el poder Majencio y Constantino, hijos, respectivamente, de Maximiano y de Constancio Cloro.

En 312 los dos ejércitos se enfrentaron cerca del puente Milvio. Majencio se ahogó en el Tíber y Constantino quedó dueño del terreno. La piadosa leyenda cristiana pretende que la víspera de la batalla vio en sueños una cruz con la leyenda *in hoc signo vinces* ('con este signo vencerás')[227] y al día siguiente pintó en sus escudos y enseñas el crismón, las dos primeras letras del nombre griego de Cristo.

Un año después, Constantino decretó la libertad religiosa. De este modo, el cristianismo, que había comenzado siendo una oscura religión de esclavos, despreciada por la aristocracia y odiada por la plebe, ascendió hasta la cúspide del poder y hasta se adueñó de él.

226. Otras armas arrojadizas fueron, a partir del siglo III, la *plumbata,* 'dardo plomado', o el *martiobarbulus,* 'dardo de Marte', un dardo ligero lastrado con plomo que se llevaba en el interior del escudo y, lanzado con ayuda de un propulsor, alcanzaba hasta sesenta metros. También existía una *plumbata et trilobata,* calculada para clavarse en el pie si alguien la pisaba en el fragor de la batalla.

227. En realidad, lo vio en griego: *Εν τούτῳ νίκα, «En touto nika»*.

CAPÍTULO 41

El Concilio de Nicea

Como *pontifex maximus* ('sumo pontífice'), Constantino se situaba a la cabeza de la religión imperial. Aunque todavía no se había convertido al cristianismo, simpatizaba con la nueva religión y estaba dispuesto a declararla la oficial del Imperio en sustitución del caduco paganismo. Su lema era: «Un Dios, un emperador, un Imperio, una Iglesia, una fe».

¿Una Iglesia única para el Imperio?

El plan era bueno, pero antes de proclamar al cristianismo la religión oficial era menester dotarlo de una doctrina única, porque últimamente estaba dividido en tantas sectas que se había convertido en un reñidero de gallos.

En 325 el emperador convocó un concilio en Nicea, no lejos de Constantinopla. Los trescientos obispos invitados a gastos pagados (entre los que, por cierto, no figuraba el de Roma) no objetaron a que un pagano dirigiera el concilio y estableciera la doctrina oficial de la Iglesia. En realidad, estaban que no cabían en sus sotanas. En muy pocos años pasaban de proscritos a funcionarios del Estado con su sueldo y sus prebendas. Dijeron amén a todo lo que proponía Constantino.

En el concilio se manifestaron tres tendencias: los encarnacionistas, que defendían que el Hijo es de la misma sustancia del Padre; los adopcionistas (arrianos), que pensaban que el Hijo es creación del Padre; y los semiarrianos, más conciliadores, que afirmaban que el Hijo era de una sustancia similar *(ομοιούσιος),* pero no igual a la del Padre, y que el Padre lo precedía en existencia.

Constantino atendía a los intervinientes, pero se perdía en los meandros de tanta discusión bizantina y según corría el tiempo en la clepsidra iba dando muestras de creciente impaciencia.

«Con la cantidad de trabajo que tengo y aquí perdiendo el tiempo con estos desocupados que se hacen pajas mentales», queremos suponer que pensaba.

Un murmullo de desaprobación lo devolvió a la realidad. Atanasio, el joven y vehemente cachorro del obispo de Alejandría, acababa de afirmar que Jesús era consustancial *(ομοούσιος)* con el Padre (o sea, Dios, Yavé).

—¿Qué quieres decir con *ομοούσιος*? —replicó uno—. ¿Insinúas que el Padre y el Hijo son la misma persona?

Atanasio se engalló:

—Eso afirmo exactamente, de una misma sustancia, como si de una misma masa de pan haces una barra y un bollo: son distintos, pero participan de la misma sustancia.

—¿Y por qué no va a ser el Hijo de una sustancia similar *(ομοιούσιος)*, pero no igual a la del Padre? —propuso un semiarriano.

Allí se acabaron las formalidades: los arrianos, los semiarrianos y los encarnacionistas se enzarzaron en una agria discusión, con voces subidas de tono e incluso algunos calificativos y amenazas proferidos en detrimento de la caridad cristiana.

Discusiones bizantinas, como la propia expresión indica.

Constantino, desde su cátedra presidencial, asistía desolado a la barahúnda.

—¡La madre que los parió! —lo oyeron murmurar.[228]

Constantino, de teología, no sabía nada, que el asunto se la traía al fresco, pero advirtió que los encarnacionistas, arengados por Atanasio, no pensaban ceder una pulgada, empeñados como estaban en que Jesús era *omoousios (ομοούσιος)*.

228. *Η μάνα που σε γέννησε (I mána pou se génnise).*

—¿Tú qué opinas, Osio? —consultó con el cordobés, que tenía sentado a su derecha.

—Si te digo mi verdad, augusto —dijo Osio—, yo en tu lugar ponía los imperiales testículos encima de la mesa y declaraba que el Hijo es consustancial con el Padre, porque a esta gente no se la convence con razones, que son muy tercos.

Constantino se levantó e impuso silencio.

—Baste el intercambio de pareceres y oído al parche, porque voy a declarar la doctrina oficial: en adelante, la Iglesia va a creer lo que dice Atanasio, que Jesús es *consustancial* con el Padre (*ομοούσιον τω Πατρί*). ¡Y no se hable más, que hoy no tengo el coño para ruidos!

Los arrianos y los semiarrianos iban a protestar, pero el emperador los fulminó con la mirada. Se sentaron, amoscados.

—A ver, el amanuense, que tome nota del credo niceno —dijo Constantino—. Díctaselo, Osio.

Con la ayuda de varios encarnacionistas, Osio cumplió el encargo. Lo pusieron en limpio y Atanasio lo leyó en voz alta: el Hijo era *engendrado, no creado, de la misma sustancia que el Padre, por quien todo fue hecho*.

Lo que seguimos creyendo los cristianos.[229]

229. Nuestro credo es básicamente el aprobado en Nicea con leves retoques posteriores. Recordemos a los tibios que llevan tiempo sin rezarlo: «Creo en un solo Dios Padre Todopoderoso, creador del cielo y de la tierra, y de todas las cosas visibles e invisibles. Creo en un solo Señor Jesucristo, Hijo unigénito de Dios, engendrado del Padre antes de todos los siglos, Dios de Dios, Luz de Luz, verdadero Dios de Dios verdadero, engendrado, no hecho, consustancial con el Padre por el cual todas las cosas fueron hechas, el cual por amor a nosotros y por nuestra salud descendió del cielo y, tomando nuestra carne de la Virgen María, por el Espíritu Santo, fue hecho Hombre y fue crucificado por nosotros bajo el poder de Poncio Pilatos. Padeció y fue sepultado y al tercer día resucitó según las Escrituras. Subió a los cielos y está sentado a la diestra de Dios Padre, y vendrá otra vez con gloria a juzgar a los vivos y a los muertos y su reino no tendrá fin. Y creo en el Espíritu Santo, Señor y dador de vida, procedente del Pa-

Cuando estuvo redactado el credo niceno, Constantino lo puso a la firma.

—Los que se resistan a firmar van al destierro y les retiro la paga —advirtió.

Murmullos y deliberaciones de los padres conciliares.

—Vaya, hombre, ahora que nos habían puesto a sueldo nos van a dejar otra vez *in albis,* al arbitrio de las herencias y limosnas de las viudas.

—Pues yo, ¿qué quieres que te diga? Voy a firmar y sea lo que Dios quiera.

—Yo también, no es cosa de irse de aquí con las manos vacías.

Casi todos firmaron, pero algunos se mantuvieron firmes en su fe (y en su error). Arrio, Eusebio de Nicomedia y otros dos obispos se negaron a firmar. Los firmantes los excomulgaron, tuvieron que exiliarse y se quemaron sus libros.

—Ya tenemos una sola fe —declaró risueño el joven Atanasio.

Su obispo Alejandro de Alejandría le dirigió una mirada paternal, como diciendo: «¡Qué candidez la del joven!».

En efecto, la imposición del encarnacionismo no resultó fácil. Siguió habiendo obispos arrianos y al tracio pelirrojo nadie lo bajó del burro. Es más, el obispo que bautizó a Constantino, ya en su lecho de muerte, fue precisamente Eusebio de Nicomedia, el arriano, ya vuelto del exilio.[230]

---

dre y del Hijo, el cual con el Padre y el Hijo juntamente es adorado y glorificado; que habló por los profetas. Y creo en una Santa Iglesia Católica y Apostólica. Confieso un bautismo para remisión de los pecados, y espero la resurrección de los muertos y la vida del siglo venidero. Amén».

230. Lo peor fue que el misionero que propagó el cristianismo entre los bárbaros germanos (hérulos, ostrogodos y vándalos), el obispo Ulfilas, también era arriano y, aunque el arrianismo se declarara herejía (Concilio de Calcedonia, año 381), se mantuvo entre los germanos hasta el siglo VI. El último rey arriano fue el visigodo español Leovigildo, del que ya se hablará cuando le toque.

Arrio también regresó del exilio cuando se levantó la condena civil a la doctrina arriana. Murió repentinamente en circunstancias extrañas cuando lo iban a rehabilitar como presbítero.

En Nicea se aclararon otras cuestiones no menos importantes:

—¿Por qué no aprovechamos que estamos todos reunidos para proclamar la teología de reemplazo? —apuntó un obispo galo (los galos siempre tan racionalistas).

—¿Eso en qué consiste? —preguntó alguien.

—El cristianismo reemplaza al judaísmo en la promesa divina —explicó—. De ese modo, nos aprovechamos de las promesas formuladas por Yavé en el Antiguo Testamento.

Constantino lo encontró razonable.

—Pero ¿qué hay del pecado y de la desobediencia de Israel? —apuntó otro padre conciliar.

—¡Ah, eso no! Eso se lo dejamos a los judíos, que son los que desobedecieron. Nosotros no tuvimos nada que ver con eso.

Se aprobó por unanimidad.

Oficializada la religión cristiana, el número de sus seguidores creció vertiginosamente. En 313, los cristianos lograron que Constantino y Licinio, emperadores de Occidente y Oriente respectivamente, publicaran el edicto de tolerancia (el Edicto de Milán), que colocaba al cristianismo en la privilegiada situación de tutelar el Estado absolutista.

La civilización cristiana occidental había comenzado.

Se avecinaban tiempos recios para los judíos.

CAPÍTULO 42

Liquidación por derribo

Constantino instituyó el cristianismo como religión oficial, en su afán por hacer gobernable el Imperio, y fundó Constantinopla, una segunda Roma, franquicia de la primera.

Situada en la bisagra de Europa y Asia, Constantinopla domina el estrecho que une el mar Negro con el Mediterráneo.[231] No cabe emplazamiento más estratégico.

Pasado un tiempo, se comprobó que los problemas del Imperio no se resolvían. ¿De qué nos sirve tener dos capitales, si las decisiones se siguen tomando en la vieja Roma?

Había otros problemas. En el siglo III, el cambio climático del momento agostó las estepas del Asia Central (la actual Mongolia). Faltas de hierba para sus caballadas, las tribus nómadas que poblaban aquellos parajes, los hunos, migraron a Occidente en busca de mejores pastos.

Empujados por los belicosos hunos (consumados jinetes y temibles arqueros),[232] otros pueblos bárbaros del este de Euro-

231. Constantino la llamó Nea Roma Constantinopolis ('Nueva Roma de Constantino'), aunque pronto se conoció como Constantinopolis (en griego, *Κωνσταντινούπολη*). Constantino quiso hacer una copia de Roma con su foro, su Capitolio, su Senado y sus catorce regiones administrativas. También estaría libre de impuestos, como si fuera suelo itálico.

232. El historiador romano Amiano Marcelino nos deja una breve semblanza de los hunos: «Unos seres imberbes, musculosos, salvajes, extraordinariamente resistentes al frío, al hambre y la sed, desfigurados por

pa (visigodos, ostrogodos, francos, vándalos, burgundios, anglos y sajones) se agolparon en las fronteras o limes del Imperio romano.

Algunos romanos aquejados de buenismo pensaron que los bárbaros eran una gente estupenda que aportaba un nuevo vigor al Imperio. «Aquel que durante tanto tiempo nos ha arruinado con sus saqueos, nos enriquece ahora —escribe Constancio Cloro—. Miradlo vestido de campesino, trabajando hasta el agotamiento, acudiendo a los mercados a vender sus animales. En grandes extensiones que permanecían improductivas verdean ahora las cosechas gracias a los bárbaros».

La realidad se alejó considerablemente de ese idílico panorama. Roma se había engrandecido gracias al carácter austero, valeroso y emprendedor de los primeros romanos, pero sus viciosos, perezosos y cobardes descendientes se desentendieron del procomún, lo que acarreó, fatalmente, la decadencia y ruina del Imperio.[233]

---

ritos de deformación craneana y de circuncisión e ignorantes del fuego, de la cocina y de la vivienda». Añadamos, por otras fuentes, «chatos, [de] pómulos saltones, ojos torcidos y hondos, los párpados bermejos del turbión polvoriento de sus cabalgadas, piernas cortas, chicos de cintura para abajo, pero membrudos de cintura para arriba, con brazos robustos y mucha fuerza en las manos. Visten pieles, comen carne prácticamente cruda, macerada bajo la montura de sus caballos, y apestan a manteca rancia a considerable distancia» (Amiano Marcelino, XXXI, II,1-9).

233. Montesquieu evitó mencionar el fin del paganismo y la expansión del cristianismo como otra posible causa de la decadencia. Gibbon lo insinúa en su magna obra *Historia de la decadencia y ruina del Imperio romano*, un espléndido retrato de la disolución de Roma cuando la ciudad se ve atacada por el cáncer de la barbarie y del fanatismo religioso («la Iglesia —e incluso el Estado— fueron distraídas por facciones religiosas cuyos conflictos eran muchas veces sangrientos y siempre implacables; la atención de los emperadores fue desviada de los campos de batalla a los sínodos. El mundo romano comenzó, pues, a ser oprimido por una nueva especie de tiranía y las sectas perseguidas se convirtieron en enemigos

«El mundo —escribe Cipriano de Cartago— ha entrado ya en su senectud, pues la decadencia de las cosas prueba que se aproxima a su ocaso. En invierno no llueve lo suficiente para que grane la cosecha; el verano no calienta para granar la espiga. Las montañas, exhaustas, producen menos mármol; las minas, agotadas, dan menos metales. Faltan campesinos en los campos, marinos en el mar y soldados en los campamentos. Faltan magistrados justos, artesanos diestros, disciplina y buenas costumbres».[234]

Mientras, los cristianos, influidos por los textos de Daniel y el Apocalipsis, en lugar de intentar frenar la decadencia con su moralidad superior, la saludaban alborozadamente confundiéndola con el profetizado fin de los tiempos que anuncia el reino de Dios sobre la tierra.

Amiano Marcelino (muerto hacia 391), un hombre todavía apegado a los antiguos dioses, atribuye la decadencia a la indolencia, la degradación y el hedonismo imperantes desde que los romanos se apartaron de las virtudes de sus antepasados.

---

secretos del Estado», Gibbon, 1984). Por su parte, Voltaire formula la misma idea con brutal claridad: «El cristianismo abrió el cielo, pero arruinó el Imperio». Luego han venido otros (Frobenius, Spengler) que consideran la decadencia de los Imperios como un hecho biológico inexorable. La idea de que las sociedades decaen cuando sus individuos se entregan a la molicie para dar paso a jóvenes bárbaros que heredan el mundo se transmite en la literatura hasta nuestros días. En su novela *Aita Tettauen* (1905), parte de sus *Episodios nacionales,* Galdós sugiere su propia teoría sobre el impacto del vicio en las viejas civilizaciones: «Decaen los Imperios, se desmadran las razas, los fuertes se debilitan y la hermosura perece entre arrugas y canas. Mas no suspende la vida su eterna función, y con las causas que descienden hacia la vejez, se cruzan los caminos de la juventud que van hacia arriba. Siempre hay Imperios potentes, razas vigorosas, ideales y bellezas de original frescura, que junto al sumidero de la muerte están los manantiales del nacer continuo y fecundo...» (Pérez Galdós, 2004, p. 86).

234. Cipriano de Cartago, *Ad Demetrianum,* III.

El antioqueno censura acremente a los ociosos jóvenes romanos que pasan las noches en las plazas tocando el tambor, se dejan el cabello largo como los bárbaros *(crines maiores)* y visten extravagantemente con chaquetones de piel *(indumenta pellium)*.

¿No nos recuerda algo a los jóvenes occidentales de hoy?[235]

El Imperio llevaba tiempo admitiendo a su servicio a pequeños contingentes de bárbaros. Incluso había encomendado la defensa de sus confines a algunas tribus germanas que, a cambio de servir a Roma, recibían lotes de tierras y soldadas, pero aquel aluvión resultaba preocupante.

En 376 los visigodos cruzaron el Danubio y arrollaron a las guarniciones que guardaban el limes. Estimuladas por su ejemplo, las otras tribus bárbaras que hasta entonces habían respetado a Roma se sumaron a la rebatiña.

El coemperador Valente, que entre 364 y 378 gobernó la mitad oriental del Imperio, aceptó el establecimiento de algunas tribus visigodas en tierras imperiales.

—Son cristianos arrianos, como yo, y ansían civilizarse —se justificaba.

Gran error. Era gente indómita que se pasaba la civilización grecorromana por el arco del triunfo. Se dedicaron al saqueo. Valente, que había preparado un gran ejército para enfrentarse a los persas en Oriente, tuvo que aplazar el plan y acudir en 378 a defender Adrianápolis de los visigodos. Derrotado y herido,

235. Un filósofo anónimo que firma Elsicario lo expresaba así hace años en una hoja volandera: «Los Imperios decaen por dos circunstancias: la ineptitud y la corrupción a nivel humano y moral de sus líderes y el despilfarro y la falta de austeridad en sus sociedades, corrompidas con el sustento fácil que proporcionan sus dirigentes. Evidentemente, una actitud vigilante contra estos vicios de la sociedad es misión imposible dado el carácter humano de las mismas, que más pendiente del "bien vivir" que de otras preocupaciones de mayor altura moral prefiere relajarse hasta la extinción antes que afrontar el esfuerzo que supone superarse».

se refugió en una choza. Los visigodos la incendiaron con él dentro.[236]

Al coemperador Valentiniano II (hermano de Valente) no le fue mejor. En mayo de 392 apareció ahorcado en su domicilio. ¿Suicidio o asesinato?

Al sucesor de Valente, el hispano Teodosio I (379-395), no le fue mejor la política contemporizadora. Oigamos las quejas de Sinesio de Cirene: «Ha tratado a los bárbaros con dulzura, les ha otorgado el título de aliados, les ha concedido derechos políticos, honores y tierras, pero los muy desagradecidos toman por debilidad la generosidad y se han vuelto insolentes y arrogantes».

Teodosio goza de buena prensa entre los cristianos porque publicó el Edicto de Tesalónica (380), que convirtió el cristianismo en la religión estatal. En su anhelo de conseguir un Imperio estable, lo dividió en dos bloques que repartió entre sus hijos: para Arcadio, Constantinopla con los territorios de Oriente, y para Honorio, Roma con las provincias de Occidente (año 394).

En Occidente el idioma oficial sería el latín; en Oriente, el griego.[237]

Pero ¡ay!, la partición del Imperio no frenó su decadencia. Los dos hermanos heredaron problemas de difícil solución. Desde hacía tiempo los auxiliares bárbaros venían supliendo al ejército romano en la defensa de las fronteras.

Teodosio tuvo que enfrentarse al usurpador Eugenio en la batalla del Frígido (394), en la frontera de Italia con Eslovenia. Fue una batalla sangrienta que Teodosio ganó gracias al sacrificio suicida de unos diez mil auxiliares godos del caudillo Alarico.

236. Amiano Marcelino, XXXI,13,14-16.

237. Mala cosa cuando los idiomas sirven para separar a la gente, el manido recurso de los nacionalistas. Aunque peores que los idiomas son las religiones…

Alarico esperaba que Teodosio lo recompensara con un generoso reparto de tierras. Cuando vio que sus demandas no eran atendidas, rompió con el emperador.

—Se acabaron las contemplaciones: me cobraré por la fuerza lo que se nos debe.

Fallecido Teodosio, heredó el Imperio de Oriente su hijo Arcadio (395-408), que tuvo que enfrentarse con una invasión de los godos de Alarico. Finalmente consiguió desviarla hacia las tierras de su hermano Honorio, que había heredado el Imperio de Occidente.

Alarico intentó repetidamente invadir Italia, pero fue rechazado por el general vándalo Estilicón, *foederatus* al servicio de Roma.

Viéndolas venir, Honorio había trasladado en 402 su capitalidad a Rávena, ciudad mejor defendida que Roma, pues estaba rodeada de ciénagas. Honorio era dolorosamente consciente de que su única defensa residía en Estilicón. Para estrechar los lazos con él se casó con su hija María y cuando enviudó de ella volvió a casarse con la otra hija del vándalo, Termancia.

Alarico se preparaba para probar de nuevo, esta vez con ayuda de nuevas tribus bárbaras que se le sumaban al olor del saqueo, como las hienas en la estepa africana cuando rondan a la vaca moribunda.

—Los libros sibilinos profetizan la caída de Roma —advirtió el sumo sacerdote.

—Eso es lo que necesitamos ahora, derrotistas —pensó Estilicón. Y como era resolutivo y no creía en profecías, quemó los libros sibilinos.

¡Gran escándalo entre la gente senatorial romana!

—¡Cómo se ha atrevido ese bárbaro! —exclamó Olimpio, el prestigioso jefe de los patricios.

Los patricios consideraban bárbaro a Estilicón, aunque él se tenía por el último romano. Con una visión más amplia y acertada que la de los senadores, el general era consciente de que Roma solo podía mantener su Imperio si negociaba con las tribus bárbaras. Mientras tanto, reforzaba Italia con legiones retiradas de la frontera germana.

—Está debilitando la frontera —lo acusaban los patricios.

Para colmo de males, en la Nochevieja del año 406 una muchedumbre de suevos, vándalos y alanos[238] cruzó el río Rin (se había helado debido al referido cambio climático) y, tras arrollar a los defensores del limes, irrumpió en las horrorizadas provincias imperiales.

> Los bárbaros se derraman furiosos —escribe un testigo— [...] y el azote de la peste no causa menos estragos, el tiránico exactor roba, y el soldado saquea las riquezas y las vituallas escondidas en las ciudades; reina un hambre espantosa [...], exacerbadas en todo el orbe las cuatro plagas: el hierro, el hambre, la peste y las fieras, cúmplense las predicciones que hizo el Señor por boca de sus profetas. Asoladas las provincias [...], los bárbaros se reparten a suertes las regiones de las provincias para establecerse en ellas.[239]

> Bandas innumerables y muy feroces han ocupado las Galias —escribe san Jerónimo—. Todo lo comprendido entre los Alpes y los Pirineos, entre el océano y el Rin, está devastado por los cuados, los vándalos, los sármatas, los alanos, los gépidos, los hérulos, los sajones, los burgundios, los alamanos y los panonios. «Asur ha venido con ellos» (Salmos, 82, 9). Han saqueado la ilustre Maguncia y han asesinado a miles de personas en su iglesia. La misma suerte han sufrido Worms, Reims, Amiens, Arrás... Aquitania está arrasada, Hispania tiembla viendo a la muerte abatirse sobre ella. En fin, no

238. Los alanos, de origen iranio, «altos y rubios, de mirada fiera» (según Marcelino), trajeron consigo, según aseguran algunos criadores de perros, esa raza, la alana, el perro de presa tan potente que acompañó a los tercios de Flandes y a los conquistadores de América.

239. Hidacio, *Chronicon* (hacia 468), véase <https://www.condadodecastilla.es/cultura-sociedad/fuentes-historicas/cronicon-de-hidacio/#google_vignette>.

cuento más para que no parezca que desespero de la misericordia divina.[240]

El jefe de los patricios, Olimpio, denunció a Estilicón:

—Ha desguarnecido la frontera en connivencia con los germanos. Es un bárbaro que solo pretende entregarnos a sus colegas.

Honorio dio crédito a las acusaciones y condenó a muerte a Estilicón y a su familia. El general se refugió con los suyos en un templo de Rávena, acogiéndose a sagrado bajo la protección de la Iglesia. El obispo de la diócesis se erigió en mediador.

—Tendrán un juicio justo —le aseguró Heracliano, el jefe de la policía—. No estamos aquí para asesinarlo ni para matar inocentes.

Más o menos convencido, Estilicón abandonó el recinto y se dejó prender por los hombres de Heracliano. En efecto, tuvo su juicio, pero no fue justo. Condenado a muerte por crímenes contra el Estado, lo degradaron retirándole las insignias de *magister militum* y lo ejecutaron el 22 de agosto de 408. A su hijo Euquerio lo asesinaron en Roma para evitar que los partidarios del padre intentaran auparlo al poder.

Honorio justificó el asesinato alegando que su general había llegado a un acuerdo secreto con los invasores godos. De paso, incitó a los romanos a aniquilar a los numerosos godos establecidos en suelo imperial con sus familias. Muchos perecieron en esta represión, pero otros huyeron y se unieron a las tropas de Alarico deseosos de vengar a sus deudos asesinados.

Alarico comprendió que había llegado el momento de invadir Italia. Consciente de que Rávena, la nueva capital imperial, era un hueso duro de roer, ya que estaba defendida por pantanos y buenas murallas, se dirigió contra Roma y aguardó paciente a rendirla por hambre.

240. San Jerónimo, 1993, epístola LX, p. 15.

Después de unos meses, cuando ya se producían casos de canibalismo, *pretium impone carni humanae* ('se puso precio a la carne humana'), Roma se entregó.[241]

Los godos saquearon la ciudad y esclavizaron a sus habitantes. Tan solo respetaron las basílicas de los apóstoles Pedro y Pablo, que Alarico había declarado inviolables.[242]

La noticia de la caída de Roma en agosto de 410 sobrecogió al Imperio.[243] El propio emperador Honorio la recibió en su palacio de Rávena:

—Augusto —le dijo el eunuco de cabecera—: Roma ha perecido.

—¡Imposible! —exclamó Honorio—. Si le he dado de comer hace un momento.

Honorio creía que el eunuco se refería a su gallina favorita, su animal de compañía, que se llamaba Roma.

—No, Augusto, la que ha perecido es Roma, ¡la ciudad! —lo sacó del error.

241. Bury, 1923, p. 182.

242. Alarico era supersticioso y respetó la menorá: el candelabro de siete brazos de «oro fino y macizo» que pesaba un talento (treinta y cuatro kilos). En 455, los vándalos de Genserico se lo llevaron a Cartago. En el siglo VI el historiador Procopio recordaba que las ciudades donde el sagrado objeto recalaba caían en desgracia: Jerusalén, Babilonia, Roma y Cartago. Estos avatares los relata Stefan Zweig en su novela *El candelabro enterrado* (1937).

243. Roma sería repetidamente saqueada por los godos de Alarico I (410), por el vándalo Genserico (455), por el general Ricimero (hijo de suevo y visigoda, 472), por el ostrogodo Totila (546). Cuenta Jordanes en su *Getica* que este primer saqueador de Roma, Alarico, se hizo enterrar con buena parte de sus tesoros en el lecho del río Barentius, cerca de Cosentia (que previamente desviaron para construir la tumba). Enterrado el bárbaro y su botín, restituyeron las aguas a su cauce primitivo y degollaron a los obreros que habían intervenido en la obra para que nadie supiera el emplazamiento del tesoro. Cuando se encuentre será tan sensacional como el de Tutankamón (suponiendo que no se haya encontrado ya).

Honorio suspiró visiblemente aliviado.[244]

Considere el lector la mudanza de los tiempos. El águila imperial, poderoso símbolo de Roma, había cedido su puesto a la asustadiza gallina faraona, de pintado plumaje.

—Esto no lo frena nadie —pensaban los ciudadanos más realistas—. Estamos en manos de los bárbaros.

Una resignada melancolía se instaló en el alma de sus ciudadanos más clarividentes.

A lo largo del Imperio, las reacciones por la caída de Roma fueron variadas. Algunos la acogieron con indiferencia; otros se sintieron abrumados. «Si Roma ha caído, no habrá lugar seguro».

> Mi voz se ahoga en sollozos mientras dicto esta carta —escribe san Jerónimo—. Conquistaron la capital que conquistó el mundo entero. Cae la urbe antigua, que por siglos dominaba el mundo, y por sus calles y casas a cada paso yacen los cadáveres: inmensa visión de la muerte. Cayó la ciudad que conquistó al mundo entero. Cayó por hambre, no por la espada. La extrema necesidad empujó a los hambrientos a devorar las carnes de sus semejantes. Las madres no perdonaron a los lactantes en sus pechos, devoraron a sus hijos y recibieron en su cuerpo lo que su cuerpo antes había dado a luz.[245]

Algunos encontraron el eco de la caída de Troya, el primer hogar del Eneas romano, y hallaron proféticos los versos de Virgilio: «¿Quién podría cantar aquella noche de derrota, quién explicar con palabras aquella tremenda matanza o igualar con lágrimas su dolor?».

Jerónimo de Estridón escribe: «La voz se ahoga en mi garganta y cuando escribo mis lágrimas empañan el texto. La ciudad que había conquistado el mundo entero ha sido conquistada».[246]

244. Procopio de Cesarea, *De bello vandalico,* II.
245. Hubert, 1945, epístola CXXVII, «A principia», p. 412.
246. MacDowall, 2017, p. 65.

El Imperio de Occidente se desplomaba. Los romanos se retiraron de Britania y la línea de fuertes quedó desierta, incluida la muralla Antonina, algo más al norte de la de Adriano, construida por Antonino Pío.

Los godos de Alarico se establecieron finalmente en el sur de la Galia y en Hispania.[247] Por su parte, los francos ocuparon el norte de las Galias[248] y los sajones, los anglos y los jutos desembarcaron en Britania.[249]

247. En 418, tras la invasión de las provincias de la Galia y de Hispania (por suevos, vándalos y alanos), los romanos firmaron un pacto *(foedus)* con los visigodos por el que les encargaban la recuperación de estas provincias. Virtualmente se les concedió el protectorado sobre ellas, que se convirtieron en un reino godo con capital en Toulouse.

248. Un siglo después, en 507, los francos expulsaron a los visigodos de las Galias y el reino godo se redujo a Hispania, con capital en Toledo. Algún lector talludo recordará el tormento escolar de memorizar la lista de los reyes godos hasta Rodrigo, el que perdió el reino a manos de los musulmanes.

249. De ellos procede el adjetivo *anglosajón,* con el que a veces designamos la cultura inglesa.

CAPÍTULO 43

Atila y su caballo herbicida

La aterrorizada población romana ignoraba que lo peor estaba por llegar. Los germanos que ocupaban sus provincias se habían civilizado algo en su prolongado contacto con Roma, pero los que llegaban detrás, los hunos de las estepas asiáticas, venían completamente asilvestrados.

El jefe huno más famoso, Atila (395-453), puso en jaque tanto a los latinos de Roma como a los griegos de Constantinopla: «Los hunos conquistaron más de cien ciudades, los pobladores de Constantinopla huyeron y los bárbaros mataron a tantos que era imposible contar los muertos. ¡No respetaron iglesias ni monasterios, la de monjes y doncellas que degollaron...!».[250]

Los cronistas transmiten una imagen negativa de Atila: «Bajo, robusto, las piernas arqueadas de cabalgar, cabezón, ojos hundidos, nariz chata, barba rala, irritable, irascible».[251]

250. Callínico, *Vida de san Hipatio*. Véase <https://es.wikipedia.org/wiki/Atila>.

251. Así lo describió Prisco de Pania, el embajador romano, que lo conoció personalmente, en su perdida *Historia bizantina,* que se ha conservado fragmentariamente en los *Excerpta Constantiniana*. Algún lector de mi generación recordará al actor peor encarado de Hollywood, Jack Palance, aquel rostro angulado que «solo una madre podría amar» (Elia Kazan), que encarnó convincentemente a Atila en un péplum de 1954: *Sign of the Pagan,* aquí traducido como *Atila, rey de los hunos*. También recordará de aquella película el estupendo muslamen de la circasiana

Prisco, embajador de Roma ante Atila, cuenta: «Prepararon para nosotros una opípara comida servida en vajilla de plata, pero Atila no comió más que carne en un plato de madera. En todo lo demás se mostró también templado; su copa era de madera, mientras que al resto nos sirvieron en cálices de oro y plata. Atila vestía con sencillez y de lo único que alardeaba era de limpieza. La espada que llevaba al costado, los lazos de sus zapatos escitas y la brida de su caballo carecían de adornos, a diferencia de los otros escitas, que llevan oro o gemas o cualquier otra cosa preciosa».

Esa sencillez, ¿no sería un ardid para impresionar a los enviados de Roma, que esperaban encontrar a un bárbaro enjoyado con el producto de sus rapiñas?

Durante ocho años, Atila saqueó a voluntad el antiguo Imperio romano. Incluso llegó a las puertas de Roma y de Constantinopla, aunque no intentó tomarlas. El escéptico lector hará bien en dar por falsa la noticia de que cuando se presentó ante Roma al frente de sus tropas, el año 452, el papa León I le salió al encuentro, rodeado de un valeroso grupo de clérigos que entonaban latines, y solamente con la santidad que emanaba de su persona inclinó al bárbaro a respetar la ciudad.[252]

Ludmilla Tcherina, que concitaba las más bajas pasiones del bárbaro. Recordándola, nos preguntamos los buenos aficionados, como François Villon, mismamente, si hubiese alcanzado a conocerla: «¿Qué fue de las damas de antaño?».

252. Lo cuenta Próspero de Aquitania (390-445) en su *Epitoma chronicon*, <https://www.cervantesvirtual.com/obras/autor/prospero-de-aquitania-santo-ca-390-ca-463-23258>. No den crédito a este gran fabulador, un laico meapilas discípulo de san Agustín y enchufado del papa León I. La Iglesia lo ha recompensado por sus mentiras elevándolo a los altares. Por cierto, lo de Roma fue salvarse de la sartén para caer en el fuego, porque tres años después de la retirada de los hunos la saquearon los vándalos de Genserico (455).

Roma era un hueso demasiado duro de roer para un ejército debilitado por una larga campaña[253] y muy mermado a causa de una reciente epidemia (recuerden que los microbios son, junto con la desordenada codicia de los bienes ajenos, el gran motor de la historia). A ello habría que añadir que Atila, hombre sensato, aceptaba rescates por las ciudades que respetaba.

Los dos emperadores (el de Roma y el de Constantinopla) y no se sabe cuánta gente más, respiraron tranquilos cuando supieron que el tremendo rey de los hunos, el «azote de Dios» del que se decía que donde pisaba su caballo no volvía a crecer la hierba,[254] había muerto prematuramente, a los cuarenta y pico años de edad. Una muerte inesperada, por cierto, a causa, según se dijo, de un percance sufrido en su noche de bodas.[255]

253. En 451 había sufrido un gran desgaste en la batalla de los Campos Cataláunicos, en un enfrentamiento contra la confederación de romanos y visigodos. Fue solo un leve contratiempo para un Imperio que se extendía desde Centroeuropa al mar Negro y desde el valle del Danubio al mar Báltico.

254. Para los aficionados al equino: el caballo de Atila se llamaba Othar y pertenecía a una raza euroasiática, la tarpán *(Equus ferus),* hoy extinta. El último ejemplar de la especie falleció en el zoológico de Moscú en 1875. Medían poco más de ciento treinta centímetros a la altura de la cruz, pero resistían como asnos.

255. Aquí se ven las inconveniencias de los excesos venéreos a cierta edad. Atila, que ya tenía muchas mujeres, se casó con la goda Ildico, una mujer de gran alzada y rotundas hechuras (así la queremos imaginar en suplencia de las limitadas fuentes), y en el ejercicio de la monta puso tal vehemencia que le estalló una arteria (de eso mismo murió, ya en nuestros días, 1974, un famoso papable, el cardenal Daniélou). Cuando conocieron su muerte (la del huno, no la del arzobispo), los hunos le hicieron un duelo cumplido cortándose el pelo e hiriéndose con sus espadas según la bárbara costumbre funeral que testimonia Jordanes. Lo enterraron en tres sarcófagos sucesivos —de oro, plata y hierro—, junto con un rico ajuar en algún lugar ignorado y mataron a los obreros para preservar el secreto de la tumba.

Después de estos cataclismos, el Imperio Romano de Occidente quedaría finalmente dividido en tres reinos bárbaros: los francos en Francia; los visigodos en España y los ostrogodos en Italia.[256]

Los vándalos, por su parte, conquistaron las provincias romanas de África (todo el Magreb) y acabaron estableciéndose en la antigua Cartago (actual Túnez), desde la que se dedicaron a la piratería en el Mediterráneo y hasta intentaron conquistar Italia.[257]

El Imperio Romano de Occidente (el latino) no sobrevivió a los bárbaros. En 476, el hérulo Odoacro depuso al último emperador, Rómulo Augústulo, y despreciando el título de emperador (tan desprestigiado estaba) envió las insignias de su dignidad a Constantinopla y se proclamó rey de Italia.[258]

Al Imperio de Oriente, también conocido por Bizancio, le cupo mejor suerte. Más ricos y mejor defendidos por la geografía, los bizantinos lograron resistir a los bárbaros (a veces desviándolos hacia Occidente, contra sus hermanos latinos, los muy cabrones) y se las arreglaron para sobrevivir durante mil años más antes de sucumbir ante otra clase de bárbaros, los turcos, en 1453.[259]

256. Los pueblos bárbaros más importantes que se establecieron en territorios del Imperio fueron: visigodos, alanos y suevos en Hispania; visigodos, francos salios, francos ripuarios, burgundios y turingios en la Galia; anglos, jutos y sajones en Britania; francos, alamanes y gépidos en Germania, y vándalos en el norte de África. En Italia e Iliria se establecieron ostrogodos y hérulos.

257. El vocablo vándalo se ha incorporado a los idiomas de Occidente como sinónimo de persona que actúa con brutalidad, violencia y espíritu destructor. Por algo será.

258. Unos años después, los ostrogodos le arrebataron el reino (493). Estos hérulos procedentes de Escandinavia eran, por lo visto, gente muy liberada en lo sexual, dado que practicaban «un sexo condenado por la ley divina, hasta con hombres y asnos» (en las palabras de Procopio de Cesarea, *καὶ μίξεις οὐχ ὁσίας τελοῦσιν, ἄλλας τε καὶ ἀνδρῶν καὶ ὄνων, De bello Gothico,* VI, 14, 36).

259. Continuó denominándose Imperio Romano de Oriente hasta el año 610, en que el emperador Heraclio cambió el título romano de augus-

El Imperio de Oriente, con el emporio comercial de Constantinopla y sus ricas y pobladas provincias de Asia Menor, Egipto y Siria, había heredado lo mejor del Imperio de los césares: el derecho y la administración romanos, el idioma y la civilización griegos y una tradición de intercambios culturales con la otra gran civilización del momento, la Persia sasánida, e incluso con el Extremo Oriente, a través de la ruta de las caravanas.

Consciente heredera de Roma, Bizancio se regía por un emperador divinizado (aunque cristiano)[260] que elegía a un sucesor de su familia (que recibía el título de césar). Iglesia y Estado, emperador y patriarca, formaban una unidad indisoluble y la práctica de la fe, la «ortodoxia», era el sentimiento nacional predominante.

---

to (latín) por el de basileo ('rey' o 'emperador', en griego). Al propio tiempo dejaron de usar el latín en los documentos oficiales y empezaron a redactarlos en griego.

260. Era una monarquía cesaropapista (que unía los poderes político y religioso), justificada por el *rex sacerdos* o 'rey sacerdote' de la monarquía israelita. El emperador era *isapóstolos* ('igual a los apóstoles').

CAPÍTULO 44

Mustio collado

Perdonen si me pongo sentimental. Escribo estas líneas en Roma, después de pasear por las ruinas del foro invadidas de turistas chinos y de nuevos ricos del Este que se hacen acompañar por fastuosas rubias a las que se empeñan en culturizar.

Me vuelve a las mientes el poema de Caro que ya les recité en Volúbilis al comienzo de este libro.

> Estos, Fabio, ¡ay, dolor!, que ves ahora,
> campos de soledad, mustio collado,
> fueron un tiempo Itálica famosa.

La decadencia de la ciudad de los césares fue fruto de un proceso más lento y doloroso que la del Imperio. El cristianismo triunfante, en su desprecio por la arquitectura pagana (termas, circos, teatros, foros, etcétera), centró sus esfuerzos en la construcción de iglesias. Como la menguante economía no permitía ya emprender grandes obras, saquearon los materiales de las antiguas que se arruinaban por falta de reparos.[261]

261. La ciudad comienza a alimentarse, monstruosamente, de su propio cuerpo. Los grandes edificios públicos que elevó el paganismo quedan obsoletos y se deterioran rápidamente. Después los van despojando de estatuas, bronces, mármoles, tejas, techumbres, vigas y todo tipo de recubrimientos en materiales aprovechables que se revenden en diversos mercados o se transportan a la nueva Roma, Constantinopla.

Los historiadores materialistas critican la obra de Roma. Nos presentan el mundo antiguo como una inmensa vaca cuya leche fluía generosamente sobre las insaciables fauces de la explotadora ciudad. Aquella República de frugales campesinos había degenerado, nos cuentan, en la opulenta ciudad de los vicios, donde una legión de nuevos ricos y otra de nuevos pobres vivían de las rentas y de la *annona,* de los subsidios. Es decir, de los recursos de las oprimidas provincias del Imperio. Y, en la base de todo, una economía que sustentaba sus cimientos en la explotación de los esclavos y en la expansión imperialista tras los metales preciosos, las materias primas y las nuevas tierras que el Estado rapiñaba a distintos pueblos.

Estas acusaciones son básicamente ciertas, pero su certeza no invalida el hecho de que, en términos generales, el balance civilizador de Roma resulte abrumadoramente positivo.

Roma somos nosotros: los europeos y cuantas naciones del mundo tienen sus raíces en Europa (es decir, la mayoría de ellas). Lo que los europeos somos hoy es, para bien o para mal, el resultado de la interacción de dos vigorosas corrientes que hace dos mil años se fundieron en el crisol de Roma: la cultura griega y el pensamiento religioso judío, origen, respectivamente, de la expansión universal de la civilización helénica y de la religión cristiana. Una peculiar aleación que quizá fuese prudente seguir denominando civilización cristiana occidental.

Roma es una larga historia de superación, la historia de una aldeíta que llega a adueñarse de casi todo el mundo conocido y que prolonga su historia a lo largo de un milenio (en realidad de más, porque todavía la alarga en la cultura occidental, y Europa y la herencia europea serían muy distintas sin el previo concurso de Roma).

Roma nos legó su forma de vida y sus instituciones, impuso a los pueblos sometidos hermandad dentro del marco institucional jurídico y administrativo del *cives romani* y nos legó el patrimonio precioso de su ley y de su lengua, los dos pilares básicos sobre los que aún se asientan las coordenadas históricas de los europeos.

La añoranza de volver a ser Roma ha presidido la historia europea desde entonces: primero en el Imperio bizantino, después en el Sacro Imperio Romano Germánico, incluso en Napoleón (cuyo símbolo era el águila de las legiones). El último intento es el de la Unión Europea, que ya veremos cómo sale. Da que pensar, y nada bueno, que el pueblo hegemónico tenga que ser Alemania, o sea, los bárbaros del norte, y que el peligro invasor proceda como entonces de las estepas rusas.

LIBRO II

La ciudad y sus gentes

CAPÍTULO 45

Un romano va a nacer

Va a nacer un romano que será contemporáneo de Jesucristo, aunque no es probable que oiga hablar de él en su vida.

El esclavo marcha delante, alumbrando el empedrado de la calle con su farol. Varinia, la partera *(obstetrix),* lo sigue tan aprisa como le permiten sus cortas piernas. Jadea y protesta, pero el esclavo no aminora la marcha, porque la *domina* ha roto aguas y el bebé tiene prisa por nacer. El parto es en casa del noble Cayo Cornelio Sayo.

Nacer en Roma no es tarea fácil. Ni siquiera lo es embarazarse, porque las prácticas anticonceptivas, el aborto y el infanticidio están muy extendidos. Algunas damas practican el lavado vaginal después del coito; otras usan una especie de diafragma e incluso pomadas espermicidas. Tampoco ignoran el *coitus interruptus,* lógicamente, que para eso es latín.

Si, a pesar de todas las posibles barreras, un hijo no deseado se obstina en venir al mundo, el romano puede matarlo en cuanto nazca, práctica no solo legal, sino muy extendida, particularmente en las clases bajas.

Los pobres se deshacen de sus hijos sencillamente porque no pueden alimentarlos ni alojarlos; los menos pobres, porque una boca adicional les desequilibra el presupuesto y supone una rémora en sus modestas ambiciones de promoción social; los ricos lo hacen por comodidad o por razones testamentarias. El precepto legal determina que «el nuevo hijo rompe el testamento» y al romano rico le repugna la idea de dividir su patrimonio.

Pueden existir también otras razones: el padre deseaba un varón y le ha nacido hembra (la muerte casi sistemática de las hijas era práctica común en todo el Mediterráneo hasta hace un par de siglos); se sospecha que el retoño pueda ser fruto de desliz adulterino de la santa esposa, o el recién nacido presenta algún defecto físico...

El romano tiene mil razones para matar al recién nacido. Unas veces lo asfixia, otras lo abandona *(expositio)* en la puerta de la casa o en el vertedero más próximo. «Es la forma más cruel de matar [...], por la exposición al frío, el hambre y los perros».[262]

Si alguien quiere hacerse cargo de la criatura no tiene más que llevársela y ya le pertenece legalmente. La fuerza de la sangre es una pantomima inventada por los novelistas románticos.

El brusco descenso de la natalidad, similar al que ahora padecemos en Europa, se convirtió en un problema de Estado que distintos emperadores intentaron resolver por diversos medios: presionando sobre los cada vez más abundantes y recalcitrantes solteros para que contrajeran matrimonio y subvencionando legalmente a las madres que tuvieran los tres hijos que entonces constituían la familia ideal.

Después del cambio de mentalidad que introducen el estoicismo y el cristianismo a partir del siglo II, las familias romanas volverán a ser prolíficas como en los tantas veces añorados tiempos de la República, cuando muchas parejas contribuían al engrandecimiento de Roma con diez o doce hijos.

Emilia, la esposa de Cayo Cornelio, se ha acomodado en el sillón paritorio donde dará a luz. En la pieza contigua espera el padre, algo nervioso, y el resto de los familiares y los esclavos de la casa. Va a nacer el primer hijo de la pareja y, aunque Cayo preferiría que fuera varón, ha resuelto aceptar lo que venga con tal de que nazca sano.

262. Tertuliano, 1889.

Los dioses se le muestran propicios. Al poco rato, la sonriente partera sale de la alcoba llevando entre sus brazos a un robusto y berreante niño de bien implantados genitales.[263]

La aparición del recién nacido provoca un tenso y expectante silencio. Con afectada solemnidad, la partera deposita a la criatura sobre las frías baldosas, a los pies de Cayo Cornelio. Después de una breve vacilación, quizá impostada, el padre se inclina, lo toma y lo levanta en sus brazos sin decir palabra: esto significa que lo acepta como suyo. Todos sonríen, las abuelas lloran —de emoción— y los esclavos se felicitan. El niño vivirá. De haber sido niña, la aceptación hubiese consistido en ordenar que se le diera de mamar.

El hijo de Cayo Cornelio es vástago de una de las familias patricias más honorables de la ciudad. Por lo tanto, habrá que criarlo con arreglo a su rango y condición. Desde su más tierna infancia sabrá lo que es disciplina. Al principio, lo atienden varias nodrizas para que no se acostumbre a ninguna en particular. Cada mañana, después del baño, lo masajean concienzudamente para ir modelándole el cuerpo, particularmente el cráneo, la nariz y las nalgas, y le estiran el prepucio. Después le vendan fuertemente las muñecas, los pies, las rodillas y las caderas para que se afinen con arreglo al ideal de belleza imperante. Finalmente, lo fajan e inmovilizan entre apretados pañales. Cuando pasen los primeros meses, le dejarán libre el brazo derecho para asegurarse de que el niño sea diestro.

El niño convivirá con la nodriza principal *(nutrix)* más que con su madre. Como la familia es muy rica, la nodriza es griega. No solo lo nutre, también le habla en griego. Un hombre educado debe ser bilingüe y el griego es en Roma la imprescindible lengua de cultura.

¿Y si la madre es pobre y carece de leche para amamantar al rapazuelo? En ese caso puede llevarlo a la columna lactaria, en el

263. Así lo ven ellos, conste. Este autor nunca aceptaría esa observación machista.

foro Holitorio, cerca del templo de la Pietas, donde no faltan nodrizas que amamantan por dinero o gratis, por caridad. Hay una pintura de la *Caritas romana* ('Caridad romana') que representa a una mujer que de limosna amamanta a un anciano.[264]

La labor de la nutricia institutriz se complementará, más adelante, con la de un pedagogo criador *(nutritor)*, igualmente griego, que enseñará al niño las primeras letras.

Cayo Cornelio es senador. Su hijo, el joven Cayo, también lo será a su debido tiempo, si no se tuerce. Su esmerada educación tiene que templar su carácter, hacer de él un romano modélico. Desde niño ha aprendido a conducirse con dignidad, a controlar sus impulsos y a tratar a su padre de señor *(dominus)* como expresión del respeto y obediencia debidos. Desde niño ha templado su valor asistiendo a los sangrientos juegos del anfiteatro y le han impuesto fatigosos ejercicios físicos para fortalecer su cuerpo y adormecer los naturales apetitos venéreos.

El futuro senador camina con elegante soltura y habla lenta y solemnemente, sin gesticulaciones innecesarias. Como persona educada *(pepaideume)*, procura no eructar, bostezar ni estornudar (esto último se considera síntoma de ambigüedad sexual), se suena en un pañuelo y se lava los pies al llegar a casa. Si pasa ante una ventana abierta, no mira al interior de la habitación. Si dos personas conversan, no se acerca a ellas a no ser que lo inviten. Hoy nos seguiría pareciendo una persona exquisitamente educada si no fuera porque a veces escupe en el suelo.

El niño que una vez fue Cayo Cornelio continúa existiendo detrás de la adusta fachada de su gravedad y continencia de adul-

264. La historia de la Caridad romana recogida como ejemplo de *pietas filial* por Valerius Maximus en sus *Factorum et dictorum memorabilium (Hechos y dichos memorables)* era popular en la ciudad: una mujer se queda embarazada a posta para amamantar a escondidas a su padre, Cimón, condenado a perecer de inanición. Famosos pintores renacentistas y posteriores trataron el tema (Caravaggio, Rubens, Murillo).

to. A menudo, después de un banquete, cuando han despedido a criados y esclavos y quedan los cabales, Cayo Cornelio y sus amigos volverán a jugar como cuando eran niños *(repuerascere)* y atronarán con sus risas y gritos los silenciosos ámbitos de la casa que se finge dormida.

Cayo tiene una hermana, Calpurnia, a la que también han formado severamente. Hasta los doce años asistió a las mismas aulas que Cayo, pero a partir de esa edad, ya mujer, le pusieron a un preceptor para que la educara como conviene a una dama de alcurnia: autores griegos y latinos, lira y canto. Además, su madre y las criadas de la casa le enseñan administración doméstica, bordado *(pingere)* y costura. Cuando la casen, a los quince años de edad, será el marido el que prosiga la tarea de educarla y perfeccionarla según su criterio.

Estamos viendo que la educación romana se basa en la recta formación de carácter más que en la adquisición de conocimientos.[265] En los tiempos de la República, la enseñanza se impartía en casa del pedagogo *(nutritor)*, pero en la época de los césares existen, además, las escuelas *(ludus, ludus litterarius)*, si bien las familias pudientes continúan prefiriendo la educación privada y domiciliaria, casi siempre impartida por un maestro griego, en muchos casos un esclavo especializado. Incluso cuando el maestro es libre, su salario es muy bajo, aunque se suplementa a veces con propinas y regalos. En esto no ha habido gran mudanza con los tiempos.

La educación romana tenía sus ventajas. No existía nada parecido a un ministerio del ramo y, por lo tanto, ningún/a ministro/a semianalfabeto/a empeoraba el plan de estudios cada pocos años. No obstante, se reconocían algunos grados y existía especialización docente. A nivel elemental, el *ludi magister* enseñaba a leer y a escribir; después, actuaba el *litterator*, equivalente a nues-

265. Lo mismo ocurre en las elitistas *public schools* inglesas, que, por cierto, no tienen nada de públicas.

tros maestros; y en lo que podríamos denominar enseñanza media, el *gramaticus* enseñaba literatura, griego, mitología, astronomía, geografía e historia.

Para los romanos de clase superior, la elocuencia era la cualidad imprescindible del que pretendía abrirse camino en el foro y después en la política. El profesor de elocuencia, el *rethor,* era también el director espiritual del muchacho.

Las escuelas de retórica acabaron siendo centros de formación para el funcionariado estatal. Sus alumnos se ejercitaban en defender puntos de vista antagónicos sobre cualquier tema propuesto. Imaginemos el estupendo porvenir que habrían tenido como tertulianos en la tele o en la radio.

La jornada escolar era similar a la nuestra: seis horas de clase, con descanso intermedio. Las aulas eran incluso más incómodas que las nuestras, pues los alumnos se sentaban en taburetes y disponían de una tabla donde apoyarse para escribir. Los días de fiesta y vacaciones eran también similares a los actuales: festividades locales, jornada de descanso cada nueve días *(nundinae)* y vacaciones anuales desde julio «hasta los idus de octubre».

Los castigos corporales eran frecuentes. El maestro utilizaba la vara *(ferula)* con el alumno desaplicado. Este reprimía los gritos, puesto que manifestar el dolor *romanum non est.*

Cursados sus estudios, el vástago de familia patricia completaba su formación en el extranjero, particularmente en Grecia, donde afamados filósofos impartían lecciones en Atenas, Rodas, Pérgamo, Antioquía y Alejandría (donde se formaban muchos médicos). Después se integraba en la vida pública y seguía el *cursus honorum.*

CAPÍTULO 46

Matrimonium y *divortium*

Los romanos siempre abrigaron ciertas reservas sobre la institución matrimonial. Un sesudo censor del siglo –I dijo: «Como es sabido, el matrimonio es una fuente de desdichas, pero no por ello hay que dejar de casarse, por civismo». No debe, por tanto, extrañarnos que concedieran al matrimonio menos importancia de la que le damos nosotros. De hecho, la mayor parte de la población romana se emparejaba sin casarse: entre el pueblo solamente una de cada tres parejas se casaba formalmente o mediante el *usus,* consistente en convivir durante un año seguido. A los esclavos les estuvo prohibido hasta el siglo III; abundaban los hijos de padre desconocido o dudoso.

En la época de los césares, el matrimonio era un asunto estrictamente privado, un sencillo contrato consensual que no generaba documento alguno, ni registro, ni literatura de archivo, con la posible excepción de la inscripción de la dote que aportaba la esposa. El matrimonio surtía ciertos efectos jurídicos, puesto que los hijos habidos heredaban del padre nombre y fortuna.

En los primeros tiempos de Roma, el matrimonio de la clase patricia era un *conventio in manum.* La mujer ingresaba en la familia del marido como una hija más sometida al paterfamilias (el marido o el suegro). Si cometía adulterio, el padre chapado a la antigua podía matarla aunque el marido la hubiera perdonado.

Hacia el final de la República se impuso el matrimonio *sine manu*, en el que la mujer no se sometía a la familia del marido y conservaba los derechos que tuviera en su familia de origen.

La mujer era el vientre *(venter)* en el que el marido concebía sus hijos. Durante el Imperio, estos vientres procreadores circulaban activamente en la alta sociedad romana, porque Roma padecía una crónica escasez de mujeres debido a la mortalidad de las parturientas y a los reiterados filicidios (dijimos que muchas niñas se asesinaban al nacer). Más adelante, la ley prohibió suprimir a la primera nacida del matrimonio.

Para paliar la escasez de mujeres de clase alta, las disponibles se utilizaban colectivamente. Si usted tiene una esposa fecunda y un amigo suyo está necesitado de un heredero, puede divorciarse de ella para que el otro pueda desposarla y cuando le haya dado el hijo requerido puede recuperarla, si así se había acordado.

Un ilustre romano citado por Plutarco lo aconseja: «Que la mujer se entregue a hombres de reputación que la compartan por turno y que propaguen los linajes».

Esta escasez de mujeres provocó intrincadas alianzas políticas o económicas, complicados cambalaches entre suegros, yernos y cuñados que llevaban a la mujer de lecho en lecho, siempre salvadas las apariencias mediante contrato. Algunos epitafios encargados por el viudo enumeran los anteriores maridos que disfrutaron a la difunta. Y si es el marido el que muere antes, como es de ley, es posible que en su testamento se descubra una cláusula que diga: «Lego tantos sestercios a mi amigo Ticio, con la condición de que se case con Maevia, mi viuda».

A partir del siglo II, la creciente influencia del estoicismo, que preparaba el camino al cristianismo, introdujo costumbres más humanitarias y la mujer dejó de ser el *venter* para ser considerada la compañera de su esposo. Al propio tiempo, se fue disociando el sexo recreativo del matrimonio, ya que, como asegura san Jerónimo, «no se puede tratar a la propia esposa como a una amante». El nuevo tratamiento se refleja en los epitafios: «*Casta fuit, domum servavit, lanam fecit*» ('Fue casta, cuidó de su hogar, tejió la lana').

Se va a casar la agraciada Caesia Celsia, de catorce años de edad, hija del acaudalado Lucio Celsio, con Cayo Cornelio, de cuarenta y dos años, socio de su futuro suegro en un próspero negocio de importación de pieles y curtidos.

Días atrás el padre del novio envió a una matrona de confianza a la casa de la novia para que certificara la virginidad de la niña, así como el buen estado de sus órganos reproductores, el *venter* del que nacerán los hijos. Este extremo se comprueba inyectando una lavativa de ajo en la vagina de la futura desposada. Si el olor llega, al cabo de unas horas, al aliento, es señal de que la matriz y los ovarios funcionan perfectamente. Comprobado este extremo, el proyecto matrimonial sigue adelante. Se fija la fecha de la boda, previa consulta a los augures. Ciertos días fijos no son buenos y el mes de mayo, tampoco.

La víspera del gran día, Caesia consagra sus muñecas a la diosa Diana y a los lares y penates familiares. La peluquera *(ornatrix)* peina a la niña utilizando un sacralizado hierro de lanza que forma parte del más preciado ajuar de la casa.

Asistida por una matrona experta *(pronuba)* que solo se haya casado una vez *(univira)* —lo que, como sabemos, no es muy frecuente en Roma—, la joven Caesia viste el traje nupcial confeccionado por la modista *(sarcynatrix):* una túnica sencilla color azafrán hasta los pies, ceñida de modo especial con el nudo de Hércules *(nodus Herculeus)* y velo a juego.

La casa nupcial aparece engalanada con flores, guirnaldas y ramos. En el patio, en lugar preferente, se exponen los añejos bustos de cera de los antepasados, sacados del arcón familiar. Los esclavos cuchichean por los pasillos mientras se apresuran a cumplir las órdenes de la señora o del señor.

A la hora prevista, entra el novio, acicalado hasta donde la gravedad masculina lo consiente, acompañado de familiares y amigos.

Cayo Cornelio viste túnica hasta los pies *(tunica talaris).* El barbero le ha desollado la cara intentando apurarle la barba. Lucio Celsio recibe al novio y lo acompaña hasta la mejor estancia de la casa, donde ha dispuesto una mesa para las firmas del contrato de la dote *(tabulae nuptiales).* Cumplido este trámite, la prónuba junta las manos de los esposos *(dextrarum iunctio),* y eso es todo. Ya están casados.

Con los parabienes y besos de los invitados se celebra el esperado banquete *(cena nuptialis).* Después, los invitados forman una procesión *(deductio)* que conducirá a la esposa a su nuevo hogar. Ella porta por todo equipaje un huso y una rueca, símbolos de su nuevo estado y de su condición honesta y laboriosa. Por el camino, el novio finge un rapto. Arranca a la novia de los brazos de su madre, que llora y grita porque le roban a su hija, ancestral costumbre que recuerda el rapto de las sabinas.

A falta de azahar, las amigas casaderas de Caesia se disputarán trozos de la antorcha nupcial *(spina alba)* que, portada por un criado, precede a la comitiva.

Los achispados acompañantes gritan chocarrerías y bromas de dudoso gusto.[266] Otros se contentan con gritar: «*Talasse!*», que es lo tradicional.

Llegados a la vivienda donde la nueva pareja va a residir, Caesia se adelanta para colgar de la puerta un vellón de lana y ungir el dintel y las jambas con manteca de cerdo y aceite de oliva para que la prosperidad se instale en el hogar. Cumplido este rito, el novio la toma en brazos y espera a que ella le diga: *Ubi tu Gaius ego Gaia* (es decir: 'Donde tú seas Cayo yo seré Caya', yo seré lo que tú seas, ¿no es hermoso?).

Si la novia fuera corpulenta en exceso para las fuerzas del novio, los amigos del contrayente echarán una mano para ingresarla en el hogar.

El hogar se inaugura con una ceremonia de recepción del agua y del fuego *(acqua et igni accipere),* tras la cual la prónuba conduce a la joven esposa a la alcoba nupcial y le imparte, a solas, los

266. Nos recuerda a esa deplorable costumbre moderna en ciertos ambientes de subastar trozos de las bragas de la novia y retazos de la corbata del novio. Hace años me vi atrapado en una de esas loterías: por un boleto de veinte duros me correspondió medio salvaslip de la novia.

últimos consejos para que afronte con valor el trance de la consumación. Porque la dulce Caesia va a sufrir lisa y llanamente, como casi todas sus coetáneas, una violación legal. La niña, que ha pasado en unos días de las muñecas al tálamo, es desflorada precoz y brutalmente y queda, como señala un autor antiguo, «ofendida con su marido». Esto contando con que nuestro Cayo Cornelio no sea de los románticos que tienen la delicadeza de respetar la virginidad de la esposa la primera noche y… ¡se contentan con sodomizarla!

Eludamos, por obvia, la noche de bodas.

Cantan los gallos anunciando el nuevo día. Los jóvenes esposos toman el energético desayuno posnupcial *(moretum),* en el que no faltan queso de oveja, apio, cebolla y ruda. Era la primera comida que hacían los recién casados. Más tarde, la joven esposa aparecerá ante las familias reunidas para un nuevo banquete *(repotia)* ataviada con el atuendo de matrona que corresponde a su nuevo estado.

A partir de ahora disfrutará de cierta libertad de movimientos y podrá dedicarse al comadreo y a ir de tiendas, aunque siempre acompañada de criadas *(comites)* e incluso de un escolta *(custos),* cuya insobornable presencia se supone que mantendrá a distancia a cualquier picaflor lector de Ovidio.

El matrimonio puede durar toda la vida o puede acabar en divorcio *(repudium, divortium, discidium),* porque todo lo que se une se puede separar *(quoniam quidquid ligatur solubile est).* Basta que el marido le diga a la esposa: «Recoge tus cosas» para que ella recupere la dote que aportó al matrimonio y el vínculo quede roto.

Igual de fácil le resulta a la mujer deshacerse de un marido insufrible. Algunas esposas aprovechan la forzada ausencia del marido (destinado en comisión de servicios en alguna lejana provincia) para divorciarse de él y volver a casarse (como hizo Mesalina, la esposa del emperador Claudio).

A menudo, el divorcio es un arreglo temporal entre el padre de la mujer y su marido, o entre este y un amigo, con el consentimiento del suegro. En la época imperial, la circulación de mujeres era tan intensa que algunas de ellas «podían contar los maridos por consulados», es decir, cambiaban de marido cada año. Si damos crédito a Juvenal, incluso podían pasar por siete u ocho maridos en un lustro.

Ese tráfico de mujeres era legal; el adulterio, no. La Ley Julia de Augusto intentó reprimir la infidelidad sin grandes resultados (incluso algunas disolutas romanas la burlaron inscribiéndose en los registros oficiales como prostitutas).

El teatro de la época explota los equívocos y las ridículas situaciones a que da lugar el consabido triángulo amoroso. No obstante, la figura del cornudo resulta más patética que ridícula, porque la mujer se considera tan irresponsable que su infidelidad exime de culpa al marido.

A partir del siglo II, la difusión del estoicismo y del cristianismo aumentó la repulsa social hacia el adulterio.

CAPÍTULO 47

A Roma con Tito Flavio Corculo

—¿Te interesa el aceite?

—Juzgue usted. Nací en una almazara de Urgavo (Arjona) y mi familia es olivarera de toda la vida.

—Entonces debes saber que el agrónomo gaditano Columela enumera tres clases de aceite: el *oleum viride,* un aceite amarillo oro de la aceituna fresca recolectada en diciembre; el aceite de lujo, o sea, el *oleum aestivum acerbum,* verdoso, algo amargo y aromático de las aceitunas todavía verdes, recolectadas en noviembre; y el *oleum maturum,* más basto, procedente de aceitunas muy pasadas o atrojadas, que consumen los pobres y se usa en las lucernas para el alumbrado.

—Lo ignoraba. Aunque sé que buena parte del aceite de oliva que alimentaba e iluminaba Roma procedía de la Bética,[267] la próspera provincia senatorial.

A las afueras de Auringi (Jaén), en la villa de los Robles, operó entre los siglos I y IV una gigantesca fábrica de aceite *(torcularium)* en la que los arqueólogos han encontrado seis enormes contrapesos para prensas de viga de entre cuatro mil quinientos y cinco mil kilos. Quizá fuera la mayor de las más de ciento cincuenta *torcularia* que se han documentado en el valle del Guadalquivir, entre Jaén y Sevilla.

267. Esta próspera provincia senatorial, la más romanizada del Imperio, ocupaba tres cuartas partes de Andalucía y el sur de la provincia de Badajoz.

Vamos a acompañar a Roma a Tito Flavio Corculo, el *procurator Baetis* que inspecciona el mantenimiento del río Guadalquivir, tan esencial para la producción y el transporte del aceite bético.

Mientras charlamos, resuena el campo con el murmullo cansino de las piedras rodaderas aplastando aceitunas sobre las balsas de piedra *(mortaria).*

—La provincia Bética es el principal proveedor de aceite del Imperio —explica Tito Flavio—. En el reverso de algunas monedas de Adriano (117-138), la matrona que representa a Hispania tiene en la mano una rama de olivo y a los pies un conejo.[268] El aceite bético es el más reputado. Plinio asevera que solo lo igualaba el de Istria, entre Italia y Serbia.

Por la carretera empedrada que sigue el curso del río Betis desciende una expedición de carros cargados de pellejos de aceite producidos en la villa de los Robles.

El administrador, un esclavo griego que sabe de números, ha tomado puntual nota del contenido de cada pellejo y de cada carro. Dentro de unos días, cuando llegue a su destino, en un embarcadero cercano a Corduba, transferirán la preciada carga y la documentación a otros funcionarios imperiales, quienes, después de consignar el montante y la calidad del aceite recibido, extenderán los correspondientes albaranes.

En aquel punto, otros esclavos transvasan el aceite a panzudas ánforas olearias *(dolia)* y las expiden río abajo en barcazas de fondo plano hasta el puerto de Híspalis (Sevilla).

En espera de que se complete el pasaje visitamos las instalaciones de los alfareros. En sus almacenes se distinguen dos clases de ánforas: las panzudas, casi esféricas, llamadas *olearias* porque sirven para envasar el aceite, y las *vinarias* o de vino, estilizadas

268. España era famosa por la abundancia de conejos. De hecho, parece que el nombre de España proviene del fenicio *i-shepharim,* es decir, el país de los conejos.

y acabadas en una punta que sirve para inmovilizarlas, clavadas sobre el lastre de arena de las bodegas de los barcos.[269]

Las ánforas olearias las fabrican cuadrillas de alfareros itinerantes que van de alfar en alfar. Son casi idénticas, con mínimas diferencias en la boca que pueden atribuirse al tamaño de la mano del alfarero. A fin de controlar la calidad, cada ánfora lleva la *figlina* o sello del alfarero impreso en un asa. Las selladas en la Bética se encuentran en puntos tan distantes como Inglaterra y la India, lo que prueba que el aceite hispano llegaba hasta los confines del Imperio.[270]

Tito Flavio sabe que el vino, el aceite, las conservas de pescado y hasta el grano se transportan en esas vasijas de barro, envases de un solo uso que llegados a su destino se rompen y se arrojan a la basura. No puede sospechar que, dos mil años después, los yacimientos de esos tiestos rotos nos sean tan valiosos para estudiar el comercio en la antigüedad.

El embarcadero está lleno de esclavos que trajinan con ánforas, las sellan con una tapadera de barro cocido y las pesan frente a un funcionario que, con tinta y pincel, escribe en letra cursiva, sobre la propia ánfora, sus *tituli picti,* en los que se consigna el peso del aceite, el nombre del productor y otros datos fiscales.

Embarcamos en Híspalis y descendemos por el apacible Betis hasta Ébora (Sanlúcar de Barrameda), donde los *mercatores* se ocupan de los fletes de las naves de carga *(onerariae)* que llevan el aceite a Roma.

La travesía, a una velocidad máxima de cinco nudos (hoy fácilmente triplicada), resulta incómoda y aburrida. «Si hace buen tiempo, muchos pasajeros pasan el rato jugando a los dados o

269. A lo largo del Guadalquivir y del Genil se han documentado unos ochenta alfares que fabricaban ánforas olearias y ocho puertos fluviales en los que se embarcaba el aceite.

270. Como el diseño de las ánforas varía según los alfares y, además, evoluciona con el tiempo, los arqueólogos pueden determinar la época y el lugar de procedencia de cada ánfora.

cantando, o comen sin parar —escribe Dion de Prusa—; pero en cuanto asoma la tormenta se lían la túnica a la cabeza y aguardan acontecimientos. También los hay que se acuestan e intentan dormir y no se levantan hasta que han entrado en puerto».

El viaje, que dura varios días, da tiempo más que sobrado para que Lucio nos hable de la sociedad romana.

El romano es, por tradición, laborioso y emprendedor, buen campesino. Incluso cuando no se dedica a sus trabajos *(negotia)*, procura que el ocio *(otium)* sea enriquecedor.

El trabajo físico se considera impropio de los nobles, pero sus esclavos y sus clientes se emplean en las explotaciones agropecuarias, en los diversos servicios y en la industria de fabricación de objetos exportables a provincias.

A este respecto, la definición del trabajo que da Plotino es reveladora: «La masa de los obreros constituye una chusma despreciable destinada a producir los objetos necesarios para la vida de los hombres virtuosos».

El noble no trabaja, solo dirige *(cura)*, pero, a veces, su avidez de ganancias lo lleva a especular y a practicar la usura, actividades no consideradas trabajo. Esta ideología entronca plenamente en el ideal griego clásico que consiste en vivir de las rentas.

La aristocracia, siempre fiel a sus orígenes campesinos, siente cierto desdén por la industria y el comercio. Por lo tanto, es la clase ecuestre la que se hace cargo de estas productivas parcelas y se enriquece con ellas. Un nuevo rico, industrial o comerciante, que aspire a que sus hijos sean admitidos un día en los restringidos círculos del poder, no duda en invertir una buena parte de su fortuna en propiedades rústicas, aunque estas le resulten menos rentables. Solo así comienza a parecerse a las exclusivas familias patricias con las que pretende emparentar.

El Imperio demanda de la metrópoli productos manufacturados. Para atender esta demanda llega a Roma continuamente mano de obra especializada, particularmente griega y oriental, que se establece en determinados barrios, un poco como hoy sucede con los emigrantes asiáticos que llegan a las grandes ciudades de Occidente, pero allí llegan con más preparación técnica.

También, por lo que nos toca a los hispanos, Tito Flavio me explica los entresijos del comercio aceitero imperial.

—La gran Roma no podría funcionar si no fuera por el aceite hispano. Nuestro aceite es imprescindible para la *annona,* la paga estatal con la que los emperadores se aseguran la lealtad de la plebe romana. Al principio, la *annona* consistía principalmente en trigo y el aceite aparecía raramente, pero a partir de Adriano se reparte regularmente aceite.[271]

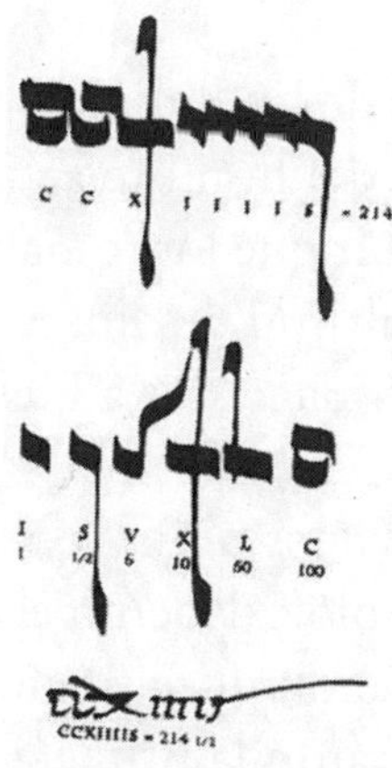

Tituli picti.

271. Las exportaciones de aceite bético alcanzaron su máximo desarrollo durante el reinado del sucesor de Adriano, Antonino Pío. Roma contaba entonces con un millón y medio de habitantes. Aunque a cada romano solo le correspondieran unos doce litros al año, la cantidad sumada era considerable.

CAPÍTULO 48

Dioses de toma y daca

—En la inmensidad del mar, uno se da cuenta de la pequeñez del hombre —medita Lucio Hortensio Metelo, acodado en la borda de la nave.

—Estamos en manos de los dioses.

Desde la mentalidad del hombre actual, que no cree en casi nada, es difícil de concebir que los romanos creyesen firmemente en la existencia de multitud de dioses, y de espíritus y fuerzas ocultas con los que conviene estar a bien para que te sean propicios.

La historia sagrada que los niños romanos aprendían establecía que en un principio solo existieron el cielo (Urano) y la tierra (Gea). De su unión nacieron doce titanes, dos de los cuales, Saturno y Cibeles, engendraron la primera generación de dioses, a saber: Júpiter, el todopoderoso del cielo; Juno, su esposa, diosa del cielo y del matrimonio; Ceres, diosa de la tierra fecunda; Vesta, diosa del hogar; Neptuno, que reina sobre el mar, y Plutón, señor del reino de los muertos.

De la unión amorosa de los dioses de la primera generación nacieron los de la segunda: Marte, dios de la guerra; Venus, diosa del amor; Vulcano, dios del fuego; Minerva, diosa de la inteligencia; Apolo, dios del sol y de las artes; Diana, diosa de la luna, la castidad y la caza; Baco, dios del vino y del frenesí; y Mercurio, dios del comercio y la elocuencia.

El brillo de estos dioses mayores, casi todos heredados de los griegos junto con su rica mitología, no eclipsó el fascinante firmamento de dioses menores que tutelaba cada mínima parcela de la vida del romano.[272]

Cada acto o situación de la vida cuenta con su divinidad. Para ganar la voluntad de los dioses, se les ofrecían sacrificios siguiendo el principio utilitario *do ut des,* 'te doy para que me des'. La relación de los dioses con el creyente es meramente funcional: toma y daca. Cúrame y te sacrificaré tres palomas; ayúdame en este negocio y te ofreceré una oveja.

Para estimular a las divinidades a que nos favorezcan se les ofrecen los sacrificios que más les agradan, según un ritual rígidamente establecido: a Júpiter, bueyes blancos; a Ceres, cerdos o tortas de harina; a Venus, palomas; a Diana, ciervos. Los pobres se contentaban con ofrecer animales pequeños, tortas votivas, figuritas de exvotos o un poco de vino.

En ocasiones especiales se ofrece una *suovetaurilia* o triple sacrificio de un cerdo *(sus),* un cordero *(ovis)* y un ternero *(taurus),* y, solo para situaciones extremadamente angustiosas, de peligro nacional, como cuando Roma se sintió amenazada por Aníbal, se vota un *ver sacrum* ('primavera sagrada'), recuerdo de una ancestral inmolación de todo lo nacido durante la primavera, fuera hombre o animal.

272. El polígrafo Marco Terencio Varrón censó treinta mil dioses, pero seguramente no agotó la lista, que, por otra parte, se ampliaba continuamente con la adopción de las exóticas divinidades de los pueblos conquistados. Naturalmente, ningún romano recordaba los nombres y atributos de todos. Entre los cientos de dioses menores podemos citar a Hécate, diosa de la magia; Carna, de la salud; Alemona, que alimenta a los fetos; Diespiter, que asiste al alumbramiento de los bebés; Estatalino, que enseña a los niños a andar; Cunina, que protege del mal de ojo; Estriges, que asusta a los niños; Crépito, que preside las flatulencias; Fabulino, que enseña a los niños a hablar; Cloacina, la diosa de las cloacas y del coito matrimonial (¡no me hagan comparaciones!), y Esterquilino, dios del estiércol, al que nos podríamos encomendar en caso de vientre flojo o estreñido. Por cierto, que en lo referente al pedo el educado Erasmo de Róterdam aconsejaba disimular su sonido con una oportuna tos *(«tussi crepitum dissimulet»).*

Para ganarse la voluntad de los dioses principales, el Estado romano les consagra templos magníficos en los que se adoran imágenes, como los cristianos hacemos con nuestros santos (alguno de los cuales, por cierto, resultó ser un dios pagano cristianizado).[273] Si la divinidad permanece sorda a las súplicas será porque el sacrificio ha sido insuficiente o defectuoso en su forma. A los dioses hay que cansarlos *(fatigare deos),* insistir hasta que se consigue su auxilio.

Ninguna exigencia moral. Ni infierno, ni cielo ni purgatorio. Los muertos iban a una especie de inframundo en el que reinaba Dis Pater, el dios de los muertos, luego sucedido por Plutón y Hades.

Además de los dioses comunes a todos los romanos, están los dioses particulares, los de cada *gens* o familia. A estos dioses do-

273. Los primeros cristianos, como antes habían sido paganos, echaban de menos a esos dioses menores. No creían que el único Dios de su nueva religión tuviera tiempo de atender, Él solo, a tantos creyentes. Además, esa ingente y a menudo desagradable labor que en los viejos tiempos de Júpiter/Zeus realizaban cientos de dioses menores, ¿cómo iba a rebajarse a realizarla Él personalmente? La Iglesia detectó esta inquietud de su feligresía y, siempre atenta a su bienestar y a la propagación de la verdadera fe, toleró primero y fomentó después, a partir del siglo IV, la aparición de una multitud de dioses menores cristianos a los que tituló «santos». Mencionaré tan solo un ejemplo. San Foutin, primer obispo de Lyon (Pothinus), probablemente sea la santificación del dios pagano Príapo, el del falo erecto. El nombre Foutin está emparentado con el francés medieval *foutre* ('follar') y de ahí que en la Edad Media fuera tan popular como santo protector de la coyunda, que velaba por la fertilidad de las mujeres y por la potencia sexual de los hombres. Sus devotos acudían en peregrinación al santuario, en Varages (Provenza), y le dejaban como exvoto una picha de cera. Se quejaban las devotas de que, cuando soplaba el viento, los cipotes céreos se agitaban sobre sus cabezas y las distraían de sus devociones. En la iglesia de Embrun se veneraba un pene de gran tamaño, supuesta reliquia de san Foutin. Los devotos derramaban vino sobre el bálano que, recogido en la bandeja de la base, se transformaba en «vinagre santo» que remediaba la impotencia y la esterilidad.

mésticos se les rinde culto en una hornacina de la casa, el larario, el templo del hogar donde están representados en bulto o en pintura los lares, a menudo algún antepasado de la familia.[274] En festividades especiales se reza ante el larario, se queman perfumes y se encienden velas votivas.

En muchos aspectos podríamos decir que la religión romana es supersticiosa. Antes de cualquier acto importante, viaje, negocio, etcétera, el romano consulta a los augures, unos sacerdotes facultados para interpretar las premoniciones de la naturaleza, las señales del cielo o los vuelos de las aves, especialmente águilas, halcones, cuervos y grajos. Si los auspicios son desfavorables, se aplaza la acción hasta que cambie la racha.

Para las más importantes consultas oficiales, particularmente en tiempo de guerra, resulta más cómodo y seguro recurrir a los pollos sagrados, mantenidos en una jaula dorada, al cuidado del templo. Si comen de buena gana es una excelente señal, pero si se muestran inapetentes, la señal es funesta.

Las legiones romanas antes de entrar al combate sacrifican los *suovetaurilia* (un cerdo, una oveja y un toro) en una solemne ceremonia acompañada por la música de tres trompetistas *(buccinatores)* y un cantor *(symphoniacus),* mientras el sacerdote *(camillus)* esparce incienso sobre el fuego del altar y el oficial de mayor graduación, la cabeza cubierta, vigila la correcta aplicación del rito. Tras el sacrificio, el augur examina las entrañas de los animales y determina el resultado de la batalla.

—¿Y en las batallas navales, también llevan un cerdo, una oveja y un toro a bordo?

274. Como la influencia de Roma siempre ha sido patente entre nosotros, los lectores de mayor edad quizá recuerden que en casa de los abuelos todavía el comedor estaba presidido por una representación apaisada de la santa cena en estampa o en relieve, flanqueada por los retratos respectivos de los padres de los cónyuges.

—No, en las operaciones navales llevan una jaula de pollos sagrados de cuyo apetito depende el augurio que determina si entran en combate con la escuadra enemiga o lo rehúyen.[275]

A la abultada nómina de estos dioses romanos ancestrales *(di indigetes),* reforzados por los del panteón griego, se añadieron posteriormente los «recién llegados» *(di novensides)* de Oriente, Isis, Serapis y Attis, que, en la época imperial, atraerían cada vez más a la plebe romana con sus ritos secretos e iniciáticos (mistéricos).

Augusto intentó, infructuosamente, limitar la difusión de estos cultos orientales. A partir del siglo II, Roma sucumbió al culto de Mitra, de origen persa, y al cristianismo, de origen judío.

Ganó la cruz. En el siglo IV, el cristianismo era universalmente aceptado y hasta declarado religión oficial de Roma después de arrebatar al mitraísmo sus mitos y creencias.

Al margen de las divinidades públicas, cada familia de clase acomodada rinde culto a ciertas divinidades privadas, los espíritus familiares (Lares y Penates), protectores del hogar. El sacerdote de este culto privado es el paterfamilias y sus imágenes y su altar son el *lararium,* la hornacina sagrada que ocupa la parte más noble del *atrium* doméstico.

También reciben culto privado los manes o las ánimas de los difuntos, cuyas sacralizadas máscaras de cera se exhiben en los entierros y en otras ceremonias familiares. Existen, además, maléficas ánimas en pena, los *lemures* y *larvae,* a los que hay que apaciguar mediante sencillas ofrendas.

275. En –249, durante la primera guerra púnica, el almirante Claudio Pulcro decidió atacar la flota cartaginesa de Sicilia, pero el augur de a bordo le hizo saber que los auspicios eran desfavorables. «Los pollos no comen», observó. Entonces Claudio Pulcro, que estaba decidido a dar la batalla y creía poco en supersticiones, dijo: «Pues si no quieren comer, que beban», y agarrando la jaula la arrojó al mar. «¡Adelante la escuadra!». ¿Qué sucedió? Que fue derrotado y perdió toda su flota. A su regreso a Roma, el Senado lo condenó por alta traición y él se suicidó. O sea, con los dioses, pocas bromas.

Entre los romanos, el sacerdocio es un cargo público para el que suelen designarse funcionarios del orden senatorial de probada experiencia. En la cúspide del escalafón está el sumo pontífice *(pontifex maximus),* por lo general, el propio emperador, jefe de la religión nacional, nombrado por el cónclave de los dieciséis pontífices. A él corresponde nombrar y controlar a los sacerdotes públicos, particularmente a los flaminios y a las vestales.

Los flaminios son quince y están consagrados al culto de Júpiter, Marte, Quirino y otros dioses mayores. Las vestales son siete religiosas escogidas entre las muchachas de las mejores familias. Hacen voto de castidad y de pobreza y habitan en un convento de clausura *(atrium vestae),* donde cuidan el fuego sagrado. El castigo por la pérdida de la virginidad de una vestal consiste en matarla por inanición tras emparedarla en una cripta subterránea con una jarra de agua y un pan.

Existen además dieciséis augures y hasta setenta arúspices que examinan el hígado de los animales sacrificados y, partiendo de sus señales, predicen el porvenir o la voluntad de los dioses.

Los dioses manifiestan la inminencia de calamidades particulares o colectivas por medio de portentos *(prodigia).* En este caso, se recurre a los pontífices y los augures para que realicen una expiación ritual, pero si los prodigios persisten o se agravan, se consulta a los *quindecemviri,* los intérpretes autorizados de los libros sibilinos, colección de ambiguas profecías que el rey Tarquinio compró a la sibila de Cumas siglos atrás.[276] En estos escritos, en

276. Los libros sibilinos eran recopilaciones de profecías atribuidas a las sibilas, profetisas veneradas en la antigüedad. Se conocen los nombres de varias de estas sibilas, casi siempre denominadas según el lugar donde ejercieron su ministerio. Es posible que solo hubiera una sibila itinerante que recibió los nombres de los lugares en los que residió sucesivamente antes de acabar sus días, ya anciana, en Cumas. Según una antigua tradición, la séptima sibila se presentó un día ante el rey Tarquinio Prisco (uno de los execrados primeros reyes de Roma) con la pretensión de venderle nueve libros de profecías por trescientas monedas de oro. Al rey le pareció

un estilo críptico casi ininteligible para el común de los mortales, los augures se esfuerzan en interpretar el futuro.

El romano está persuadido de que los dioses comunican a los hombres sus deseos sirviéndose de fenómenos naturales tales como truenos, relámpagos, ataques de epilepsia, sueños y vuelos de aves. A este efecto, son de buen agüero el águila, la garza real y la corneja; de mal agüero, el búho y la golondrina.

Antes de proceder a cualquier empresa importante, pública o privada, se consulta al augur, que, mirando al sur, aguarda la manifestación de lo numinoso. Lo que ocurre a su izquierda es, en términos generales, negativo (izquierda: *sinister*, lo siniestro).

---

que la cifra era desorbitada. Entonces, la sibila quemó tres de los libros y le ofreció al rey los seis restantes por la misma cantidad. Tarquinio creyó que estaba loca y rechazó nuevamente el trato. La sibila, impertérrita, quemó otros tres libros y le ofreció los tres restantes sin rebajar un céntimo del precio inicial. Esta vez, Tarquinio, alarmado, aceptó pagar las trescientas monedas. Los tres libros de la sibila estaban escritos en verso antiguo sobre tiras de tela. Roma los guardaba celosamente en un cofre de piedra depositado en la cripta del templo de Júpiter en el Capitolio, máximo santuario romano. Cuando había que consultar a los dioses, los quindecénviros acudían a los libros sibilinos. En el año 84, los libros perecieron en el incendio del templo. No obstante, parte de sus contenidos pudo reconstruirse a partir de colecciones de máximas sibilinas en poder de diversos particulares (en Roma, y en todo el Mediterráneo clásico, había pasión por las profecías, y el que más, el que menos atesoraba algún cuaderno supuestamente atribuido a las sibilas). Los agentes del Senado recorrieron distintos lugares de Asia Menor, entre ellos Eritrea, supuesta patria de la sibila de Cumas, recopilando obras sibilinas. Una comisión senatorial examinó los materiales allegados y después de rechazar los que le parecieron falsificaciones, formó un corpus sibilino de unos mil versos que fue depositado en el reconstruido templo de Júpiter. Octavio Augusto hizo una nueva selección de textos y los trasladó a un nuevo depósito, en un nicho bajo la estatua de Apolo en el Palatino. Allí permanecieron y fueron consultados hasta que Estilicón los mandó destruir el año 400. Roma se había convertido al cristianismo y abominaba de las supersticiones paganas.

Al paganismo romano, lo mismo que al cristianismo que lo suplantará, no le repugna la idea de que un hombre nacido de mujer pueda recibir honores divinos. Un notable precedente lo justifica: el faraón del antiguo Egipto recibía culto como dios y se consideraba ahijado de los dioses y manifestación visible de la divinidad.

Los césares romanos adoptaron la misma idea y elevaron a la categoría de dios al emperador Augusto *(divus Augustus)* como hijo de la diosa Roma. Sus sucesores también fueron divinizados, algunos de ellos en vida. Serían *dominus et deus* y cambiarían el título de *imperator caesar* por el de *dominus noster*. La creciente importancia del culto al emperador, cada vez más asimilado al del sol, fue arrinconando el politeísmo y, eficazmente secundado por la nueva moral que imponía la filosofía estoica, preparó el camino del monoteísmo cristiano.

CAPÍTULO 49

El monte de los tiestos

Desembarcamos en Ostia, el puerto de Roma. Quizá no nos depara el paisaje urbano más idóneo para adquirir una favorable primera impresión: aguas cenagosas sobre las que flotan desperdicios, muelles abarrotados de trajinantes esclavos, denso olor de almacenes de curtidos, hoscos volúmenes de pósitos y corrales que parecen aplastar las hileras de frágiles y destartaladas viviendas que se apiñan desde el río hasta las laderas del Aventino.

Por estas malolientes callejuelas pululan bandadas de niños mendigos, apenas vestidos de harapos, y descaradas prostitutas que brindan, con gritona insistencia, sus marchitos encantos. Mejor será que nos apresuremos y salgamos de aquí, porque cae la tarde y Hortensio Metelo nos ha advertido que por esta zona abundan los atracadores.

Mientras aguardamos el coche de caballos que nos trasladará a la ciudad, observamos a los esclavos del puerto que descargan las pesadas ánforas y las transportan a un almacén del muelle. Detrás del almacén, otros esclavos transportan carros de ánforas rotas en dirección a un monte cercano de extraño aspecto.

—Mons Testaceus es un montón de ánforas rotas —explica Metelo—. A lo largo de decenas de años ha ido creciendo y tiene ya el tamaño de una montaña.[277]

277. El montón de tiestos rotos fue creciendo entre los siglos I y III. Y, al cabo de ese tiempo, los restos de unos 25 millones de ánforas rotas for-

El cervantino licenciado Vidriera se queja en un memorable pasaje: «¿Soy yo por ventura el monte Testacho de Roma para que me tiréis tantos tiestos y tejas?». El incrédulo turista aún acude allí para cerciorarse de que, en efecto, el monte está formado solamente de trozos de vasijas, muchas de ellas de procedencia hispánica, a juzgar por sus marcas.

El viajero que se pone en camino por una de las espléndidas calzadas enlosadas que comunican Roma con los más remotos confines de su Imperio (lo que revela que su finalidad primordial es la militar: posibilitar el rápido traslado de tropas) puede optar por hacerlo a pie o por alquilar un caballo o un coche. El vehículo es lo menos fatigoso, pero también tiene sus inconvenientes.

Recorremos con emoción los últimos kilómetros de la vía Ostiensis. ¿No es aquello que brilla la resplandeciente techumbre del templo de Júpiter Capitolino? Impaciente por llegar, el cochero aviva el paso de las mulas.

—Roma se ha asentado en un semicírculo de colinas en cuyas laderas y alturas se instalan los barrios residenciales y los monumentos; en la llanura, entre las colinas, los foros y en el terreno menos valorado, las miserables colmenas en las que se hacinan los pobres.

Si preguntamos a uno de los atareados ediles que se esfuerzan por ordenar la caótica urbe del siglo IV, nos dirá que el perímetro de su recinto abarca ya veinte kilómetros (hace siglos que rebasó aquella primitiva muralla de Servio Tulio). Las 152 fuentes de la ciudad, a las que acuden largas filas de esclavos y mujeres con cántaros, consumen más de 1.000 millones de litros de agua dia-

---

maron el Testaceus, el monte de los tiestos, una colina artificial de 22.000 metros cuadrados de base, 45 metros de altura y un volumen de más de medio millón de metros cúbicos. El equipo de arqueólogos españoles que la está excavando ha descubierto que el 80 por ciento de las ánforas allí apiladas procede de Andalucía, en un tiempo que oscila entre el siglo I (las olearias tipo Dressel 20) y el siglo III (las más tardías y estilizadas Dressel 23, con forma de nuez).

rios, que les llegan por once acueductos. Hay 37 puertas, 8 puentes sobre el Tíber, 29 avenidas, 11 foros, 856 baños, 11 termas públicas y 190 graneros que surten de trigo a 254 molinos que molturan el trigo que media docena de flotas traen de Sicilia, de Hispania y de Egipto. Hay también 2 circos, 2 anfiteatros, 3 teatros, 28 bibliotecas, 36 arcos triunfales y 10 basílicas.

Casi toda esta grandeza, que ya comienza a dar preocupantes señales de decrepitud, arranca de la época de los césares. Augusto solía ufanarse: «Heredé una ciudad de ladrillo y la dejo de mármol».

En esta fascinante ciudad conviven y se yuxtaponen impúdicamente el lujo más desenfrenado y la más afrentosa miseria. Los ricos exhiben sus riquezas. En Roma, dueña y señora de los recursos del mundo, se amasan tan enormes fortunas que cunden el lujo más extravagante y el despilfarro. Muchos señalan esta conducta como causa fundamental de la degeneración del austero ciudadano romano, lo que, a la postre, traerá aparejada la decadencia del Imperio.

Pongamos un ejemplo de derroche y lujo desenfrenado. En el templo llamado panteón de Adriano (en realidad, de Marco Agripa, el colega de Augusto, hoy reconvertido en iglesia de Santa María Rotonda) existen doce columnas de granito egipcio, de doce metros de altura, en un solo bloque, traídas de la cantera de Mons Claudianus (Monte de Claudio), en el desierto egipcio, a cuatro mil kilómetros de Roma. Es difícil calcular el esfuerzo y los gastos que conllevó la hazaña de transportar esas columnas por tierra y por mar hasta su definitivo emplazamiento.[278]

La tendencia al lujo se había iniciado ya en la Roma republicana. Desde el año –161 se venían propagando leyes suntuarias para limitar los gastos de fiestas y banquetes, pero nadie las obedecía, ni siquiera los mandatarios que las promulgaban. En la época imperial, el derroche del poderoso se hace casi obligado si

278. Beard, 2016, p. 539.

no quiere que lo tilden de mezquino. Ningún aristócrata conseguirá ascender en política si no es a costa de cuantiosos dispendios privados y públicos. El populacho espera y exige que cada nuevo cargo público se inaugure con juegos. El que obtiene un cargo, el que se casa, el que impone a su hijo la túnica viril, tiene que celebrarlo gastando una fortuna en juegos gratuitos para el pueblo y banquetes para los allegados y clientes de la familia.

Los ricos compiten por la posesión de muebles, tapices, vajillas, trajes bordados en hilo de oro, ungüentos de Arabia, sedas de la China, esmeraldas de Escitia, cristal egipcio, tintura de Batavia, *garum* hispánico, espejos griegos (todavía enteramente metálicos). Se pagan fortunas por pájaros exóticos, loros y papagayos, y por el capricho de poseer fieras amaestradas. En un tiempo en que ni siquiera el gato estaba domesticado, Augusto tuvo un tigre; Domiciano Caracalla, un león; Heliogábalo los superó a todos: él uncía leones a carros y tuvo leopardos sueltos en su palacio. Naturalmente, a todos estos animales se les limaban los dientes y se les recortaban las uñas.

Hemos visto la extravagancia de personajes como Heliogábalo, el que asfixió a varios invitados bajo una lluvia de pétalos de rosa. En Pompeya, el año 61, el magistrado Claudio Verus gastó una fortuna en perfumar el anfiteatro como obsequio da la plebe sudorosa y maloliente en él congregada.[279]

Esta es Roma. Los potentados viven en mansiones y palacios; los de medio pelo, en viviendas unifamiliares adosadas; y los pobres que disponen de techo donde cobijarse, en bloques de apartamentos. Al lado del palacio adornado con estatuas de mármol

279. Esta compulsiva tendencia al despilfarro, propiciada y aplaudida incluso por los indigentes romanos que no tenían donde caerse muertos, es posible que tenga las mismas razones psicológicas que explican la destrucción ritual de riqueza por parte de ciertos pueblos primitivos. Pero analizar antropológicamente este asunto nos llevaría demasiado lejos, así que lo dejaremos en la mera anécdota.

importadas de Grecia se levanta la chabola de barro. Los que disponen de vivienda se hacinan en superpoblados edificios de los barrios bajos cuyas destartaladas ventanas dan a lujosas mansiones rodeadas de jardines o a las casas familiares, con una docena de habitaciones, de la clase media.

Nuestro amigo Bonoso Valerio, al que vamos a visitar, habita en el antiguo barrio del Palatino, donde se ubican las residencias de muchas antiguas familias de la aristocracia romana. Aunque las calles no tienen nombre ni las casas número, no resulta complicado dar con el destinatario de una carta en cuyo envoltorio ponga: «A Fulano, que vive en el sitio del foro donde empieza la cuesta del Palatino», o «Mengano, cuya tienda de aceitunas curadas está delante del foro de César»; o «Zutano, que habita cerca del templo de Baco y bizquea del derecho». En las respectivas vecindades, todo el mundo los conocería.

Nadie se pierde en Roma. Dar con una dirección es tan fácil o tan complicado como en cualquier gran ciudad actual. Comprobémoslo en un texto de Terencio:

—¿Recuerdas el pórtico allí abajo, cerca del mercado?

—Por supuesto.

—Pasa por allí, cruza la plaza y sigue hacia arriba. Cuando llegues a lo alto, verás una calleja que baja, síguela sin detenerte y al final verás, a un lado, un pequeño santuario y, enfrente, un callejón.

—¿Dónde?

—Donde está la gran higuera silvestre… ¿Sabes cuál es la casa del rico Cratino?

—Sí.

—Pasas por delante de ella y tuerces a la izquierda, cruzas la plaza y al lado del santuario de Diana tomas a la derecha. Antes de llegar a la puerta, hay una fuente y delante una carpintería. Allí es.

CAPÍTULO 50

Como en casa

La casa Valeria es la típica *domus* unifamiliar de un romano pudiente. Cerrada por un muro sombrío, mal enfoscado y sin ventanas, en su parte central se abre una especie de breve pasillo que conduce a la puerta de la casa.

En los bajos existen varias tiendas alquiladas *(tabernae)* sin comunicación con la *domus* y, encajada entre dos de ellas, sin mucho protocolo, la puerta de entrada *(ianua),* de doble hoja que permanece abierta durante el día, guardada por un portero *(cella ostiarii),* un anciano esclavo de confianza.

Pregunto por el dueño. El portero abandona un momento el escabel en el que se sienta para ir a llamarlo.

Un momento después aparece en el umbral mi amigo Bonoso Valerio arreglándose la toga. Se ve que se la acaba de poner para salir a recibirme.

—Salve —lo saludo, reprimiendo la inclinación a levantar el brazo en el saludo romano, hoy peligrosamente asociado al fascismo.

—*Quid agis?* ('¿Qué tal estás?') —me devuelve Bonoso el saludo.

Nos abrazamos sin perder la gravedad romana.

—Te veo algo más gordo —añade palmeándome el ubérrimo lomo.

—*Mater quae genuit te!* ('¡La madre que te parió!') —le respondo.

En la residencia de Bonoso Valerio nos aguardan su noble y distinguida esposa, la discreta Caesia, y sus dos agraciadas hijas, las adolescentes Minervina y Victoria. Tiene también un hijo, Cayo, oficial del ejército destinado en una guarnición de Hispania.

Pasado el atrio me inclino respetuosamente ante la hornacina que contiene las figurillas de los lares y penates, los dioses familiares de los Valerio, además de las máscaras mortuorias de algún antepasado ilustre. Un esclavo provisto de bacinilla en la que flotan pétalos acude a lavarme los pies.

Como es casa de familia pudiente, el suelo está decorado con pavimentos de artísticos mosaicos y las paredes cubiertas de pinturas al fresco, cuyos bellos y llamativos colores imitan lujosas arquitecturas. Los cuadros reproducen motivos mitológicos campestres, rosetones, cabezas monstruosas y escenas de sacrificios. En el techo, algo oscurecido por el graso humo de las lámparas, hay bellos estucos y artesonados.

El mobiliario es sucinto. Las mesas suelen ser verdaderas obras de arte salidas de expertas manos artesanas, aunque también las hay sencillas, de tijera, para los viajes. Los asientos son también, básicamente, modernos: sillón *(cathedra),* silla (*sella,* dotada de brazos, pero sin respaldo) y el humilde taburete. Hay pocos armarios, pero abundan las alacenas empotradas en las que se guarda de todo: ropa, libros, víveres. Pocos objetos decorativos, si exceptuamos los artísticos candeleros de bronce que sostienen candiles de aceite. Resultan más baratos que las velas de cera, pero dejan el aire graso y maloliente. Las antorchas se usan solo en bodas, funerales y celebraciones oficiales.

En la noble sala de recibir de la casa *(tablinium),* las ventanas están dotadas de toscos vidrios, gruesos y casi opacos. El resto de las ventanas se cierran con las tradicionales placas de alabastro *(lapis laris),* que dejan pasar la luz y crean un ambiente recoleto y agradable.

El zaguán *(vestibulum)* comunica con el primer patio por un arco *(fauces)*. En medio, cubriendo el interior de la casa de las vistas desde la calle, existe una alacena de mampostería con un altarcito u hornacina muy decorada *(lararium)*, el altar de los antepasados, a menudo enmarcado entre un par de columnas y un tejadito a dos aguas, como una casa de muñecas casi, donde están representados, en pequeñas figuras, los dioses de la familia *(dii familiaris),* antepasados ilustres que protegen a la estirpe del dueño y los que protegían la casa *(lares loci).* A veces se confunden con los *manes,* que son las almas de los antepasados.

Paredaño con el lalario y mirando al *atrium* existe una puerta de hierro muy asegurada de cerrojos y cierres, la caja fuerte *(arca)* de la casa que guarda los objetos de valor y el dinero.

El *atrium,* centro de la vida doméstica, es un patio porticado *(impluvium),* que cuando llueve recibe las aguas de los tejados en una alberquilla *(compluvium).* La pila está dotada de un rebosadero para que el precioso líquido alimente el aljibe subterráneo *(cisterna).*

Al patio porticado se abren distintas habitaciones *(oeci),* que en invierno se ventilan y reciben la luz a través de este patio. En verano, se tiende un toldo *(velaria)* que impide que el sol caliente el interior de la casa.

En la casa existen dependencias asignadas a distintos usos. La más noble de ellas es la sala de estar *(tablinium),* el lugar del padre. Luego están el comedor *(triclinium)* y una escalera que conduce al piso superior, donde están los dormitorios *(cubicula).*

El comedor es espacioso y está decorado con frescos y mosaicos que representan animales, peces, verduras o frutas. Casi todo el espacio lo ocupa el ostentoso *triclinium,* tres divanes con capacidad para nueve comensales en torno a una mesa central, pero si el número de invitados es mayor, se pueden arrimar, por el lado libre de la mesa, banquillos y sillas. En la época de los césares el *triclinium* se sustituye por un diván semicircular *(sigma)* con capacidad para ocho comensales en torno a una mesa redonda.

Otras mesas auxiliares pueden hacer de reposteros. Estos muebles suelen ser tan ostentosos como lo consienta la economía del dueño, incluso de maderas preciosas taraceadas con apliques de oro, plata y marfil. Uno de los muchos excesos de Heliogábalo consistió en tenerlos de plata maciza finamente trabajada. Las mujeres, los niños y las personas que guardan luto suelen usar sillas.

Los romanos no suelen dar importancia a la cocina. En muchos hogares, ni siquiera existe y la comida se prepara, como antiguamente, en el patio trasero o en el mismo *atrium,* sobre un fogón portátil que se retira cuando no se está usando.

En esta casa patricia, la cocina es igualmente espaciosa y tiene en su lado más amplio un poyo de mampostería con varios fogones. Por todas partes, apilados en los estantes o colgando de las paredes, se ven sartenes, salseras, espetos y otros instrumentos, así como ristras de ajos, cebollas, laureles y condimentos.

Las paredes, oscurecidas y pringosas, delatan que se llenan de humo con facilidad. En un breve poyo de mampostería hay una especie de fregadero que desagua en el albañal *(confluvium)* de la pieza contigua. En un rincón del patio posterior, al lado de la leñera, hay un horno de cocer el pan, pero hoy en día, me explican, muchas familias amasan el pan en casa, pero prefieren cocerlo en el horno del barrio.

Pocas casas disponen de baño. Los romanos no se asean mucho ni lavan la ropa tan a menudo como nosotros, lo que se refleja en la atmósfera pestilente que se desprende de las aglomeraciones. Solamente las casas de los muy ricos disponen de algo parecido a un baño *(lavatrina* o, si es mayor, *balnea),* aunque muchos otros poseen una bañera portátil que instalan en la estancia contigua a la cocina para disponer del agua caliente con más comodidad. A falta de jabón, que todavía no se ha inventado, se utilizan aceites y compuestos de sosa *(aphonitrum),* y en lugar de esponjas, placas metálicas arqueadas *(strigili)* con las que se raen la piel recogiendo el aceite y el sudor. Los juegos de toallas son enteramente modernos: de baño *(sabana),* de rostro *(faciales)* y de pies *(pedale).*

El decoro nos impide explorar las estancias femeninas de la casa. Si curioseáramos en la alcoba de Caesia, encontraríamos un arcón en el que guarda sus vestidos y joyas.

Caesia usa cumplido sostén *(mamillare, fascia pectoralis)* y camisa *(tunica interior)* debajo de la *stola,* túnica hasta los pies, ceñida por la cintura, que es el equivalente femenino de la toga. Cuando callejea, se pone, además, un manto *(palla).* Desde el siglo III, la *stola* cede paso a la más vistosa dalmática, vestido con mangas de diversos diseños y hechuras. Algunos complementos son el abanico *(flabellum),* la sombrilla *(umbella)* y, muy raramente, una especie de bolso.

Encontraría también varios peines, además de una liendrera de marfil. Las contemporáneas de Caesia lucen los más imaginativos arreglos del cabello largo, pero lo que predomina en Roma son las gruesas trenzas dispuestas sobre la coronilla en forma de moño o anudadas sobre la nuca.[280]

Las romanas no conocieron el sombrero ni el pañuelo de cabeza, aunque a veces se cubrían la cabeza con un extremo del manto.

En cuanto al tocador, seguramente nos sorprenderíamos de la cantidad de cremas, polvos, pomadas, tinturas y cosméticos que guarda en botellitas de vidrio y en potes de delicada cerámica *sigillata,* algunos tan insólitos como excrementos de cocodrilo o grasa y sudor de gladiadores (vestigio de ancestrales sacrificios humanos). Los más preciados los guarda en un cofrecito de marfil o de cristal de roca *(narthekia).*

Las romanas aprecian sobre todas las cosas la piel blanca y los labios rojos. Las muy pudientes se bañan a veces en leche de burra, que deja la piel suavísima, y disponen de una maquilladora *(ornatrix)* que les prepara mascarillas de pasta de arroz o de pétalos de rosa con óxido de estaño, lanolina y vinagre. Tenemos no-

280. En la época Flavia (segunda mitad del siglo I) se construyen altos, complicados y casi versallescos peinados que han dejado su reflejo en la escultura. Es de suponer que gran parte del pelo exhibido fuese postizo, quizá rubio importado de Germania (había esclavas germanas dedicadas a criarlo en sus cabezas) o teñido a la moda del tiempo.

ticia por Juvenal[281] de una mascarilla de harina de haba y arroz que supuestamente elimina las arrugas.

En el maquillaje se emplean productos como el comino, que palidece la tez; la linaza, que afina las uñas; o los altramuces, que hervidos en vinagre disimulan barros y cicatrices.

Las arrugas menores se disimulan con polvo de harina y conchas de caracoles. Los dientes se limpian con palillos de lentisco y se blanquean con polvo de piedra pómez. Para perfumar el aliento mastican resina de la isla de Quíos.

Los dentífricos son tan pintorescos como variados: harina de cebada con sal y miel, o jugo de calabaza adobado con vinagre caliente. Para robustecer y abrillantar los dientes se mastican raíces de anémonas o de asfódelo, u hojas de laurel, pero lo más efectivo es enjuagárselos tres veces al año con sangre de tortuga.

En el capítulo de los adornos personales, la romana nos parece algo recargada desde la perspectiva moderna. La que puede permitírselo «lleva encima un patrimonio» (palabras de Séneca) en sortijas, ajorcas, cadenillas, collares, horquillas, cintas de oro, brazaletes y pendientes.

Los párpados se sombrean con una solución de galena de plomo disuelta en agua y las cejas con un polvillo resultante de mezclar galena de plomo, antimonio o bismuto. Las pobres usan hollín.

Las pestañas se alargan con un rímel hecho de cera, ceniza y miel. Las cejas se las perfilan con pinzas. El vello de las piernas o de las mejillas se elimina con ceniza caliente de cáscara de nuez. Algunas damas consideran elegante marcarse las venas de las sienes en azul (según Propercio).

Una esclava joven tiene la habilidad de atomizar el colorete rojo o blanco en el rostro de la señora. Para ello, mastica el maquillaje y cuando lo ha reducido a papilla lo diluye en una bocanada de agua que espurrea atomizada sobre el rostro de la señora.

281. Juvenal, VI, p. 467.

No pertenece la gentil Caesia al número de las mujeres crueles que castigan los errores de sus *cosmetae* clavándoles en los brazos el *calamistrum,* un punzón de punta roma que se utiliza para rizar el pelo.

Sigamos con la casa. Dispone de un espacioso patio trasero, el *peristylium,* más ancho que el *atrium,* con habitaciones suplementarias abiertas a un espacio columnado y ajardinado. En algunas *domus,* es la zona del servicio, con cuadras, habitaciones de los criados, cocinas, despensas, etcétera, pero en otras se cuida como el primer patio e incluso instalan allí una piscina.

Las *domus* más costeadas se adornan con buenos frescos en las paredes, estatuas, frisos y bellos parterres de plantas de olor y flores. En el espacio central del patio posterior suele haber una fuente a cuyo fresco arrullo se cena, en verano, sobre el triclinio de mampostería cubierto de colchonetas.[282]

Después de la cena me retiro a mi aposento. Un esclavo me ayuda a desvestirme y luego marcha. Observo que la lámpara que me alumbra tiene forma de pene erecto con campanillas colgando. No es que los romanos sean unos obsesos sexuales, es que utilizan la figura del pene como recurso apotropaico, o sea, como defensa contra el mal de ojo, al que temen más que a un nublado.

282. Una buena reproducción cinematográfica se consiguió en la película de Richard Lester *Golfus de Roma* (1966), cuyos personajes —el esclavo tunante, el mancebo enamorado, el tratante de esclavos y el soldado fanfarrón— se corresponden con los personajes de la comedia de Plauto.

CAPÍTULO 51

Las supersticiones

El romano siente auténtico pavor por el mal de ojo. Para conjurarlo hace la higa *(digitus infamis)* en cualquier situación complicada (o sea, muestra el pulgar entre los dedos índice y anular, representación del pene y los testículos). El mismo papel tiene el falo que encontramos representado por todas partes: en medallas que se llevan al cuello, en colgantes, adornos, muebles, lámparas, cuadros. Incluso la flecha que señala una dirección en la encrucijada de caminos puede adoptar la forma de un pene. Las inscripciones conjuradoras se leen por doquier en la puerta de la casa, *rumpere inuiedax* ('revienta, envidia') o *arse verse* (en antiguo toscano, *averte ignem,* 'desvíate, fuego').

Igualmente abundantes son las maldiciones. En los vestuarios de los baños públicos:

> Si me mangas la toalla
> que se te haga agua el cuerpo
> y la vayas dejando atrás
> como rastro apestoso
> por donde andes, ladrón.

Como todos los pueblos antiguos, los romanos son muy supersticiosos. Cuando estalla una tormenta sudan y se angustian, permanecen inmóviles en sus casas, acurrucados y con la cabeza cubierta por un trozo de tela. A cada relámpago que perciben silban para conjurar los desatados espíritus. Si se produce un eclipse, la ya de por sí ruidosa Roma se conmueve con el fragor de las cacerolas. Todo el que posee objetos de cobre los hace entrechocar para alejar de su casa la mala suerte.

Los pobres se sienten más pobres que nunca, porque sus cacharros de barro no consienten tan ruidosas instrumentaciones.

Miles de supersticiosas limitaciones presiden la vida diaria del romano. Nadie se corta las uñas si es día de mercado o cuando viaja por mar. Si están comiendo y una tajada cae al suelo, la recogen y la comen sin soplarle la pelusilla que se le adhirió.

Cae uno enfermo y lo primero que piensan es que alguien lo ha hechizado. Antes de llamar al médico, recurren a la magia: queman azufre en torno al enfermo (probablemente agravando su mal si inhala los vapores), lo espolvorean con harina bendita, salmodian secretas fórmulas mágicas a Hécate, la diosa hechicera cuyos dominios son la fiebre y la epilepsia...

Los romanos creen en los fantasmas, en las casas encantadas, en los vampiros devoradores de difuntos, en los hombres lobo *(versipellis)* y en las brujas que vuelan por los aires.[283]

En cuestiones de hechicería, hasta los descreídos Propercio y Ovidio, que dicen despreciarla, se nos muestran sospechosamente bien informados sobre sus procedimientos. Se supone que las brujas obtienen sus filtros mágicos a partir de poco comunes ingredientes: huesos de difuntos, hierbas del cementerio, huevos de serpiente, vísceras de sapo, etcétera. Sus drogas tienen el poder de embotar sentidos. Tibulo avisa a su amada Delia de que esta noche podrán dormir juntos sin temor ni sobresalto, pues el marido de ella no podrá sorprenderlos: con ayuda de una hechicera le ha ofuscado los sentidos. Casi nos alivia saber que la dulce Delia perpetrará su desliz conyugal sin recurrir al más drástico e igualmente efectivo procedimiento mágico que otras romanas

283. En Horacio encontramos los nombres de tres de ellas: Canidia, Sagana y Veya.

infieles usan para burlar la vigilancia de sus maridos: sacarle los ojos a una corneja.

Los procedimientos mágicos son infinitos. El campesino envidioso de su vecino puede recurrir al «rapto de la cosecha» por medio de un mal *carmen* o cántico, sortilegio recitado de origen sabino que tiene la virtud de captar la energía de la parcela del vecino y concentrarla en la propia. Si el encantamiento funciona, el codicioso labriego se verá doblemente recompensado: obtendrá una excelente cosecha y su odiado vecino no recuperará en la suya ni la simiente que sembró.

La magia negra puso de moda, en la Roma imperial, la tablilla de maldición *(defixio),* un antiguo procedimiento mágico consistente en consagrar a una divinidad infernal a la persona que se quiere perjudicar. En una tablilla de plomo o de cera se inscriben los datos del hechizado, seguidos de ciertas fórmulas mágicas y de una ristra de imprecaciones: «¡Que la fiebre se extienda por todos sus miembros! ¡Matadlo, dioses infernales, en el alma y el corazón! ¡Destruidlo, trituradle los huesos! ¡Estranguladlo! ¡Retorcedle y torturadle el cuerpo!».

Otro ejemplo: «A quienquiera que me haya robado, hombre o mujer, muchacho o muchacha, esclavo o libre, mi capa nueva, tú, Dama Diosa, debes exigirle un precio. Que el ladrón pierda la cabeza y los ojos en el templo de la diosa».

Luego, la ilustrada tablilla se atravesaba con un clavo, operación que contribuía a fijar la maldición. Si el clavo procedía de un cadalso o de las parihuelas de un difunto, tanto mejor. Finalmente se enterraba en las proximidades de una tumba o se arrojaba al mar, para que el espíritu del muerto o los de los ahogados se encargaran de cumplir el maleficio.

No todas las tablillas de defixión intentan perjudicar a una persona. Los móviles pueden ser muy variados: inclinar la voluntad de los jueces en un proceso, recuperar lo robado, hacer que el amante aborrezca a una rival (las romanas eran muy aficionadas a este procedimiento) o, simplemente, prevalecer sobre un adversario político o deportivo.

A la luz de la sorprendente lámpara en forma de pene, observo el dormitorio. La cama *(lectus)* es alta y provista de escabel, cabecera y espaldar. Sus complementos son, básicamente, los actuales: colchón, almohada, mantas y colcha. Tengo entendido que las de los pobres son mucho más simples: bastidor de cuerdas con modesto colchón de granzas y raída manta.

Nuestra anfitriona, la noble Caesia, no tiene problemas de servicio doméstico. Doce esclavos se encargan de que la casa funcione debidamente. Sus respectivas tareas están bien delimitadas. Además del portero que vigila la entrada y recibe recados, un camarero *(cubicularius* o *servus a cubiculo)* limpia y cuida de las habitaciones y duerme junto a la puerta del dormitorio del amo; otros se ocupan del baño, de la leña, de las lámparas, de la ropa, del telar, de la comida... Raramente están ociosos.

En las mansiones de los nuevos ricos hay incluso esclavos jardineros. La posesión de extensos y elaborados jardines se ha convertido últimamente en signo exterior de ostentación.

—Ya notarás —nos dice Bonoso— cómo algunos viven en casas estrechas con tal de poder lucir en su jardín infinidad de verdores.

Sorprende que en esta congestionada ciudad, donde los problemas de espacio son cada día más acuciantes, existan, sin embargo, tantos jardines y huertos. En parte es posible que se deba al instintivo interés que el supersticioso romano siente por las arboledas, en las que manifiesta lo numinoso. También con la moda impuesta por los filósofos de retirarse a meditar a la paz de los jardines.

El nuevo rico que posee un jardín puede convencerse de que es una persona culta y de elevado pensamiento cuando se pasea abstraído en sus negocios entre mirtos, violetas, narcisos, adelfas y yedras. O cuando se sienta en un marmóreo banco e intenta leer a Epicteto a la sombra de los copudos plátanos, de los verdes laureles o de los afilados y hospitalarios cipreses.

Los ricos suelen poseer una segunda residencia en el campo, un chalecito en las cercanías de Roma *(villa urbana)* o un señorial cortijo rodeado de campos de cultivo *(villa rustica)* donde un esclavo administrador *(vilicus)* dirige las labores de los esclavos.

En la *villa rustica,* de la que descienden directamente los modernos cortijos andaluces, distinguimos dos corrales *(cortes)* dotados de sendos abrevaderos centrales *(piscina)* y una serie de establos para bueyes o caballos, así como graneros *(granaria)* y otras dependencias. La parte más noble de la casa suele contar con una gran sala provista de chimenea donde se cocina y se vive. Poyos de mampostería rodean los muros y sirven de asiento durante el día y como cama de los criados durante la noche. En los mayores latifundios, que tienden a ser autosuficientes, no es extraño que encontremos incluso un calabozo *(ergastulum)* y un hospitalillo *(valetudinarium).*

CAPÍTULO 52

La puñetera toga

En cuanto amanece, la casa se llena de ruidosa actividad. Nos aseamos y, siempre solícitamente atendidos por el esclavo de la víspera, nos ponemos la toga, una operación bastante más complicada que hacer un buen nudo de corbata.

La toga es un pesado tejido de lana blanca en forma semicircular. Mide cinco metros de largo por tres y medio de anchura máxima. La toga normal es inmaculadamente blanca, pero los senadores lucen en el borde una franja púrpura (*laticlavium*), más estrecha en las togas de los *équites (angusticlavium).* Este aparatoso atuendo resulta poco práctico cuando hay que desempeñar alguna actividad física y fuera del contexto romano puede resultar hasta ridículo.

A principios del siglo –III, cuando Roma no era todavía la dueña del mundo, una delegación romana se presentó en la ciudad griega de Tarento formalmente vestida, o sea, con toga, lo que produjo la irrisión de los tarentinos, acostumbrados a sus cómodas túnicas. Uno de ellos incluso se atrevió a salpicar de mierda la impoluta toga del jefe de la delegación, Lucio Póstumo Megelo, lo que produjo una carcajada en la concurrencia.

Sin perder la compostura, el romano dijo:

—Ya os podéis reír mientras podáis, porque pronto lavaréis esa mancha con vuestra sangre.[284]

284. Beard, 2012, p. 19. Efectivamente, en –209, el general Quinto Fabio Máximo ocupó la próspera ciudad.

Y, efectivamente, la lavaron.

En Roma, la túnica era la prenda normal del pueblo, de las mujeres y de los niños, pero un hombre respetable siempre comparecía en público togado.

¿Y debajo de la toga? Nada. La ropa interior no existía, aunque los esclavos y los trabajadores que querían preservar la ropa usaban un sucinto taparrabos *(subligar)* que con el tiempo se generalizaría. Por cierto, Augusto se inventó una especie de calzoncillos de algodón, pero fue por aliviar su lumbago.

En el siglo III, el uso de la toga decayó (un dato más de la general decadencia romana) en favor de la más cómoda túnica, con las diversas variantes que la moda introducía: a la griega *(pallium),* la clámide *(lacerna)* y el poncho *(paen,* que si es impermeable, de piel, se llama *scortea).*

Estas túnicas se siguen adornando con cenefa púrpura para indicar pertenencia al orden senatorial o ecuestre y, si se trata de un general en triunfo, se adornan con palmas doradas *(palmata).* Bajo la túnica se lleva una especie de camiseta de lino *(tunica interior).* Encima de la túnica, cuando hace frío, se puede llevar abrigo de fieltro *(gausapina),* quizá provisto de capuchón *(cucullus).*

El calzado que hace juego con la toga son los zapatos *(cei),* en sus variantes negra *(senatorias)* o de color *(patricias).* En la intimidad se usan sandalias *(soleae, sandalia),* que no estropean el delicado pavimento de mosaico de la casa, pero sería imperdonable llevarlas cuando se aparece togado en público. Hay una variante militar de la sandalia *(caligae)* con la suela tachonada de clavos, muy práctica y flexible.

Hora de desayunar. Los romanos comen cuatro veces al día. Al levantarse desayunan fuerte *(ientaculum),* a veces un combinado rural todavía en uso en algunos países que pertenecieron al Imperio romano: corruscante tostada de buen pan *(panem siccum)* untada de ajo y rociada de aceite de oliva y sal. Otros prefieren el bizcocho con vino *(oassu)*. Otros lo acompañan de un poco de queso, leche, fruta o huevos.[285]

Algunos amantes de la vida sana toman un vaso de agua en ayunas.

A media mañana es corriente tomar un tentempié ligero, algo de fruta, embutidos o, simplemente, las sobras de la cena del día anterior *(orandium)*. A media tarde se repite el tentempié *(merenda)*.

La comida principal *(cena),* a las dos o las tres de la tarde, después del trabajo, consta de varios platos en su debido orden: aperitivo *(gustus),* el segundo plato o *cena* propiamente dicha y postre.

Cuando la familia está en la intimidad, es normal que se consuman las sobras del día anterior, pero cuando hay invitados, la familia se deja de economías, no le vaya a acontecer lo que a aquel anfitrión que hizo servir un gran pescado del que ya se había consumido una parte la víspera. Lo presentó sobre una gran fuente por su costado intacto, pero un sagaz y socarrón invitado observó: «Más vale que nos demos prisa, porque debajo de la bandeja hay gente comiendo con nosotros».

Después del reposado desayuno, en el que no faltan sopas de pan y vino y queso, nos lanzamos a la calle con el grupo de amigos que, mientras tanto, ha ido llegando a la casa.

Callejeamos camino del foro mientras mi anfitrión me va explicando los secretos del urbanismo romano. Muchos amigos de Bonoso Valerio han alquilado a comerciantes y artesanos de la ve-

285. «Por si quisieras sin carne tomar desayunos frugales, este queso te llega de la cabaña de los Vestinos» (Marcial, XIII, 31). El emperador Alejandro Severo, «cuando aún estaba en ayunas, se bebía casi un sextario (0,54 litros) de agua fría del acueducto Claudio. Tras salir del baño, tomaba una buena cantidad de leche y pan *(lactis et panis),* huevos *(ova)* y después vino mezclado con miel *(mulsum)*» (citado en <https://abemus-incena.blogspot.com/2017/09/ientaculum-desayuno-frugal-la-romana.html>).

cindad las habitaciones exteriores de sus casas, incomunicadas con la vivienda. Esas estancias *(tabernae)* suelen contener un pequeño entresuelo superior, una especie de baja buhardilla *(pergula)* que también puede servir de vivienda a algún liberto de la casa o a gente humilde cuya vecindad no moleste demasiado.

Ahora, debido a la escasez de espacio, algunos ricachos recientes empiezan a construirse magníficas mansiones al otro lado del valle, sobre el Celio o sobre el Viminal. En el siglo III las residencias ajardinadas ocuparán también el Esquilino y el Pincio. No obstante, el Palatino sigue siendo el barrio favorito de la nobleza. Aquí residía Augusto, en una casa bastante modesta, y aquí construyó Tiberio la Domus Tiberiana que Calígula convirtió en la Domus Gaiana. Nerón, necesitado de más ambiciosos espacios, edificó al pie del Palatino, sobre la llanura adyacente, su Transitoria, que después del famoso incendio de Roma hubiera dado lugar, de haberse concluido, a la desmesurada Domus Aurea. Y aquí, finalmente, instalaron los Flavios su sede imperial.

En el llano discurrimos por lóbregos callejones de humildes moradas entre las que surge de vez en cuando un destartalado bloque de apartamentos de hasta cuatro pisos y dieciocho metros de altura *(insulae),* con muchas ventanas, lo que refuerza mi impresión de que se trata de colmenas humanas destinadas a los pobres.

A partir del siglo II, el terreno escaseó y empezaron a demolerse casas unifamiliares para construir *insulae* cada vez más altas.[286] Augusto había establecido el límite de altura en veintiún metros, Trajano lo redujo a veinte y Adriano a dieciocho, pero seguramente no siempre se respetó.

La abundancia de *insulae* repercute en el vocabulario. *Domus* deja de significar 'casa' para designar la planta primera, la más valorada, puesto que sus inquilinos no tienen que subir escaleras y

286. Una de ellas, la ínsula Felices, se hizo tan famosa como el Empire State Building en nuestros días.

disponen, además, de cloacas e incluso en algunas de agua corriente, facilidades de las que están privados los pisos superiores. Estas plantas primeras más lujosas a menudo están acabadas con mármoles y decoración mural. Los pisos sucesivos se van empobreciendo al ganar altura y carecen de retrete y de agua corriente, pero se sirven de la fuente de agua y de las letrinas públicas que suele haber en el patio central, al estilo de los corrales de vecinos que han llegado casi hasta nuestros días.

En el mismo edificio cohabitan el próspero tendero burgués de la planta primera y el pobre diablo de las superiores, que vive de los subsidios y de las propinas.

¿Cómo van de vientre? O sea, ¿cómo cagan?

En algunas viviendas existen retretes privados *(latrinae),* pero lo normal es acudir a los colectivos *(foricae).*

Las letrinas públicas de Roma suelen ser fundaciones de ciudadanos acomodados que buscan el aplauso del pueblo porque quieren progresar en política. Algunas están dotadas de suntuosos bancos de mármol corridos, sin separación intermedia entre los agujeros sanitarios. El usuario puede conversar con sus vecinos de asiento mientras aligera el vientre. No existe todavía la cisterna, que es invención decimonónica, pero hay un arriate de agua corriente que discurre por debajo del banco arrastrando las deposiciones a las cloacas. En otro arriate menor, el usuario que ha depuesto puede agacharse para limpiarse el trasero con agua corriente.

Durante un tiempo se pensó que en las letrinas romanas existían esponjas con mango de palo *(tersorium* o *xylospongium)* para ese menester, pero resulta más sensato que estos implementos sirvieran más bien para limpiar el retrete como ahora usamos la escobilla que tanto se le parece.[287]

287. Séneca menciona el *xylospongium* en sus *Cartas a Lucilio* (VIII, 70, 20) como insólito instrumento utilizado por un gladiador para suicidarse: «*Ibi lignum id quod ad emundanda obscena adhaerente spongia posi-*

Tanta acumulación urbana favorece los incendios, porque la gente se alumbra con lámparas portátiles y cocina con anafes. En cada uno de los catorce distritos en que está dividida la ciudad existe un cuartel o comisaría *(excubitorium)* que es también parque de bomberos. Está servido por un retén de *vigiles* que patrullan las calles provistos de cubos y armas, por si hay incendios o reyertas, pero ya se sabe que nunca están cuando se los necesita. Si quiere sentirse seguro, uno debe procurarse su propia escolta, cuatro o cinco fornidos esclavos, armados de garrotes y provistos de luces.

En las ventanas de las *insulae* solo hay postigos de madera —cuando los hay—, de modo que, si hace frío, sus moradores se ven obligados a cerrarlos y pasan el día a oscuras, sin más luz que la que se desprende del brasero o del hornillo…, si lo tienen. Esto explica la gran afición a las termas públicas, donde, por un precio ridículo, pueden pasarse la tarde calentitos.

En las *insulae* suele hacinarse el personal a razón de una familia por habitación. El alquiler es muy bajo, pero carecen de los elementales servicios y el mantenimiento se reduce al mínimo. La construcción es tan deplorable que son frecuentes los incendios y desplomes; por eso dice Juvenal: «Habitamos una ciudad apuntalada con soportes no más sólidos que una caña, el casero tapa con yeso cualquier grieta antigua y te dice: "Ea, ya puedes dormir tranquilo". Y, mientras tanto, la casa amenaza ruina y puede caerte encima».

No exagera. Un ilustre casero, Cicerón, confiesa a su amigo Ático en una carta: «Se me han hundido dos inmuebles y los otros tienen las paredes agrietadas. No solo se marchan los inquilinos, ¡hasta las ratas huyen!».

---

tum est totum in gulam farsit et interclusis faucibus spiritum elisit» ('Allí se introdujo en la garganta el palo que se une a una esponja para limpiar las inmundicias y, con las vías respiratorias obstruidas, exhaló su último aliento').

Un hervor de vida se percibe en el barrio. Los niños de la vecindad juegan a las canicas *(ocellates)* sobre el dilapidado empedrado profundamente surcado por las rodadas de los carros. Otros juegan al trompo *(buxus)* o a las tabas *(talus),* el astrágalo de los animales que sirve de dado. Los dados *(tesserae)* son más propios de adultos.

En medio de una plazuela, un cerdo hoza sobre una pila de estiércol fresco. Bonoso, que advierte nuestra mal disimulada sorpresa, informa:

—Si no fuera por los cerdos que vagan por las calles comiéndose los desperdicios, estos barrios olerían aún peor. Será de algún vecino, que lo lleva marcado en la oreja. Seguramente uno de esos niños tiene por misión vigilarlo. Ten en cuenta que Roma está llena de ladrones y rateros.

Señala Bonoso que de la miseria de una gran parte de la población de la ciudad no es responsable el Estado.

—Llegaron pobres, impulsados por el hambre, y se han acostumbrado a vivir sin dar golpe, de lo que apañan y de la *annona.* De vez en cuando las autoridades expulsan a unos pocos de la ciudad, pero enseguida regresan. Es que los provincianos creen que en Roma se puede vivir del cuento y, sin pensárselo dos veces, hacen el hatillo y se presentan aquí sin oficio ni beneficio, dispuestos a vivir de la sufrida *annona* o de caritativa nómina de algún rico *(sportula).*

Séneca, el filósofo cordobés, opina lo mismo: «Muchedumbres abandonan su país natal y llegan a Roma atraídas por su propia ambición o por necesidades de los cargos públicos que desempeñan. Otros, lo que buscan es un lugar rico en vicios para engolfarse en él o anhelan únicamente recrearse en los espectáculos públicos. Unos vienen a vender su hermosura, otros su elocuencia, y muchos ponen en almoneda sus virtudes o sus vicios».

Sus vicios, he aquí la clave. El también hispano Marco Valerio Marcial remacha:

—¿Qué motivo o qué confianza te trae a Roma, Sexto? ¿Qué esperas o qué vienes a buscar aquí? Dímelo.

—Seré abogado —me respondes—, con más elocuencia que el propio Cicerón, y no habrá quien me iguale en los tres foros.

—Quieres compararte a Atestino y Civis, abogados famosos. A los dos los conocías. Pues bien, ninguno de los dos sacaba para pagar a la patrona.

—Si por esa parte no hay salida, compondré poemas. Apenas los oigas, pensarás que son de Virgilio.

—Estás loco. Todos esos que ves ahí con sus mantos raídos son Ovidios y Virgilios.

—Frecuentaré los atrios de las grandes casas. Seré cliente de algún gran señor.

—Eso es solución para tres o cuatro. Todos los demás, una turba inmensa, se mueren de hambre.

—¿Qué debo hacer? Dímelo, porque tengo decidido vivir en Roma.

—Si eres honrado, no es seguro que puedas vivir en Roma.[288]

Por su parte, el poeta Marco Anneo Lucano se lamenta de que quede poco de la población original, «puesto que aquí se ha concentrado la hez del mundo».

Algunas tiendas humildes permanecen abiertas: zapateros, abaceros, talabarteros, cesteros, tintoreros… Gente de los otros barrios viene a comprar aquí, porque los precios son más bajos. Observamos también la existencia de prostitutas que chistan al viandante desde las ventanas de sus sórdidas alcobas.

288. Marcial, III, 38.

CAPÍTULO 53

Viajeros por el Imperio

—Estas muchedumbres que llegan a Roma, después no quieren irse. El Imperio no cabe ya en la ciudad —se queja Bonoso Valerio.

De todos los puntos del Imperio llegan migrantes a Roma, a pie, provistos de talega o alforjas donde guardan alimentos y sin más equipaje que una especie de amplia capa *(abolla)* quc sirve de abrigo y de manta. Aunque caminan agrupados, no hablan entre ellos más que cuando hacen un alto para descansar al lado de una fuente o a la sombra de un grupo de cipreses de los que, de trecho en trecho, alegran la monotonía de las carreteras.

Esta costumbre de viajar en grupo se explica por la inseguridad de los caminos. Ni siquiera en los de Italia, cerca de la capital del Imperio, se está a salvo de los salteadores. Se cuentan terribles historias, quizá un punto exageradas. No solo te despojan de cuanto llevas, sino que pueden secuestrarte hasta que reciban un crecido rescate que arruinará a la familia. El pusilánime viajero ve peligros en todas partes. Casos como el que nos relata Apuleyo. Un grupo de viajeros atravesaba una comarca peligrosa apiñados y en silencio, con tanta prevención que los pacíficos labriegos de la zona los tomaron por cuadrilla de forajidos presta a caer sobre sus desprevenidas haciendas.

—... Una piedra descalabró a una mujer y el marido, cuando vio el desaguisado, limpiándole la sangre, daba gritos y decía: «¡Justicia de Dios! ¿Por qué matáis a los pobres caminantes y los perseguís, espantáis y apedreáis tan cruelmente? ¿Qué daño os hemos hecho? ¿Qué abuso es este?».

Los labriegos que escucharon estos lamentos dejaron de tirar piedras y uno de ellos dijo a voces: «Pero, hombre, haberlo dicho antes. No penséis que os queríamos robar; es que creíamos que veníais a robarnos a nosotros y por eso nos hemos puesto a la defensiva; así que aquí no ha pasado nada, en adelante podéis ir seguros y en paz».

«Aclarado el malentendido, proseguimos nuestro camino, bien descalabrados. Cada cual contaba su mal: los unos, heridos de pedrada; otros, mordidos de perros, de manera que todos iban lastimados.»

A los peligros del paisanaje deben sumarse las incomodidades de las desabastecidas posadas donde pernoctan.

Ya llegamos con Bonoso a a nuestra posada *(cauponae)* y sale a recibirnos el sonriente posadero. En vano fatigaremos la dilatada literatura latina en busca de un tibio elogio del posadero. Te recibe con profesional zalema, sí, pero es un vampiro insaciable que se nutre de la sangre del baqueteado viajero y no le ofrece a cambio más que un guisote despreciable y una polvorienta yacija meada por los ratones. Horacio lo adjetiva: «Pérfido posadero, posadero vago».

Ingentes cantidades de grafitis que leemos por las paredes (y que dentro de dos mil años harán la delicia de los arqueólogos) confirman, con epítetos menos delicados, el rotundo juicio de Horacio.[289] Aunque, ahora que reparo en ello, el eximio poeta quizá tenía algún prejuicio contra el gremio de la hostelería por motivos más personales. En uno de sus viajes hubo de pernoctar en Trivico y se quedó esperando toda la noche la visita de la grácil Maritornes que le había prometido meterse en su cama en cuanto apagaran la luz.

289. Otro grafiti: «*Miximus in lecto. Fateor, peccavimus, hospes. Si dices: "Quare?" Nulla fuit matella*» ('Nos hemos meado en las camas. Hotelero, reconozco que no está bien. Si preguntas: "¿Por qué?" Porque no había orinal').

CAPÍTULO 54

Paseando por Roma

Nos dirigimos al foro, la plaza mayor de Roma, en realidad, un conjunto de foros, porque sucesivos emperadores (César, Augusto, Nerva y Trajano) han añadido nuevos espacios monumentales.

El foro ocupa el centro de la dilatada llanura que las siete colinas limitan. Aquí está el centro de la vida oficial, la *city*. En torno al foro, apurando el espacio, se apiñan enmarañadas callejuelas y bulliciosos barrios populares, tiendas, obradores de artesanos, mercados y mercadillos que, a nuestros ojos perversamente modernos, semejan zocos de ciudad moruna.

Bonoso se esfuerza en describirnos el ambiente: «De la mañana a la noche, tanto en días laborables como en festivos, todo el mundo, plebeyos y senadores, se apiña en el foro y pasa allí el día, sin ausentarse nunca. Todos se entregan a la misma pasión y al mismo arte: el de engañarse mutuamente con sus palabras, competir en lisonjas, fingirse nobles y tender trampas al prójimo como si cada uno de ellos fuese enemigo de todos...».

Todas las razas y los pueblos del mosaico imperial están representados en este mar de cabezas. Rubios germanos, azafranados galos, endrinos etíopes, rizosos judíos, greñudos sirios, impecables griegos, cetrinos hispanos...

A Juvenal, romano de toda la vida, además de los ruidos que producen sus conciudadanos le molesta que haya tantos extranjeros y forasteros. La tiene particularmente tomada con los griegos:

—Esta ciudad se me hace insoportable. El sirio Orontes desagua en el Tíber arrastrando consigo la lengua y las costumbres de aquellas gentes. Los flautistas aportan liras con cuerdas traveseras, tímpanos, su instrumento nacional, y esbeltas muchachas. ¡Ay, los griegos! Vienen de todas partes, se instalan en el Esquilino y en el Viminal y se adueñan de las familias más ilustres. Son lo que quieras que sean: literatos, rectores, geómetras, pintores, masajistas, augures, funámbulos, médicos, magos. El grieguito muerto de hambre entiende de todo. Pídele que te suba al cielo: te subirá.

De vez en cuando, corpulentos esclavos provistos de garrotes *(anteambulones,* 'los que caminan delante') apartan a la gente sin muchos miramientos para abrir paso a la litera de algún potentado: «Paso a mi señor, paso a mi señor», van salmodiando mientras te den el manotazo.

El que tan cómodamente atraviesa el foro, navegando en muelle colchón sobre aquel mar humano, ha preferido correr las doradas cortinas de lecho para ignorar las incomodidades que causa a sus conciudadanos. Solo alcanzamos a verle una mano blanca, ociosa y regordeta que asoma, al desmayado desgaire, fuera de los velos dorados. Hemos podido contar hasta cinco anillos de oro adornados con imponentes piedras. Con el valor de cada una de ellas muchas familias podrían vivir decorosamente por el resto de sus días. El paso de la litera deja una estela de perfume. El uso de bálsamos, inciensos y sahumerios está muy extendido entre las clases pudientes de Roma porque, como queda dicho, la ciudad apesta. Aquellos que no pueden permitirse el lujo de una litera procuran al menos lucirse en una utilitaria silla de manos *(sella)* portada por una pareja de esclavos. Una antigua ley, promulgada por César, limitaba el uso de artefactos, pero nadie se acuerda de ella. Domiciano prohibirá el uso de literas a las mujeres de vida alegre, con idénticos negativos resultados.

En la explanada del Circo Máximo se apiñan las destartaladas y ruidosas casas de vecinos dejando entre ellas unos callejones húmedos y malolientes. Pasamos ante alguna barbería, donde conversan los hombres de la vecindad. Raídas túnicas, pies descalzos, gente humilde y plebeya, artesanos, esclavos, obreros.

El foro: un vasto espacio irregular y alargado rodeado de magníficos templos y de edificios oficiales de noble apariencia. A pesar de lo temprano de la hora, la muchedumbre aquí concentrada es tal que no se puede dar un paso sin importunar al vecino. La algarabía es tremenda, porque todos hablan a gritos. No obstante, esta promiscuidad parece importar poco a los romanos. Ya se sabe cómo es la vida aquí. «Uno me da un codazo, otro me aporrea con una viga que lleva al hombro, otro me da un coscorrón con una canasta y aquel con una tinaja», apunta Séneca.

Estamos en el corazón del Imperio. De esta bulliciosa fuente mana su burocracia: cartas, certificados, informes, órdenes de pago, contratas de obras públicas, nombramientos, recomendaciones, destituciones... Los funcionarios estatales trabajan en jornada intensiva, desde que amanece hasta mediodía o poco menos. La tarde es para el ocio y los deportes.

En la multitud encontramos de todo: gentes atareadas que se dedican a mil diversos asuntos, gentes ociosas, ganapanes, pícaros, patricios, míseros mendigos, hombres de negocios, funcionarios estatales, ávidos cambistas, vociferantes abogados, ayunos literatos geómetras, médicos, vendedores ambulantes de salchichas y empanadas de garbanzos...

Bonoso nos interna nuevamente por las callejuelas bulliciosas de los barrios populares en torno al foro. Los embotellamientos son frecuentes, particularmente en los puntos donde se cruzan dos o tres vehículos.

¿Vehículos?

Pues sí. En Roma hay, además de la litera *(lectica)* en la que los ricos se hacen transportar a hombros de esclavos, muchos carros de dos y cuatro ruedas tirados por caballos que transportan personas o mercancías. Existe incluso el equivalente a los taxis modernos, con sus paradas *(castra lecticariorum),* donde se alquilan calesas de dos plazas *(cisiis)*, tiradas por uno o dos caballos, con conductores *(cisarii)* o sin. No obstante, si quieres viajar muellemente echado en un vehículo amplio y con cortinas, alquila un *carpentum,* que es el más señorial, el preferido de las matronas romanas dentro de la ciudad, o una litera *(lectica)* portada por fornidos esclavos capadocios que introducen largos varales por las argollas laterales y, a la señal del capataz, levantan vigorosamente la litera y parten hacia el punto de destino a notable velocidad. Un esclavo más joven, el anteámbulo va delante despejando el camino. También existen literas de viaje, portadas por dos mulos *(basterna).*

Nos abrimos camino hasta la tribuna de los oradores junto a los *rostra,* unas columnas adornadas con los espolones de bronce de los navíos capturados al enemigo.

Aquí está el centro geográfico de Roma, señalado por una columna de piedra revestida de bronce dorado (*miliarium aureum,* que más adelante, con Constantino, será el *umbilicus Romae,* es decir, 'el ombligo de Roma'). Este punto es el kilómetro cero del que parten todas las calles que conducen a las puertas de la ciudad y a carreteras que comunican la capital imperial con sus dominios. Ahí comprendemos la justeza del dicho «todos los caminos conducen a Roma».

En este punto se exhibieron también la cabeza y las manos de Cicerón al día siguiente a su asesinato.

Próxima a los *rostra* está la oficina de las *Acta Diurna Populi Romani,* el periódico de Roma, una especie de *Boletín Oficial del Estado* manuscrito en el que sus redactores (los *diurnarii*) recogen los edictos de los magistrados, las constituciones imperiales, los bandos de la ciudad, sus actos públicos y los ecos de sociedad. A falta de mejor soporte, las *Acta* se inscriben en láminas de madera blanqueadas con cal o enceradas. Todo el que tiene familiares en provincias lo adquiere para enviárselo, pues los que añoran Roma en tierras lejanas leen con fruición este periódico. También hay un pregonero *(praeco)* que recita las *Acta* en las esquinas más concurridas para ilustración de los analfabetos.

Pasamos por la zona de los cambistas. Hay como una docena de ellos, parapetados detrás de sus tenderetes. Los que están atendiendo a algún cliente hacen tintinear, con profesional destreza, el reclamo de sus apiladas monedas. Si te ven cara de forastero, te interpelan y te abruman con sus consejos e insisten en que no pases adelante sin cambiar tus divisas. Roma, te advierten, está llena de mercaderes desaprensivos. Si no andas provisto de moneda romana te estafarán. Pasadas las oficinas de los cambistas, entre la noble arquitectura de los templos de Cástor y Pólux y de Vesta (donde los nobles romanos depositan sus testamentos al cuidado de las vestales), está la basílica Iulia, donde los abogados defienden sus pleitos. Una muchedumbre de ociosos asiste a los juicios, pues el romano es muy aficionado a la elocuencia y a la controversia. Visitamos después el templo de César, levantado sobre el punto donde ardió su pira funeraria, y los templos de Minerva y de Augusto divinizado. Notamos un tumulto en torno a unos carteles que han colgado del muro del templo.

—Son las listas de soldados licenciados —explica Bonoso.

La biblioteca de Tiberio está al lado. Cuando se publican las listas no hay quien pueda trabajar, del ruido que se forma en la calle.

Bonoso Valerio, que teme que nuestra impresión de Roma sea un tanto negativa, intenta llamar nuestra atención hacia la magnificencia arquitectónica que nos rodea, razonando que la ciudad es también obra de las laboriosas generaciones que la ilustraron con tan espléndidos monumentos. Precisamente esta zona del foro es la más monumental de la ciudad, porque, al ser escaparate de la vida pública de Roma y marco de sus más solemnes ocasiones, los sucesivos emperadores han rivalizado en dotarla.

El que inició su engrandecimiento fue César, cuando construyó la basílica Iulia y los *rostra*. Augusto añadió el templo Divi Iulii; Tiberio, aunque era un grandísimo tacaño, reedificó los templos de la Concordia y de Cástor y Pólux; Tito añadió el de Vespasiano; Trajano urbanizó la explanada levantando dos grandes parapetos junto a los *rostra*. Antonino construyó el Templum Antonini et Faustinae; Septimio Severo, el arco de su nombre, y Majencio inició una espléndida basílica que completaría su rival Constantino.

Al pasar por los *rostra* nos detenemos un poco para asistir a un juicio. Bonoso explica que en Roma el hurto y el robo son delitos pertenecientes al ámbito del derecho privado, por lo que, a menudo, el demandante débil se ve impotente ante los abusos del poderoso, al que no tiene medios de hacer comparecer ante un tribunal.

En un pueblo que estima la elocuencia por encima de cualquier otra posible cualidad, es natural que la abogacía constituya la más noble profesión. El único camino para hacer carrera pública y ascender en la administración del Estado pasa por el ejercicio de la abogacía. Tan noble es que en un principio sus practicantes no cobraban un céntimo por ejercerla: se daban por satisfechos con el prestigio adquirido. Solamente a partir del principado de Nerón comenzó a considerarse lícito y razonable que el abogado percibiera dinero por sus servicios. No obstante, hacía ya mucho tiempo que se había establecido la costumbre de que el defendido recompensara privadamente al defensor. Claudio fijó el tope máximo de la minuta de un abogado en la respetable cantidad de diez mil sestercios. Mucho más tarde, Valentiniano III determinaría los requisitos que deben reunir los que hacen profesión de la abogacía, así como sus fines: «Defender la suerte del que está en peligro y tutelar los derechos de los oprimidos».

Aunque muchos romanos se pasan la vida ejercitándose en la elocuencia y memorizando complicadas figuras retóricas y casuísticas en las que ya se anuncian las estériles controversias bizantinas, lo cierto es que los abogados malos abundan más que los buenos. Lógicamente, los honorarios están en consonancia con la calidad del profesional. Los picapleitos *(causadici)* que solo consiguen contar con una clientela pobre, de la que apenas pueden esperar más que algún regalo de poco valor por las saturnales, son víctimas de las sátiras de los poetas y de los chistes del pueblo. Catulo nos habla de uno de estos abogados que, después de haber discurseado deplorablemente frente al tribunal, requiere el parecer amigo:

—¿Cómo he estado? ¿Habré conmovido al juez?

Y el amigo le contesta, con toda la doble intención que puede interpretarse de sus palabras:

—Sin duda alguna: a todos nos ha dado mucha lástima tu discurso.

La ampulosa presentación y el artificio retórico son procedimientos usuales a los que tanto jueces como audiencias están acostumbrados. Solamente a un demandante poco avisado, el que nos retrata Marcial, se le puede ocurrir extrañarse:

> No se trata de violencia —exclama el cliente interrumpiendo a su abogado—, ni de destrucción ni de veneno. El objeto de mi pleito son tres cabras que mi vecino me ha robado. Tú te remontas a la batalla de Cannas, a la guerra de Mitrídates, a los perjurios, a la furia de los cartagineses, al dictador Sila, a Mario, a Mucio, levantas la voz y das palmadas en la mesa. ¡Yo te suplico que te atengas al asunto de mis tres cabras!

Los juicios, en un ángulo del foro, son tan espectaculares que a ellos asiste una gran cantidad de público. Ante aquella temperamental audiencia de desocupados y curiosos, cualquier ardid resulta válido. Demandado y demandante suelen comparecer con las peores ropas *(sordidatus),* demacrados y con barba de varios días para mover a compasión a los jueces. El juicio en sí puede ser tan pintoresco como este que nos describe el máximo abogado de Roma, Cicerón: «Me apodero directamente de las tablas en las que estaba escrita la ley: he aquí de nuevo el alboroto y la pelea... Un tal Teomnasto, un chiflado del que todo el mundo se mofa a sus espaldas, intenta arrebatarme el documento, locura que hizo reír a muchos, pero que a mí, en aquel momento, no me hizo ninguna gracia; echaba espuma por la boca y llamas por los ojos, y gritaba que yo le hacía violencia. Trabados los dos al documento —*copulati* es la palabra latina que emplea—, llegamos ante el pretor».

Al término de un largo desarrollo, en tiempos ya de Justiniano, vemos dibujarse la abogacía romana con las características que aún hoy conserva: colegios de abogados, en los que existe *numerus clausus,* inmunidad particular e incluso escuelas de derecho similares a nuestras facultades.

El antiguo foro acabó quedándose estrecho y sus funciones, colapsadas por la creciente burocracia de un Imperio cada vez más complejo. Tuvieron que extenderse a los foros imperiales, el ensanche de la nueva Roma en las cercanías del foro antiguo. En el de Vespasiano encontramos el templo de la Paz y el de la Villa, con el plano de Roma, a escala, en mármol, que adorna la fachada de la biblioteca. El de Nerva o transitorio es más reducido, con el templo de Minerva, y en los de César y Augusto destaca la hermosa colección de estatuas de romanos célebres y la ecuestre de César. El último foro, mayor y más notable que los demás, es el de Trajano, con una hermosa plaza porticada, excavada en parte en las laderas del Capitolio y el Quirinal. Son famosas sus galerías comerciales y almacenes, y el conjunto que forman la basílica Ulpia y las bibliotecas y el templo de Trajano divinizado.

En el centro de todo ello, la espléndida columna de Trajano, un friso en espiral que relata, como en un cómic, las guerras dacias (101-106). Trajano pretendía sepultarse en la capillita de la base. No pudo sospechar que, con las vueltas de la vida, su monumento acabaría sirviendo de pedestal a una estatua de san Pedro.

Abandonamos el foro por la zona del Quirinal, en el Campo de Marte, donde antiguamente se celebraban elecciones, y salimos a la Saepta, el recinto en el que se dan cita los elegantes después del almuerzo y un centro comercial con tiendas de lujo donde pueden adquirirse los más variados productos del Imperio: seda china, perfumes orientales, taraceas egipcias, cerámica griega, papagayos, collares de ámbar.

Otros paseos de la ciudad más tranquilos e íntimos son la vía Apia, la vía Flaminia, los parques del Trastévere y del Aventino, el entorno ajardinado del templo de Diana o incluso el juvenil y bullicioso Campo de Marte, al que ya, sin más dilación, salimos.

El Campo de Marte, el pulmón de Roma, su punto más espacioso y despejado, se extiende desde las colinas Capitolina y del

Quirinal hasta el río. Allí admiraremos el mausoleo de Octavio, túmulo recubierto de árboles de hoja perenne, el pórtico de Octavio, el de Marcelo, el Ara Pacis, el estadio de Domiciano, el teatro, el panteón de Agripa y las termas de Agripa y Nerón. También los templos de Isis y Serapis, en cuyos recoletos alrededores se solían citar los enamorados. Y para los cultos, el pórtico de Octavia, la hermana de Augusto, verdadero centro cultural dotado de biblioteca y de sala de conferencias.

Las nodrizas pasean a los bebés; los mozalbetes juegan; los jóvenes, e incluso no tan jóvenes, practican sus deportes favoritos, corren, juegan a la pelota o luchan.

¿A qué juegan los niños romanos?

Como cualquier niño actual, el romano pasará del sonajero *(crepitaculum)* al columpio *(oscillum)* y al balón *(pila),* y cuando, en ocasiones especiales, los amigos de la familia le den unas perras se apresurará a guardarlas en su hucha *(loculus).* Si se trata de una niña tendrá sus muñecas *(pupa)* de cera coloreada, de arcilla cocida, de madera o de hueso. Entonces, como hoy, el niño esperará con ilusión la llegada de ciertos días en que los regalos son tradicionales: su cumpleaños *(dies natalis),* año nuevo *(strenae)* y las carnavalescas saturnales.

La mayoría de los niños romanos son pobres y no disfrutan de ninguna clase de educación. Si la malaria no se los lleva al otro mundo en el primer verano, es posible que engrosen esa bullidora nube de pilluelos que a todas horas alborota con sus juegos las calles de Roma.

Algunos juegos son bastante crueles: en el *basileus* ('rey', en griego), el más diestro golpea al más torpe o «sarnoso»; en el de la olla, uno permanece sentado en el suelo y sufre golpes y repelones de los otros hasta que logra atrapar a uno para que ocupe su lugar. El manteamiento *(sagatio),* de cervantina prosapia, es también muy popular, particularmente entre soldados.

Otros juegos, más civilizados, nos resultan familiares: el aro *(trochus),* la morra *(digitis micare),* el trompo *(buxus),* las canicas *(ocellates),* la taba *(talus),* la gallina (denominado *musca aenea,* 'mosca de bronce'), los chinos *(morra),* las tres en raya... Nadie protesta de los juguetes bélicos: cascos, escudos, espadas y corazas, que sirven para jugar a cartagineses y romanos, o a soldados y gladiadores. También se entretienen encerrando grillos o cigarras en diminutas jaulas o, como nos apunta Horacio, «enganchan ratones a sus carritos, juegan a pares o nones y cabalgan caballitos de caña».

Los niños pobres tienen como moneda para sus juguetes huesos de albaricoque; los ricos, nueces *(nuces).* Salir de la infancia es *nuces relinquere,* por lo general a los diecisiete años, cuando el muchacho toma la toga viril y se consagran sus juguetes a los dioses. La niña ha consagrado sus muñecas a Diana al hacerse mujer.

Esto es lo que encontramos por la ribera izquierda. Más allá del río, por los campos del Vaticano, solo acertamos a otear verdes trigales, lujosos jardines, huertas y casas de recreo o de labor.

Andando el tiempo, esta ribera se poblará de modestos edificios y constituirá un barrio (el Trastévere), con el mausoleo de Adriano y el circo de Calígula como principales monumentos.

Proseguimos nuestro paseo por el Esquilino. En tiempos de la República era un lugar horrendo: en su desolada cúspide se alzaban cruces y patíbulos, cerca del cementerio y del osario municipal, a donde iban a parar los cuerpos de los ajusticiados o de los mendigos que morían en la calle; en su falda sinuosa crecían, entre mefíticas basuras, las chabolas de los más pobres. Allí se alineaban los humildes prostíbulos de la Subura, el barrio chino de la ciudad, del que todavía persiste algo en las callejas sórdidas donde habitan los libertos y los artesanos desempleados. Pero el Esquilino que visitamos ahora se ha ido convirtiendo, en el razonable espacio de un siglo, en un elegante barrio residencial que huele a dinero fresco y a prosperidad recién estrenada. En este señorial vecindario están los más bellos parques de Roma, entre ellos el tan famoso de Mecenas, y algunas de las espléndidas mansiones de la nueva aristocracia. Admiramos el templo de Venus y Roma, con su tejado cubierto de planchas bañadas en oro, que relumbra en la distancia herido por el sol. El solar del templo estaba ocupado por una estatua gigantesca, de treinta y seis metros de altura, que representaba a Nerón desnudo caracterizado como el dios del sol, Helios, a la entrada de su Domus Aurea. Adriano la trasladó unas docenas de metros para construir en su solar el templo de Venus y Roma. Los viejos del lugar aún recuerdan que fue necesario uncir veinticuatro elefantes a la plataforma que sirvió para mover el Coloso Solis que finalmente legó su nombre al vecino Coliseo.

Salimos del barrio y remontamos la primera de las siete colinas, centro sagrado de la ciudad y su parte más noble y antigua. En la cima más amplia, denominada Capitolium, se levanta el templo de Júpiter, el más importante de la ciudad; en la otra, el Arx, está el templo de Juno Moneta, la esposa de Júpiter. Pasamos junto a los imponentes muros del archivo estatal (Tabularium) y nos asomamos por el escarpe meridional.

CAPÍTULO 55

Dientes postizos y médicos

—Esta es la famosa Roca Tarpeya, desde la que antiguamente se despeñaba a homicidas y traidores si lo decidían los *quaestores parricidii* —explica Bonoso—. Los bebés nacidos con minusvalías físicas o mentales sufren a veces el mismo destino, pues se cree que están malditos por los dioses.

Pasamos junto al Tullianum, donde se custodian, inscritas en planchas de bronce, las copias de los más solemnes tratados que Roma ha firmado con socios y aliados. Su espléndida colección de estatuas representa a todos los de la historia de Roma.

Poco después discurrimos ante una tienda en la que las damas romanas desdentadas por los sucesivos partos pueden adquirir dientes postizos de marfil que se fijan a las encías con filamentos de oro.

—No sabía que estuviera tan adelantada la odontología —le digo a Bonoso.

—Gracias a los médicos griegos, la medicina ha evolucionado mucho desde el tiempo de nuestros abuelos. En los primeros tiempos de Roma no existió la profesión médica. Las enfermedades se curaban —cuando se curaban— con ayuda de plantas medicinales prescritas por el paterfamilias —que a tanto llegaba su autoridad— con arreglo a unos conocimientos *(scientum)* adquiridos por medios puramente empíricos.

—Bueno —le digo—, entre nosotros hay abuelitas que cualquier desarreglo intestinal lo reparan con una infusión de manzanilla.

También se practica el curioso procedimiento de la *incubatio*. Te echas a dormir, se te aparece en sueños Esculapio, el dios sanador, y te indica qué camino seguir para recuperar la salud. Uno de estos santuarios sanatorios se fundó en la isla del Tíber durante la epidemia de –291. Dos años antes habían llevado a la ciudad el Asclepio de Epidauro, la versión griega del mismo dios.

En la época de los césares, muchos médicos griegos u orientales ejercen su oficio en Roma. Algunos son libertos que han aprendido la profesión de sus amos médicos a los que sirvieron como esclavos. Quizá debiéramos aclarar que se trata de libertos enriquecidos, porque los honorarios de un médico son altísimos. «No hay profesión que produzca más», dice un contemporáneo de los césares, quizá con su punto de envidia. La posesión de un médico era uno de los signos exteriores de riqueza más apreciados en la alta sociedad romana.

Lo mismo que hoy, hay médicos militares adscritos a las legiones y los hay deportivos en las escuelas de gladiadores y los gimnasios. Incluso existe la figura del médico de la real familia, el *archiater palatinus.* A partir del siglo IV los habrá de la Seguridad Social, cuando se designe para cada barrio *(region)* un médico público *(archiater popularis).* Son en total catorce regiones para una población que rebasa el millón de habitantes, lo que parece una proporción insatisfactoria. Curiosamente, estos médicos públicos son democráticamente elegidos a propuesta de sus pacientes.

Aparte de los médicos de medicina general, que son los más, existen los especialistas en ginecología, oftalmología *(medicus ocularius),* garganta, masajes, hernias, ortodoncia... En cuanto a la ortodoncia, parece que está muy desarrollada desde tiempos antiguos. Nos lo da a entender la Ley de las Doce Tablas, que establece que el único oro que puede acompañar a una persona a la tumba será el que tenga en los dientes. Hay también cirujanos estéticos capaces de borrar la huella que el hierro candente deja en la frente del antiguo esclavo fugitivo, luego liberto rico, que puede sufragar la operación.

Naturalmente, existían también los chistes de médicos. Catón el Censor se vanagloria de haber llegado a viejo porque nunca se ha fiado de los matasanos. Añade: «Vienen a echarnos al otro mundo y encima hay que pagarles para que no se descubra su juego». Existía entonces poca solidaridad profesional entre los facultativos. Si uno era malo lo calificaban irremisiblemente de *medicastros* ('médico indocto') y su clientela se restringía a los que no podían aspirar a un médico del nivel superior.

Nuestro compatriota Marcial, que parece anunciar a Quevedo en sus simpatías hacia la profesión, nos cuenta su caso: «Estaba indispuesto y he aquí que de pronto se presenta Símaco, el médico, que viene a visitarme acompañado de una muchedumbre de discípulos. Me palparon cien manos, todas heladas. No tenía fiebre, ahora la tengo».

El progreso de la medicina ha traído aparejado el de la farmacia, que en puridad es anterior a ella. Algunos médicos son también boticarios. Los oftalmólogos por ejemplo, fabrican sus propios colirios y los comercializan en forma de barritas con el nombre del facultativo impreso. En la Roma de los césares existen ciertas tiendas, que hoy podríamos denominar droguerías, donde se preparan salutíferos polvos, pomadas y emplastos *(unguentarii, aromatarii, pigmentarii)*. El que confíe en un buen boticario *(pharmacopola)* puede acceder a un sinfín de recetas.

El herbario medicinal romano es de muy prolija enumeración: para la conjuntivitis (mal muy común entonces), infusión de violetas con una pizca de mirra y azafrán; para la locura, eléboro; para los cortes infectados y las quemaduras, asfódelo; para el dolor de muelas, pulpa de calabaza con ajenjo y sal o jugo de tallo de mostaza; para el estómago, el *chiston* (leche de cabra hervida con hojas de higuera y un chorrito de vino); para dormir a los niños, leche con adormidera (es natural que se duerman, los angelitos); para despabilar abatidas virilidades, la ajedrea, la pimienta, el pelitre y la ortiga, todo ello diluido en vino, pero Ovidio, que sabe mucho del amor, desaconseja su uso. Y para cualquier mal, por encima de todas las otras hierbas, el *laserpicium,* la gran panacea, cuya importación tutelaba el Estado.

CAPÍTULO 56

La carrera de Ben-Hur

Los espectáculos públicos *(ludi)* que apasionan a los romanos son las carreras en el circo, las luchas de gladiadores en el anfiteatro *(ludi circenses)* y las comedias en el teatro *(ludi scaenici)*. El cristianismo acabará con todo. Para los píos padres de la Iglesia, «el teatro es lujuria, el circo, ansiedad y la arena, crueldad».

Los *ludi* tienen un origen sagrado. Las primeras carreras de carros comenzaron a celebrarse en honor de una deidad agrícola e infernal, Consus, en la que se conjuraban los poderes germinadores de la tierra. Las carreras formaban parte de los *ludi cereales* o *cerealia,* por las cosechas de abril.

La víspera de los *ludi* es día sagrado. Una solemne procesión *(pompa)* parte del sagrado Capitolio, atraviesa el foro y el barrio etrusco, el Velabro, el foro Boario, y termina en el interior mismo del circo. Al igual que en las modernas procesiones de Semana Santa —salvadas sean todas las distancias—, se pasean imágenes de los dioses sobre andas y tronos que compiten en lujo y ricos ornamentos. Sacerdotes y cofrades, aurigas seguidores, ataviados todos con sus característicos atuendos y colores, escoltan cada trono. Como en toda ceremonia religiosa romana, los detalles del ritual están rigurosamente establecidos. Un delegado de festejos *(editor)* vela por la estricta observancia de los ritos. Si se produce el más mínimo error o si acaece un mal presagio, la procesión debe repetirse. Después de la procesión se hacen sacrificios propiciatorios a los que asisten los atletas.

La pasión de los romanos por las competiciones de carros es comparable a la que hoy se siente por el fútbol. Hoy es día de carreras y la ciudad aparece desierta y silenciosa, pues la multitud se ha concentrado en el circo. Bonoso nos ha advertido que a menudo se producen desgracias en estas aglomeraciones.[290]

La pasión que los distintos equipos despiertan en sus seguidores nos parecerá también absolutamente moderna a los que vivimos en la era del fútbol: «Roma entera está hoy congregada en el circo —escribe Juvenal—; un gran clamor llega a mis oídos, por lo que deduzco que va ganando el verde. Pero si perdiera veríamos la ciudad tan triste y abatida como cuando se perdió la batalla de Cannas».

Todo romano, desde el emperador hasta el más mísero esclavo de las tenerías, es seguidor de una facción o equipo. En los primeros tiempos solo existían dos equipos, el rojo y el blanco; pero en época imperial se han añadido otros dos colores, el verde y el azul. Las cuatro facciones se distinguen por su color heráldico: *russata* ('roja'), *prasina* ('verde'), *albata* ('blanca'), *veneta* ('azul').

Los cuatro equipos son algo más que un equipo, es decir, presentan cierto color político. La aristocracia y la burguesía enriquecida son partidarias de los azules, mientras que el proletariado apoya a los verdes.

Algunos emperadores (Calígula, Nerón, Domiciano) apoyaron firmemente a los verdes, probablemente para congraciarse con la plebe. Por el contrario, Caracalla y Vitelio se mantuvieron fieles a los azules.

Cada facción o color tiene su sede o club en un local de usos múltiples donde se concentran las cuadras, los talleres de reparaciones de los carros y la pista de entrenamiento de los caballos.

290. En la naumaquia que ofreció César en el año –46, la afluencia de público fue tal que muchos espectadores murieron aplastados por la multitud, entre ellos dos senadores.

Allí se reúnen los aficionados en actos de hermandad como los que organizan las peñas futbolísticas.

Los hinchas asisten a los entrenamientos de sus campeones y llenan los muros y los retretes del entorno con sus pintadas o grafitis, en los que escriben sus nombres y dibujan caricaturas. También les dedican canciones y componen poemas en su honor. Encopetadas damas insatisfechas se encaprichan de ellos. Miembros de la más linajuda aristocracia se disputan el honor de invitarlos a sus mansiones y sentarlos —acostarlos, debiéramos decir— a sus mesas.

Una compleja urdimbre de intereses creados ha crecido en torno al espectáculo deportivo. Se cruzan importantes apuestas. Los artesanos se juegan la paga de la semana; los ricos propietarios, fincas valoradas en muchos millones de sestercios.

El propio Calígula, buen aficionado a los caballos y a las carreras, distinguió con su amistad personal a algunos aurigas. Un buen auriga cobraba generosos sueldos y sustanciosas primas. Por lo demás, la facción lo trataba a cuerpo de rey: el mejor vino, los mejores manjares, el mejor aceite.

Los mejores aurigas amasan inmensas fortunas y se retiran de la profesión ricos y respetados. El español Diocles, quizá el mejor auriga conocido, que corrió en tiempos de Trajano y Adriano, se retiró el año 146, cuando contaba 42 años de edad, después de haber corrido durante 24 años en los que venció en 1.462 carreras, lo que le valió una suma de 35 millones de sestercios. Su fulgurante carrera quedó inmortalizada por una lápida conmemorativa que le erigieron sus admiradores en el circo de Calígula.

Penetremos ya en el circo, o hipódromo, como lo llaman los griegos, y asistamos a una carrera. Lo primero que nos causa admiración es el edificio mismo. Es parecido a un estadio de fútbol, solo que el doble de largo y algo más estrecho. Uno de los extremos tiene forma semicircular. En el otro se alinean cuadras *(carceres)* de donde parten los carros. Un alto graderío ocupa todo el entorno. La arena está dividida en dos pistas paralelas separadas por un eje central *(spina)* decorado con esculturas. Llama la atención, por lo exótico, un obelisco de Ramsés II que Augusto hizo traer desde Heliópolis, Egipto, en un barco diseñado especialmente para su transporte (hoy puede admirarse en la piazza del Popolo).

El rumor de la multitud sube de tono. Muchas cabezas se vuelven hacia el palco presidencial, donde el delegado de festejos está procediendo al sorteo de las carreras en presencia de testigos de cada facción. Ya tenemos las alineaciones. En cada una de las carreras competirán cuatro carros, uno por equipo. Los de la primera tanda ocupan sus posiciones en las *carceres.* Vamos a presenciar una carrera de troncos de cuatro caballos (cuadriga), que es la combinación más frecuente, pero también las hay de dos caballos o de más de cuatro, hasta de diez.

Los carros son ligeros, fuertes, de simple y elegante diseño: una reducida plataforma sobre dos ruedas de la que se proyecta un largo timón al que van enganchados tres caballos. El cuarto, a la izquierda, genéricamente denominado *funalis,* corre suelto, unido solo a su vecino. Este es el mejor caballo, el que da la pauta de la dirección y la velocidad a sus compañeros. De su actuación depende en gran medida la del conjunto.

Los aurigas *(agitatores),* cada cual vestido con la camiseta de su equipo, una túnica corta del color de la facción, están atentos a la señal del presidente. Se han atado a la cintura las riendas de cuero, se han ajustado al costado el cuchillo que completa su equipo y sostienen firmemente con la mano izquierda el haz de correas para evitar que los nerviosos caballos hagan una salida en falso. En la mano derecha portan el látigo.

Expectante silencio en la multitud. El presidente se levanta de su asiento, eleva el pañuelo y hace la señal. Un operario tira de la cuerda *(repagula)* que descorre a un tiempo todos los cerrojos de las *carceres.* Un súbito clamor estalla en los graderíos. ¡Allá van!

El clamor de los espectadores se percibe en toda Roma. Séneca se queja, como es natural en él: «El gruñido confuso de la muchedumbre es para mí como la marea, como el viento que choca en el bosque, como todo lo que no ofrece más que sonidos ininteligibles».

Parten raudas las cuatro cuadrigas. Deben dar siete vueltas al circuito, en total unos ocho kilómetros. Entre las esculturas que decoran la *spina* existe un grupo de siete delfines de bronce que pueden pivotar sobre un eje. A cada vuelta se baja uno de ellos para que los espectadores calculen las vueltas que faltan.

Las cuatro cuadrigas están prácticamente igualadas. No se han lanzado a fondo, zigzaguean un poco. Da la impresión de que más que correr lo que importa es estorbar la carrera del adversario. Cuando parece que uno de los carros va a adelantarse, los otros se cierran sobre él impidiéndole el paso y obligando al auriga a tensar las riendas para que sus fogosos corceles atemperen la carrera. El que corre más próximo a la *spina* dirige furibundas miradas a su vecino, que ha estado a punto de estrellarlo contra los marmolillos por cerrarle el paso. Se escuchan algunos insultos de los espectadores. De repente, la multitud se pone en pie. Un grito unánime brota de las gargantas. Acaba de suceder un *naufragio,* como se dice en la jerga del circo. El carro de los verdes ha rozado al rojo y se ha deshecho entre chispas de acero y astillas de madera. Al auriga verde, que salió proyectado por los aires, lo arrastran sus caballos desbocados. Desesperadamente intenta cortar con su puñal las correas que lleva a la cintura, pero antes de conseguirlo el carro de los blancos lo atropella y lo deja malherido sobre la arena. Los auxiliares lo recogen y despejan la pista de restos antes de que las tres cuadrigas supervivientes aparezcan en la vuelta siguiente.

El último delfín del marcador ha pivotado. Estamos en la recta final. Los aurigas aflojan las riendas y fustigan furiosamente sus corceles. Un operario acaba de marcar con yeso una raya blanca sobre la arena, a la derecha del marmolillo que señala la meta. Los carros la cruzan casi simultáneamente. Un grupo de testigos intercambia sus opiniones, deliberan y comunican al presidente su conclusión. El heraldo, a indicación del presidente, levanta la banderola azul. El pregonero proclama la victoria de los azules gritando los nombres del auriga y de su caballo *funalis.*

El graderío es un hervor. Los azules se abrazan entusiasmados y cantan a coro canciones de victoria. Los hinchas de los otros colores permanecen pesarosos, se remueven inquietos en sus asientos y lanzan furibundas miradas al auriga vencedor. Algunos se enzarzan en acres discusiones. Lo mismo que en nuestros estadios, no faltan los camorristas que llegarían a las manos si no interviniese oportunamente la policía.

En la mente de todos están los lamentables sucesos de Pompeya, del año 59, narrados por Tácito. El graderío se convirtió en un campo de batalla. Un espectáculo bochornoso y de lo más antideportivo. Nerón, disgustado, castigó a los pompeyanos suspendiendo sus *ludi* durante diez años. Los gobernantes de entonces eran más severos que los de ahora.

El más espléndido marco de las carreras de carros es, sin duda, el Circo Máximo, comenzado por Julio César y terminado por Augusto. Nerón lo remodeló hasta darle una capacidad de doscientos cincuenta mil espectadores. Su emplazamiento aprovechó las espléndidas condiciones que brindaba el terreno en una vaguada de seiscientos metros de largo por cien de ancho que se extendía entre las colinas del Palatino y el Aventino. Este circo tuvo tres pisos, el inferior de piedra, los restantes de madera. En él se ofrecieron muy memorables espectáculos, no solo de carreras de carros, sino también los llamados juegos troyanos *(ludi troiani),* simulacros de batalla entre jóvenes aristócratas; carreras individuales de caballos *(desultores) y* hasta carreras pedestres de fondo o de relevos.[291]

Algunos epitafios de aurigas famosos se han conservado: «Al auriga Eutyches, de veintidós años. Flavio Rufino y Sempronia Diofanis, a su siervo que bien lo merecía. Descansan en este se-

291. En España tenemos el circo de Mérida, completo y recientemente recuperado.

pulcro los restos de un auriga principiante bastante diestro, sin embargo, en el manejo de las riendas». El propio auriga expresa las contrariedades de la vida: «Yo, que montaba ya sin miedo los carros tirados por cuatro caballos, no obtuve permiso, con todo, para conducir más que los de dos. Los hados, los crueles hados, a los que no es posible oponer resistencia, tuvieron celos de mi juventud. Y, al morir, no me fue concedida la gloria del circo, para evitar que me llorara la fiel afición. Abrasaron mis entrañas malignos ardores que los médicos no lograron vencer. Te ruego, caminante, que derrames flores sobre mis cenizas: tal vez tú me aplaudiste mientras vivía».[292]

292. *Corpus Inscriptionum Latinarum II,* 4314 (Tarraco).

CAPÍTULO 57

Un banquete romano

Guardo amable recuerdo de algunos banquetes memorables que he disfrutado: el del adinerado Trimalción, en el que compartí manteles con mi admirado Petronio; el de las bodas de Camacho, en cuyas cocinas anduve de la mano del amigo Sancho; el de las bodas de Gargamelle con Grangosier, en el que no pudimos acabarnos los entremeses, tan abundoso fue, y el de la consagración imperial de Carlos I, con relleno imperial aovado, entre salvas atronadoras y chirimías que te impedían charlar con el vecino.

Desde que el mundo es mundo, el mejor modo de socializar es comiendo, aunque ahora lo de comer juntos se ha desvirtuado mucho desde que existen los almuerzos de negocios, los *brunches* y las comidas de empresa.

Entre las muchas costumbres griegas y etruscas que Roma ha adoptado figura la del banquete o *convivium,* una cena para hombres regada de vinos generosos.

Los romanos, nuevos ricos que nunca han perdido del todo el pelo de la dehesa, han hecho del banquete una exhibición del poder económico del anfitrión en el que se conjugan dos inclinaciones típicamente latinas: el gusto por la buena mesa y el placer de la pausada conversación con los amigos, la amable tertulia nocturna adobada acaso con las otras aficiones compartidas: la música, la lectura, el debate, las mujeres... A lo que podríamos añadir, en las casas pudientes, la emblemática ostentación de riquezas y el derroche presuntuoso.

Hoy estamos invitados a cenar en una casa patricia, sita en las amables faldas del Capitolio. Engalanados con nuestra mejor toga llegamos a ella hacia las cuatro de la tarde (hora décima). Nos acompañan varios servidores, de los que solo uno, el más joven, educado y agraciado, pasará al comedor para asistirnos personalmente. Como permanecerá a nuestros pies durante la cena, se llama *puer ad pedes.* Los otros aguardan fuera porque tienen que escoltarnos y alumbrarnos en el camino de vuelta a casa, a altas horas de la madrugada.

Entramos en la mansión. En el atrio nos atienden solícitos los esclavos de la casa que se hacen cargo de la toga y nos entregan un manto o *synthesis,* cómodo y apropiado para el diván. Uno de los esclavos nos lava los pies, los perfuma y nos calza unas sandalias flexibles de andar por casa que no estropean los mosaicos.

Mientras los restantes invitados acaban de llegar, el atento anfitrión nos introduce en una sala donde, convenientemente expuesta sobre mesas y aparadores, aparece su rica vajilla.

La vajilla es otro exponente fiel de la posición social del dueño de la casa. Los ricos la adquieren de materiales preciosos y caros: plata, oro, ónice, *electrum* (aleación de oro y plata), incluso de piedra, que se supone que mejora la calidad del vino por simple contacto.

Simulando amable atención, escucharemos sus prolijas explicaciones sobre el origen de las más notables piezas allí expuestas y fingiremos admirarnos cuando nos certifique que este vaso perteneció a tal famoso general griego o aquella bandeja a tal héroe troyano. Es posible que el anticuario que le cobró más de cinco veces su valor también estuviera persuadido de la autenticidad de tales reliquias.

Cumplida la cortesía de alabar la magnificencia de la colección, pasamos a la sala del banquete recordando las palabras de Juvenal: «Deja a la puerta de mi casa las aflicciones, olvida tu casa y a tus criados, que tantas cosas rompen y estropean, olvida también a tus amigos desagradecidos».[293]

293. Juvenal, *Sátiras,* XI, 190-193.

Antes de recostarnos en el diván nos lavamos las manos en la jofaina sobrenadada de pétalos de rosa que presenta un esclavillo de cuyo brazo extendido recogemos la toalla con la que nos secamos. La sala está iluminada por una docena de artísticas lámparas de aceite y adornada con flores y guirnaldas.

Vamos a ser nueve comensales a la mesa, quizá porque el anfitrión es observador de la conocida regla: «No menos que las gracias (es decir, tres) ni más que las musas (nueve)».

Las personas educadas y las que aspiran a serlo procuran observar ciertas normas cuando se sientan a la mesa. La primera y principal nos obliga a estar de buen humor. Un comensal taciturno o pensativo se considera grosero. Cicerón nos alecciona sobre el comportamiento en un banquete: «Sean graciosos, mordaces y hasta elocuentes después de beber, pero no olviden que una cosa es el foro y otra el triclinio, que hay un comportamiento adecuado al tribunal y otro adecuado al banquete, que no impone lo mismo la presencia de los jueces que la de los juerguistas, que es muy diferente lo que ocurre a la luz de las lámparas cuando lo consideramos a la luz del sol».[294] De la misma opinión es Aulo Gelio: «No se debe invitar a charlatanes o a lacónicos, pues la elocuencia es adecuada para el foro y los tribunales y el silencio para el dormitorio, pero no para una reunión social».[295]

Se hacen las presentaciones. Al conocer que provengo de Hispania, uno de los contertulios dice: «*Beati hispani, qvibvs vivere bibere est*» ('Felices los hispanos, para quienes vivir es beber').

Debiera haberle dicho que se exagera mucho sobre el asunto, pero prefiero tomarlo como un elogio. Nunca he comido acostado como esta gente, así que será mejor que me fije en cómo se hace. El plato se sostiene con la mano izquierda y los alimentos se toman con la derecha. Si es sopa se utiliza cuchara *(ligula);* si es paté o puré, cucharilla *(cochlearium);* si es sólido, se utilizan los

294. Cicerón, *Defensa de Celio,* LXVII, 11-15.
295. Aulo Gelio, *Nocte atticae,* XIII. 11, 2-5.

dedos índice, medio y pulgar en pinza.[296] Comer con los dedos no es excusa para pringarse las manos o el rostro.

Estas cinematográficas escenas de banquetes romanos en las que vemos a los comensales tirar dentelladas a un trozo de carne que agarran entre las manos constituyen un infundio: en realidad, existe un esclavo dedicado a trinchar la carne *(scissor, carotor, structor)* y reducirla al tamaño adecuado para introducirla en la boca.

Sobre el tablero cubierto de elegantes manteles bordados en oro solo hay vinagre, sal y aceite. Después de la oración de la mesa *(deos invocare)* comienza el banquete. Aparecen los esclavos más apuestos de la casa, vestidos y peinados especialmente para la ocasión, y depositan ante nosotros las fuentes que contienen los elaborados platos.

Se empieza por los entremeses *(gustus* o *gustatio),* entre los que no pueden faltar las aceitunas ni el huevo. Para definir el tiempo que abarca la cena hay un dicho: «*Ab ovo usque mala*» (es decir, 'Del huevo [entremeses] hasta la manzana [postre]'). Hay también lechuga, melón y ostras, todo ello acompañado de vino con miel o de cualquier otro caldo ligero pero de buena casta, pongamos por caso, un Falerno.

En la cabecera del banquete se dispone un depósito de agua caliente *(caldarium)* para el vino. En verano, lo refrescan sumergiéndolo en pozos o en cubos de nieve que pueden ser de vidrio *(gasa nivaria)* o metálicos *(colum nivarium).*

Uno de los comensales ha incurrido en la torpeza de mencionar el incendio ocurrido antes de ayer en un comercio de la calle de los Pañeros. Nueve pares de reprobadores ojos convergen sobre el deslenguado: es de mal augurio hablar de incendios cuando

296. Aún no se ha inventado el tenedor, que nacerá en Constantinopla en el siglo XI y al principio fue reprobado por san Pedro Damián como instrumento diabólico por su parecido con el tridente clásico con el que se representaba al demonio.

se está comiendo; derramamos agua sobre la mesa y el mal augurio queda convenientemente conjurado. Tampoco sería bueno percibir el canto del gallo, pero por fortuna estamos en una zona residencial y el corral más cercano queda lejos.

En el aperitivo se bebe vino con miel *(mulsum)* y se comen huevos, verdura fría con salsa picante y quizá ensalada de mariscos o sesos en leche; o tal vez hongos con salsa.

Viene ahora la *prima mensa,* que es la cena propiamente dicha. Una serie de elaborados platos van llegando desde la cocina. El principal *(caput cenae),* en el que el cocinero griego ha puesto su empeño y el prestigio de su dueño, es, supongamos, un ganso rodeado de pájaros. Cuando nos servimos sus gustosas porciones y lo saboreamos, descubrimos regocijados que todo es apariencia y artimaña: en realidad, está elaborado exclusivamente con carne de cerdo. Ha sido un guiño cultural de nuestro anfitrión, que ha querido reproducir el famoso plato de la literatura: el del banquete de Trimalción, ya comentado. Aplaudimos educadamente la ocurrencia mientras echamos el ojo al jabalí relleno de tordos vivos y regado de miel corruscante que, transportado por dos robustos esclavos, hemos visto desfilar ante la ventana del patio.[297] Detrás llegan el corzo asado con salsa de cebolla, la tórtola hervida en sus plumas, el jamón hervido con higos y laurel, el cerdo con piñones y el guisado de flamenco.

La conversación gira en torno a las villas campestres que casi todos los invitados poseen en los Apeninos, en la Campania, en el Lacio o en los alrededores de Nápoles. Es que en verano no se puede parar en Roma a causa del calor, la malaria, los mosquitos y los ruidos. En las villas el aire es más limpio y refrescante, y la vida resulta mucho más sana. El día se reparte entre las sosegadas lecturas, los largos paseos, la absorta soledad de la caza o de la pesca y el estimulante ejercicio de los juegos de pelota.

297. A la grasienta carne del cerdo le va la miel, uno de los ingredientes más socorridos de las especiadas salsas romanas.

—Lo malo es el camino, con sus incomodidades.

Los ricos disponen de albergues privados *(diversoria)* al término de cada etapa de su viaje habitual de Roma a sus posesiones campestres. Incluso cuando viajan por caminos nuevos se pueden permitir el lujo de llevar en su voluminoso séquito y equipaje tiendas de campaña alhajadas con todas las comodidades. Otros pernoctan en casa de amigos o conocidos *(ius hospitii, hospitalitas).* Los funcionarios en comisión de servicios tampoco viajan del todo mal, puesto que pueden utilizar las casas de postas oficiales dispuestas a lo largo de las vías principales para el cambio de tiro y el descanso del personal.

—Viajar, ver mundo, compensa las molestias —concluye el viajero. Él, como el emperador Adriano, necesita mayor animación y movimiento. Este año ha alquilado una finca en Bayas, la playa de moda, a la que los veraneantes romanos acuden cada año en mayor número.

—Con el pretexto de tomar las aguas —señala un comensal—, pero el interés por el baño parece secundario. A lo que se dedican más porfiadamente es a ligar.

Cierto. En estas playas la moral se relaja mucho más que en la ya bastante corrompida Roma. Si damos crédito a muchos detractores, la vida en Bayas dista de ser edificante. Séneca llama al lugar *sedes luxuriae et vitiorum diversorum* ('posada de los vicios'); Propercio asegura que aquella ciudad es enemiga de la castidad femenina (y, no obstante, se le hace la boca agua contemplando a su amada, la hermosa Cintia, entregada a «la ola fácil que se hiende al juego alternado de manos» para luego «descansar en una playa solitaria»). Marcial encomia la prodigiosa transformación de cierta dama que llegó a Bayas más virtuosa que Penélope y salió de allí más lasciva que Elena.

Otros hablan de viajes. La *jet set* romana pasa la primavera y el verano en la lujuriosa Bayas, entregada a sus fiestas y amoríos, pero en cuanto asoma el rostro severo del invierno trashuma a Canope, donde hay mejores alojamientos y el ambiente es más distinguido.

Para los muy inquietos y buscadores de nuevas sensaciones, la oferta es mucho más amplia: pueden ir a Grecia, al Asia Menor, a Sicilia, a Egipto... Los hay que no se pierden las fiestas dionisiacas en Atenas, ni los juegos nemeos en Argos, ni los píticos en Delfos. Otros, con el pretexto de la salud, visitan los balnearios y santuarios de Esculapio en Cos o en Epidauro.

Los romanos son muy aficionados al termalismo y aprecian las surgencias naturales de aguas minerales y sulfurosas, como las de Bath (Inglaterra) o las de Alange o Montemayor (Cáceres).

Lo malo del turismo masivo reside, como ahora, en que el afán de visitar muchos lugares en poco tiempo trunca el placer que uno podría encontrar en cada uno de ellos. Séneca censura este turismo apresurado e itinerante:

—Se emprenden viajes sin necesidad. «Vamos ahora a la Campania». En seguida se cansa uno de aquellos hermosos parajes. «Hay que ver sitios agrestes, vayamos a las selvas de los Abruzos y de la Lucania». Pero en medio de los páramos se echa de menos un lugar ameno en el que se explayen los ojos, cansados ya de contemplar asperezas. «Vamos a Tarento y su puerto famoso, al benigno clima de sus inviernos, a la región opulenta de aquellas antiguas gentes». Pero entonces echamos de menos los aplausos, y el griterío y la visión de la sangre humana derramada: «Volvamos a Roma». Así es como se emprende un viaje después de otro y un espectáculo sigue a otro espectáculo.

¿Y los estudiosos que quieren huir del mundanal ruido? Ah, estos acuden a los centros de cultura: Atenas, Alejandría, Antioquía, o, si quieren pasar por filósofos, a Tarso. Los meramente curiosos que desean despertar la envidia de sus vecinos se embarcan en la aventura de trasponerse a Egipto para ver las pirámides, o a Cádiz, en el fin del mundo, para contemplar las míticas columnas de Hércules o, si el presupuesto no da para tanto, suben al Etna, sin salir de casa, para ver el cráter por dentro, lo que da lugar a que una floreciente industria turística se instale al pie del volcán.

Da la impresión de que ninguno de los comensales pasa los calores del verano en Roma.

¿Qué hacen los romanos que no pueden huir de la ciudad? Se agrupan en las amenas pero atestadas riberas del Tíber o en los otros espacios despejados donde se puede tomar el fresco: el pórtico de Pompeyo, los alrededores de los teatros y de los circos, el templo de Apolo en el Palatino…

Discurre la cena entre risas y agudezas. Tan numerosos y variados son los platos que se van acumulando ante nosotros, sobre las mesas auxiliares, que protestamos por una cena tan copiosa, como requieren las normas de la buena crianza. Cedamos la palabra al agudo Plauto:

—Cuando se han sentado a la mesa, los invitados suelen decir: «¿Qué necesidad había de gastar tanto en nosotros? Pero, hombre, si has preparado comida para un regimiento». Y, aunque protestando de que te has excedido por ellos, se lo comen todo. No esperes que ninguno te diga: «Que se lleven esto, que retiren esa bandeja, no pongas aquel jamón, estoy repleto; que se lleven esas albóndigas; este congrio estará bueno frío, que lo retiren». No, no oirás hablar así, antes bien se estiran y echan medio cuerpo sobre la mesa para alcanzar mejor los platos.

Entre plato y plato, los servidores acercan a cada comensal una escudilla de agua para que pueda lavarse los dedos. Además, cada uno tiene a su alcance una servilleta de cumplidas proporciones que no solo sirve para limpiarse los labios y las manos, sino también el sudor (sudan bastante, porque las lámparas dan mucho calor), y hasta para sonarse las narices. Por cierto: es perfectamente legal traer servilleta de casa para que, al término del banquete, nos sirva para envolver las sobras si queremos llevárnoslas. Andando el tiempo parecerá poco elegante concurrir con la servilleta, como un saqueador, y los más refinados prescindirán de ella. Marcial, bromista, asegura que un tal Hermógenes es de los que no llevan servilleta…, pero luego se lleva lo suyo en el mantel.

Nuestros alegres compadres se han atiborrado de manjares y de vino en la *prima mensa.* Ahora llegan los postres *(secunda mensa).* Aunque les queda poco espacio en el estómago, hacen un esfuerzo por acomodarlo.

Estos excesos a la mesa se reflejan en la escultura. ¿No han notado ustedes que las estatuas del periodo republicano suelen presentarnos sujetos entecos, mientras que en las del periodo de los césares abundan los entraditos en carnes?

Nuestro vecino de mesa, menos resistente que los demás, está ya borracho, comienza a sudar copiosamente, se coloca la mano de regordetes dedos sobre el prominente hemisferio estomacal y se queja de que no se siente bien. Acude solícito su *puer ad pedes,* que lo ayuda a incorporarse y lo conduce, entre tumbos, al excusado, en el patio del peristilo, al otro lado de la casa. Allí, con ayuda de una pluma de ave introducida en la garganta, vomitará todo lo que ha comido y bebido. Esta costumbre disgusta al severo Séneca: «Vomitan para comer y comen para vomitar, y no quieren perder el tiempo en digerir alimentos traídos para ellos desde todas las partes del mundo».[298]

A la vista de los postres, todos ellos muy calóricos, entendemos que nuestros compañeros de mesa hayan criado tan gruesas cervices: jalea de rosas, dátiles rellenos de nuez y fritos con miel, pastelitos de miel, frutas confitadas también en miel y vinos endulzados con plomo. Reconozcamos los ilustres precedentes de los pestiños andaluces, las flores y las torrijas, que como las casas con patio tienen su origen en Roma y no en los árabes, como erróneamente se piensa.

Bien. Ya hemos levantado los manteles y nadie ha perecido en esta alegre reunión. Nueva ronda de aguamaniles y toallas, porque ahora viene la sobrecena. Esta cena se había anunciado «con sobremesa» *(cenae antelucanae);* por lo tanto, es el momento de comenzar la velada nocturna *(comissatio).*

298. Quizá el lector haya pensado que, entonces como ahora, de buenas cenas están las sepulturas llenas. Dígalo Juvenal: «El castigo de la gula es inmediato, cuando en el excusado arrojas un pavo entero sin digerir [...]. De aquí se siguen las muertes repentinas de viejos sin testamento».

La señora de la casa, que ha participado en la cena reclinada al lado de su marido —nueva moda de estos tiempos— y compartiendo sus manjares, aunque no su bebida, puesto que las mujeres honestas solo beben *mulsum,* al menos en público, se despide de los invitados y se retira.

Lo que sigue es solo para hombres. Es el momento de designar a un maestresala *(rex convivii* o *arbiter bibendi)* que asuma la responsabilidad de indicar discretamente al copero la proporción de agua y vino que debe escanciar en la copa de cada contertulio.

El oficio de *rex convivii* es delicado y exige dotes de diplomacia y exquisito tacto. Debe conocer, además, por experiencias pasadas, el carácter de cada invitado y su resistencia al alcohol. Sabe que unos tienen la borrachera agresiva y que otros la tienen melancólica y llorona. Los dos pueden arruinar la reunión. Su oficio consiste en mantener a cada cual, a lo largo de la joven noche, en el punto óptimo de su euforia etílica. Lo ideal es que todos estén un poco achispados, pues los que beben poco se tornan serios y pueden aguar la fiesta, y los que beben en exceso acaban haciendo el imbécil y molestando al vecino. También es recomendable cuidar los temas de conversación, que no deben ser conflictivos, sino alegres, variados y de interés general.

Primero libamos por los dioses lares de la casa y luego brindamos por el anfitrión y los asistentes. La fórmula del brindis no deja de admirarnos: el que lo pronuncia eleva su copa y la bebe de un trago, luego la tiende al copero para que la llene de nuevo y se la pasa al camarada por el que se ha brindado, que la apura a su vez.

Alguna vez el brindis consiste en tomar una copa por cada letra del nombre de la persona homenajeada. «Bebamos seis copas por Laeuia, siete por Justina, cinco por Lycas, cuatro por Lyde, tres por Ida. Cuenten las letras de los nombres de todas mis amigas por la cantidad de Falerno servido y puesto que ninguno viene, ven tú a mi encuentro, sueño». [299]

299. Marcial, I. 71, 1-4.

La frecuente reiteración de brindis produce, suponemos, monumentales cogorzas, pero nuestro anfitrión es hombre discreto y previsor. Sonriente, chasca dos dedos al aire para que los criados distribuyan entre los asistentes coronas de hiedra y laurel. Como somos romanos estamos convencidos de que su verde fragancia es medio seguro para disipar los vapores del vino y despejar las cabezas.

El programa de estas sobremesas, que se prolongan durante horas, quizá con alguno de los contertulios vencido por el sueño y roncando en el regazo del amigo, es necesariamente muy variado: se conversa, se juega, se proponen acertijos, se cuentan chistes, se abren regalos, se improvisan loterías...

La tertulia a la que estamos asistiendo es, me temo, de las que afectan un cierto aire intelectual. Alguien ha cometido la imprudencia de citar un verso de Virgilio. Aprovechando la ocasión, el anfitrión nos ha contemplado por un momento con una sonrisa beatífica y ha enviado a un esclavo a por el rollo que hay sobre su escritorio. Me temo que vamos a asistir a la aburrida lectura de una prolija composición sobre los gozos de la vida campestre. Por eso, curándose en salud, el poeta Marcial señala en su invitación: «Te prometo que no te leeré nada, incluso aunque tú me leas de nuevo tus geórgicas o tus bucólicas, que quieren igualar a las del inmortal Virgilio».[300]

También había peligro con los aficionados al canto. «Ocurre con todos los cantantes que si les piden que canten, se niegan, y cuando nadie se lo pide se obstinan en cantar y te dan la tabarra. Pasaba con Tigelio de Cerdeña, aunque el mismo César se lo pidiera invocando la amistad de su padre, no había manera, pero si le daba por ahí no cesaba de canturrear el "Io, Baco", en la nota más alta o en la más baja del tetracordio, y eso podía durar desde el aperitivo hasta los postres».[301]

El caso es que en otras reuniones menos intelectuales hemos asistido a actuaciones de bufones *(derisores)*, a pantomimas, a co-

300. *Ibidem,* XI, 52, 5-6; 16-18.
301. Horacio, *Sátiras,* I, III, 1-8.

medias, incluso a conciertos de lira y flauta, y nos han parecido si no tan cultas, sí al menos mucho más divertidas y digestivas.

A Augusto y a Aureliano les gustaba escuchar recitales de juglares *(aretalogi)* y a veces contrataban artistas callejeros. En otras cenas hemos asistido a la actuación de ciertas artistas de variedades procedentes de la «licenciosa Cádiz», como la adjetivan los más severos censores de las modernas costumbres.

Nuestro anfitrión de hoy es hombre tan circunspecto y serio como aquel que advertía en su invitación: «Quizá temes que alguna gaditana salga a provocarnos con lascivas canciones..., pero mi humilde casa no tolera ni se paga de semejantes frivolidades».[302]

Podemos imaginar que la actuación de las bailarinas de la «licenciosa Cádiz» iría, en muchos casos, seguida de desenfrenada bacanal. No en este caso. Esa tormentosa travesía no es apta para estas veteranas naves después de tan copiosa cena.

Algunos testimonios sobre el arte de estas muchachas nos permiten imaginarlas: cuando bailan hacen gestos de increíble lubricidad, moviendo sus caderas lascivas con su dócil contoneo *(nec de Gadibus improbis puellae / vibrabunt sine fine prurientes / «lascivos docili tremore lumbos»);*[303], pero si se ponen a cantar, sus canciones son tan vergonzosas que «no las osarán repetir ni las desnudas meretrices».

Es pena que no sepamos más de estas hábiles muchachas expertas en placeres. De la nebulosa de su anonimato solo nos ha llegado el nombre de una de ellas, griego, evocador y musical: Telethusa, que *«tam tremulum crisat, tam blandum prurit, ut ipsum masturbatorem fecerit Hippolytum»* ('se contonea tan trémula, se estremece tan blandamente, que lograría que el propio Hipólito se masturbara').[304]

302. Juvenal, *Sátiras,* IV, 11, 162-175.
303. Marcial, V, 78, 22-30.
304. *Ibidem,* XIV, 203.

Está a punto de amanecer. Finaliza el banquete. Hemos charlado, hemos cantado, los versos del anfitrión no nos han aburrido tanto como temíamos, hemos reído hasta llorar y nos lo hemos pasado muy bien. Pero la última gota de la copa del placer siempre es amarga. Ahora sentimos la cabeza cargada, el pulso débil y el estómago revuelto. Dejamos resbalar la mirada de nuestros irritados ojos (el inevitable humo de las lámparas) hasta el borde de la taraceada mesa, delante del diván, y notamos, por vez primera, su curiosa decoración: hay un esqueleto de marfil y una inscripción: «Mirándolo, bebe y diviértete, porque en esto has de acabar». Ese recuerdo de la muerte es también parte del complejo ceremonial del banquete.

Algunos epitafios recogen la misma idea: «Tiberio Claudio Segundo vivió 52 años. El vino, el sexo y los baños nos arruinan el cuerpo, pero el vino, el sexo y los baños son la buena vida».

Partimos ya. Nuestro inseparable *puer ad pedes* nos ayuda a calzarnos y a vestir nuevamente la indócil toga. Nos despedimos del anfitrión y de los compañeros de banquete y marchamos a casa precedidos del esclavo que porta una lámpara en una mano y la estaca en la otra. Aún no existe alumbrado público, pero ya existe cierta inseguridad ciudadana cuando, por acortar camino, se transita por solitarias callejas.

De nuevo en mi habitación, mientras el piadoso sueño acude a mis párpados, medito sobre lo oído, lo vivido y lo bebido. ¿Tendrá razón el profesor de la universidad de Míchigan Jerome Nriagu, que atribuye a los banquetes romanos la decadencia del Imperio? El vino que abundantemente bebe la clase privilegiada se ha cocido previamente en recipientes a los que se añaden raspaduras de plomo para endulzarlo. La intoxicación por plomo produce devastadores efectos, entre ellos la debilidad intelectual (lo que podría explicar el extravío mental de muchos emperadores).

CAPÍTULO 58

El mercado de esclavos (y esclavas)

Otro día acompaño a nuestro viejo amigo, el modesto terrateniente Hortensio Metelo, al mercado de esclavos. Antes de comprar quiere ver la mercancía, palparla incluso, y comparar precios en los distintos mercados. Primero se dirige al más caro y mejor surtido, en la *saepta,* junto al foro, donde acaban de poner a la venta un buen lote.

Los compradores examinan el género sobre la tarima giratoria *(catasta)* que permite contemplar a los esclavos con toda comodidad. Cada uno porta al cuello un cartel *(titulus)* en el que se especifica su procedencia, edad, habilidades y defectos físicos o morales. Este lote de cinco esclavos que estamos examinando se expone por vez primera en la plaza, por eso llevan un pie espolvoreado con yeso *(gypsati).*

Los precios varían bastante. Por los artesanos y obreros especializados *(ordina)* puede pagarse hasta quince veces la cantidad que valen los simples braceros *(vulgares).* Por un cocinero experimentado o sabio preceptor o gramático se pueden ofrecer cantidades astronómicas, quizá cientos de miles de sestercios.

—Todos tienen seis meses de garantía —advierte el mercader *(venalitius)*—. Si en esa etapa aparece algún defecto que no era visible, el comprador tiene derecho a que se le cambie el esclavo por otro de valor equivalente.

Los esclavos desprovistos de esa garantía se conocen porque llevan la cabeza cubierta. Son mucho más baratos.

El mercader, que ha resultado ser un viejo conocido de Hortensio Metelo, nos permite curiosear en sus contratos de compraventa. Algunos contienen cláusulas sorprendentes introducidas para favorecer o perjudicar al esclavo que cambia de dueño. El vendedor puede exigir que el comprador se comprometa a mantenerlo por siempre encadenado. O, si se ve obligado a desprenderse de una esclava a la que aprecia, puede especificar en el contrato que el nuevo amo no la dedicará a ejercer la prostitución.

—¿Y si lo hace?

—La chica quedará libre automáticamente. Esto no impide que el nuevo dueño pueda usarla sexualmente en su propio provecho, claro, puesto que tratándose de esclavas no existe noción de violación. ¿Cómo se puede violar una cosa?

CAPÍTULO 59

Juegos en el Coliseo

De la mano de Bonoso llegamos al edificio más imponente de Roma, el anfiteatro Flavio, más conocido como Coliseo, inaugurado por el emperador Tito el año 80. Con sus cinco pisos de altura y un aforo de 65.000 espectadores, es el testimonio más contundente de la grandeza pretérita de la ciudad que dominó el mundo. No existe en la antigüedad un edificio comparable, si exceptuamos las pirámides de Egipto.

El Coliseo está especialmente diseñado para las sorpresas que hacen las delicias del público. Bajo la arena existe un subterráneo de seis metros de profundidad con una serie de corredores, celdas, jaulas y montacargas que permiten hospedar animales, separados según sus especies, e irlos liberando a lo largo del espectáculo a través de trampillas simuladas para que aparezcan de pronto sobre la arena.

En el Imperio romano hubo no menos de trescientos anfiteatros en los que se celebraban sangrientos espectáculos en vivo, cacerías de animales *(venationes)*, ejecuciones de prisioneros *(noxii)* por fieras, luchas de gladiadores *(munera)* y hasta simulacros de batallas navales *(naumachiae)*, previa conversión de la arena en alberca. Estos espectáculos eran tan populares que muchos teatros de tradición griega, más culta, se reconvirtieron en anfiteatros cuando decayó una afición y aumentó la otra.

El Estado fomentaba estos espectáculos para contentar a los ciudadanos, lo que hoy ocurre con el fútbol, la televisión basura y demás esparcimientos populares.[305]

Las luchas de gladiadores fueron el espectáculo favorito de la plebe romana, sin que esto quiera decir que desagradara a la gente más cultivada. Tan solo algunos filósofos protestaban contra esta sangrienta diversión,[306] aunque a otros les parecía que reforzaba las virtudes viriles del pueblo romano.[307]

Las luchas de gladiadores se celebraban al principio en cualquier lugar despejado del foro donde pudiera montarse una plaza portátil con graderíos de madera.[308] El primer anfiteatro

305. Los juegos gladiatorios, como la Liga de fútbol, se atenían a un calendario fijo: los *ludi apollinares,* consagrados a Apolo desde –212, se celebraban entre el 6 y el 12 de julio; los *romani,* en honor de Júpiter, entre el 4 y el 19 de septiembre; los *plebeii,* del 4 al 17 de noviembre. Hubo otros menos importantes (*cerealia, megalenses, saeculares, a Dea Mater, a Dea Flora,* etcétera).

306. Igual lo decían con la boca pequeña, como ciertos intelectuales de hoy, que presumen de no tener tele, pero luego no se pierden los programas basura en el cuarto de servicio.

307. «A algunos el espectáculo de los gladiadores les suele parecer cruel e inhumano, y tal vez es así, tal como ahora se desarrolla. Pero cuando luchaban a muerte los criminales, para los oídos quizá había muchas disciplinas, en cambio, para los ojos no había una disciplina más eficaz contra el dolor y la muerte» (Cicerón, *Tusculanas,* II, 17). De parecida opinión es Plinio el Viejo: «Presenciamos un espectáculo nada afeminado ni enervante, que pudiese debilitar o quebrantar el vigor del hombre romano, sino capaz de incitar a los espectadores a afrontar nobles heridas y a despreciar la muerte, porque el amor a la gloria y el deseo de victoria incluso se percibían en los cuerpos de los esclavos y de los criminales» (Plinio el Viejo, p. 33, 1).

308. Un anfiteatro de madera se desplomó en el año –27 ocasionando la muerte de muchos espectadores. Al empresario, un tal Atilio, lo desterraron y en adelante se estipuló que el que quisiera ejercer tal oficio había de disponer de un capital superior a los cuatrocientos mil sestercios con el que hacer frente a posibles responsabilidades.

de piedra lo construyó Augusto el año –29 en el Campo de Marte.

Gladiator (2000) y otras películas de romanos han divulgado la falsa creencia de que los duelos entre gladiadores acababan siempre con la muerte de uno de ellos. La verdad es que no morían tantos, quizá solo un 10 por ciento.

Los duelos gladiatorios eran como la lucha libre actual, coreografías calculadas para hacerse el menor daño posible, aunque, eso sí, la efusión de sangre estaba garantizada e incluso, excepcionalmente, la muerte de uno de los luchadores.

Eso de ver morir a la gente (un niño de diez años ha visto más de cien mil muertes en la tele y en el cine) es que, por lo visto, descarga adrenalina y resulta la mar de beneficioso para nuestro equilibrio psicosomático, o eso dicen.[309] Los romanos, más resueltos que nosotros, a falta de efectos especiales, veían las muertes y la sangre en directo.

El caso es que los combates de gladiadores tenían un origen sagrado y, por tanto, respetable, como tantas instituciones romanas que luego fueron degenerando.

Al igual que otros pueblos de su vecindad, oscos y samnitas, los primitivos romanos solían sacrificar prisioneros sobre la tumba de sus caudillos para que sus espíritus los acompañaran y sirviesen en la otra vida. Eso explica que, en su origen, las luchas gladiatorias se denominaran regalo o tributo *(munus),* porque eran ofrendas de sangre para algún difunto ilustre.[310]

309. La adrenalina es la droga más natural, la que nosotros mismos producimos. Por eso algunos ciudadanos corren delante de los toros en los sanfermines, hacen *puenting,* recorren una autovía por el carril contrario o asisten a un partido de fútbol con la cara pintada como indios en pie de guerra (especialmente si pertenecen a la hinchada más elemental). La sensatez nos persigue, pero nosotros somos más rápidos.

310. La expresión completa era *munus iustum atque legitumum* ('débito adecuado y legítimo'). A menudo era el propio difunto el que indicaba en su testamento el número de parejas de gladiadores que deseaba para sus

Los primeros gladiadores *(bustuarii)* fueron prisioneros de guerra *(captivi)* y delincuentes *(noxii)* condenados a muerte *(in ludum damnati)*. Si se mostraban remisos, los obligaban a combatir dándoles de latigazos o azuzándolos con hierros candentes.

Con el tiempo, el rito evolucionó hasta convertirse en mero espectáculo, pero su carácter religioso no se perdió nunca del todo. A los *ludi* privados se asistía con la cabeza descubierta y vistiendo el manto oscuro *(pullum)* asociado al luto y estaban presididos por el busto del difunto al que se dedicaban.

La sangre vertida de los gladiadores se consideraba mágica. El pelo de las novias se cardaba con el hierro de una lanza que se hubiera clavado en el cuerpo de un gladiador para asegurar su fertilidad. Los epilépticos acudían a los *ludi* con la esperanza de beber de la sangre caliente de los gladiadores, considerada elixir de vi-

---

juegos funerarios; un proceder similar, salvando las naturales distancias, al de devotos que señalan el número de misas de difuntos que desean. Los combates funerarios fueron bastante usuales en el mundo mediterráneo, también entre los antiguos iberos. Apiano Alexandro cuenta así las honras fúnebres por Viriato: «Tras haber engalanado espléndidamente su cadáver, lo quemaron sobre una pira muy elevada y ofrecieron muchos sacrificios en su honor. La infantería y la caballería corriendo a su alrededor por escuadrones con todo su armamento prorrumpía en alabanzas al modo bárbaro y todos permanecieron en torno al fuego hasta que se extinguió. Una vez concluido el funeral, celebraron combates individuales junto a su tumba» (Apiano, 1985-1994, «Sobre Iberia», 75). Tito Livio menciona un combate semejante: «Escipión volvió a Cartagena para cumplir sus votos de ofrecer un espectáculo de gladiadores, que había preparado en honor a la memoria de su padre y su tío. Los gladiadores, en esta ocasión, no procedían de la clase de la que los entrenadores solían obtenerlos —esclavos y hombres que venden su sangre—, sino que eran todos voluntarios y prestaron sus servicios gratuitamente. Algunos habían sido enviados por sus régulos para dar una muestra de la valentía instintiva de su raza, otros justificaron su deseo de combatir para contentar a sus jefes y otros más eran duelistas» (*avant la lettre,* la oportunidad para resolver diferencias mediante la espada, «con la condición de que el vencido quedaría a disposición del vencedor»). Véase Tito Livio, XXVIII, 21.

da.[311] Incluso se usaba sangre de gladiador para filtros de amor. Y ya lo último: hasta se creía en las virtudes medicinales del hígado del gladiador muerto en combate.

En el anfiteatro existía una especie de capilla, el *sacellum,* en la que se veneraba a Némesis, diosa de la venganza, y a Dea Caelestis, la diosa del cielo, representante de la justicia divina, dos devociones muy gladiatorias. También en virtud del *sacramentum gladiatorum* se ofrecía a los dioses infernales —que decidirían si morían o sobrevivían— *devotio, consecratio* y *exsecratio.*[312]

Las imágenes de las diosas se han perdido, pero se han encontrado los exvotos que testimonian la función de esos recintos: unas huellas de pies talladas en las losas del suelo *(vestigia)* y la inscripción con el nombre del oferente. Los pies simbolizan la presencia constante del devoto ante la divinidad.

Los *ludi gladiatori* acabaron convirtiéndose en un asunto de Estado *(ludi stati),* con funcionarios encargados de organizarlos *(curatores ludorum),* y formaron parte del *panem et circenses* con el que el emperador contentaba al pueblo para que no prestase atención a los problemas sociales y se desinteresase de la política.

Al margen de estas ocasiones oficiales, durante el Imperio se puso de moda que el candidato a una magistratura, necesariamente rico, costeara combates de gladiadores sin otro motivo que el de granjearse el aprecio de las masas y su voto. El pretexto podía ser un acontecimiento familiar o simplemente sus votos por la salud del emperador *(pro salute principis),* en cuyas manos quedaba, por otra parte, el monopolio de los *ludi* desde la época de Julio César.

311. Knapp, 2011, p. 332.

312. El caso es que la venganza y la justicia divina, que imaginamos misericordiosa, parecen diosas incompatibles, pero eso es porque somos cristianos adoctrinados en la mansedumbre y en poner la otra mejilla. Antes del cristianismo, la venganza se consideraba parte de la justicia y las dos diosas se confundían en una especie de sincretismo.

La pieza fundamental en el engranaje de los juegos era el empresario o *lanista,* dueño del grupo *(familia)* de gladiadores. Solía ser un hombre de oscuros orígenes, pero enriquecido por el oficio, tan despreciado socialmente como el de tratante de esclavos, aunque, por otra parte, nadie discutía que su labor era necesaria. El anfitrión *(editor)* suscribía un contrato con el *lanista,* bajo la supervisión de los *curatores ludorum,* funcionarios imperiales.

A partir de Marco Aurelio, el crecido impuesto gladiatorio pasaría del *editor* al *lanista,* en un intento de abaratar los precios, que se habían disparado de tal manera que amenazaban con acabar con el espectáculo.

Los gladiadores eran el plato fuerte. Algunos eran esclavos fornidos adquiridos por el *lanista,* quizá prisioneros de guerra; otros, esclavos alquilados por sus dueños. Incluso había ciudadanos que se vendían para pagar las deudas, o simples voluntarios *(auctorati),* que se comprometían a luchar durante un tiempo o un cierto número de combates a pesar del descrédito *(infamia)* que para un romano conllevaba renunciar a sus derechos ciudadanos y aceptar, bajo juramento, el *sacramentum gladiatorum,* resumido en las palabras *uri, vinciri, verberari, ferroque necari* ('dejarse azotar con varas, quemar con fuego, azotar y matar con hierro').[313]

Los que escogían la profesión voluntariamente lo hacían con ese sueño de triunfar, aun a sabiendas de que era difícil que envejecieran en ella. Cuando la edad media de un romano estaba en torno a los cuarenta y cinco años, pocos gladiadores superaban los treinta, pero algunos vivían lo suficiente como para hacerse con un nombre y ascender de categoría. Incluso los que entraron en la profesión como esclavos podían comprar su libertad y retirarse del oficio con una decorosa fortuna.

313. «Los gladiadores son condenados al farallón de la infamia, despojados de cualquier vestigio de dignidad» (Tertuliano, *De spectaculis,* XXIII).

Los primeros gladiadores voluntarios fueron aventureros, malhechores y soldados licenciados que no terminaban de adaptarse a la vida civil, pero andando el tiempo creció tanto el prestigio de los campeones y decreció tanto el sentido de la decencia del romano que la práctica gladiatoria tentó a individuos pertenecientes a la clase ecuestre e incluso a la senatorial.[314] El colmo fue cuando varios emperadores (Calígula, Nerón, Cómodo) descendieron a la arena para ejercitar sus armas en combates desvergonzadamente amañados: los huesos de los antiguos romanos se removerían en sus tumbas ante el grado de perversión y chabacanería que se había alcanzado.

Los gladiadores se entrenaban en ciertos cuarteles o escuelas donde residían en régimen de internado. Al principio, estas escuelas eran privadas, propiedad del *lanista;* después, en época imperial, el Estado se hizo cargo de las más importantes, en Capua, creación de César y de Nerón (*ludus gladiatorius Iulianus* y *Neronianus*, respectivamente). También las hubo en Egipto, en Hispania y en las Galias. Los instructores *(doctores)* solían ser antiguos gladiadores, viejas glorias trinchadas de orgullosas cicatrices, con la experiencia de toda una vida jugándose la piel.

Los gladiadores se sobrealimentaban. En sus cebaderos *(hordearii),* el rancho básico *(cibus gladiatorum)* consistía en gachas de harina de cebada, sopas de huesos tostados (que aportaban grandes cantidades de calcio), potaje de habas, pan, frutos secos y carnes rojas en respetables cantidades. Naturalmente, engordaban. Esa era la idea. En las heridas superficiales, y ellos procuraban que casi todas lo fueran, la capa de grasa actuaba como un cojín aislante para que el corte no afectara a nervios, arterias u órganos vitales, al tiempo que la efusión de sangre colmaba las sádicas expectativas de los espectadores.

Juzgándolos por sus representaciones gráficas, apreciamos que eran hombres robustos, bien alimentados, de anchas espal-

314. Apiano, *Iberia,* LXXV; Tito Livio, *Ab urbe condita,* XXVIII, 21.

das, poderosa musculatura, el pescuezo más ancho que la cabeza y una expresión facial perfectamente bruta, lo que nos trae a la memoria unas palabras del malhumorado Séneca: «¡Qué músculos y qué hombros tienen los atletas, pero qué vacías están sus cabezas!».

Uno entiende que la vida que arrastraban estos desgraciados no fuera la idónea para el cultivo de las facultades del intelecto.

En la escuela de gladiadores no solo se aprendían las fintas y los rudimentos de la lucha. Los gladiadores observaban un código ético estricto. En palabras de Cicerón: «Prefieren recibir un golpe a esquivarlo en contra de las reglas. Lo que les interesa en primer lugar es complacer tanto a su amo como al espectador. Cubiertos de heridas, preguntan a su amo si está satisfecho; si les dice que no, están dispuestos a dejarse degollar».

También se aprendía a morir con dignidad llegado el caso, por el bien del espectáculo. La suerte suprema, la de morir dignamente, la debe ejecutar el gladiador vencido de manera gallarda y heroica. «Odiamos a los gladiadores débiles y suplicantes —escribe Cicerón—, los que con las manos extendidas ruegan que les permitamos vivir».

Plinio, por su parte, alaba «las bellas heridas y el desprecio de la muerte que hacen aparecer incluso en los cuerpos de esclavos delincuentes el amor a la gloria y el deseo de triunfar».

CAPÍTULO 60

Sangre en la arena

Asistamos ahora a un espectáculo de gladiadores. Muchos días antes de la celebración de los juegos, el *editor* redacta carteles anunciadores y los fija en los lugares más concurridos de la ciudad y las poblaciones del entorno. Esta y otras muchas peculiaridades nos resultan familiares, porque recuerdan a la fiesta de los toros.

Los carteles especifican el motivo de los juegos, el nombre del empresario, el número de parejas de gladiadores actuantes, el lugar, la fecha y la hora en punto *(sine nulla dilatione)* si el tiempo no lo impide *(qua dies permittat)*.[315] Incluso se especifica si se tenderán los toldos *(vela erunt)* para mitigar los ardores del sol, comodidad hoy desconocida para los que asisten a las corridas de toros en la solanera. El colmo del refinamiento era nebulizar *(sparsio)* agua perfumada para crear un ambiente húmedo y agradable.

Como ocurre en la tauromaquia, había forofos de tal o cual famoso gladiador que no se perdían una actuación. Incluso algu-

315. Un par de ejemplos de carteles romanos: «Por la salud del emperador Vespasiano César Augusto y de sus hijos y por la consagración del altar, la compañía de gladiadores de Nigidus Mayo combatirá en Pompeya, sin posible aplazamiento, el 4 de julio. Habrá lucha de fieras. Se tenderá el toldo». Otro cartel: «Treinta parejas de atletas; cuarenta parejas de gladiadores; una cacería: toros, jabalíes, osos y fieras diversas».

nos sobornaban al *lanista* para que les concediera asistir al banquete *(cena libera)* que el *editor* ofrecía a los gladiadores la víspera del combate.

Esta cena, que —ocioso es decirlo— sería la última para alguno, restauraba las fuerzas de los luchadores y les criaba sangre, que buena falta les haría cuando empezaran a tajarse al día siguiente.

Las mejores gradas, las delanteras, se reservaban a las clases privilegiadas: senadores, *équites* y magistrados provinciales. En las siguientes se sentaban mujeres, personas de luto y otros grupos favorecidos. El resto, hasta la bandera, se destinaba a la plebe. Muchos aficionados acudían al anfiteatro la víspera de los juegos para ocupar los asientos más cercanos a la arena. Llevaban ropa de abrigo y comida para pasar la noche y las largas horas de espera en alegre algarabía, sin dejar dormir al vecindario. En una ocasión, el temperamental Calígula hizo que la guardia pretoriana desalojase el circo a cintarazos porque la plebe allí congregada perturbaba el sueño de sus caballos.

A la hora fijada, cuando ya el bullicioso público se impacientaba, aparecía el *editor* en el palco presidencial y la plebe lo aclamaba o lo abucheaba si era sospechoso de estafar al pueblo con un programa más bien flojo.

En fin, acallada la plebe, los músicos acometían la primera pieza. Cuando el espectáculo era solo de gladiadores, los músicos se instalaban en la propia arena, arrimados al podio.

El primer acto consistía en un desfile parecido al paseíllo que realizan los toreros y, del mismo modo que estos lucen capotes de paseo preciosamente bordados, los gladiadores lucían vistosas armas y armaduras de paseo que después trocarían por las de faena. Frente al palco presidencial, los gladiadores presentaban armas y coreaban:

—«*Ave, Caesar, morituri te salutant!*» ('¡Ave, César, los que van a morir te saludan!').

Se sorteaban las parejas de gladiadores y el *editor* comprobaba que las armas estuvieran bien afiladas y aguzadas *(probatio ar-*

morum). Los gladiadores realizaban ejercicios de calentamiento, fintas, estocadas, carreras, flexiones, lanzamiento de redes… Algunos espectadores descendían a la arena para servir de *sparring* a sus campeones favoritos.

Sonaban trompetas, se retiraban funcionarios y aficionados dejando a los gladiadores solos en el redondel.

El primer número, semejante a los teloneros actuales, solían ser las *venationes,* lucha entre animales o de cazadores contra animales feroces *(bestiarii).*

En la primera época abundaban los jabalíes, los osos y los leones. Después, el público se volvió más exigente y aparecieron animales exóticos traídos de África. Hasta hipopótamos y rinocerontes.

Todo el Imperio contribuía con exóticos animales: cocodrilos, jirafas, elefantes de África, tigres de Hircania, osos y jabalíes del Rin y del Danubio, cabras pirenaicas de Hispania, leones de Tesalia y del Atlas…

Como en el combate gladiatorio, la lucha entre fieras procuraba armonizar contrarios. Los toros luchaban contra los rinocerontes, los elefantes contra los osos, los leones contra los tigres, los toros o los jabalíes.

Algunos *venatores* se especializaron en la lucha contra determinadas fieras y lograron fama y fortuna ejerciendo este peligroso menester. Un tal Carpóforo llegó a matar veinte toros en la misma sesión, un récord que sorprenderá al torero más animoso.[316]

Hemos visto que algunos emperadores y aristócratas se esforzaron por participar en este tipo de lucha, pero el infeliz león que Nerón asesinaba era un *preparatus leo* al que habían limado los dientes y suprimido las garras. El público se hacía el bobo y aplaudía (dame pan y llámame tonto).

316. ¿Sería hispano este protomaestro del toreo? En 2021 se encontró la tumba de un esclavo llamado Carpóforo en Los Santos de Maimona (Badajoz).

Tampoco tenía mayor mérito el emperador Cómodo cuando mató a cien osos «arrojándoles venablos desde su inaccesible palco» o cuando decapitó a un avestruz y se acercó al estrado de los senadores con la sangrienta cabeza en una mano y la amenazadora espada en la otra. Los amedrentados padres de la patria no supieron si reírle la gracia o salir corriendo.

Acabada la *venatio* y retirados los cadáveres resultantes, las parejas de gladiadores se reparten por la arena siguiendo las indicaciones del árbitro *(suma rudis),* que viste túnica blanca y blande una larga vara.

Los aficionados conocen las ventajas y los inconvenientes de cada tipo de gladiador y las fintas y engaños de que dispone para superar al contrario. De acuerdo con el desarrollo de la lucha, animan a uno, imprecan al otro, insultan, aconsejan, se excitan, jalean…

A la menor sospecha de tongo, gritan:

—¡Están peleando como en la escuela! ¡Hasta los condenados a las fieras derrochan más valor que ellos! ¡Parecen polluelos!

Comienza la parte más esperada del espectáculo. A los ojos de un profano resalta el hecho de que se enfrenten luchadores armados de manera distinta. El samnita (evocación de las luchas de la primitiva Roma contra la tribu rival) usa un aparatoso yelmo cerrado, escudo de teja, manga acolchada en el brazo derecho, greba de bronce sobre la pierna izquierda y espada corta.

El opositor del samnita es el *retiarius,* provisto de red y tridente y sin otra protección que una manga acolchada en el brazo derecho y una hombrera metálica que le protege la cabeza y el cuello.

El retiario combate mejor a unos tres pasos de distancia, fuera del alcance de la corta espada de su oponente, al que, sin embargo, puede herir con el largo tridente o envolver con su red. Uno de sus golpes maestros consiste en golpear con la red plegada las corvas del samnita al tiempo que lo amenaza con el tridente para hacerle perder el equilibrio. Si el samnita cae de espaldas, entorpecidos sus movimientos por el peso del yelmo (unos cinco kilos), podrá inmovilizarlo echándole por encima la red desplegada y ya puede darse por perdido.

La mejor defensa del samnita es el ataque, acortar distancias y acercarse hasta un paso del retiario, para entorpecerle el manejo tanto de la red como del tridente, al tiempo que lo sitúa al alcance de su corta espada.

Como el samnita intenta acortar distancias y el retiario intenta mantenerse en sus tres pasos, da la impresión de que el samnita lo persigue. Por este motivo este acabó denominándose *secutor*, 'perseguidor'.

La segunda pareja canónica la constituyen el *oplomachus* y el tracio *(trax),* el primero pesadamente armado (casco con visera, escudo, coraza, grebas y tiras de cuero en las articulaciones); el otro, ligeramente, con un pequeño escudo circular y un malvado sable curvo *(sica).*

Otra variante pesada es el *myrmillo,* escudo rectangular, espada y un pesado casco decorado con una cresta semejante a la aleta de un pez *(mormyllos),* alusivo a la red del retiario con el que se enfrenta.[317]

El *myrmillo* también se enfrenta con el tracio, que se caracteriza por el casco de cresta alta, pequeño escudo rectangular *(parmula),* no mayor que el tapacubos de un coche, y una espada curva, casi una hoz *(sica),* apropiada para herir la espalda del contrario, lo que comporta acercársele peligrosamente. Lo invariable es el yelmo enorme, monumental, de más de cuatro kilos, dotado con mirillas circulares que solo permiten una vista frontal, por lo que debe andarse con cuidado para no perder de vista al adversario.[318]

317. Menos frecuentes fueron el *provocator* (escudo redondo y lanza) y los équites que luchaban a caballo, como torneando; el *essedarus,* sobre carro de guerra, y los *andabates,* que apaleaban a ciegas, encerrada la cabeza en un casco sin orificios, aunque al menos se protegían con una cota de malla.

318. Hubo otras clases menos vistosas o populares: los *hoplomachi,* ataviados como el hoplita griego: lanza, gran escudo circular, casco, coraza

El espectáculo dura todo el día, desde que amanece hasta que anochece. A mediodía se hace un alto para almorzar, lo que los humildes hacen en las propias gradas con lo que trajeron de casa, acaso pan, higos secos y nueces, y los privilegiados de las filas de abajo, en los aposentos interiores del edificio, donde sus servidores les han preparado un refrigerio.

En esa hora, a manera de entremés, suelen sacar al ruedo a los *gladiatorii meridiani,* como llaman a los delincuentes condenados a muerte *(morii ad gladium ludi damnati)* que luchan entre ellos desprovistos de defensas. «Estos luchadores de mediodía salen sin ningún tipo de armadura, se exponen sin defensa a los golpes y ninguno golpea en vano. Por la mañana echan a los hombres a los leones; al mediodía, los gladiadores a los espectadores. La multitud exige que el vencedor que ha matado a sus contrincantes se enfrente al hombre que, a su vez, lo matará, y al último vencedor lo reservan para otra masacre. Al hombre, sagrado para el hombre, lo matan por diversión».

Hay otras variaciones pintorescas, auténticas charlotadas que, sin duda, indignarían a los aficionados serios: gladiadoras medio desnudas, lucha de pigmeos contra mujeres, etcétera. En el año 200 se prohibió que las mujeres lucharan.[319]

---

y espinilleras en las piernas; los que combatían a caballo (équites), con escudo pequeño *(parma)* y lanza ligera *(spiculum);* los que combatían en carros al estilo bretón *(essedarii);* los *dimanchaeri,* que luchaban con dos espadas y se protegían con cinturón ancho, mangas de cuero y espinilleras.

319. Juvenal critica acerbamente la existencia de gladiadoras. «¿Qué sentido de la vergüenza se puede encontrar en una mujer que lleva casco, que rechaza la feminidad y adora la fuerza bruta? [...]. Si se subastan las pertenencias de tu mujer, ¡qué orgulloso estarás de su cinturón, sus protectores para los brazos, sus penachos, sus grebas para la pierna izquierda! O si, en cambio, prefiere una forma diferente de combate, ¡qué satisfecho estarás cuando la chica de tus sueños venda sus grebas! Óyela rezongar mientras practica las estocadas que le enseña su entrenador, marchitándose bajo el peso del casco» (*Sátiras,* VI, 252).

En el momento de la decadencia de Roma, algunos gladiadores llegaron a ser tan populares como los futbolistas o los deportistas actuales. Hablo, naturalmente, de los que escalaban a los primeros puestos del escalafón, los *figuras,* en vocabulario torero. Algunos gladiadores llegaron a ser tan populares, y casi tan ricos, como nuestras estrellas del fútbol. Muchas mujeres, incluso señoras encopetadas, se interesaban por ellos, presumiblemente con intenciones venéreas más que por la conversación. En los grafitis encontrados en Pompeya, cerca de la residencia de los gladiadores, leemos: «Celadus, el gladiador de Tracia, es la delicia de las chicas» *(«Suspirium puellarum traex Celadus»);* «Cresces, el señor de las chicas» *(«Cresces, puellarum dominus»);* «Cresces, el que caza a las chicas de noche con su red» *(«Cresces, ret[iarius] puparum nocturnarum»).*[320]

¡Coño con el tal Cresces! Se dieron casos de lo más chusco: una tal Epia, perteneciente a la más encumbrada aristocracia, abandonó marido e hijos para fugarse con un gladiador llamado Sergio, no porque fuera un guaperas, sino más bien por el morbo de la profesión, porque lo había visto actuar y se había prendado de él.[321]

Otra alta dama de la que se murmuró que estaba encoñada con su gladiador (quizá debiéramos decir empollada) fue Faustina la Menor, la hermana del emperador Antonino Pío y esposa de su su-

320. Meijer, 2003, p. 70.

321. Lo cuenta Juvenal (*Sátiras*, VI, 82-86, 104-112): «Epia, esposa de un senador, siguió a una escuela de gladiadores hasta Alejandría. Olvidó su casa, a su marido y a su hermana, no pensó en su patria; desvergonzada, abandonó a sus hijos, que lloraban [...]. ¿Qué belleza enardeció a Epia, qué juventud la cautivó? ¿Qué fue lo que vio que hizo que consintiera en llamarse gladiadora? Pues su pequeño Sergio [...] ya esperaba la jubilación con un brazo lleno de cicatrices. Además, tenía muchas deformidades en el rostro: una joroba enorme en medio de la nariz, hecha por el roce del yelmo. Encima, su único ojo destilaba continuamente un humor agrio. Pero era gladiador: esta profesión los convierte en émulos del bello Jacinto. Ella lo prefirió a sus hijos y a su patria, a su hermana y a su esposo».

cesor, Marco Aurelio. Fiel esposa, dentro de lo que cabe, le confesó a su augusto marido su obsesión por el retiario. Él consultó al oráculo, que le aconsejó matar al gladiador y que Faustina se bañara en su sangre antes de yacer con el esposo legítimo. Eso hicieron y dio un resultado excelente: Faustina se liberó de su obsesión.[322]

Aparte de los testimonios literarios, tenemos al menos uno arqueológico que parece abonar la pasión de damas encopetadas por los gladiadores. En las excavaciones de la escuela de gladiadores de Pompeya, bajo algunos metros de ceniza, se encontraron los cadáveres de diecisiete gladiadores y el de una dama que a juzgar por sus arreos debía de pertenecer a la alta sociedad.[323]

Una marca de la popularidad de los campeones era su reconocimiento en los círculos de los aficionados. Conocemos los nombres de algunos, porque los *editores* de famosos *ludi* procuraban conservar la memoria de ellos (y de su munificencia) retratando en mosaicos o frescos las faenas más memorables. Vemos al retiario Kalendio, que ha logrado envolver con su red al *myrmillo* Astyanax. La letra griega theta *(θ)* junto a Kalendio significa que murió en el combate (*θ* es la abreviatura del griego *θάνατος, tanatos*, 'muerto').[324]

En los muros de la escuela de gladiadores de Pompeya, varios grafitis representan a los gladiadores Nasso Padio y Peregrinus, así como la lista de vencedores: Amon, setenta y cinco victorias; Viriota, cincuenta; Valerio, veinticinco…

Quizá el más famoso gladiador de todos los tiempos fuera Marco Atilio, que derrotó a Hilario, el gladiador favorito de Nerón, y a Lucio Félix, otro campeón famoso en Roma.

322. Marco Aurelio, *Historia augusta,* XXIX, 7.

323. Meijer, 2003, p. 75.

324. Por eso llamada *theta nigrum,* 'zeta negra', la de los difuntos, ese círculo atravesado por un palo que vemos en mosaicos y lápidas, equivalente a la cruz entre paréntesis de nuestras esquelas mortuorias.

Estos campeones famosos *(meliores),* veteranos luchadores, robustos, ágiles y conocedores de todos los trucos del oficio, cobraban hasta quince mil sestercios, cuando la tarifa normal de los gladiadores ordinarios *(gregarii)* no pasaba de los dos mil. La ley obligaba al *editor* (o patrocinador de los juegos) a presentar igual número de *meliores* que de *gregarii.* Si no encontraba *gregarii* suficientes, tenía que cubrir los huecos con *meliores,* pero cobrándolos al precio de los más baratos.

Estamos hablando, por supuesto, de los grandes juegos estatales en los que se movían cientos de miles de sestercios. En los del año –35 intervinieron trescientas parejas de gladiadores, un verdadero derroche. Augusto estableció, en el año –22, que el número máximo de parejas por espectáculo sería de cien y además redujo los juegos de primera categoría a dos anuales. No siempre se respetó este límite. Trajano organizó unos juegos que duraron más de tres meses, con 4.912 parejas de gladiadores. Un número razonable de combatientes fue el que intervino en el año 61 en Pompeya: treinta parejas en cinco días de actuación.

Pero dejemos por un momento la compañía de tan ilustres aficionados y prestemos atención a lo que está sucediendo en la arena.

Después de un rato de fintas y postureo, el público se impacienta y exige sangre: «*Verbera, iugula, ire!*» ('¡Pégale, degüellalo, quémalo!').

Un *secutor* ha esquivado la red de su oponente y lo persigue. El retiario da un traspié y cae al suelo, herido. Esto o perder el arma son las dos situaciones en que un gladiador queda a merced de su adversario. Reconociéndolo, arroja la defensa de su mano izquierda, sea red o escudo, y levanta el pulgar de esa mano mirando al palco presidencial. Cada espectador consulta el caso con el vecino de asiento. Algunos discuten acaloradamente sobre los méritos del gladiador que pide gracia. División de opiniones. Los que piensan que ha luchado bien sacan señuelos y los agitan al aire mientras gritan: «*Missum!*» ('¡Sálvalo!'); pero los que se niegan a indultar a tan flojo luchador se llevan al cuello el puño derecho con el pulgar a guisa de cuchillo y gritan: «*Iugula!*» ('¡Degüéllalo!').

La autoridad que preside los juegos decide sobre la vida o la muerte del hombre. Existe un proverbio brutal que está en la mente de todos y que deja poco espacio para la misericordia: «*Ut quis quem vicerit occidat*» ('Mata al vencido, sea quien sea'), pero a pesar de ello y de las protestas de la airada afición, los gladiadores son casi siempre indultados (*missio,* declara el patrocinador, o *munerarius,* o *stans missius,* si se ha producido empate). Si después de todo el vencido debe morir, el público aprecia que lo haga con dignidad, aceptando virilmente la muerte. El vencedor lo degüella o lo apuñala en el corazón, pasando la espada entre los omóplatos *(ferrum recepit).* El público, entusiasmado, grita: «*Habet, hoc habet*» ('Lo tiene').

Quizá estos casos de clemencia obedezcan a motivos económicos más que humanitarios, porque la muerte del gladiador hay que pagarla a su dueño y no es barata. Esto no cuenta en los combates previamente anunciados como *sine missione.* En estos no se perdona la vida del vencido.

Un gladiador ha muerto en la arena. Recogen su cadáver en unas angarillas unos esclavos de servicio que ocultan el rostro detrás de la máscara de Caronte, el barquero que conduce a los muertos a través de la laguna Estigia. A través de la puerta consagrada a Libitina, la diosa de la muerte, conducen el cadáver hasta el depósito *(spoliarium).* Mientras esto ocurre, los espectadores aclaman al vencedor, que da la vuelta al ruedo *(discurrere)* llevando una palma en la mano.

En el *spoliarium,* un criado del *lanista* despoja el cadáver de sus armas y si resulta que solo está moribundo lo remata de un mazazo en la sien. En el sórdido lugar aguardan impacientes unos enfermos de epilepsia, la enfermedad divina, para beber un poco de sangre del moribundo o aplicarse friegas con ella.[325]

325. «Los epilépticos llegan a beber la sangre de los gladiadores como en copas vivientes, espectáculo que verlo hacer a las fieras en la misma arena es también un horror. Pero, por Hércules, aquellos consideran que es

También la consideraban un afrodisiaco eficaz (una especie de Viagra).

Al margen de los magnos espectáculos oficiales, continuaron existiendo los mucho más modestos juegos funerarios ofrecidos por ciudadanos privados, equiparables a las modestas capeas de nuestros pueblos.

Lanistas de poca monta suministran cuatro o cinco parejas de remendados gladiadores, llamados *sestertarii* por su baratura, auténtica carne de cañón. Es raro que muera uno de estos, porque en el contrato se especifica una cifra por el alquiler y otra mucho más elevada por la muerte. El público se mofa de sus calculados golpes y se ensaña con ellos insultándolos y gritándoles las expresiones de tongo al uso:

—¡Mátalo, hiérelo, quémalo! —nos transmite Séneca—. ¿Por qué va hacia el hierro vacilante? ¿Por qué muere de tan mala gana?

Los pobres diablos aguantan el chaparrón y procuran herirse levemente, con profesional destreza, sobre los callos de anteriores heridas, de manera que la pérdida de sangre sea lo suficientemente escandalosa como para aplacar las iras del respetable.

Otra modalidad de combate espectacular es la naumaquia o batalla naval celebrada en lagos naturales, en estanques o en anfiteatros inundados. Los barcos que se enfrentan son reales, como también lo es la mortandad de los combatientes.

Augusto preparó uno de estos estanques, de casi dos kilómetros de contorno, e hizo intervenir a más de dos mil hombres en la lucha. Algunas veces se reproducen batallas históricas bien conocidas por el público, como la de Salamina. El montaje de estos espectáculos resultaba tan complejo y oneroso que después del derrochador siglo I se abandonaron.

---

muy eficaz absorber directamente del hombre la sangre cálida y palpitante y el propio soplo vital de sus heridas, cuando en absoluto es una costumbre civilizada acercar la boca a ellas, ni siquiera a la de las fieras» (Plinio el Viejo, *Historia natural,* XXVIII, 4).

A la larga, todos los *ludi* seguirán la misma suerte, fuera por motivos humanitarios o simplemente económicos. Constantino los prohibió en el año 325, aunque siguieron celebrándose esporádicamente hasta 399.

Las luchas de gladiadores no constituyen el único espectáculo sangriento del anfiteatro romano, ni siquiera el más cruento. Desde nuestra moderna sensibilidad resulta más chocante aún la ejecución de condenados *ad bestias.* En un principio se los ataba simplemente a postes de madera y se soltaban fieras hambrientas para que los devoraran. Más adelante, se los dejaba libres y sucintamente armados para que amagasen una defensa, lo que añadía emoción al espectáculo, aunque el resultado era presumible: vencían las fieras y los devoraban. Finalmente, alguien caviló algo más perverso e imaginativo: los condenados se disfrazan de personajes mitológicos o históricos que perecieron de algún modo terrible. El público reconoce a un Orfeo que toca la lira hasta que es descuartizado por los leones, a una Lucrecia que es violada y luego se suicida, a un Ícaro que se precipita, con sus fingidas alas de cera, desde gran altura y va a despanzurrarse contra el suelo, a los pies de los espectadores, al héroe latino Mucio Escévola, que se deja quemar el brazo (el histórico lo hizo voluntariamente, sus desafortunados imitadores del anfiteatro no tienen otra alternativa), o a Pasífae, que, en figura de vaca, es poseída por un toro.

La posteridad ha rechazado, horrorizada, estos sangrientos espectáculos que deleitaban al pueblo romano. Sin embargo, curiosamente, los intelectuales romanos no rechazaron los *ludi,* con la posible excepción de nuestro compatriota Séneca. No pertenecían, desde luego, a la plebe embrutecida y ciega de la superpoblada ciudad, a la que se daba pan y circo para alejarla de posibles reivindicaciones sociales.

CAPÍTULO 61

La noche romana

Ha terminado el espectáculo. Mientras los operarios retiran los últimos cadáveres de la arena, el ruidoso público se apiña en los pasillos de salida *(vomitoria)*, deseoso de alcanzar la calle.

La noche romana es aún más ruidosa que el día. En cuanto se pone el sol, las tiendecillas encienden sus mechas y sus candiles, y los centenares de carros de víveres y mercancías que han ido llegando durante todo el día a los aparcamientos de las puertas Trigémina y Collina irrumpen en la ciudad, la invaden y se dirigen a sus puntos de destino a toda velocidad, pues solo los primeros podrán librarse de los inevitables embotellamientos.

Aunque la ley establece que los ciudadanos tienen derecho a transitar sin miedo ni peligro *(sine metu et periculo),* el estruendo de los carros dificulta el sueño de los vecinos. De vez en cuando, las llantas de hierro rozan las piedras sobrealzadas en medio de la calzada, que constituyen los pasos de cebra, y hacen saltar siniestros regueros de chispas.

—¡Los ruidos de Roma! —clama Marcial—. Por la mañana no te dejan vivir los maestros de escuela; por la noche, los panaderos, y a todas horas los caldereros, que repican con sus martillos; aquí es el cambista aburrido que tintinea sus monedas sobre la sórdida mesa, allí el dorador que aporrea con su bastoncito la piedra pulida. Incesantemente, los fieles de Belona gritan poseídos por la diosa; el náufrago con una tabla al cuello que va refiriendo la historia de su percance; el niño mendigo al que su madre ha enseñado a pedir limosna lloriqueando, el revendedor que te molesta insistiendo en que le compres unas pajuelas...

¿Y esta concurrencia? A lo mejor son vecinos que no consiguen conciliar el sueño y han salido a sumarse al ruido. «Es que para dormir en Roma tienes que ser muy rico», replica, agrio, Juvenal.

La vida nocturna se concentra en ciertos barrios de ambiente donde abundan tabernas *(popinae, thermopolia)*[326] que sirven vinos y platitos variados o tapas que se anuncian en la puerta. En una lápida de mármol leemos: «*Habemus pullum, piscem, pernam, panem*» (o sea, 'Tenemos pollo, pescado, carne, pan'). También sirven variedad de sopas y potajes que conservaban calientes en orzas empotradas en el mostrador de mampostería.

En las tabernas se come, se bebe, se socializa y se juega. Los romanos son muy aficionados a los juegos de azar. Como vimos, usan como dados las tabas (el astrágalo de las patas traseras del cordero) o incluso los dados *(tan)* de barro o de marfil. Otros juegos son el cara o cruz *(navia capita)* y una variedad de los chinos *(micare digitis* o *micatio)*, que se practica sacando los dedos simultáneamente.

En los juegos se apuestan a veces verdaderas fortunas (aunque la ley lo prohíbe, excepto en las saturnales o carnavales). Existen también juegos de tablero *(tabulae lusoriae)*, entre los que destaca el tres en raya *(terni lapilli)* y un híbrido de damas y ajedrez *(ludus latrunculorum)*, con dieciséis piezas por jugador. Los arqueólogos encuentran muchos tableros esculpidos en las losas en el suelo; uno de ellos, en la iglesia de la Condenación de Jerusalén, se considera —según la tradición, claro— el que sirvió para jugarse la túnica de Jesús.

Penetremos en una de estas tabernas que sirven el vino caliente en cubiletes de loza.

326. *Thermopolia* significa 'vino caliente'; algunos vinos se calentaban, especialmente en invierno.

En casi todas las tabernas hay rameras que ejercen en los altillos o en húmedas trastiendas abarrotadas de ánforas y cachivaches.

Juvenal, siempre atento a los aspectos negativos de la ciudad, es de la opinión de que debiéramos dar por terminado el paseo y retirarnos a nuestras respectivas posadas. Es poco amigo de la noche.

—Considerad ahora —nos dice— cuán diversos son los peligros de la noche. Pensad desde qué altura puede precipitarse una teja y romperte el cráneo y cuántas veces son lanzados desde ventanas cacharros desportillados que dejan profundas señales en el empedrado.[327] ¡Con toda razón se te puede considerar negligente si asistes a una cena sin haber hecho testamento! Cuando sales de noche te acechan tantos peligros mortales como ventanas hay abiertas. Solo por esta razón te consuelas con que se contenten con ducharte con el contenido de los cubos.

No exagera nada nuestro malhumorado amigo. En esta ciudad que es cabeza del mundo son pocas las casas provistas de desagües y el servicio municipal de recogida de basuras no se ha inventado. Los desperdicios se suelen arrojar a la calle por la ventana en cuanto las propicias tinieblas —tampoco hay alumbrado público— garantizan la impunidad. En tales circunstancias peligra el sufrido transeúnte. En cualquier momento le puede llover del cielo un chaparrón de desperdicios líquidos *(effusum)* o, lo que es peor, sólidos *(deiectum)*.

Otro peligro nocturno son los gamberros. Se acepta que cuadrillas de mozalbetes, algunos de las mejores familias de la ciudad (incluso el propio Nerón, ya emperador, se sumó a veces a estas pandillas), campen por la ciudad cometiendo toda clase de abusos antes de que el yugo del matrimonio y el trabajo adulto les asiente la cabeza. Si se contentan con insultarte, apalearte o so-

327. En casos graves de descalabramiento, que los hay, todos los inquilinos del inmueble serán corresponsables ante la justicia.

barte la mujer, ya puedes dar gracias a los dioses, porque has salido bien parado después de todo, pues muchas veces redondean la faena arrojando a sus víctimas a la cloaca más cercana. También saben echar abajo la puerta de una conocida cortesana que pensaba holgar esa noche —en el sentido de descansar— para violarla por turno, destrozarle el mobiliario y robarle las galas y trebejos del oficio.

Retirémonos entonces y no tentemos a la suerte explorando la Roma nocturna.

CAPÍTULO 62

En el club de lectura

Con las banderas del día desayunamos y nos echamos de nuevo a la calle. Hoy vamos de compras. En el Argiletum visitamos el Vicus Sandaliarius, donde están las zapaterías y las tiendas de los libreros *(bibliopola),* dos actividades estrechamente asociadas, pues comercian con el mismo material, el cuero. El hedor de las tenerías flota sobre el barrio como una pestilente losa.

Curioseamos las novedades en dos o tres librerías *(tabernae librariae).* Al fondo de cada establecimiento, en la parte más iluminada, existen largos escritorios donde los amanuenses, asalariados o esclavos, se afanan sobre los papiros y tinteros. Por lo que vemos, están fabricando copias de la nueva obra de Ovidio, un manual para enamorados que parece que va a ser *best seller* entre los donjuanes de las provincias. El método de edición resulta algo primitivo para los que procedemos de la galaxia de Gutenberg. Observamos que casi todos los copistas están dotados de elegante caligrafía. Utilizan una pluma de caña afilada *(calamus)* que de vez en cuando aguzan con una navajita *(scalprum),* aunque también las hay de ave *(penna)* e incluso de bronce. El papel que usan procede del papiro egipcio. El jefe de los amanuenses nos muestra las diferentes calidades: el *augustico,* de mejor calidad, está al alcance de pocos bolsillos. También se conoce por *hierático*, porque es el usado para textos sagrados. El que se emplea normalmente es el *claudiano,* suficientemente grueso para que se pueda escribir por las dos caras. Finalmente, el *emporítico* sirve para envolver.

Los tinteros contienen un líquido pardusco compuesto de hollín, negro de sepia y heces de vino, todo ello ligado con goma muy diluida. Es una tinta bastante deficiente que puede borrarse con una pasada de esponja.

Calígula obligaba a los malos poetas a borrar sus composiciones con la lengua, lo que no deja de ser un eficaz ejercicio de crítica literaria. Los enamorados y los espías escriben a veces con leche, que después de secarse no deja rastros sobre el papiro, pero puede leerse espolvoreándolo con carbón.

Casi todos los libros se componen sobre papiros de Egipto de hasta veinte hojas encoladas para hacer una sola que se enrolla sobre una vara de madera. Su lectura es bastante incómoda. Desde la época Flavia se divulgan otros tipos de libros parecidos a los nuestros *(quaterniones),* que se fabrican con pergamino de oveja *(membrana),* pero resultan caros. También se usan tablillas de madera enceradas *(cerae),* unidas como un bloc de anillas *(codex,* de donde proviene la palabra *códice),* y hasta láminas de plomo para documentos importantes que deben perdurar.

En las escuelas y en los gabinetes particulares se escribe sobre tablillas de madera cubiertas por una fina capa de cera. Los punzones *(stilus)* presentan un extremo redondeado, que sirve para corregir o borrar.

Casi todas las mansiones nobles cuentan con su propia biblioteca, si bien estas bibliotecas particulares raramente exceden de un par de docenas de volúmenes, puesto que el libro es caro y se deteriora fácilmente con la polilla y la humedad. Los eruditos pueden, no obstante, trabajar en las bibliotecas públicas, de las que Roma está suficientemente surtida. En el siglo IV llegó a haber veintiocho. Las más importantes eran la de Augusto, en el Palatino, la de Tiberio, en la Domus Tiberiana, y la Ulpia, donación de Trajano.

En la librería encontramos una tertulia en la que se habla de literatura. Los tertulianos están de acuerdo en que Roma le debe mucho, por no decir todo, a los clásicos griegos, de cuya inspiración nunca se apartan los escritores latinos, pero también están de acuerdo en que los autores latinos de la Edad de Oro (la añorada República) no tienen nada que envidiar a sus modelos griegos. El que elevó el latín a la categoría de lengua literaria fue Cicerón (–106 a –43), que practicó como nadie el género más sublime, la elocuencia (nos citan párrafos enteros de las *Catilinarias:* «*Quousque tandem abutere...*» ['¿Hasta cuándo abusarás...']).

Solo a regañadientes admiten que Julio César fue el mayor prosista de su tiempo y el círculo de Mecenas, la más brillante escuela de poesía, con figuras de la talla de Virgilio, Horacio y Propercio. De Virgilio (–70 a –19) destacan la sagrada *Eneida,* la indiscutida epopeya de Roma que sitúan a la altura de sus modelos homéricos. También nos recomiendan las *Bucólicas* y las *Geórgicas,* en las que Virgilio expresa la romana añoranza de la vida rural.

Bonoso Valerio aprecia una epopeya histórica, la *Farsalia,* de nuestro comprovinciano prematuramente desaparecido Marco Anneo Lucano (39-65), que narra la guerra entre Pompeyo y César. Otro autor admirado es nuestro también comprovinciano, el pícaro y chusquero Marcial (40-104), cuyos *Epigramas* satíricos resultan tan deliciosamente desvergonzados como chispeantes de ingenio.

Y puestos a mencionar a los hispanos, no olvidemos a Séneca (–4 al 65), sabio cordobés que hizo del estoicismo la regla de su vida, aunque sus malévolos detractores le reprochan que escriba alabanzas de la pobreza sobre una mesa de oro.

Más placer hallamos en el profundo y filosófico Horacio (–65 a –8), el cantor del *carpe diem,* cuyas *Odas* se releen con renovado placer en las suaves umbrías de los jardines romanos. También en el punzante Ovidio (–43 a 18), con sus barrocas e inadvertidamente profundas *Metamorfosis,* sus conmovedoras *Pónticas,* en las que expresa el dolor de su forzado destierro, y el delicioso manual para enamorados *Ars amandi,* que tantos y tan buenos consejos da para los devotos de la dulce Venus.

Otros autores recomendables son Tibulo (–48 a –19), un romántico de su tiempo, fogoso y tierno, y Propercio (–47 a –16), que canta un amor desventurado por la seductora y ardiente mujer de otro.

> Aunque a pesar mío, Cintia, te alejas de Roma,
> me alegro de que sin mí habites campos apartados.
> Ningún joven seductor habrá en esas tierras castas
> que, con sus halagos, no te permita ser virtuosa.

Alguien menciona los pasajes más picantes de una novela, el *Satiricón,* obra de un tal Petronio, una especie de dandi *(arbiter elegantiae)* de la corte de Nerón y víctima suya.

Otro menciona *El asno de oro,* novela picaresca del africano Apuleyo (125-170) que narra las divertidas y a veces escabrosas peripecias de un pobre hombre mágicamente convertido en burro que, entre otros apuros, se ve obligado a satisfacer a una dama que se ha prendado de sus credenciales viriles.

En la biblioteca latina de Trajano se custodia una cuidada edición de las obras de Tito Livio (–59 a –17), cuya *Ab urbe condita* es un meritorio monumento a las glorias de Roma y una notable obra de creación, pues está trufada de elocuentes discursos y amenas anécdotas. Igualmente notables son las historias de Suetonio (75-166) y las de Tácito (55-120), el más locuaz de todos, aunque su nombre signifique 'callado'.

La rigurosa censura imperial que determinó el exilio de Ovidio se suavizó en tiempos de Tácito y Juvenal, pero es todavía observable en la obra de Lucano, Séneca, Persio, Marcial, Quintiliano, Plinio, Suetonio y los otros grandes del periodo.

—En tiempos de la República —asegura un contertulio sin disimular sus simpatías por la antigua forma de gobierno—, nuestro ideal era la *libertas;* ahora lo hemos trocado por la *securitas* y sacrificamos, vergonzosamente, las claras virtudes de nuestros abuelos.

¡Ay, si te escucharan en el siglo XXI!

Los más radicales sostienen que desde que Augusto metió en cintura al Senado se ha percibido una notable decadencia de la literatura, excepto en los géneros clandestinos que están en auge. Se refieren al panfleto anónimo *(libelli)*. Los defensores de Augusto y de sus sucesores alegan que el empobrecimiento de la literatura se debe achacar a la corrupción de las costumbres, no a la censura.

Lo último que acertamos a oír son estas memoriosas palabras, pronunciadas por no sabemos quién: «Los hombres del momento, por vivir en servidumbre, aunque sea justa, no han bebido en su niñez las aguas fecundas de la libertad, fuente de elocuencia, y hablan con la timidez innata de los esclavos».

—¿Y qué me dices del teatro?

—Roma recibe la influencia cultural griega, un teatro fino, con coros que representan la conciencia colectiva y todo eso, pero ¿qué quieres que te diga? El gusto del pueblo va por otro lado y en lo referente al teatro preferimos la comedia, si es posible chocarrera, a la tragedia.

Los primeros teatros, de madera, dieron paso a los de piedra, de los que existieron tres en Roma: el de Pompeyo, con aforo para treinta mil espectadores, el de Balbo y el de Marcelo, terminado por Augusto, con capacidad para catorce mil espectadores.

A los romanos les encanta el *mimo,* género de comedia, a menudo francamente desvergonzado y obsceno, con sus continuas alusiones sarcásticas a personajes de la vida pública o a los sucesos de actualidad que dan que hablar en los mentideros de la chismosa Roma.

Los mimos más desvergonzados, representados con ocasión de los *ludi florales* (hacia el 28 de abril), superaron lo pornográfico cuando Heliogábalo dispuso que todas las acciones se representaran con el mayor verismo, acto sexual incluido. También hay espacio para la crueldad: en la famosa pieza teatral *Laureolus,* que relata las hazañas de un escurridizo bandolero, la última escena termina con la crucifixión real de un condenado a muerte, que en el último momento ocupa el lugar del actor principal.

Una de las emociones que la plebe busca en el teatro es la de la lotería gratuita. Se acostumbra a obsequiar a los espectadores con comida, bebida o boletos de tómbola que dan opción a diversos premios no siempre deseables: un manojo de rábanos, una mosca, una bolsa de monedas…

La gente de respeto procura ausentarse del teatro antes de que la plebe inicie la rebatiña por alcanzar las papeletas que se lanzan al aire.

Hacia el final del Imperio romano, la Iglesia dominante perseguirá el teatro y acabará con él. Tertuliano y otros padres fundadores ven en el teatro una escuela de lascivia. Fue una de tantas manifestaciones del paganismo que perecería con la propia Roma.

CAPÍTULO 63

El vientre de Roma

A la salida de la librería, en una encrucijada, un pesado carro lanzado a toda velocidad está a punto de atropellarnos.

—Es un *serracucum* —lo disculpa Bonoso—. Suelen llevar cargas pesadas y no siempre andan bien de los frenos.

—Creía que estaba prohibida la circulación de carros durante el día.

—Y lo está —admite Bonoso—, pero se exceptúan los que transportan escombros o materiales de construcción, puesto que de otro modo habría que construir de noche y eso haría de Roma una ciudad aún más ruidosa de lo que ya es, si puedes imaginar tal cosa.

En la época imperial asistimos a una gran prosperidad de los oficios relacionados con la industria edilicia. Los ocho gremios tradicionales de Roma, instituidos en tiempos de Numa Pompilio (flautistas, orífices, carpinteros, tintoreros, zapateros, curtidores, broncistas y alfareros) han aumentado con el desarrollo del gremio de la construcción.

El contratista *(redemptor)* tiene a sus órdenes peones no especializados *(mercennarii)* y, en un rango más elevado, especialistas de distintos oficios: soladores *(pauimentarii)*, mosaístas *(tessellarii)*, vidrieros *(vitrarii)*; marmolistas de ventanas *(speculariarii)* y decoradores de interiores *(pictores tarii)*, algunos de ellos grandes artistas, a juzgar por las obras que nos han legado.

A través de la calle de los vidrieros *(vicus vitrarius)* llegamos a la de los perfumistas *(vicus unguentarius)*, quizá el único punto de

Roma donde los tufos y los olores no ofenden el olfato. En minúsculos talleres, los esclavos se afanan moliendo polvos de olor y extrañas sustancias en sus morteros de piedra. El vehículo de las esencias es el aceite, puesto que los romanos no conocen el alcohol, un aceite extrafino *oleum omphacium,* que procede de la aceituna verde, molida a mano sin romper el hueso y prensada en capachos nuevos.

Descendemos a los almacenes del Tíber. ¿De dónde procede tanta variedad y cantidad de productos? Muchos de ellos, autóctonos o aclimatados, de la fértil Italia; otros, de los más distantes confines del Imperio; transportados penosamente por tierra o desembarcados en el activo puerto de Ostia, desde donde remontan el Tíber en embarcaciones menores para surtir los almacenes de abastecimiento situados a lo largo de los muelles fluviales.

—Esos depósitos son el vientre de la ciudad —indica Bonoso—, sus salinas *(salinae),* su mercado central *(vela),* donde montan tenderetes y oficinas los traficantes y los banqueros, a la sombra de los enormes depósitos de aceite, vino y queso, los pósitos de trigo *(horrea)* y los ultramarinos *(emoori).*

Al margen de los almacenes portuarios, existen en Roma mercados especializados: el *forum boarium,* para carnes; el *holitorium,* para hortalizas, y el *cuooedinis,* para golosinas.

Bonoso me advierte de que vamos a entrar en zonas populosas donde actúan los descuideros *(grassatores):* cuidado con la bolsa.

El mercado central parece a los ojos del visitante un mercado populoso entreverado de mercadillo. Se vende de todo. Hay una fila de tiendas de ropas usadas *(centonarius),* las únicas que pueden comprar los pobres, y sin solución de continuidad, las chacinerías.

La dieta del romano alcanza unas tres mil calorías, de las que al menos dos mil salen del cereal. Hacia el siglo –III, las diferencias entre ricos y pobres se fueron haciendo más notorias, lo que se refleja en los hábitos alimentarios. Los pobres engañan el hambre con gachas *(puls),* pero los ricos se han aficionado al consumo de carne condimentada con una serie de productos que anuncian la gran cocina imperial: pimienta, miel, cilantro, ortiga, menta y salvia.

En una tienda admiramos una simétrica batería de hermosos y bien curados jamones y embutidos frescos a los que un esclavillo provisto de una escobilla de crines espanta las moscas. Más allá hay una taberna *(termopolio)* con mostrador de mampostería y humeantes ánforas que contienen sopa y estofado. Por un cuarto de as te dan una taza humeante con la que llenas el estómago.

A falta de lavavajillas, otro esclavillo sumerge el tazón usado en un barreño de agua pringosa y el recipiente queda listo en el escurridor para el nuevo cliente. La gente hace cola para el vino con cubiletes de madera, frente a dos panzudas ánforas.

Transitan compradores seguidos de esclavos que portan la compra en cenachos de lienzo.

Bonoso me instruye sobre temas alimentarios. En tiempos heroicos, cuando los recursos escaseaban en esta población de labriegos, el romano solo podía aspirar a una dieta de lo más frugal. Durante más de trescientos años el alimento básico fue el referido *puls,* especie de gachas de harina de trigo, farro u otros cereales, hecho de harina y agua, al que podía agregarse algo de manteca. Una variedad muy diluida en agua se quería parecer a nuestra levantina horchata; otra, muy espesa, se presentaba en forma de albóndiga que en ocasiones especiales se enriquecía con tropiezos de queso, miel o huevo, formando la variedad que llamaban *púnica.*

Cuando los ricos crecieron en riqueza, ennoblecieron el *puls* básico de sus abuelos con la adición de ostras, sesos y vino especiado *(puls juliano),* con lo que un plato paupérrimo devino en manjar de lujo.

La cocina popular es sana, pero monótona. Abundan las socorridas sopas: de farro, de garbanzos y verduras del tiempo, de coles, de hojas de olmo, de malva, etcétera.[328] Igualmente popular

328. La sopa de puerros se consideraba buena para la voz (el canoro Nerón la elevaría a la categoría de manjar imperial).

es la polenta, a base de cebada tostada y molida, con la que a veces se fabrican tortas.

El pueblo es aficionado también a los potajes de garbanzos y judías o a las ensaladas. La incipiente pastelería ofrece roscones de queso *(circuli)* y dulces de sartén *(laganum),* cuya elaboración incluye harina, vino, miel y leche.

—¿Qué es esto que huele tan bien? —pregunto al pasar por un puesto callejero.

Bonoso se sonríe ante la obviedad.

—Es *praecoquis:* albaricoques hervidos en salsa de pescado con aderezo de pimienta y menta, vino de pasas, vinagre y aceite.

—Se te hace la boca agua.

—Los pobres suelen comer en la calle, de lo que cae. Muchos no disponen de fogones ni pucheros en sus modestos alojamientos. Por todas partes verás vendedores ambulantes de dudosas salchichas y de empanada de garbanzos. El que dispone de medios para comer reposadamente, lo hace en una *popinae* o restaurante donde se sirven comidas calientes, o en las *salarii,* tiendas de ultramarinos, donde se venden salazones.

Pasa una dama en palanquín cubierto con una veladura de sedas. Un esclavo forzudo la precede apartando a la gente. Roma es multitud. Algunos se dirigen a sus quehaceres, pero otros no parecen tener prisa, se detienen a charlar o asisten a los mil espectáculos que esta ciudad ofrece: saltimbanquis, tragasables, marionetistas, augures, recitadores, decidores de buenaventura, curanderos… Los vendedores ambulantes, con la tienda colgada del cuello, pregonan sus baratijas.

—¡Pendientes de cobre egipcios para estimular el coito! ¡Piedra de momia para espantar la lepra…!

Las carnicerías. Colgadas de ganchos, medias piezas de animales desollados y descabezados gotean sangre sobre las losas cubiertas de las inevitables moscas. La carne más consumida es la de cerdo y detrás de ella la de buey, cordero, oveja, ciervo, gamo y gacela. Cabe añadir la de perro, que los más apegados a las antiguas tradiciones no desdeñan.

—¡Ternera lechal! *(Assum vitelinum!)* —pregona el carnicero espantando las moscas.

La plebe más empobrecida solo accederá al consumo de carne en la época de Aureliano, en el siglo III, cuando se reparta gratuitamente carne de burro (*onager,* en realidad un tipo de asno salvaje que se cría por su carne).

Pasamos a las pescaderías. Hay una buena oferta de peces del Tíber y del mar: atunes, salmones, sardinas, almejas y variedad de crustáceos. Más allá, cajas de arenques salados y prensados. Colgados de una especie de tendederos, vemos patas de pulpo o serpientes (no se distingue bien, pudieran ser murenas) secas al sol.

—El pescado más apreciado en las mesas de Roma es el salmonete —nos dice Bonoso—, aunque viniendo del mar nos lo comemos todo: esturión, murena, lamprea, congrio, merluza, atún, dorada, caballa, escaro (que los glotones llaman *cerebrum Iovis),* ostras, langostas, pulpos, sepias, calamar, venera, almejas…

Muchos se criaban en viveros (desde el –250).

Por un buen pescado son capaces los romanos casi de cualquier cosa. Catón se escandalizaba porque sus conciudadanos eran capaces de pagar por un buen rodaballo —ese faisán del mar, como lo llama el admirable Álvaro Cunqueiro— más que por una buena vaca. Horacio lo censura igualmente: «Te has arruinado por pagar el rodaballo y no te queda más dinero que el indispensable para comprar la soga con la que te vas a ahorcar».

—En una ocasión, Octavio y Apicio rivalizaron por conseguir un hermoso ejemplar de salmonete que Tiberio había sacado a subasta —recuerda Bonoso—. Lo consiguió Octavio después de pagar por él, escandalosamente, «más de lo que valía el pescador que lo había atrapado».

Estos son bocados de ricos. Los pobres se consuelan con distintas morrallas en salmuera *(maenae).*

En la abacería de al lado, un mozo pregona miel recién llegada de Hispania. En el *Satiricón* leemos: «El plato siguiente fue uno de fiambre rociado con exquisita miel de Hispania». Pregonan aceite de Cartago, aceitunas de la Bética, semillas de sésamo, nueces, dátiles, almendras, ajíes y anís. Los mezclados aromas del condumio predominan a ratos sobre el hedor a sobaquina de la concurrencia.

Pasa un vendedor ambulante de caretas de cerdo deshuesadas que lleva en una percha, los ojos cerrados y orlados de largas pestañas blancas.

Un puesto callejero de salchichas a la brasa difunde su estimulante olor. Nos llama la atención que el tracio que lo regenta disponga las ascuas con los dedos, sin quemarse.

En las verdulerías hay lechugas, cebollas, nabos, pepinos, melones, higos y manzanas de muchas clases…

Pasamos por la zona de las bodegas. Ánforas y pellejos cuidadosamente apilados en estantes de mampostería aguardan a los compradores, que adquieren el vino al menudeo.

La península itálica es una gran productora de vinos (de Falerno, cécube, caulino, másico, sorrentino…), pero además otros caldos afamados llegan desde los confines del Imperio. Uno de los más apreciados es el *ceretanum*, originario de Ceret (Jerez de la Frontera), tatarabuelo del *sherry*.

Las técnicas de conservación y mejora de los vinos están poco desarrolladas. Hasta el siglo II, en que comienzan a divulgarse los toneles, solían envasarlo en ánforas picudas cuyo interior cubrían con una mano de hollín, de mirra o de pez, para conservar su contenido. Parte de esta capa impregnaba el vino, que debía filtrarse antes de servirlo.

—Los caldos se agrian y estropean con facilidad —explica Bonoso—. Para disimular los caldos averiados, se sirven especiados y calientes.

Una deliciosa variedad del vino es el hidromiel, probable creación celtibérica, que consiste en una mezcla de agua y miel calentada al sol a la que se añaden diversos aromas al gusto: nuez moscada, pimienta, jengibre, canela o clavo.

El romano que puede permitírselo consume mucha leche, de cabra o de oveja. También se aprecian las de burra y yegua, consideradas medicinales. Sobre la leche de cerda hay división de opiniones. Algunos médicos creen que estropea el estómago y aconsejan rebajarla con agua, como también se hace con la de camella.

Al yogur *(oxygala)* se le pueden añadir sabores de tomillo, orégano, menta o cebolla. Batido con hielo picado *(melca)* resulta un refresco muy reconstituyente.

En una pollería alcanzamos a distinguir, dentro de jaulones o atados por parejas, gallinas, pavos reales, tórtolas, faisanes, tordos, estorninos, flamencos, palomas, avutardas, grullas, cisnes y hasta urogallos (aclimatados de la India).

El romano evita comer ibis y cigüeñas, que son devoradores de serpientes, y golondrinas. Tampoco codornices, pues creen que se alimentan de hierbas venenosas. El consumo de huevos de pavo, de gallina, de faisán y, ocasionalmente, de avestruz, está limitado a los más pudientes.

Muchos entendidos desprecian tan espléndida variedad de volátiles y se concentran, golosamente, en la gallina y el pollo. El recetario de Apicio propone hasta quince maneras de prepararlos.

Existían entonces muchas castas de pollos. Columela alaba los de plumaje pardo leonado, tirando al rojizo.

—En Roma se consumen muchos capones, los mantecosos eunucos, cuyas indispensables cirugías se practican en los criaderos de la isla de Kas. Plinio el Viejo escribe: «De Delos procede esta pasión por comer volátiles gordos y bañados en su propia grasa».

Nadie recuerda ya las estrecheces de los tiempos heroicos, cuando, en vísperas de la primera guerra púnica, el cónsul Fannius prohibió consumir más de una gallina cebada por persona en la misma comida.

En el Imperio nadie pone coto a la gula ni al derroche: pollos, gallinas y ocas se engordan con harina hervida y aguamiel, o con pan empapado en vino dulce, en cebaderos mantenidos en la propicia penumbra para que los melancólicos cebones no se distraigan.

—La pasión por las aves no desbanca al cerdo de su privilegiada posición —explica Bonoso—, si bien es verdad que lo obliga a diversificar su aspecto, lo que origina muchas clases de embutidos.

El *gourmet* sabe en qué establecimientos encontrará la mejor longaniza *(longano)* y dónde la más esmeradamente aliñada morcilla de nueces, de pimienta, de cebolla. Pero, sobre todas estas carnes, se aprecian los afamados jamones, sean de cerdo o de jabalí.

Catón nos transmite la receta precisa para su preparación: «Se toma una pata de cerdo, se mete en sal durante cinco días, luego se saca y se cuelga por el espacio de dos días donde se oree, y otros dos en el humero de la chimenea. Finalmente, se coloca en la despensa de la carne». Los impacientes que no pueden aguardar a que el cerdo se haga pueden consumirlo en forma de tostones *(porci lactantes)* que figuran, junto al gazapillo en adobo y los guisos de liebre o conejo, entre los más apreciados platos.

Los forzados veganos que no pueden aspirar a carne ni a pescado se consuelan con hortalizas, de las que los mercados romanos ofrecen decorosa variedad a precios muy razonables. La más popular es la col, cruda o cocida. También la coliflor, la acelga, la lechuga, el cardo, el puerro, la zanahoria, los rábanos (de los que se consumen incluso las hojas), el nabo, la escarola, las alcachofas, los pepinos, las calabazas y los espárragos, trigueros o cultivados. De Egipto llegan hermosas cebollas.

Las legumbres que reinan sobre los variados, potentes y especiados potajes romanos son habas, salutíferas lentejas, garbanzos, guisantes, judías... Plato de pobres y de vacas son las algarrobas y los altramuces.

Todas las clases sociales coinciden en el gusto por las variedades de fruta que llegan a Roma: manzanas, peras, melocotones (oriundos de Persia), cerezas, ciruelas sirias, membrillos, albaricoques (venidos de Armenia), moras, fresas, melones (postre favorito de Tiberio), nueces, almendras, pistachos, castañas...

De algunas plantas han conseguido, mediante injertos, curiosas variedades: un cruce de pepino y melón *(pepunes)*. De los autóctonos higos se conocen muchas variedades que se adaptan a distintas formas de conserva, unas al sol, otras en harina. Nunca faltan en la despensa romana, donde, en épocas de escasez de trigo, sustituyen al pan. Otro producto de gran consumo son las aceitunas, adobadas o pasas.

Hay muchos aficionados a las setas y champiñones silvestres o cultivados. Los más peritos son capaces de distinguir por el sabor si la pieza procede de un pinar, de un hayedo o de la fresneda. Los consumen crudos, asados, cocidos o en una variedad de recetas que a veces incluyen vinagre y miel. También aprecian ese recóndito prodigio que es la trufa, particularmente la libia. Y no desdeñan los caracoles, que algunos crían en viveros.

La pastelería imperial emplea mantequilla, miel, huevos y leche, además de abundante harina. Pudiera ser que todavía influya en la turca a través de Bizancio, el Imperio oriental.

Acompañamos a Bonoso Valerio a una céntrica panadería que ocupa toda una manzana.

—*Ave* —saluda al dueño, Vergilius Eurysaces, que repasa con su contable la descarga de unos sacos de trigo.

Se abrazan como viejos camaradas que lucharon juntos durante veinte años en la Legio X Gemina.

—Veo que te va muy bien.

—No me puedo quejar. El gremio de los panaderos *(corpus pistorum)* me está proponiendo para algún cargo en las elecciones municipales. Cuando se abra el plazo tengo contratados a unos cuantos pintores para que escriban en las paredes de Roma mi lema electoral: «*Vergilius bonum panem fert*» ('Vergilius entrega buen pan').[329]

—Cuenta con el voto de los míos.

Vergilius muestra a los visitantes sus instalaciones. En el

329. El gremio de los panaderos *(pistones)* era de los poderosos de la ciudad. En tiempos de César agrupaba trescientos veintinueve establecimientos.

amplio patio, bajo los soportales, una docena de esclavos muele el trigo en molinos de piedra giratorios. En el patio siguiente se amasa. Nota Bonoso que muchos operarios son jóvenes.

—Necesitan buenos brazos y ser despiertos —dice Vergilius—. Casi todos son sirios que ahorran para comprar su libertad y yo se la daré en su momento, porque como sabes también soy liberto y compré la mía en la legión.

Recorren los distintos hornos alimentados con leña de haya y roble, que es aromática y produce buenas brasas.

Bonoso nota que algunos tahoneros llevan guantes y máscaras de gasa.

—Es para el pan más delicado, porque el sudor y el mal aliento lo estropean.

Vergilius tiene la tienda en la parte más noble, la que da a la vía Máxima. En ella vende no solo pan de variadas clases, sino productos de repostería, golosinas y tartas. Recorriendo las celdillas, el maestro panadero nos muestra las distintas clases de pan que fabrica.

—Casi todas estas variedades vienen de Oriente —explica—, desde que se ha puesto de moda el pan y vamos dejando el rústico *puls*. Aquí no encontraréis *panis acerosus, plebeius, caso militaris, sordidus…*, esos panes fabricados con harina basta, sin refinar, y adulterados con serrín de carpintero y otras porquerías. Aquí lo más barato que fabricamos es el *secundae* de toda la vida, con su forma de granada tradicional, pero la verdad es que cada vez se consume más el blanco y candeal *(panis us* o *picentes),* aunque sea más caro.

—Ya veo —dice Bonoso.

—Por la manera de cocerlo y por los ingredientes añadidos a la masa, los tipos de pan podrían multiplicarse hasta hacer la lista fatigosa: ácimo, con levadura de cerveza, cocido en vasija o en horno, enterrado en ceniza candente, cocido por segunda vez *(biscoctum),* mezclado con matalahúva, con comino, etcétera.

—¿Y cuál es el más pijo?

—Los *gourmets* me piden mucho el *ostrearius* para acompañar las ostras y el *artolaganus,* que como aperitivo es estimulante. También el *artopticius* se cuece en un asador giratorio, y el *testustis,* en vasija de barro. Los nuevos ricos que quieren sorprender a sus invitados sugieren formas de lo más extravagante. Para un soldado puede tener forma de escudo o de espada, para un músico o un poeta, forma de lira; para un libertino…, en fin, a gusto del cliente. Para las bodas lo hacemos en forma de anillos entrelazados. Finalmente, hacemos *panis canicus furfureus* para los perros.

Debidamente enterados, nos despedimos para proseguir nuestro paseo. Vergilius nos acompaña a la puerta:

—Si todavía andáis por Roma en junio, estáis invitados a la fiesta de la diosa del horno. Ese día cocemos panes exquisitos, adornamos los hornos y el local con guirnaldas, y comemos y bebemos como el cíclope Polifemo.

CAPÍTULO 64

En las termas

Las termas *(thermae)* o baños públicos figuran entre los edificios de uso público más cuidados por el Estado. Los romanos creen firmemente en la *salutem per acquae,* la salud por el agua (de donde procede el acróstico *spa*).

Los emperadores rivalizan en construir termas palaciegas que pregonen su magnificencia y su poder. Además, las subvencionan para que su disfrute resulte asequible a cualquier mediana economía.

Esta tarde, nuestro amigo Bonoso Valerio nos invita a las termas. Antiguamente eran lugar de aseo y de ejercicio, pero hoy día se han convertido, además, en los casinos de Roma, gimnasio, balneario, centro comercial, biblioteca y galería de arte.

Los ciudadanos que se lo pueden permitir, porque están desocupados, son ricos, o funcionarios del Estado, o pequeños propietarios rentistas, dejan el trabajo a los esclavos y pasan la tarde en las termas en amable tertulia con los amigos. Las termas constituyen el gran placer del romano cuando no hay juegos ni espectáculos públicos.

También, por supuesto, venir a las termas los obliga a hacer un poco de ejercicio y a someterse al saludable masaje, lo que contribuye a eliminar las grasas y toxinas que los frecuentes banquetes acumulan en torno a la cintura.

Junto a las termas hay un gimnasio al aire libre, un amplio patio porticado con piso de tierra *(palaestra)* donde se realizan ejercicios gimnásticos. Jóvenes y no tan jóvenes corren, saltan, trepan por sogas, se ejercitan con halteras y juegan a la pelota pasándosela *(invicem dare)*, botándola *(expulsim ludere)* y regateando entre ellos *(raptim ludere)*, jugando al frontón *(pila trigonalis)* e incluso a una especie de *rugby (harpastum)*.

Bonoso Valerio se acerca a la puerta y hurga en su monedero, pues hay que pagar la entrada a un portero, pero resulta que hoy el acceso es libre, porque un generoso senador que aspira a cierto cargo ha ajustado una tarifa colectiva con el empresario privado *(balneaticum)* que explota la contrata.

El edificio está caldeado. Hace dos horas que los esclavos encendieron los hornos de leña *(hypocausis)* que calientan el agua y caldean el ambiente de las salas. Unas docenas de bañistas aguardan, cada cual con su toalla al hombro.

A la hora acostumbrada suena el gong *(discus)* de la entrada y el personal que esperaba penetra atropelladamente.

—Gratis el circo, gratis el baño, gratis la *annona*..., todo subvencionado. Por eso tanta gente sueña con mudarse a Roma.

—Y por eso de vez en cuando hay que restringir el derecho de residencia —replica Bonoso—. Si damos residencia y ciudadanía a todo el mundo no quedará quien trabaje.

—¿Pero en el resto del Imperio no hay termas?

—Por supuesto que las hay. Hasta en los más remotos limes de las fronteras, aunque no tan espectaculares como estas.

Mucho mármol, magníficos mosaicos, altas bóvedas, el edificio es impresionante. Baste decir que la iglesia de Santa Maria degli Angeli e dei Martiri se instaló en el *tepidarium* de las termas de Diocleciano.

Un espacioso vestíbulo, decorado con frescos que representan los trabajos de Hércules, nos conduce a un amplio vestuario *(apodyterium)*. Los muros están cubiertos en derredor de casilleros de mampostería para la ropa. Varios esclavos de guardia velan por las pertenencias a cambio de una propina, una precaución muy necesaria, pues, lamentablemente, en estos lugares abundan los descuideros. Unos hornillos con maderas de olor aminoran los efluvios de la humanidad desnuda.

Nos desvestimos, plegamos cuidadosamente nuestras togas y túnicas y dejamos el hatillo en uno de los casilleros altos. Algunos bañistas esconden sus vergüenzas tras un sucinto taparrabos, pero lo normal es que cada cual se exhiba en sus cueros.

Pasamos a una especie de vestíbulo cuyo suelo, anegado de agua hasta la altura de los tobillos, es una artesa azul decorada con un mosaico que representa peces.

—Es para que la gente se lave los pies antes de entrar en la piscina —explica Bonoso.

La piscina o baño frío *(frigidarium)* tendrá las medidas olímpicas y es lo suficientemente profunda como para que se pueda nadar y bucear sin molestar al vecino. Nos zambullimos, damos un par de largos, exhibimos nuestras habilidades en los distintos estilos y cuando salimos del agua pasamos al *tepidarium* o sala caldeada.

El *tepidarium* es una soberbia estancia lujosamente decorada con mosaicos de doradas teselas. Uno representa a la diosa Tetis rodeada de peces; otro, a Neptuno cabalgando un delfín y blandiendo su tridente.

A lo largo de los muros hay bancos de mármol. La temperatura es ideal. El aire caliente, procedente del horno de las calderas, circula por una serie de conductos que discurren bajo el suelo y por amplias tuberías empotradas en muros. De este modo, la sala se mantiene a una temperatura agradable incluso en lo gélido del invierno.

Este es el lugar de tertulia favorito de muchos ancianos en cuanto llegan los fríos, pues en las calles se congelan y las casas, a menudo mal acondicionadas, son difíciles de caldear.

Después de charlar durante un buen rato, pasamos al baño caliente *(caldarium).* En el techo, lumbreras de gruesos vidrios dejan pasar la luz, pero retienen el vapor. A lo largo de la pared se alinean bañeras y en el centro hay una alberca baja con capacidad para cinco o seis personas. El agua está bastante caliente, puesto que un circuito cerrado que comunica con la sala de calderas la mantiene a la temperatura conveniente.

Después del relajante baño hemos pasado a la sauna *(lacunicum),* donde reanudamos nuestra distendida charla entre nubes de caliente vapor, en espera de que el sudor nos abra los poros.

Después del *caldarium* se vuelve a realizar el circuito a la inversa hasta el *frigidarium.* En estas y otras termas lujosas, el circuito es seguido y duplica las estaciones para evitar molestias a los usuarios.

Finalmente pasamos a la sala contigua, también muy cálida, el *unctorium,* donde una docena de masajistas trabajan otros tantos cuerpos sobre poyos y mesas de mármol. Huele a aceite perfumado y a diversas esencias. Muchos bañistas traen a un esclavo de su casa *(balneator),* o incluso a un grupo de ellos para las distintas funciones: llevar la toalla, masajear, servir la bebida (lo que les proporciona un pretexto para exhibir alguna rica pieza de su vajilla).

Bonoso no se cuida de tanta vana ostentación y prefiere alquilar los servicios de un masajista *(unctor)* de los muchos que trabajan en el baño, un fornido tracio que nos aplica un helado chorro de aceite y masajea vigorosamente con unas manazas como palas. Después del masaje declinamos los servicios que nos ofrece el depilador *(alipilus).*

Basta de baño por hoy. Recuperamos nuestras toallas, nos secamos, nos vestimos y nos dirigimos a la cantina restaurante *(popinae)* para dar cuenta, con despabilado apetito, de una suculenta empanada de buey y cebolla.

Mientras reponemos fuerzas contemplamos, al otro lado del patio, los ágiles cuerpos femeninos que graciosamente bullen en torno a la piscina *(piscinae natatoriae).* Esta piscina es mixta, pero en el baño existe separación de sexos. En otros establecimientos menos dotados se han establecido dos turnos, mujeres por la mañana y hombres por la tarde.

Por lo general, las termas imperiales son edificios lujosos en los que resplandecen el mármol, los labrados estucos, los mosaicos y los frescos. Alrededor hay frondosos jardines donde los ancianos pasean, corretean los jovenzuelos, se arrullan los enamorados y merodean las busconas en busca de clientes. También existen otras termas menos elegantes, de barrio, instaladas a veces en los bajos de casas de vecinos. Como la construcción de esta clase de edificios deja bastante que desear, los ruidos que producen los usuarios molestan a los inquilinos que habitan los pisos superiores. Cedamos la palabra a nuestro malhumorado compatriota Marcial:

—Sí, vivo precisamente encima de uno de esos baños. Imaginaos toda clase de voces, hasta el punto de que a veces desearía ser sordo. Si los más fornidos se ejercitan con las pesas, oigo sus mugidos cada vez que expulsan el aire, cuando emiten silbidos y jadean afanosamente. Si alguno disfruta dándose un masaje, percibo el palmoteo del masajista sobre su espalda y puedo distinguir, por el sonido, si le está dando con la mano plana o ahuecada. Si llega el que quiere jugar a la pelota y empieza a contar los tantos en voz alta, es el acabose. Añádase el camorrista que arma follón, el ratero al que cogen con las manos en la masa, el que disfruta escuchando el sonido su propia voz en el baño y los que se zambullen estruendosamente en la piscina.

CAPÍTULO 65

Jabón, *quid est?*

De regreso a casa, Bonoso se detiene a saludar a un conocido en una barbería *(tonstrina).* Los barberos *(tonsores)* ejercen un oficio muy necesario, porque en Roma el cabello es vehículo de complejas simbologías sociales. Los esclavos lucen la cabeza rapada, lo que quizá influye en el horror que los romanos sienten por la calvicie.[330] Sin embargo, cuando durante una travesía marítima padecen una tempestad, muchos prometen los cabellos a los dioses y lo primero que hacen al ganar tierra firme es ir al barbero a que les afeite la cabeza.

Un calvo ilustre, Domiciano, escribió un tratado, *De cura capillorum (Del cuidado del cabello),* en el que reflexiona: «Nada hay tan hermoso ni que dure tan poco».

Pero como todas las modas cambian, a partir del siglo II, en el que la tristeza y la mediocridad parecen invadir muchos dominios de Roma, se puso de moda llevar la cabeza afeitada (¿signo de la decadencia, como en nuestros días?).

En esta época, todo el mundo se afeita el rostro (excepto los excéntricos filósofos, que gastan barba a la griega). La moda de afeitarse se impuso en el siglo –III por influencia griega.

Algunos mozalbetes aguardan con impaciencia a que crezca en sus mejillas la pelusilla de melocotón que precede a la barba. En-

330. Un templado padre de la patria, el senador Fido Cornelio, se echó a llorar en la cámara durante una sesión del Senado porque un adversario político lo llamó «avestruz pelado» *(Struthio camelus depilatus).*

tonces, el padre los llevará al barbero para que los afeite por primera vez, lo que simboliza el paso a la edad adulta. La primera barba se ofrece a los dioses *(depositio barbae)*. Después, el mozo se afeitará regularmente cada pocos días, excepto en caso de luto, o de pleito en los tribunales, o si pretende que lo tomen por filósofo.

En la época de Adriano se produjo un cambio sustancioso. Cuando el emperador se dejó barba para ocultar una fea cicatriz que tenía en el mentón, los cortesanos lo imitaron y se impuso la moda de las barbas, aunque en cuanto empezaban a encanecer solían afeitarla para disimular la edad.[331] Paradójicamente, como solo se afeitaban los que huían de las canas, el rostro afeitado simbolizó la ancianidad. La moda de la barba perduraría hasta la época de Constantino, en que nuevamente se vuelve al afeitado.

Llama la atención que casi nadie se afeite en casa.

—Todavía no se ha inventado el jabón y el filo de las navajas te deja el rostro como un *ecce homo* —me explica Bonoso.

—¿Me estás diciendo que los romanos no conocéis el jabón?

—En efecto.

—¿Pues cómo os laváis?

—Con aceite, ¿con qué si no?

Lo que los romanos hacen después del ejercicio, sudorosos, es masajearse con aceite de oliva y después se espolvorean el cuerpo con talco o greda.

—Quedarán como emborrizados.

—Algo así. Esa especie de barrillo que nos queda por la piel lo recogemos con pasadas del estrígilo, una rascadera de bronce en forma de hoz, con los bordes redondeados.

Se piensa que esa porquería hecha de sudor, aceite y polvo es una pomada salutífera. No falta quien la recoja para uso medicinal.

331. Lo mismo ocurrió en Castilla, cuando el rey Carlos I se dejó barba para disimular su acusado prognatismo.

—¿Y la ropa? ¿Cómo se lava si no tenéis jabón?

—Esa pregunta viene muy al pelo —responde Bonoso—. Aquella de enfrente es la casa del Patio Rodio, una de las más acreditadas lavanderías *(fullonicae)* de la ciudad. ¿Ves aquellas pilas del fondo en las que varios esclavos caminan en corro? Son las pilas de pisado *(saltus fullonici),* de donde la ropa pasa a la alberca de aclarado *(lacuna fullonica).*

—Apesta un poco.

—Es que el detergente consiste en orina humana y ceniza, empleadas como mordientes y blanqueantes —concede Bonoso—. Ya sabes que el amoniaco de la orina es, además de desengrasante, desinfectante. Los esclavos pisan la ropa en grandes pilas de orina con ceniza previamente hervida y greda, y después la aclaran abundantemente en la alberca y la ponen a solear y secar en las terrazas, sobre armazones de vareta de olivo bajo los que encienden braserillos de azufre.

—¡Quién lo diría, la orina como detergente!

—El emperador Vespasiano, un hombre con una mente comercial que sacaba dinero de debajo de las piedras, les vendía la orina de las letrinas públicas a los propietarios de las lavanderías. Cuando se lo afearon, olisqueó unas cuantas monedas y comentó: «*Pecunia non olet*», o sea, 'El dinero no huele'. Una de las marcas exteriores de las lavanderías es precisamente la existencia de urinarios que dan a la calle para invitar a los viandantes a que se alivien. Por cierto, ¿cuándo se inventó el jabón?

—Verás, el jabón se fabrica mezclando un álcali (hidróxido de sodio o de potasio) con un ácido graso, lo que provoca la saponificación. Parece que se inventó en Babilonia tres mil años antes de Cristo, pero su aparición en Europa pudiera deberse a los galos, que hacían una especie de champú con el que se abrillantaban la cabellera mezclando sebo de cabra con cenizas de haya (ricas en potasa).[332]

332. Lo testimonia Plinio el Viejo en su *Historia natural.*

—Sí, me consta que algunos romanos están adoptando esos productos bárbaros —admite Bonoso—, pero donde se pongan el aceite y el rascador... La piel te queda como la de un bebé.

—¿Y los colores de la ropa? ¿Cómo se consiguen?

—La incipiente industria química romana ha conseguido el pardo, el amarillo, el violeta y el rosado, casi siempre sobre variaciones de la púrpura, obtenida de las glándulas branquiales del molusco gasterópodo *Bolinus brandaris.* —Nuestra popular cañaílla, que en Andalucía comemos sacando el bicho con ayuda de un alfiler—. El tinte obtenido es diez veces más caro que el oro, lo que explica que el púrpura solo se emplee para teñir una cenefa en las togas de los potentados y sumos sacerdotes.

Bolinus brandaris.

CAPÍTULO 66

Y mortaja

A la edad de sesenta y dos años, una angina de pecho se ha llevado al ilustre senador Cayo Cornelio. Cuando agonizaba, sus deudos lo depositaron sobre la desnuda tierra, de la que su padre lo elevó al nacer, y su hijo, el noble Cayo, le recogió, en un beso, el último aliento, le cerró piadosamente los ojos y ordenó al esclavo más antiguo de la casa que apagara el fuego del hogar.

Las mujeres de la casa, incluso aquellas que detestaban al finado, prorrumpen en histéricas lamentaciones, gritan y se arañan el rostro y los pechos (a pesar de que las Leyes de las Doce Tablas prohíben tales excesos). Los hombres reprimen, romanamente, toda manifestación externa de dolor.

Devuelto el cadáver al lecho, se despiden de él por turnos, llamándolo por su nombre *(conclamatio)*.

Como corresponde a una antigua familia patricia, el funeral debe revestir cierta solemnidad. Una empresa funeraria *(libitinani)*, propiedad de un liberto de la familia, se ocupa de los detalles. Sus maestros de ceremonias *(dissignatores)* y operarios especializados en el arreglo de cadáveres *(pollinctores)* se hacen cargo del difunto, lo lavan con agua caliente, lo afeitan, lo depilan, lo perfuman y lo visten con su *toga praetexta* de magistrado. Con una torta de cera blanda moldean su máscara funeraria. Su hijo le introduce una moneda de plata bajo la lengua, el óbolo que pagará a Caronte, el barquero de la laguna Estigia que transporta a la otra orilla las almas de los muertos.

El pálido e impecable cadáver de Cayo Cornelio queda expuesto a la veneración de los visitantes en la capilla ardiente instalada en el atrio de la casa, sobre lecho cubierto con crespones negros *(lectus funebris).* Al calor de las muchas lámparas encendidas alrededor se marchitan las flores que lo rodean.

Un mensajero anuncia el funeral *(funera indictiva)* a los conocidos de la familia que concurrirán en el cortejo fúnebre *(pompa)* a la mañana siguiente. El cadáver se transporta envuelto en una sábana sobre unas simples parihuelas. Delante van los músicos interpretando una marcha fúnebre con trompas y tubas. Si creemos a Séneca, hasta el propio muerto debe sobresaltarse del ruido que hacen. Horacio coincide: «Los entierros son los acontecimientos más ruidosos de Roma».

Detrás de la música van una docena de plañideras profesionales *(praeficae)* que emiten desgarradores aullidos de dolor *(lugubris eiulatio)* y solo se silencian cuando algún amigo del difunto les indica que va a pronunciar una oración fúnebre *(laudatio funebris).*

Siguen a las plañideras un grupo de familiares y amigos íntimos que portan las máscaras de cera de los antepasados de Cayo Cornelio, cada una de ellas acompañada de las insignias del máximo rango que el representado alcanzó en vida. Es como una exposición de la excelencia de la familia, en la que se atestigua la alta progenie del difunto.

Siguen al cadáver los familiares, siervos, amigos, clientes, esclavos y conocidos. Como el muerto era senador, el entierro discurrirá por el foro a la hora más concurrida.

Cornelio, hermano del difunto, pronuncia allí su oración fúnebre, un largo discurso en el que ensalza y enumera las preclaras virtudes del extinto. Es posible que se lo haya encargado a un renombrado escritor.

En medio de tanta solemnidad, un bufón igualmente contratado da la nota con sus réplicas sarcásticas a las alabanzas que deudos y amigos hacen al difunto. ¿Será para evitar el mal de ojo?

Los romanos cremaban o inhumaban los cadáveres. La cremación fue el método más popular hasta mediados del siglo II, en que se impuso la inhumación.

La pira en que arderá el cadáver de nuestro senador, una fosa cuadrangular llena de leña seca *(ustrina),* está aguardando en el cementerio, a las afueras. Antes de que la enciendan, Cayo Cornelio recibe un último beso de su viuda. Luego, cumpliendo un antiguo rito ancestral, su hijo Cayo le abre y le cierra los ojos. La leña crepita y arde. Algunos deudos arrojan a las llamas flores o pequeños objetos.

Consumida la pira, apagan con vino las últimas brasas, recogen los chamuscados huesos y los embadurnan con miel antes de depositarlos en una urna que guardan en el *sepulcrum,* un monumento funerario adecuado al rango del difunto. El de Cayo Cornelio, por ser persona de gran calidad, se edifica en un jardín familiar cerca del Campo de Marte. Otros monumentos funerarios se disponen a lo largo de las vías que salen de la ciudad. Todavía podemos ver muchos a lo largo de la vía Apia Antica.

Se despide el duelo. Los asistentes deudos *(familia funesta)* se purifican en cuanto llegan a sus viviendas.

Los funerales de los pobres son más sencillos. En unas angarillas llevan al difunto a un cementerio y lo sepultan en una fosa, el mismo día del óbito. Los enterradores *(iones)* son gentes de dudosa catadura y no se andan con remilgos.

Los que aspiren a un entierro más decoroso deben profesar en uno de los poderosos *collegia funeraticia,* que garantizan a sus socios un entierro honorable o, incluso, la cremación y ulterior custodia de las cenizas en una urna cineraria que será instalada, a razón de dos por nicho, con su nombre en la tapadera, en el columbario de la hermandad,[333] al que acudirán los familiares a llevar flores y ofrendas de trigo y a encender las preceptivas lámparas el día de los difuntos *(parentalia),* en febrero.

333. *Columbario* viene de *columba,* 'paloma', porque estos cementerios, con sus ordenados y diminutos nichos, parecen palomares.

Después del sepelio, viene la apertura del testamento, que está depositado en el sacrosanto templo de Vesta, bajo la custodia de las vestales.

El difunto no se limita a legar sus bienes, sino que también se extiende en sus postreros elogios o insultos a los vivos y lo que dice cobra especial significación por estar asociado al decisivo y sincero trance de la muerte. Las mandas pueden ser interminables, porque es costumbre que los amigos, e incluso los simples conocidos, se mencionen como herederos sustitutos (si el heredero titular lo rechaza).

«Después de haberse visto asediado por los cazadores de herencias, Fulano de Tal falleció dejándoselo todo a su hijo y a sus nietos. Unos lo tildan de hipócrita y desagradecido, porque se olvidó de sus amigos; otros, por el contrario, lo elogian por haber burlado las esperanzas de los codiciosos».

Una muestra de amor al emperador, que pondrá a la familia bajo su protección, será legar una suculenta cantidad de sestercios para las arcas privadas del césar. Cuando el difunto es el propio emperador o un grande entre los grandes, se aprecia que legue parte de su fortuna al pueblo de Roma.

Los epitafios y los relieves sepulcrales reflejan las enormes diferencias sociales de Roma. Existen mausoleos tan suntuosos como el de Cecilia Metela, una potente torre cilíndrica a las afueras de la ciudad, y existen mínimas cistas con el nombre del muerto garrapateado en la tapadera.

La burguesía empresarial encargaba pintorescos relieves que representan el medio de vida del difunto: una bodega, una carnicería, una pollería, un taller de herrería... Con ello nos muestran que el que reposa allí no era un don nadie. Los epitafios no son menos pintorescos.

> Oh, queridísimo esposo, que me conviertes con tu marcha en desgraciada. Sin ti, ¿qué puedo considerar dulce? ¿Qué puedo creer agradable? ¿Qué sentido tiene ahora mi vida? ¿Por qué no te sigo al sepulcro, pérfido que me has abandonado? Séame al menos permi-

tido estar contigo, entrelazadas nuestras manos, en el muy deseado, para mí, sepulcro.

Soy Tito Cesonio, hijo de Quinto, del distrito electoral Sergiano, veterano de la Quinta Legión gala. Durante mi vida bebí sin freno. ¡Vosotros que aún vivís, bebed!

He sufrido estrecheces toda mi vida, por eso os aconsejo que os deis mejor vida de la que yo me di. La vida es eso: hasta aquí se llega; después, ni un paso más. Amar, beber, frecuentar las termas, eso sí es vida; después no hay nada. Yo, por mi parte, nunca seguí consejos de los filósofos. Desconfiad de los médicos, que son los que me han matado.

A una perra:

Fue la más dulce y cariñosa, dormía sobre mi pecho, cómplice de mi sueño y de mi cama [...]. Qué desgracia tu muerte, Myia. Ahora estás atrapada en el anonimato de una tumba profunda.

O este:

Si no te resulta molesto, caminante, detente y lee. En naves y veleros he surcado muchas veces el inmenso mar. He arribado a muchas tierras y esta es la última que me depararon las parcas cuando nací. Aquí me he despedido de todo afán y fatiga; ya no me asustan las estrellas ni la tormenta; ya no temo que los gastos superen a las ganancias.

Quizá este mercader que ha recorrido todo el orbe conocido supo desde el principio que no hay ciudad ni paisaje que no se contenga en Roma y que la última meta de todo viaje es uno mismo.

Seguramente es también lo que piensa el nihilista que escribió: «*Non fui, fui, non sum, non curo*» ('No fui, fui, no soy, no me importa'), que en muchas tumbas se abrevia: *NFFNSNC.*

CAPÍTULO 67

El legado de Roma

Montesquieu y otros románticos pusieron en circulación una teoría: Roma se engrandeció gracias al carácter austero, valeroso y emprendedor de sus primeros ciudadanos, pero sus descendientes, enriquecidos por las conquistas y desentendidos del procomún durante la dictadura imperial, degeneraron y se tornaron viciosos, perezosos y cobardes. Esto acarreó, fatalmente, la decadencia y la ruina del Imperio.

Como ya comentamos, Montesquieu evitó mencionar el fin del paganismo y la expansión del cristianismo como otra posible causa de la decadencia. Gibbon lo insinúa en su magna obra *Historia de la decadencia y ruina del Imperio romano* (1788), ese espléndido retrato de la disolución de Roma cuando la ciudad se ve atacada por el cáncer de la barbarie y el fanatismo religioso.

Voltaire formula la misma idea con brutal claridad: «El cristianismo abrió el cielo, pero arruinó el Imperio». Luego han venido otros (Frobenius, Spengler) que consideran la decadencia de los Imperios como un hecho biológico inexorable.

Los propios romanos tuvieron clara conciencia de su propia decadencia. Algunos cristianos, influidos por los textos de Daniel y del Apocalipsis, incluso la saludaron confundiéndola con el fin de los tiempos que daría paso al reino de Dios sobre la tierra. En otros autores antiguos se descubre, sin embargo, una resignada melancolía (recordemos las palabras de Cipriano de Cartago: «El mundo ha entrado ya en su senectud, pues la decadencia de las cosas prueba que se aproxima a su ocaso»).

LA CIUDAD DE ROMA

TRAJES, ARMAS Y MUEBLES DE LA ÉPOCA ROMANA

Trajes, armas y muebles de época romana, según Rodríguez Condolá (siglo XIX).

ACEITE DE LA BÉTICA

Prensa romana, por Ana Miralles.

Contrapeso de molino romano, en Marroquíes Bajos, Jaén (Icastro).

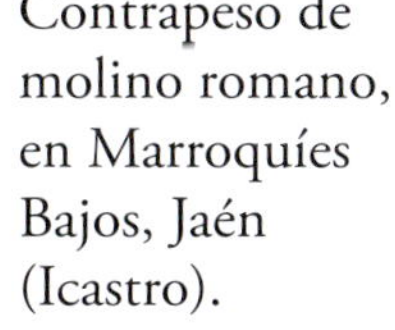

Tituli picti en ánfora olearia.

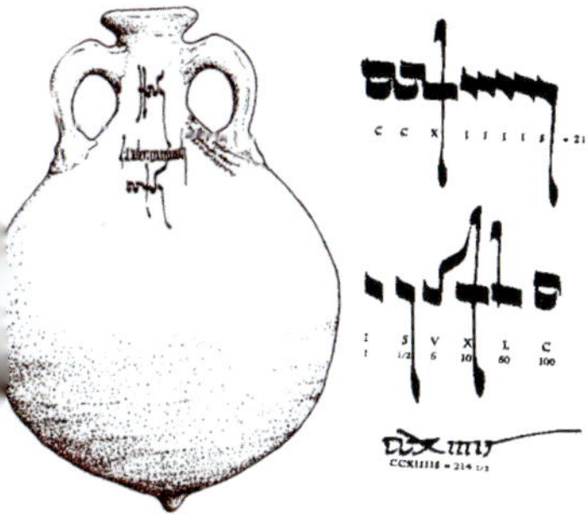

Colina del Monte Testaccio.

Ánfora para aceite.

VÍAS POR TIERRA Y MAR

Restos del naufragio de un barco romano.

Miliario *Hadrianus Aug fecit*.

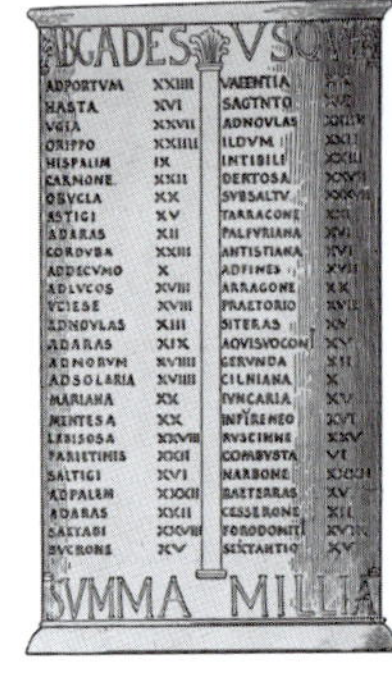

Vaso *vicarello* con la lista de las ventas que el viajero encuentra en la vía Augusta que atraviesa la Bética.

Barco tonelero, fragmento de la lápida sepulcral de Neumagen, siglo III.

Relieve de un coche romano.

Calzada romana (Icastro, 2019).

Infografía de una calzada romana.

LA CASA

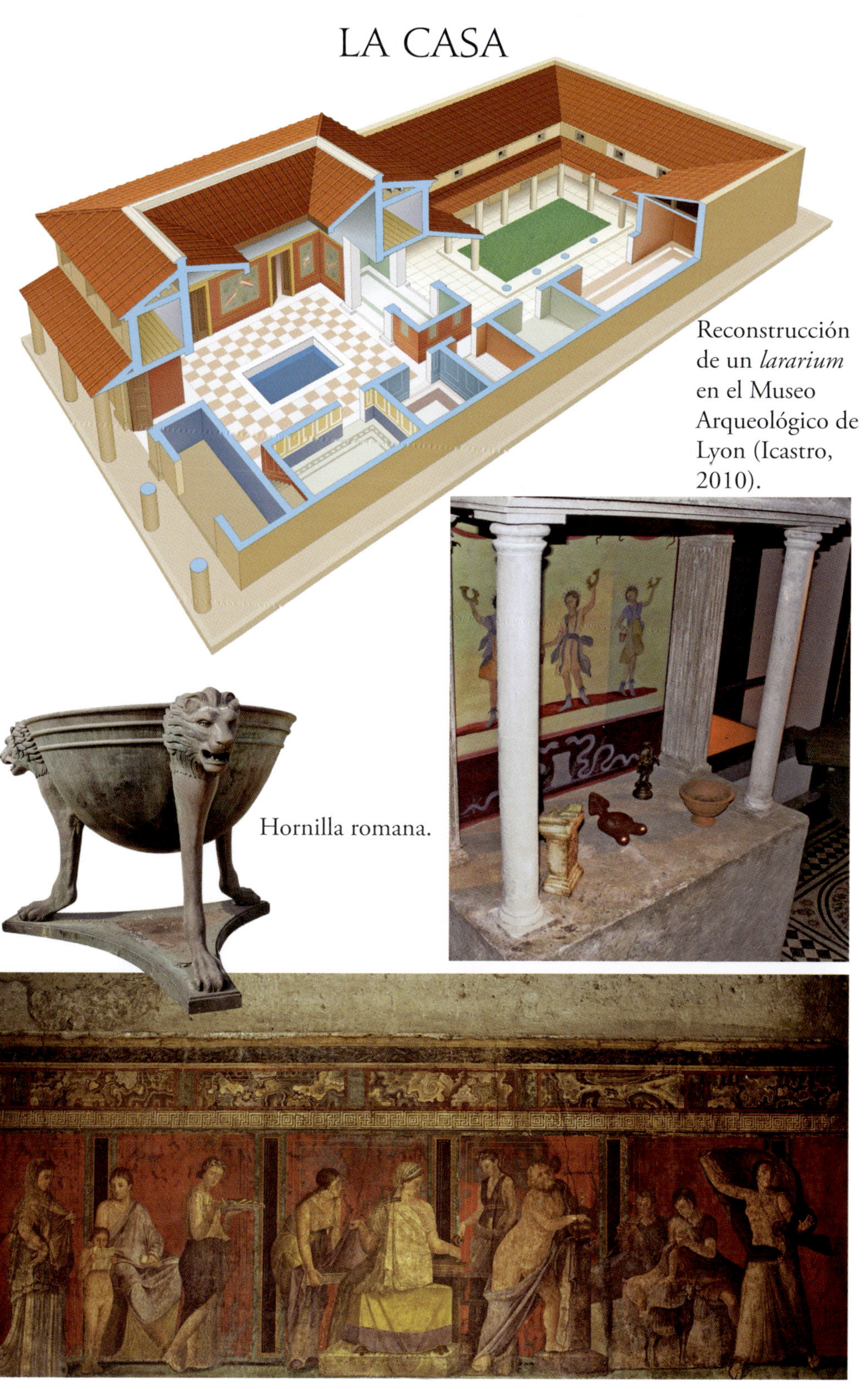

Reconstrucción de un *lararium* en el Museo Arqueológico de Lyon (Icastro, 2010).

Hornilla romana.

Escenas domésticas en un fresco de la Villa de los Misterios, Pompeya.

COCINA Y COMENSALÍA

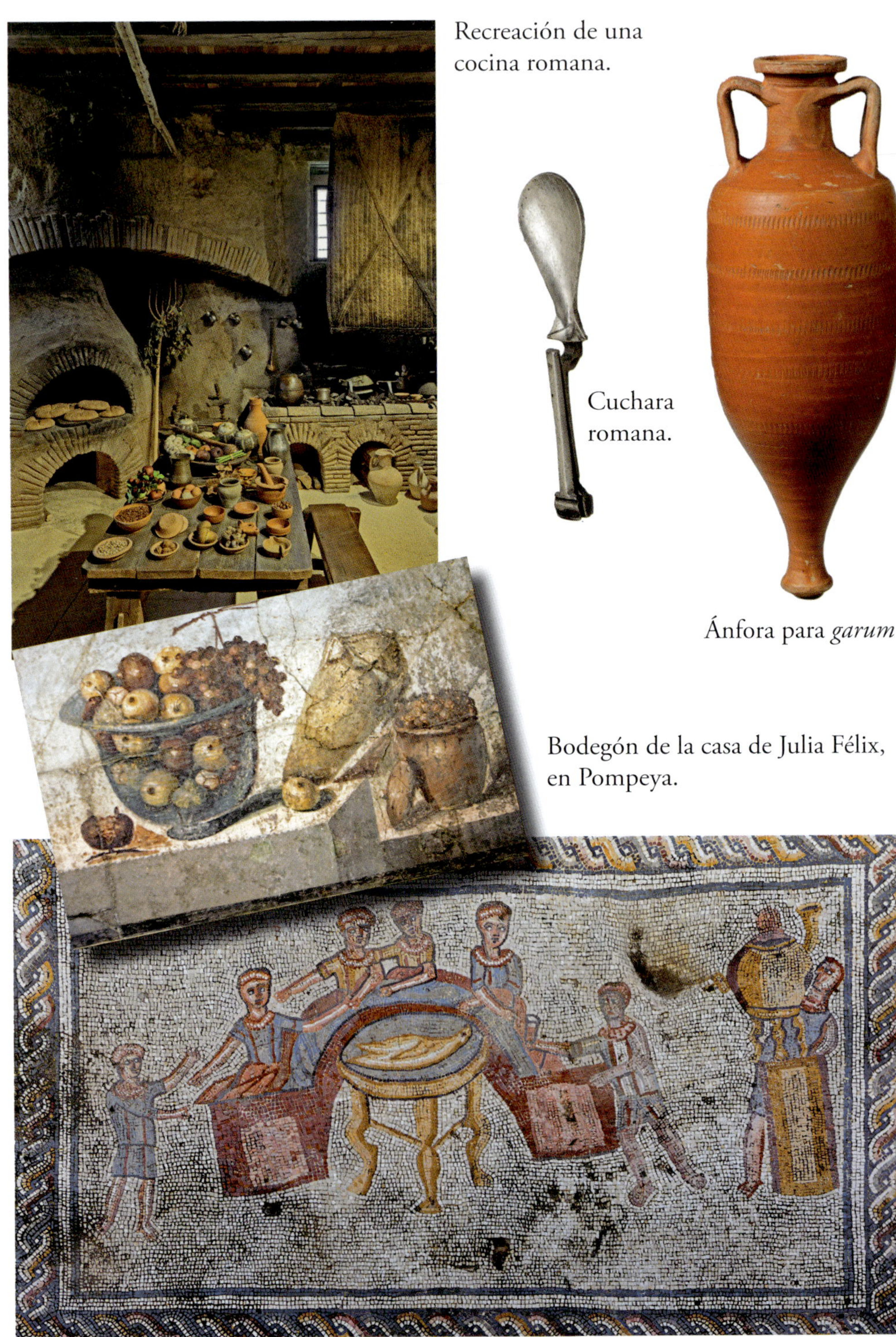

Recreación de una cocina romana.

Cuchara romana.

Ánfora para *garum*

Bodegón de la casa de Julia Félix, en Pompeya.

Comensales en un mosaico romano hallado en Galilea (Israel).

PAN Y VINO

Hogaza de pan carbonizada en Pompeya.

Panadería en Pompeya (Icastro, 2008).

Taberna de Pompeya (Icastro, 2008).

LAS TERMAS ROMANAS

Representación de unos baños romanos.

Estrígilo.

Representación del *hypocaustum,* el sistema de calefacción de los baños romanos.

EL ASEO

Bañera en Túnez.

Pinzas de tocador romanas.

Novacila, cuchilla de afeitar romana.

Reconstrucción de un *tesorium* o esponja higiénica.

Retrete comunitario.

LOS OFICIOS

Carnicero.

Herrero.

Mercader de telas.

Banquero.

Boticario.

Frutero.

Cuchillero.

Agricultor.

Pescadores.

Cortadores de piedra.

EL FORNICIO

Spintriae con escenas eróticas.

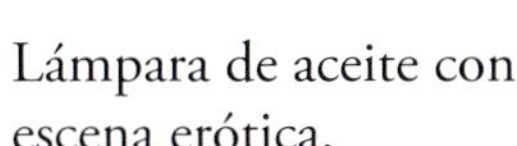

Lámpara de aceite con escena erótica.

Escena de prostíbulo en un fresco.

Cubiculum de un lupanar de Pompeya.

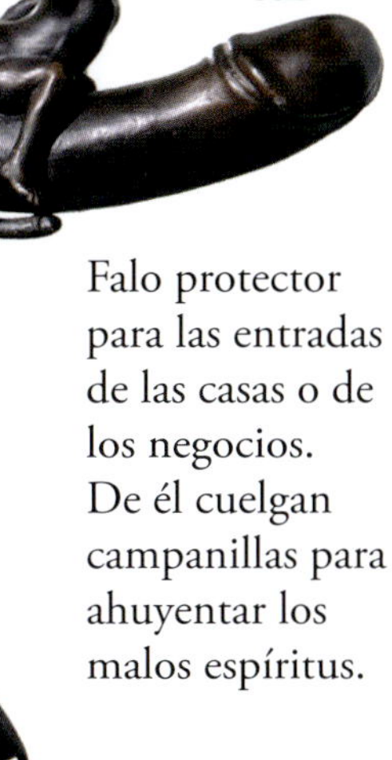

Falo protector para las entradas de las casas o de los negocios. De él cuelgan campanillas para ahuyentar los malos espíritus.

Acueducto de Peal de Becerro, Jaén.

La fortaleza herodiana de Masada (Israel) representada en un sello.

El Coliseo visto desde el sudeste, de Gaspar van Wittel (c. 1711).

EJECUCIONES

El hueso del talón de Yehohanan, con su clavo.

Reconstrucción de una crucifixión romana, por Peter Connolly.

Flagrum.

Muerte de un condenado a las fieras.

Detalle del óleo *La luz de la cristiandad; las antorchas de Nerón,* de Henryk Siemiradzki (1882).

GLADIADORES

Pollice verso, de Jean-León Gérôme, 1872.

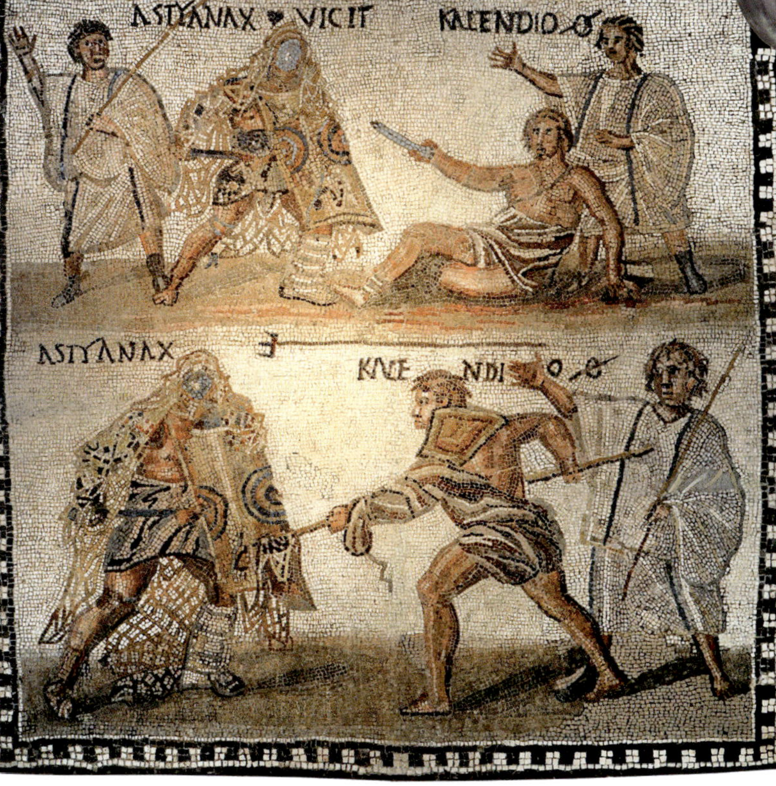

Casco de gladiador.

Mosaico que representa la lucha entre Astyanax y Kalendio.

Mosaico de los amores (Linares, Jaén).

Es posible que las causas económicas pesaran más que las otras: la agricultura decae y se empobrece, escasea la mano de obra, se deterioran las carreteras, la inflación dispara los precios y devalúa constantemente la moneda, lo que causa la ruina de la clase media sobre la que se apoyaba el sistema tributario. Al propio tiempo, las arcas públicas están más necesitadas que nunca de ese dinero que no les llega.

En la época dorada del Imperio la maquinaria estatal funcionaba gracias al botín de las nuevas conquistas, pero en cuanto Roma deja de conquistar y sus fronteras se estabilizan, el erario público solo cuenta con el dinero de los impuestos extirpados a la cada vez más oprimida clase media: los ingresos disminuyen, los gastos aumentan… Para colmo de males, la administración imperial resulta demasiado compleja para los limitados medios de la época: Roma no puede administrarlo todo. A partir del siglo III, la autoridad central se disgrega en anarquía militar. En el espacio de medio siglo asistimos a una sucesión de treinta y nueve emperadores, muchos de ellos asesinados en golpes de Estado.

Durante los siglos IV y V, Roma vive en casi constante estado de guerra contra los bárbaros que presionan sus fronteras del Danubio y del Rin y los partos de Oriente. Mantener un ejército que contenga a estos pueblos supone un gran esfuerzo económico.

Como vimos páginas atrás, Roma queda a merced de los pretorianos establecidos en la capital o de los generales que guardan las fronteras. Muchos de ellos ni siquiera son romanos, sino bárbaros a sueldo de Roma. Primero se reparten el poder en tetrarquías (desde Diocleciano), después lo descentralizan dividiéndolo en capitales administrativas provinciales, lo que, andando el tiempo, permite que se vayan desgajando provincias enteras sobre las que reinarán, con casi completa autonomía, caudillos vándalos, visigodos, francos u ostrogodos, solo nominalmente sometidos a Roma.

Desde 364, el Imperio se divide en dos grandes bloques: Oriente y Occidente. Todavía sobrevive la idea imperial asociada a Roma, como un símbolo, hasta que, en 476, Odoacro desprecia el título de emperador y envía las insignias imperiales a Zenón, el soberano de Oriente. El título y la sombra del Imperio se mantendrán en Constantinopla (la Nueva Roma) por espacio de otro milenio, hasta su conquista por los turcos en 1453.

Esto en cuanto al Imperio, pero ¿qué fue de Roma como ciudad?

La destrucción de la ciudad de los césares fue fruto de un proceso muy lento. Tras la caída del Imperio de Occidente, el de Oriente se convirtió en un ávido mercado de obras de arte y materiales. Estatuas, bronces, mármoles, tejas, techumbres, vigas y todo tipo de materiales aprovechables se revenden en diversos mercados o se transportan a Constantinopla, la nueva Roma.

El cristianismo triunfante despreciaba la arquitectura civil (termas, circos, teatros, foros, etcétera) y centraba sus esfuerzos en la construcción de iglesias que se erigían usando como cantera de materiales los edificios paganos. La Roma pontificia se alimentaba de la Roma pagana.

La ciudad se va despoblando y sus cada vez más escasos habitantes abandonan las gloriosas siete colinas y se concentran en el llano, particularmente en el Campo de Marte y al otro lado del río, en el Trastévere, donde, en época medieval, se levantará la ciudad del Vaticano. El sagrado Capitolio es «campo de soledad, mustio collado» y queda relegado a pasto para cabras (Monte Caprino), y el antaño bullicioso y concurrido foro, verdadero corazón del Imperio, se llena de yerbajos y es pasto de vacas (Campo Vaccino).

Los saqueados monumentos y palacios de la ciudad se arruinan rápidamente. Todo el venerable mármol que enorgullecía a Augusto —columnas, frisos, estatuas y solerías— va a alimentar los hornos de cal que surten las sórdidas construcciones de la ciudad medieval. De toda esa disipada belleza apenas se salvan una docena de edificios a los que la ignorancia de los nuevos amos indulta porque pueden reconvertirse en iglesias cristianas, en fortalezas o en pedestales para imágenes de santos. El Panteón se consagra a Nuestra Señora; la biblioteca del templo de Augusto pasa a ser Santa María la Antigua; el Templum Sacrae Orbis y la biblioteca adjunta es la iglesia de los Santos Cosme y Damián; la Curia Iulia es la iglesia de San Adriano; el teatro de Pompeyo y las termas de Constantino se convierten en fortalezas. La misma triste suerte corre el mausoleo de Adriano, actual castillo de Sant'Angelo. Y la columna trajana, que un día sostuvo la escultura del vencedor de los dacios, hoy sirve de pedestal a una imagen de san Pedro.

Después de la oscura Edad Media, el Renacimiento, a pesar de su veneración por lo clásico, resultará aún más pernicioso para el legado de la antigua Roma: «Lo que los bárbaros dejaron, los Barberini lo deshicieron».

CAPÍTULO 68

Recapitulemos

La historiografía materialista ha criticado la obra de Roma. Nos presenta el mundo antiguo como una inmensa vaca cuya leche fluía generosamente sobre las insaciables fauces de la explotadora ciudad. Aquella República de frugales campesinos había degenerado en la opulenta ciudad de los vicios, donde una legión de nuevos ricos y otra de nuevos pobres vivían de las rentas y de la *annona,* es decir, de los recursos de las oprimidas provincias del Imperio. Y en la base de todo, una economía que sustenta sus cimientos en la explotación de mano de obra esclava y en la expansión imperialista tras los metales preciosos, las materias primas y las nuevas tierras que el Estado necesita.

El caso es que estas acusaciones son básicamente ciertas, pero su certidumbre no invalida el hecho de que, en términos generales, el balance civilizador de Roma resulte muy favorable.

El filósofo Gustavo Bueno distinguía entre Imperios generadores e Imperios depredadores.

Los Imperios generadores son los que comparten sus avances con los indígenas y se mezclan con ellos; los depredadores se limitan a expoliar los recursos naturales y mantienen su pureza racial.

Ejemplos de Imperios depredadores: el inglés, el francés, el alemán, el belga, el holandés y el portugués.

Ejemplos de Imperios generadores: el de Alejandro Magno, el romano, el otomano y el español.

Roma fue un Imperio generador que nos legó nuestro idioma y las bases de nuestra civilización.

Roma somos nosotros: los europeos y cuantas naciones del mundo han tenido sus orígenes históricos o culturales en Europa (es decir, la mayoría de ellas).

Lo que los europeos somos hoy es, para bien o para mal, el resultado de la interacción de dos vigorosas corrientes que hace dos mil años se fundieron en el crisol de Roma: la cultura griega y el pensamiento religioso judío, origen, respectivamente, de la expansión universal de la civilización helénica y de la religión cristiana. Una peculiar aleación que quizá fuese prudente seguir denominando *civilización cristiana occidental.*

Roma nos legó su forma de vida y sus instituciones, impuso a los pueblos sometidos hermandad dentro del marco institucional jurídico y administrativo del *cives romani* y nos legó el patrimonio precioso de su ley y de su lengua, los dos pilares básicos sobre los que aún se asientan las coordenadas históricas de los europeos en este difícil camino que nos conduce a la integración supranacional, es decir, a ser otra vez, básicamente, Roma.

VALE.

Cronología de Roma

–753	Fundación de Roma.
–715 a –510	Época de los reyes.
–509	Inicio de la República romana, regida por dos cónsules que se eligen anualmente.
–496	Victoria romana sobre los latinos.
–494	Secesión de los plebeyos.
–451 a –449	Ley de las Doce Tablas, que establece los derechos de los plebeyos.
–396	Los romanos conquistan Veyes.
–390	Los galos saquean Roma.
–341 a –338	Guerras latinas.
–326 a –290	Guerras samnitas.
–325	Los samnitas derrotan a Roma en las Horcas Caudinas.
–312 a –280	Conquista de Etruria.
–298 a –290	Tercera guerra samnita.
–281 a –275	Guerra contra Tarento y su aliado, el rey Pirro. Victoria pírrica.
–275	Roma domina la península itálica.
–264 a –241	Primera guerra púnica.
–241	Conquista de Sicilia.
–231	Conquista de Córcega y Cerdeña.
–219 a –202	Segunda guerra púnica.
–218	Aníbal pasa los Alpes.
–216	Triunfo de Aníbal en Cannas.

–208	Derrota cartaginesa en Baecula (Iberia).
–202	Aníbal es derrotado en Zama.
–201	Derrota de los galos en el valle del Po.
–200 a –196	Segunda guerra macedónica.
–190	Roma derrota a Antíoco III de Siria.
–188	Roma se extiende por Asia Menor.
–171	Tercera guerra macedónica.
–149 a –146	Tercera guerra púnica.
–146	Cartago es arrasada por Roma.
–134	Tiberio Graco, tribuno de la plebe.
–123	Cayo Graco, tribuno de la plebe.
–121	Asesinato de Cayo Graco.
–118 a –106	Guerra de Yugurta.
–105	El cónsul Mario reforma el ejército romano.
–91 a –88	Guerra social entre Roma y sus aliados itálicos.
–89	Concesión de la ciudadanía a los itálicos.
–89 a –85	Guerra con Mitrídates de Ponto.
–88 a –86	Guerra civil entre Sila y Mario.
–82 a –78	Dictadura de Sila.
–73 a –71	Rebelión de los esclavos acaudillados por Espartaco.
–70	Pompeyo y César, cónsules.
–63	Pompeyo toma Jerusalén.
–63	Conjura de Catilina.
–60 a –59	Primer triunvirato (formado por Pompeyo, Craso y César).
–59	Matrimonio de Pompeyo con Julia, hija de César.
–58 a –51	Julio César conquista las Galias.
–56	César, Pompeyo y Craso se reparten el poder.
–55	Desembarco de César en Britania.
–53	Craso es derrotado y muerto por los partos en Carras.
–49	César cruza el río Rubicón.
–49 a –31	Guerra civil entre César y Pompeyo.
–48	César derrota a Pompeyo en Farsalia.

–45	Derrota de los pompeyanos en Munda, Hispania.
–44	César es nombrado dictador perpetuo.
–44	Asesinato de César en el Senado.
–42	Los asesinos de César son derrotados en Filipos.
–31	El ahijado de César, Octavio, derrota a Marco Antonio en Actium.
–30	Suicidio de Marco Antonio y Cleopatra. Egipto, provincia romana.
–27	Octavio se hace dueño de Roma tras ser aclamado como *princeps* por el Senado. Recibe el título de augusto.
–18	Augusto legisla sobre el matrimonio.
–13	Comienza la *pax augusta*.
–12	Campañas en Germania.
–7 ?	Nacimiento de Jesús.
4	Octavio Augusto adopta a Tiberio.
8	Las tres legiones de Varo son aniquiladas en Germania.
14	Fallece Augusto, lo sucede Tiberio.
14 a 69	Dinastía julioclaudia (Tiberio, Calígula, Claudio y Nerón).
33	Jesús es crucificado.
43	Conquista de Britania.
60	Rebelión de Boudica en Britania.
64	Incendio de Roma.
69	Año de los cuatro emperadores (Galba, Otón, Vitelio y Vespasiano).
69 a 96	La dinastía flavia sucede a la julioclaudia (Vespasiano, Tito, Domiciano, Nerva y Trajano).
70	Destrucción del templo de Jerusalén por Tito.
74	Caída de Masada, última fortaleza judía.
79	Una erupción del Vesubio destruye Pompeya y Herculano.
80	Se inaugura el Coliseo de Roma.
85 a 106	Guerras dacias.

113	Trajano invade Dacia.
116	Máxima extensión del Imperio, con Trajano.
117 a 192	Dinastía de los Antoninos (Adriano, Antonio Pío, Marco Aurelio y Cómodo).
120	Construcción de la muralla de Adriano en Britania.
138	Con Adriano, las fronteras empiezan a retroceder.
163 a 180	Guerras germánicas; refuerzo de las fronteras del norte.
167	Pandemia de viruela en el Imperio.
180	Gobierno de Cómodo.
193	Guerra civil. Año de los cinco emperadores (Pertinax, Cayo Pescenio Níger, Didio Juliano, Clodio Albino y Septimio Severo).
193 a 235	Dinastía de los Severos (Septimio Severo, Marco Aurelio Antonino [*Caracalla*], Septimio Geta, Marco Opelio Macrino, Heliogábalo y Alejandro Severo).
212	El emperador Caracalla concede la ciudadanía romana a todos los hombres libres del Imperio.
213	Comienza la gran crisis. Conflictos en las fronteras.
235 a 284	Inestabilidad en el Imperio. Militares que se proclaman emperadores (Maximino el Tracio, Gordiano I Semproniano, Gordiano II Africano, Filipo el Árabe, Trajano Decio, Treboniano Galo, Marco Emilio Emiliano, Publio Licinio Valeriano, Egnacio Galieno, Claudio II el Gótico, Aureliano, Tácito, Floriano, Marco Aurelio Probo, Marco Aurelio Caro y, finalmente, Marco Aurelio Carino y su hermano Numeriano).
284 a 324	Gobierno de la tetrarquía.
313	El Edicto de Milán legaliza el cristianismo.
337 a 392	División del Imperio en oriental (Constantinopla) y occidental (Roma).

395	División del Imperio entre los hijos de Teodosio: Occidente para Honorio (395-423) y Oriente para Arcadio (395-408).
402	Rávena, nueva capital del Imperio de Occidente.
410	El visigodo Alarico saquea Roma.
452	Atila se retira ante Roma.
476	Odoacro, rey de los ostrogodos, depone al último emperador de Occidente, Rómulo Augústulo.
1453	Los turcos conquistan Constantinopla y acaban con el Imperio de Oriente.

Lista de los emperadores romanos

Dinastía julioclaudia (–27 al 68)

Augusto, –27 al 14
Tiberio, 14-37
Calígula, 37-41
Claudio, 41-54
Nerón, 54-68

Año de los cuatro emperadores de Roma (68-69)

Galba, 68-69
Otón, 69-69
Vitelio, 69-69

Dinastía flavia (69-96)

Vespasiano, 69-79
Tito, 79-81
Domiciano, 81-96

Dinastía antonina (96-192)

Nerva, 96-98
Trajano, 98-117
Adriano, 117-138

Antonino Pío, 138-161
Marco Aurelio (Lucio Vero, coemperador, 161-169), 161-180
Cómodo, 180-192

Año de los cinco emperadores romanos (192-193)

Pertinax, 192-193
Didio Juliano, 193
Pescenio Níger, 193
Clodio Albino, 193

Dinastía severa (193-235)

Septimio Severo, 193-211
Caracalla (Geta coemperador, 211), 211-217
Macrino (con Diadumediano, 218), 217-218
Heliogábalo, 218-222
Alejandro Severo, 222-235

Crisis del siglo III

Anarquía militar (235-268)
Maximino el Tracio, 235-238
Gordiano y Gordiano II, 238
Pupieno y Balbino, 238
Gordiano III, 238-244
Filipo el Árabe, 244-249
Decio (con Etrusco), 249-251
Hostiliano, 251
Treboniano Galo, 251-253
Emiliano, 253
Valeriano I, 253-260
Galieno (con Salonino, 260), 253-268

Emperadores ilirios (268-285)

Claudio II el Gótico, 268-270
Quintilo, 270
Aureliano, 270-275
Tácito, 275-276
Floriano, 276
Probo, 276-282
Caro, 282-283
Carino (coemperador Numeriano, 283-284), 283-285

Dominado (Imperio romano tardío)

Tetrarquía (285-324)
Diocleciano (coemperador Maximiano, 286-305), 284-305
Constantino I Cloro, 305-306
Galerio, 305-311
Severo II, 305-307
Majencio, 306-312
Licinio, 308-324
Maximino II Daya, 310-317
Valente, 316-317
Martiniano, 324

Dinastía constantiniana (324-364)

Constantino I el Grande, 324-337
Constantino II, 337-340
Constante I, 337-350
Constancio II, 337-361
Nepociano, 350
Vetranión, 350
Juliano el Apóstata, 360-363
Joviano, 363-364

Dinastía valentiniana (364-392)

Valentiniano I, 364-375
Valente (Oriente), 364-378
Graciano, 375-383
Magno Máximo, 383-388
Valentiniano II, 388-392

Dinastía teodosiana (379-395)

Teodosio I divide definitivamente el Imperio romano entre sus hijos Arcadio y Honorio en 395.

Imperio Romano de Occidente

Dinastía teodosiana (395-455)
Honorio, 393-423
Constancio III, 421
Juan, 423-425
Teodosio II, 423-425
Valentiniano III, 423-455

Últimos emperadores romanos (455-476)
Petronio Máximo, 455
Avito, 455-456
Mayoriano, 457-461
Libio Severo, 461-465
Procopio Antemio, 467-472
Anicio Olibrio, 472
Glicerio, 473-474
Julio Nepote, 474-475
Rómulo Augústulo (último emperador romano de Occidente), 475-476

Bibliografía

AA. VV., «César contra Pompeyo. La guerra civil en Hispania (49-45 a. C.)», *Historia 16,* 103, noviembre de 1984, pp. 61-85.

ÁLVAREZ, Paco, *Somos romanos,* Edaf, Madrid, 2019.

AMIANO MARCELINO, *Historias: obra completa,* Gredos, Madrid, 2010.

APIANO, *Historia romana,* 3 vols., Gredos, Madrid, 1985-1994.

— *Historia de Roma sobre Iberia,* Luarna, Madrid, 2016.

APICIO, *Cocina romana,* Coloquio, Madrid, 1987, <https://laboliteria.files.wordpress.com/2015/03/de-re-coquinaria-cocina-romana-apicio.pdf>.

— *De re coquinaria: antología de recetas de la Roma imperial,* Alba, Barcelona, 2006.

APULEYO, *El asno de oro,* Biblioteca Clásica, Gredos, Madrid, 1996.

ARIES, Philippe, y Georges DUBY, *Historia de la vida privada,* vol. 1, Taurus, Madrid, 1987.

ARISTÓFANES, *Comedias X,* Biblioteca Clásica, Gredos, Madrid, 2007.

AULO GELIO, *Noches áticas,* Akal, Madrid, 2009.

BEARD, Mary, *El triunfo romano,* Crítica, Barcelona, 2012.

— *SPQR,* Crítica, Barcelona, 2016.

BELLÓN RUIZ, J. P. (ed.), *La segunda guerra púnica en la península ibérica: Baecula, arqueología de una batalla,* Universidad de Jaén, Jaén, 2015.

BENARIO, Herbert William, *The Romans and Germany,* Author Solutions Inc., Bloomington, 2012.

BERMEJO RUBIO, Fernando, *La invención de Jesús de Nazaret,* Akal, Madrid, 2023.

BLÁZQUEZ MARTÍNEZ, José María, *Imagen y mito: estudios sobre religiones mediterráneas e ibéricas,* Ediciones Cristiandad, Madrid, 1977.

— y M.ª Paz GARCÍA-GELABERT, «Informe sobre Cástulo», *Revista de Arqueología,* 46, febrero de 1985, pp. 6-7.

BORDEWICH, Fergus M., «The Ambush That Changed History», *Smithsonian Magazine,* septiembre de 2006, en <https://www.smithsonianmag.com/history/the-ambush-that-changed-history-72636736/>.

BUCHAN, John, *Julius Caesar,* Darby Books, Darby (PA), 1980.

BURY, John Bagnell, *Priscus,* fr. 8 in *Fragmenta historicorum graecorum.*

CARCOPINO, Jérôme, *Julio César, el proceso clásico de la concentración de poder,* Rialp, Madrid, 1974.

— *Daily Life in Ancient Rome,* Penguin, Londres, 1978.

CARGILL-MARTIN, Honor, *Messalina: A Story of Empire, Slander and Adultery,* Bloomsbury, Londres, 2023.

CATULO, *Poemas. Elegías,* Biblioteca Clásica, Gredos, Madrid, 1993.

CECCO, Elda Edith, «Una profesión insólita y lucrativa: la *captatio testamenti*», *Revista de Estudios Clásicos,* 36, 2009, pp. 97-139.

CICERÓN, Marco Tulio, *Epistulae ad familiares,* Biblioteca Clásica, Gredos, Madrid, 2016.

— *Catilinarias,* Gredos, Madrid, 2010.

— *En defensa de Celio,* Cátedra, Madrid, 2009.

— *Disputaciones Tusculanas,* Biblioteca Clásica, Gredos, Madrid, 2005.

CICERÓN, Quinto Tulio, *«Commentariolum petitionis: Novus sum, consulatum peto, Roma est»,* en *Stvdia Historica,* vol. VI, 2010. En línea en: <https://revistas.usal.es/uno/index.php/0213-2052/article/view/6223>.

CIPRIANO DE CARTAGO, *Obras completas I,* Biblioteca de Autores Cristianos, Madrid, 2013.

Coarelli, Filippo, *Roma, Gius,* Laterza & Figli, Roma, 1988.

Dal Maso, Leonardo, *Roma,* Bonechi Edizioni, Florencia, 1987.

Delbrück, Hans, *The Barbarian Invasions,* University of Nebraska Press, Lincoln, 1980.

Diodoro de Sicilia, *Biblioteca histórica,* Biblioteca Clásica, Gredos, Madrid, 2001.

Dion Casio, *Historia romana,* Gredos, Madrid, 2004.

Dion de Prusa, *Discursos,* Gredos, Madrid, 1988.

Dudley, Ronald R., *Urbs Roma,* Phaidon, Londres, 1967.

Ellis, Peter Berresford, *Caesar's Invasión of Britain,* New York University Press, Nueva York, 1980.

Eslava Galán, Juan, *Roma de los césares,* Planeta, Barcelona, 1988.

— *Yo, Aníbal,* Planeta, Barcelona, 1988.

— *Yo, Nerón,* Planeta, Barcelona, 1989.

— *Cleopatra, la serpiente del Nilo,* Planeta, Barcelona, 1993.

— *Julio César, el hombre que pudo reinar,* Planeta, Barcelona, 1995.

— *Historia de España contada para escépticos,* Planeta, Barcelona, 1995.

— *La vida amorosa en Roma,* Planeta, Barcelona, 1996.

— *Historia del mundo contada para escépticos,* Planeta, Barcelona, 2012.

— *Las ciudades de la Bética,* Fundación José Manuel Lara, Barcelona, 2012.

Esteban Ribas, Alberto R., «El desastre de Varo en Germania», *Historia Rei Militaris: Historia Militar, Política y Social,* 7, 2014, pp. 58-70, en <https://dialnet.unirioja.es/buscar/documentos?-querysDismax.DOCUMENTAL_TODO=%C2%ABEl+desastre+de+Varo+en+Germania%C2%BB%2C+>.

Estrabón, *Geografía,* Alianza, Madrid, 2015.

Ferrero, G., *The Life of Caesar,* Greenwood Press, Westport, Connecticut, 1977.

Floro, Lucio Anneo, *Epítome de la historia de Tito Livio*, Gredos, Madrid, 2000.

Fowler, Warde, *Julius Caesar and the Foundation of the Roman Imperial System,* AMS Press, Nueva York, 1978.

FOX, Robin Lane, *El mundo clásico,* Crítica, Barcelona, 2007.

GARCÍA MORENO, Luis A., «Los orígenes del cristianismo en la Bética. De la primera misión a la erección de la sede metropolitana hispalense», *Anuario de Historia de la Iglesia Andaluza,* 8, 2015, pp. 53-78.

GARCÍA Y BELLIDO, Antonio, *España y los españoles hace dos mil años, según la geografía de Strábon,* Espasa Calpe, Madrid, 1968.

GEARY, P. J., *Furta Sacra. Thefts of Relics in the Central Middle Ages,* Princeton University Press, Nueva Jersey, 1978.

GELZER, Malthias, *Caesar, Politician and Statesman,* Basil Blackwell, Oxford, 1969.

GIBBON, Edward, *Historia de la decadencia y ruina del Imperio romano,* Turner, Madrid, 1984.

GONZÁLEZ FERNÁNDEZ, Rafael, «El culto a los mártires y santos en la cultura cristiana: origen, evolución y factores de su configuración», *Kalakorikos,* 5, 2000, pp. 161-185.

GRANT, Michael, *Gladiators,* Penguin, Londres, 1971.

GRIMAL, Pierre, *Historia de Roma,* Austral, Madrid, 2005.

GUILLÉN, José, *Urbs Roma: vida y costumbres de los romanos,* vol. 3: *Religión y ejército,* Sígueme, Salamanca, 1980.

GUILLERAT, Nicolas, y John Scheid, *Infographie de la Rome Antique,* Pasés/Composés, París, 2020.

GUTIÉRREZ SOLER, Luis María, *Guía arqueológica de Giribaile,* Asociación para el Desarrollo Rural de la Comarca del Condado, Gráficas Águila, Torredonjimeno, 2011.

HACQUARD, G., *Guide romain antique,* Hachette, París, 1952.

HALLETT, Lucy Hughes, *Cleopatra, Histories, Dreams and Distortions,* HarperPerennial, Nueva York, 1990.

HERODAS, *Miniambos,* Gredos, Madrid, 1981.

HOLLAND, Tom, *Rubicón, auge y caída de la República romana,* Ático Tempus, Barcelona, 2007.

HORACIO, *Epodos y odas,* Alianza, Madrid, 1985.

— *Sátiras. Epístolas. Arte poética,* Biblioteca Clásica, Gredos, Madrid, 2019.

HORNO, León, *Las instituciones políticas romanas: de la ciudad al Estado,* Uteha, México.

HUBER, Sigfrido, *Cartas selectas de san Jerónimo: versión directa del latín,* Guadalupe, Buenos Aires, 1945.

JERÓNIMO (san), *Epistolario,* Biblioteca de Autores Cristianos, Madrid, 1993.

JOHNSTON, Harold W., *La vida en la antigua Roma,* Alianza, Madrid, 2016.

JORDANES, *Getica. Origen y gestas de los godos,* Cátedra, Madrid, 2001.

JULIO CÉSAR, *La guerra de las Galias,* RBA, Barcelona, 2021.

JUVENAL, *Sátiras,* Cátedra, Madrid, 2007.

KNAPP, Robert C., *Los olvidados de Roma,* Barcelona, Ariel, 2011.

KOVALIOV, Serguéi I., *Historia de Roma,* Akal, Madrid, 1973.

LACTANCIO, *Sobre la muerte de los perseguidores,* Gredos, Madrid, 1982.

LICOFRÓN DE CALCIS, *Alexandra,* Alma Mater, Madrid, 1956.

LUCIUS, Ernst, *Die Anfänge des Heiligen Kults in der christlichen Kirche,* G. Aurich, Tubinga, 1904.

MACADAM, A., *Rome and Environs,* A. & C. Black P., Londres, 1985.

MACDOWALL, S., *Conquerors of the Roman Empire: The Goths,* Pen & Sword Military, California, 2017.

MARCIAL, *Epigramas,* Institución Fernando el Católico, Zaragoza, 2004.

MARCO AURELIO, *Historia augusta,* Akal, Madrid, 1989.

MAYANS, Carme, «Un "Google Maps" del Imperio romano», *National Geographic,* 6 de marzo de 2020, en <https://historia.nationalgeographic.com.es/a/google-maps-Imperio-romano_14528>

MEIJER, Fik, *The Gladiators, History's Most Deadly Sport,* Thomas Dunne Books, Nueva York, 2003.

MILNOR, Kristina, *Graffiti and the Litterary Landscape in Roman Pompeii,* Oxford University Press, Oxford, 2014.

MURDOCH, Adrian, *Rome's Greatest Defeat: Massacre in the Teutoburg Forest,* History Press, Stroud, 2008.

NACK, Emil, y Wilhelm Wagner, *Roma,* Labor, Barcelona, 1966.

NRIAGU, Jerome O., *Lead and Lead Poisoning in Antiquity,* John Wiley & Sons Inc., Hoboken (NJ), 1983.

Otero Vidal, Mercè, «*Si adulterata, cur laudata ...?* La imagen de la mujer en la literatura», *Scriptura,* 12, 1966, pp. 33-49.

Ovidio, *Fastos,* Biblioteca Clásica, Gredos, Madrid, 1988.

Paisano, Javier, «Nadie defendió a Lucrecia», *Diario de Sevilla,* 13 de junio de 2023, en <https://www.diariodesevilla.es/ocio/torre-don-fadrique-violacion-lucrecia_0_1810619215.html>.

Paoli, Ugo Enrico, *Urbs: la vida en la Roma antigua,* Iberia, Barcelona, 1981.

Pérez Galdós, Benito, *Aita Tettauen,* Akal, Madrid, 2004.

Petronio, *Satiricón,* Biblioteca Clásica, Gredos, Madrid, 2010.

Picón García, V., «El *De spectaculis* de Tertuliano: su originalidad», en *Helmantica. Revista de Filología Clásica y Hebrea,* tomo 40, n. 121-123, Salamanca, 1989.

Plauto, *Comedias,* vol. ii, Biblioteca Clásica, Gredos, Madrid, 1966.

Plinio el Viejo, *Historia natural: obra completa,* vols. i a iv, Biblioteca Clásica, Gredos, Madrid, 1995-2010.

Plotino, *Enéadas,* Gredos, Madrid, 1985.

Plutarco, *Vidas paralelas,* «Rómulo», en línea en <https://web.seducoahuila.gob.mx/biblioweb/upload/Vidas_paralelas-Plutarco.pdf>.

— *Vidas paralelas,* «Alejandro, César, Pericles, Fabio Máximo, Alcibíades, Coriolano», Cátedra, Madrid, 2005.

Polibio, *Historias,* CSIC, Madrid, 1995.

Procopio de Cesarea, *Historia de las guerras. Obra completa,* Gredos, Madrid, 2000-2007.

— *Historia secreta,* Gredos, Madrid, 2000.

Rascovsky, Arnaldo, *El filicidio,* BEAS, Buenos Aires, 1992.

Salustio, *Conjuración de Catilina. Guerra de Jugurta,* Biblioteca Clásica, Gredos, 2019.

Saintyves, P., *Essais de mythologie chrètienne: les saints sucesseurs des Dieux,* E. Nourry, París, 1907.

Schulten, A., *Los cántabros y astures y su guerra con Roma,* Austral, Madrid, 1962.

Segura Ramos, Bartolomé, *Antología de la poesía erótica latina,* El Carro de la Nieve, Sevilla, 1989.

SÉNECA, *Cartas a Lucilio*, Cátedra, Madrid, 2018.

SERRANO PEÑA, José Luis, «Producción, excedente y mercado del aceite en el Alto Guadalquivir: el caso de Aurgi (Jaén)», *Archivo Español de Arqueología,* 77, 2004, pp. 159-176.

SUBIRATS SORROSAL, Chantal, «El ceremonial militar romano: liturgias, rituales y protocolos en los actos solemnes relativos a la vida y la muerte en el ejército romano del Alto Imperio», tesis doctoral, Universitat Autònoma de Barcelona, julio de 2013, en <https://www.tdx.cat/bitstream/handle/10803/133339/css1de1.pdf>.

SUETONIO, Cayo, *Los doce césares,* Iberia, Madrid, 1985.

STEARNS, Monroe, *Julius Caesar; Master of Men,* F. Watts, Nueva York, 1971.

STEARNS DAVIS, William (ed.), *Readings in Ancient History: Illustrative Extracts from the Sources,* vol. 2: *Rome and the West,* Allyn and Bacon, Boston, 1913.

TÁCITO, *Anales,* Gredos, Madrid, 1980.

TERTULIANO, Quinto Septimio Florente, *Apología contra los gentiles en defensa de los cristianos,* Librería de la Viuda de Hernando, Madrid, 1889, en <https://bibliotecafloridablanca.um.es/bibliotecafloridablanca/handle/11169/19666>.

THOMAS, Yan, y Aline Rousselle, *Historia de la familia,* Alianza editorial, Madrid, 1988.

TITO LIVIO, *Historia de Roma desde su fundación,* 8 vols., Gredos, Madrid, 1994-1997.

TONER, Jerry, *Guía de viaje por el Imperio romano,* Crítica, Barcelona, 2022.

TOYNBEE, Arnold J., *Ciudades de destino,* Sarpe, Madrid, 1985.

VALERIO MÁXIMO, *Factorum et dictorum memorabilium,* en <https://www.cervantesvirtual.com/obra/factorum-et-dictorum-memorabilium-libri-ix-espanol/>.

VILLALVA ÁLVAREZ, Joaquín, «*Bolletum medicatu:* la seta que mató al emperador Claudio», *Tejuelo,* 5, 2009, pp. 71-85.

VIRGILIO, *Eneida,* Biblioteca Clásica, Gredos, Madrid, 2019.

WARRY, John, *Warfare in the Classical World,* Salamander Books, Londres, 1980.

WATSON, George Ronald, *The Roman Soldier,* Thames and Hudson, Londres, 1969.

WEINSTOCK, Stefan, *Divius Julius,* Oxford University Press, Oxford, 1971.

WELLS, Peter S., *The Battle that Stopped Rome: Emperor Augustus, Arminius and the Slaughter of the Legions in then Teutoburg Forest,* W. W. Norton, Nueva York, 2003.

Índice onomástico